红色记忆丛书

长篇传记文学

抗日名将董天知

智西乐 著

群众出版社
·北京·

图书在版编目（CIP）数据

抗日名将董天知／智西乐著. -- 北京：群众出版
社，2024. 10. -- ISBN 978-7-5014-6403-6

Ⅰ. K825. 2

中国国家版本馆 CIP 数据核字第 2024PP6266 号

抗日名将董天知

智西乐　著

责任编辑：张晔
装帧设计：王紫华
责任印制：周振东

出版发行：群众出版社
地　　址：北京市丰台区方庄芳星园三区 15 号楼
邮政编码：100078
经　　销：新华书店
印　　刷：天津盛辉印刷有限公司

版　　次：2024 年 10 月第 1 版
印　　次：2025 年 5 月第 2 次
印　　张：23.75
开　　本：787 毫米×1092 毫米　1/16
字　　数：452 千字

书　　号：ISBN 978-7-5014-6403-6
定　　价：68.00 元

网　　址：www.qzcbs.com
电子邮箱：qzcbs@sohu.com

营销中心电话：010-83903991
读者服务部电话（门市）：010-83903257
警官读者俱乐部电话（网购、邮购）：010-83901775
文艺分社电话：010-83901350

立于河南省荥阳市城内董天知故居的董天知铜像

董天知像

董天知木刻像

董天知故居大门

太原日报

前線慰勞團即出發

董天知等抵煙台即轉徐返并

1937年8月25日《太原日报》刊载的董天知率队慰劳二十九军消息

3

山西青年抗敌决死队臂章

山西青年抗敌决死队队歌

决死三纵队成立地原址和领导人

山西青年抗敌决死三纵队官兵

1938 年 7 月决死三纵队向长治转移途中，董天知（左一）
与张友清（左二）、杨献珍（右三）等在一起就餐

1939年1月3日董天知（右三）与朱德（右二）、薄一波（右一）、傅钟（右四）在山西沁县晋东南地区各界代表大会主席台上

决死三纵队在粉碎日军"九路围攻"中缴获的日军战马

山西省沁水县东坞岭抗日纪念碑

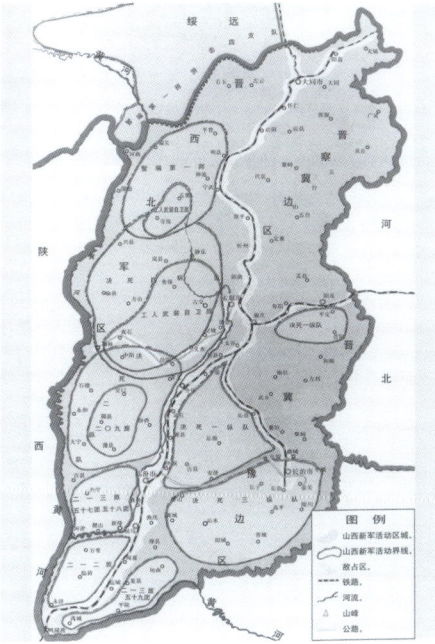

山西新军活动区域示意图

1939 年 12 月事变时决死三纵队政治部驻地旧址

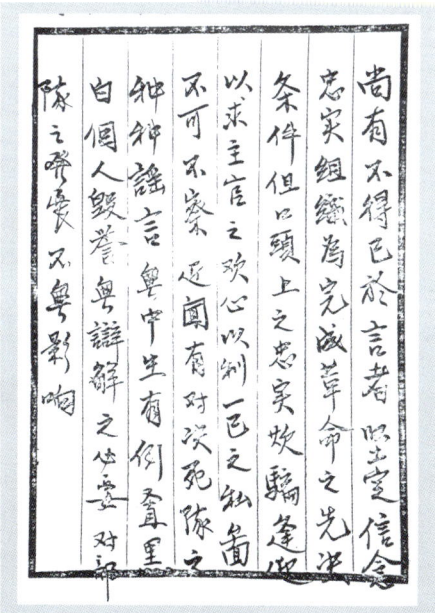

董天知将军手迹

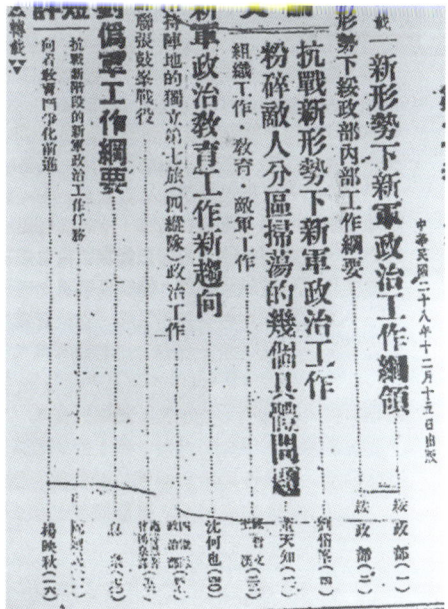

1939 年 12 月 15 日第二战区《政治工作月刊》第十一、十二期合刊目录

百团大战牺牲将士芳名录

晋东南人民和决死三纵队将士传唱的纪念董天知将军的
三首歌曲之一《悼念董政委》

董天知同志千古

英气横贯比干岭
壮志常存鸭绿江

杨尚昆敬挽

1940 年 9 月 23 日《新华日报》发表的时任中共中央北方局秘书长杨献珍悼念董天知的文章

1940 年 9 月 23 日《太岳日报》发表的时任中共太岳区委书记安子文
悼念董天知的文章——《追悼董天知同志》

1940 年 9 月 12 日《新中华报》发表的时任中共中央统战部友军科科长廖鲁言悼念
董天知的文章——《悼十年来共患难的亲密战友——决死三纵队政治委员董天知同志》

山西潞城董天知将军牺牲处

山西平顺董天知墓碑全景

董天知同志墓誌

董天知同志，河南榮陽縣人。山西河南青年抗敵決死隊政治委員，第二縱隊第四團政治主任。率領零散部隊在潞城西與日寇戰鬥，於一九四〇年八月二十九日光榮殉國，犧牲時年最青。死難時年僅二十四歲。公署為之慰忠魂乃建築濱河之畔，公墓佳麗，風景山川佳美，與河水同在。

同志之生死與革命史實相終始，其生也為革命而生，其死也為革命而死，生死之間無不與革命相終始。同志之忠貞堅節勵獄艱難困苦奮鬥至死不屈，堅決奮鬥，為祖國垂不朽。

同志忠勇奮發，千百不撓，精神充實，青年如天真純潔，與敵戰鬥，其爭不息，為地方中堅實與革命同。新風丕度青年中國與天地同現代。

同志為英勇之人，於武榆遼與橫馳騁於敵旋，忠於事業，奮戰於疆場，縱橫族戰解放其遺業。今猶縱橫族承其遺志，於此立碑同志之石，以證此巍峨崚嶒，天知同志沒而無志。

志難死而不死，國所奮鬥則天義，共為躍進，造新民主主義，共和創躍進。太行山崩咸同志之殉志，兒女咸知之同，為自由榮其聞之英名或知，將天知同志湮沒無志。其聞一慟歌激勵之有無志。

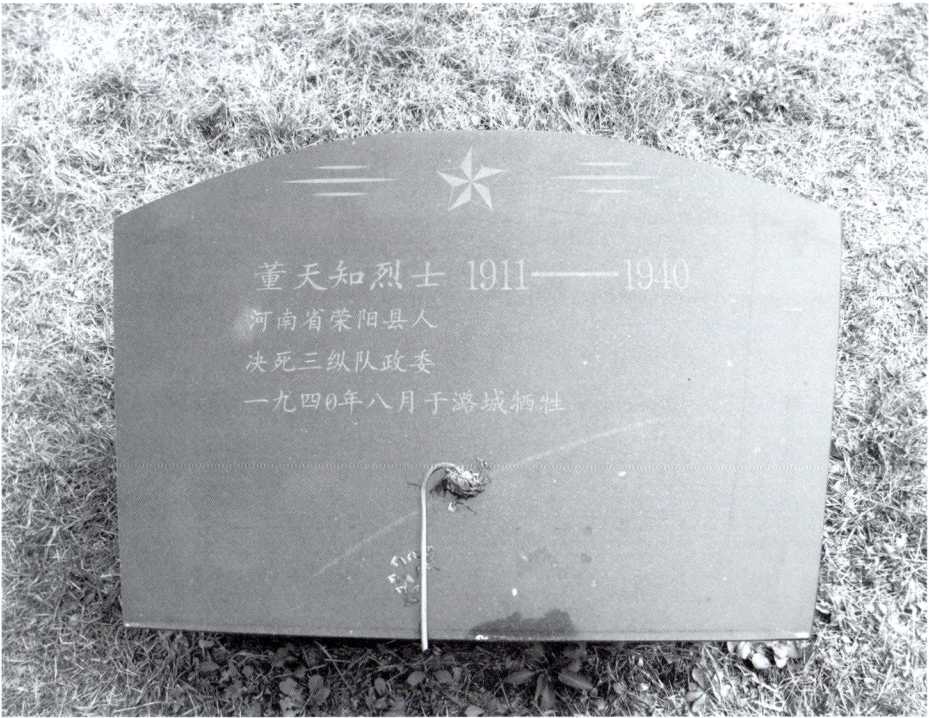

太行太岳烈士陵园董天知烈士墓碑

董天知邯郸墓碑文

毛泽东给董天知家人签发的革命牺牲军人家属光荣纪念证

向日军告密勾结日寇杀害董天知将军的汉奸 1959 年 11 月 25 日在潞城镇被枪决的报道

14

出版前言

二〇二四年是民政部首批公布的三百名抗日英烈及群体之一、八路军一二九师决死三纵队政治委员董天知将军壮烈殉国八十四周年。

董天知，小名大文，学名董亮，曾用名董旭生，生于一九一一年，河南荥阳人，是抗日战争时期山西牺牲救国同盟会和山西新军的主要创建人和重要领导人之一，是八路军卓越的政治工作者和优秀的军事指挥员，是一九四〇年"百团大战"中牺牲的八路军最高级别将领。董天知将军牺牲后，八路军总司令朱德撰文称赞他"为中华民族解放的神圣事业而光荣地流尽了最后一滴血"；时任中共中央北方局书记杨尚昆为他题写挽联："英气横贯比干岭，壮志常存鸭绿江"；山西牺盟总会在悼词中称赞他"是最优秀的牺盟领导者，是最优秀的青年模范，是最优秀的青年军事干部"。

董天知直接受党的著名农民运动领导人彭湃影响，少年时期就投身革命，先后在开封、北平参加进步学生运动和党组织的地下斗争。一九三一年在北平被捕入狱后英勇不屈，在"北平军人反省院"（俗称"草岚子监狱"），他系统学习了马克思列宁主义，熟练掌握了世界语和俄语，因积极参与组织开展狱中绝食斗争而被国民党政府打入死牢。一九三六年九月他

1

和薄一波、韩钧、安子文、杨献珍等同志被我党营救出狱，同年十月他和薄一波、韩钧、杨献珍、周仲英同志一起组成"山西公开工作委员会"，被中共中央北方局派往山西开展抗日民族统一战线工作。在中共中央北方局的领导下，按照党的指示，他和薄一波、韩钧、戎子和等同志积极发展壮大山西牺盟会进步力量，创建、领导决死三纵队并先后担任决死三纵队政治主任、军政委员会书记、党委书记、政治委员，在朱德、彭德怀直接指挥下率部转战晋南、晋东南，创建抗日根据地、痛击日伪顽、扬威太岳、太行，令日伪军闻风丧胆，日寇曾悬赏两万大洋要他的人头。一九四〇年八月二十日"百团大战"打响，董天知率部参战，不料因奸细告密，他和前线指挥所陷入日军重围。他处变不惊，镇定自若，率警卫员和二十八名警卫排战士杀入敌阵。他先是身中三弹，负伤指挥，誓死不退；后与日寇白刃肉搏，遭日军机枪扫射，迎面又中四弹，血洒疆场。

长篇传记文学作品《抗日名将董天知》是作家智西乐继《战将韩钧》之后，历时七年潜心创作，为读者奉献的又一力作。本书真实、生动地再现了抗日民族英雄董天知忠于党、忠于祖国、忠于人民，为中华民族的独立和解放浴血奋战、英勇献身的传奇人生，故事扣人心弦，情节曲折生动，人物形象丰满，既是一部融思想性、艺术性、可读性于一体的英雄史诗，也是一部进行爱国主义、英雄主义、革命传统教育的生动教材。

群众出版社

二〇二四年七月

目　录

第一章　风雨草岚（1931—1936）

一、落入魔掌

　　一九三一年七月十三日，时令刚刚过了小暑，正是北平一年之中天气最为炎热的时节。正阳门外天桥一带，依然是人来人往，热闹如常。

　　酒旗戏鼓天桥市，多少游人不忆家。眼下正是傍晚时分，苍山如海，残阳如血，夕阳余晖把这座始建于元朝，原本是帝王祭天必经之路的汉白玉石桥映照得一片金黄，就连桥下清澈的河水也都宛若铺满一层碎金。

　　颇负盛名的天桥，历来就是江湖艺人五方杂处的所在。天南地北的江湖艺人会聚在这块寸金之地，卖弄才艺，立命安身。站在天桥上望去，唱大鼓的，说评书的，说相声的，八角鼓，十不闲，变戏法，耍猴子，拉弓、舞刀、抖空竹，舞叉、爬杆、耍中幡，各路艺人的精彩表演出神入化，引得人群中不时哄然爆发出一阵阵叫好声。

　　一男一女两位年轻人正漫步桥上。男青年上穿一件眼下正时兴的白色"什波罗夫"上衣，下穿一条白帆布裤子，显得干净利索。女青年上穿一件月白色竹布褂，下穿一袭印度绸的

1

黑裙子，齐耳短发，手里撑着一把碎花遮阳伞。两人并肩走在天桥上，时而呢喃低语，时而抬头远望，不时发出轻轻的笑声。

天桥西南不远处，有一栋精致的二层小楼，门头上挂着"福海居"三字招牌，这家字号"福海居"的茶馆里也是人声嘈杂。茶馆里的舞台上有人正在说书，几个身穿黑大褂的茶客围着一张茶桌临窗而坐，这几个人却无心听书，只是心不在焉地一边品茶一边撩衣扇风，目光隔着窗玻璃警惕地盯着桥上。

突然，天桥上的男青年似乎发现了什么，一把拉起女友飞步下桥，转眼消失在人群之中。

"快！快追！"

"借光！借光！"

"福海居"里一阵混乱，几个黑衣茶客撂下手中茶碗，拨开人群向天桥奔过去。

这几个人从茶馆里追出来，乱纷纷奔上天桥，在桥栏边止住脚步向四周张望。一个身材矮胖、满脸横肉、留着长长络腮胡子的中年人像是个头儿，他手扶栏杆探出半个身子，目光在人群中急急搜寻着。突然，旁边一人抬手指向远处："雷队长，你看——"

这个雷队长是东北军宪兵司令部侦缉队长雷恒成。他手搭凉棚，顺着那人手指的方向，朝桥西一条窄巷看过去，见刚才那个男青年的背影在窄巷深处一闪而过。

雷恒成把黑衫袖口往上一撸，拔出腰间短枪叫嚷起来："妈的，快追！决不能让他们跑了！"话音刚落，他摇晃着肥胖的身躯噔噔噔噔下了天桥，后面几个人紧随其后，蜂拥而去。

"站住！站住！"

"妈的，再跑老子就开枪了！"

几个夺命阎王嚷嚷着，一路呼啸而过。人群中有眼尖的，认出他们是东北军宪兵司令部的人，一边忙不迭躲向路边为他们让出一条道，一边心中暗暗为逃命的两个青年捏把汗。

"借光！借光！"两个青年一前一后分开人群，顺着赵锥子胡同一阵飞奔。出了巷子口，抬眼看见一辆"洋车"停在那里。车夫是个中年汉子，像是刚刚送过一趟客人，正撩起粗布大褂擦汗。男青年急促地叫了一声："力克夏！"这"力克夏"是北平文化人对车夫特有的称呼。车夫抬头一看，两个人已经三步并作两步抢到跟前。只见男青年一抬手，把攥在手心的一块银元拍在车夫手心里，吩咐一声："新皮库胡同！"然后把身旁的女友推上车，对着她点点头说，"你先回学校，我去把宪兵引开，随后就到！"

"好嘞！"车夫收起银元，迈开大步，洋车飞驰而去。

这个男青年回身望去，见追赶的人还没有拐出街口，他屏息静听，隐约听见嘈杂的喊声还在巷子深处。

他回过身来轻轻舒了口气，抬手擦去脸上细密的汗珠，然后麻利地脱下白色上衣，一扬手扔上房顶，露出里边贴身的蓝布短褂，闪身拐进面前一条绿荫浓密的小胡同。

他叫董天知，今年只有二十岁，是中共地下党北平团市委组织干事兼儿童局书记。

他一边快步前行，一边回忆着刚才的惊险一幕。

最近一段时间怪事连连。北平地下党组织接连遭到破坏，就连北平地下党的上级机关——不久前刚刚从天津移驻北平的河北省委，也被宪兵队来了个一锅端。想到这里，董天知心里一紧。

快步穿过几条小巷，身后的尾巴已经被甩掉。董天知定定神，招手上了一辆黄包车，也向着新皮库胡同——他就读的弘达学院匆匆赶去。

车子刚拐进新皮库胡同口，董天知远远望见弘达学院门口围了一群人，几个宪兵正推推搡搡地把一个女学生往囚车上送。

那把掉落地上的遮阳伞分外眼熟，董天知定睛一看，正是和他刚刚分手的舒文玉！才出狼窝，又进虎穴，董天知心中一惊。难道宪兵在学校也布下了罗网？顾不得多想，董天知伸手拍拍黄包车夫的肩膀，指指旁边小巷，小声吩咐："大哥，到成方街，学校门口不要停车！"

车夫答应一声，车头一拐进了小巷。

形势比想象的还要严重！要赶快回到住处。房间里还有党的秘密文件，一旦被宪兵搜出，后果不堪设想。

成方街二十二号，那是董天知的姐姐董少峰一家租下的四合院。

夜幕早已降临。四合院里漆黑一片，显然姐姐一家人外出还没有回来。

董天知快步走进房门，从床下拉出一个柿木箱子来。这是他从家乡带到北平的书箱，里面一排排码着他喜欢的书籍，有他从河南省立第一师范就学时就带在身边的《新青年》、《少年漂泊者》、《呐喊》和《女神》等进步书籍，有他参加鏖尔读书会时编写出版的《鏖尔》和《转换新思想》等红色刊物，有他参与编写的油印杂志《红孩儿》，有他亲自起草印刷的《告工人书》、《告农民书》等宣传单。眼下他顾不上欣赏这些，只见他从书堆里挑出几本书来，麻利地从书页里抽出几份文件和一份名单，嚓的一声划了根火柴点燃，眼看着黄色的火苗一跳一跳，把它们烧成灰烬。

他又从书页中抽出几封书信，正要划燃火柴，猛然听到一阵乱纷纷的脚步声。

寂静的院子里传来啪啪啪粗暴地拍打门环的声音，紧接着又传来一阵嘈杂的吼声："就是这里！就是这里！""开门！开门！"

只听轰然一声响，来人踹开大门，一群人破门而入。

手中的信封刚刚点燃一角，几个黑影已经气势汹汹地冲到了跟前。董天知抬头看去，原来还是从"福海居"里追出来的那帮人。为首的雷恒成目光凶恶，鼻孔里哼的一声，抢上一步，劈手把董天知手中的信夺了过来。他噗的一口吹灭火苗，然后看看地上的一堆灰烬，对着董天知一声冷笑："哼！黄口小儿，乳臭未干，你还能跑得出我如来佛的手掌心？嗯?！带走！"

董天知猛地起身冲向门外，几个打手冲上来把他撩翻在地，绳索一绑，推出门外。

胡同口早有一辆囚车候在那里。打手们抬起董天知扑通一声扔进车厢里，咔嚓一声锁了车门。

坐在昏暗闷热的车厢里，借着路灯从篷布缝隙照进来的一点儿光亮，董天知定睛一看：舒文玉也在车厢里！舒文玉双手被反绑在身后，头发披散，衣衫凌乱，嘴里塞了毛巾，正疲惫地靠在车厢上。

"文玉！"董天知急切地叫了一声。

舒文玉慢慢睁开眼睛，无助地看着董天知。

董天知背过身去，用被绑在身后的双手把她嘴里的破毛巾拽出来。舒文玉把头靠在董天知的肩膀上，大口大口地喘着气，身体在不停地战栗。"别怕，有我在！"黑暗中，董天知声音不大，但坚定清晰地说道。

舒文玉和董天知同龄。去年夏天，她结束了在莫斯科中山大学的学习，回国到弘达学院就读，借着学生身份的掩护做党的地下工作。董天知喜欢听她讲在莫斯科的经历，喜欢听她讲列宁、斯大林那些革命领袖的风采，羡慕她在莫斯科中山大学这个革命摇篮中的一切。一年来共同的革命经历，让志趣相投的两个青年互相欣赏，互生爱恋，两颗心也在渐渐靠近，哪知道今天却一同落入陷阱！

黑暗中，汽车不停地在小胡同里钻来钻去，不时发出尖厉的刹车声。随着"哐当"一声响，汽车在一个幽深的巷子口停了下来。

"下车！"车门开了，黑暗中传来一声凶狠的呼喝。

董天知被押下车。定睛看去，眼前是一条昏暗幽长的窄巷，在惨淡的路灯下显得阴森可怖，犹如在黑暗中悄悄张开的血盆大口。

"走!"宪兵从身后推搡着，把董天知押进一个空旷的四合院里，朝着一间牢房走去。

"进去!"到了牢房门口，一个恶狠狠的声音从身后传来，董天知后背随即被猛推一掌，他踉跄几步，扑通一声跌进黑洞洞的牢房里。

这里是位于北平西安门内大街上的东北军宪兵司令部。

司令部里戒备森严。东北军宪兵副司令兼北平警备司令邵文凯阴沉着脸，双手背在身后，手里攥着那封残缺不全的信，在办公室里来回踱步。昏黄的灯光之下，他的脸色忽明忽暗，阴森可怖。这封信是董天知的父亲董秉甫从老家河南荥阳寄来的。信中提到董天知的姐姐董少峰和姐夫雷霈霖，叮嘱他们对董天知"多加照拂"，虽然下面的字迹已经被烧得无法辨认，但邵文凯鼻子一皱，一股焦煳的味道从信纸上钻进鼻孔，难不成这董少峰和雷霈霖两个人也是"共党分子"？邵文凯把攥在手中的信翻来覆去看了又看，揣测着那些被火烧掉的内容。

一定是。要不然董天知为什么要把这封信烧掉？此地无银三百两!

哼!顺藤摸瓜，宁可错杀一千，不可放过一个!邵文凯眼中凶光一闪，暗自点头。他转过身来，把手中的信啪的一声拍在桌子上，朝着门外喊了一声："来人!"

门外几个打手应声而到。邵文凯低声对他们吩咐一番，几个人唯唯而去。

董天知被捕的时候，姐姐董少峰怀有身孕，因为身体不适，正在附近一家医院看病。夜半时分董少峰和丈夫雷霈霖才从医院回到家里，进门却看到眼前一片狼藉。

董少峰心中七上八下。因为忙于生计，还要照顾年幼的孩子，她对弟弟除了上学之外的事情并不清楚，只是隐约感觉到弟弟暗中与共产党有来往，至于具体的内容，天知却是守口如瓶。最近一段时间，北平城里风声鹤唳，报纸上不断登载宪兵队搜捕共产党的消息，难道……

董少峰看一眼雷霈霖，两人心中都有一丝不祥的预感。

黑暗中突然传来一阵急促的敲门声，两人心中一惊。紧接着一阵杂乱的脚步声已经进了院子，董少峰和雷霈霖赶紧走出房门。

刚到天井院里，几个全副武装的宪兵已经到了跟前，不由分说架起董少峰和雷霈霖的胳膊就往门外走。

"你们……你们这是要干什么？"董少峰一边挣扎，一边大声问道。

"少啰唆!到了宪兵队，你们自然就知道了!"几个凶神恶煞般的宪兵粗门大嗓地吼道。

董少峰才两岁大的儿子从睡梦中惊醒，哇哇地哭闹起来。"怎么？还有孩子？一块儿带走！"几个宪兵嚷嚷着，把孩子从床上拉了起来。

董少峰一家被带到宪兵司令部。

邵文凯斜眼看看挺着大肚子的董少峰，嘿嘿一声冷笑："雷太太，知道我们为什么把你请到这里来吗？"

董少峰紧紧抱着怀里的孩子，警惕地看着邵文凯，面无表情地摇摇头。

"呵呵！既然如此，那我就开导开导你。"邵文凯一阵冷笑，故意拉长了声音问道，"董天知——是你什么人？"

"是我弟弟。"董少峰脸一扬，不卑不亢地答道。

"董天知是共产党！"邵文凯死死盯着董少峰，声色俱厉地喝道。

董少峰镇定地摇着头说："不！先生，你们一定弄错了，天知是啥共产党，他还是个孩子，是一个学生。"

邵文凯转身拿起桌上一张纸在董少峰眼前一抖，故意低沉着声音，一字一顿地说道："所有'共党'的名单都在我手上。董天知参加'共党'，宣传赤化，煽诱组织暴动，各种行迹均已查实。"

董少峰心中一沉。难道他们手中真的握有什么把柄？但她转念一想，也许只是虚张声势，千万不能上了他们的当。她稳住心神，冷静地说："先生，你们弄错了！我弟弟只是一个规规矩矩念书的学生，我从来没有见到他和'共党'有什么来往！"

"果真如此？"邵文凯嘿嘿一笑，一边摇晃着脑袋一边说，"不，不不。不仅他是'共党'，就连你和你的先生——恐怕也难以撇清！"

"哼！"董少峰轻蔑一笑，"我们倒是想找共产党，但共产党在哪里我们到现在还不知道呢！"

邵文凯被呛得直翻白眼。

邵文凯围着董少峰转了一圈，细细打量着董少峰，见她身穿一袭象牙色薄绸旗袍，黑色的凤凰图案夹杂着暗紫色羽毛，不像是贫家妇人打扮，听她谈吐也像是见过世面的人，便换了一种口气说道："看你的穿戴，想必你也是有身份的人。按照国民政府刚刚颁布的《危害民国紧急治罪法》，参加'共党'扰乱治安，这可是杀头的罪过！难道你真的不知道你弟弟平时都做些什么？"

"先生，我弟弟是个学生，除了念书平时很少出门，真的不是什么共产党。"董少峰一心要为弟弟辩解。

董少峰话音刚落，门外走进一个人来。只见他径直走到邵文凯身边，对着邵文凯一阵附耳密语。

"哦？我们东北军的人？有证件吗？"邵文凯瞪大眼睛，脸上现出惊愕的表情，他顾不上董少峰站在身旁，连连追问。

"有。"来人递上一样东西。

邵文凯接在手中仔细辨认一番，像是手中握着一个烫手的山芋，懊丧地连连甩手，沉吟片刻把手一扬，气急败坏地吼道："那——那还他妈愣着干什么？赶快放人！"

邵文凯手中拿着的是雷霈霖的军官证。

原来，一进宪兵司令部，宪兵们就把雷霈霖和董少峰分开审查，满指望从两人的口供中审出点儿什么破绽来，没想到倒审查出雷霈霖的东北军上校军官的身份。

看到雷霈霖东北军骑兵学校上校教官的身份，邵文凯收起了脸上的骄横之气。他在心中掂量起来。他手中倒还真没有雷霈霖和董少峰参加共产党的真凭实据，这个雷霈霖是东北军骑兵教官，而且军阶不低，东北军骑兵又是少帅张学良的"眼珠子"，少帅三天两头到骑兵部队视察，这雷霈霖保不齐与少帅是什么关系，自己贸然派兵把他们两口子抓来，不想抓到手里的却是一块烫手山芋。这可如何是好？他紧张地思索起来。唉！快刀斩乱麻，赶紧放人！主意已定，见几个手下还六神无主地愣在原地，他不耐烦地摆摆手："去去去！赶快把他们两口子给我放了！"

二、密审室里的较量

董天知被关押的地方，是东四牌楼北十二条一个深宅大院。

这里原是清王朝一位亲王的旧宅，现在成了宪兵队的秘密牢房，专门关押审讯刚刚抓捕的共产党员。

一大早，院子里便传来一阵嘈杂的声音。董天知隔着门缝望去，见来了一群便衣宪兵，几个人一边戏谑说笑，一边用手指点着他这间牢房。看来今天要和他们交交手了！董天知站起身来，暗暗提了一口气。他心中没有畏惧，倒是有一些好奇——我倒要看看你们能使出些什么招数来！

脚步声越来越近，一个宪兵打开牢门，喝道："喂喂喂，过堂！"

董天知轻蔑地看了他们一眼，不慌不忙提起镣铐走出牢门。

临时布置的审讯室正中间位置放了一张大长桌子，将审讯室隔成两半。桌子后面坐着的，正是那天带人抓他的东北军宪兵司令部侦缉队长雷恒成。雷恒成后仰着靠在椅子上，把那双脚蹬长筒靴的粗腿交叉着撂在面前的桌子上，慢悠悠地捋着胡子，冷眼看着董天知走进审讯室。雷恒成左侧前方斜放着一张小桌子，桌前坐着一个身材瘦弱、戴着深度近视眼镜的书记员，右侧站着一个单手持枪的年轻护兵。

哗啦，哗啦，董天知拖着脚镣进门。大胡子存心给董天知来一个下马威，他坐直了身子，冷眼看着董天知走进门来，啪地一拍桌子，一声断喝："蹲下！"

蹲下？老子偏要站着！董天知热血上涌，双肩一晃，倔强地一仰脖子，对着雷恒成怒目相向。

雷恒成心中一凛：这是个不好惹的角色。但他不能在众人面前落了下风，他忽地从座位上站起身来，抬手一指董天知，色厉内荏地吼道："说，叫什么名字？"

董天知轻蔑地一笑，答道："悠悠我心，日月可鉴；救国救民，天知地知。我叫董——天——知！"

一听这话就是共产党的口气。雷恒成冷笑一声："癞蛤蟆打哈欠——你好大的口气！好一个'救国救民'，好一个'天知地知'。说，你什么时候参加的共产党？！从实招来！"

董天知心中暗暗一笑，不紧不慢地说道："先生，有理不在声高。动那么大的肝火干什么？气大伤身！"

雷恒成碰了一鼻子灰。他瞥了一眼书记员和护兵，脸上红一阵白一阵，但嘴上依然强硬："少废话，回答我！"

董天知冷冷一笑："我没有参加共产党，怎么回答？"

"你没有参加共产党？那你为什么要去参加共产党的秘密会议？！"雷恒成唾星飞溅，气势汹汹。

"什么秘密会议？笑话！我只是带着女朋友去喝茶而已！"董天知呵呵一笑。

"哼！喝茶？"雷恒成目露凶光，"你以为我们不知道你的底细吗？你以为我们东北军宪兵队是吃素的吗？老实告诉你，你们的一切都在老子掌握之中！说吧，同伙还有谁？"

"同伙？什么叫同伙？我告诉你，我是弘达学院的学生，我只知道我有同学，从来不知道还有什么同伙。"董天知含笑摇摇头，不急不躁封了口。

雷恒成被呛得一愣，窘得满脸通红，他下意识地抬手挠挠光秃秃的脑袋。看到雷恒成下不了台，书记员坐不住了，只见他在记录本一张空页上，龙飞凤舞写了几个字，嚓的一声撕下来，起身交给雷恒成。雷恒成拿起纸条，眯起眼睛看了看，不由自主地点了点头。只见他神情松弛了一些，一只手拿着纸条，另一只手从光秃秃的头顶上挪开，指点着董天知说："好小子，你没有同伙。那，那你的上级是谁？"

董天知不温不火地答道："我是一个学生，只知道上有老师，不知道还有什么上级。"

针插不进水泼不入！看着眼前这个瘦弱的年轻人软硬不吃，雷恒成气急败坏地吼道："好好好，好好好，我看你小子是不撞南墙不回头，不见棺材不掉泪。来，带证人！"

话音刚落，雷恒成身后的里屋门口一阵响动，紧接着畏畏缩缩走出两个人来。

来人是顺直省委团委书记李国伟和省互济会党团书记赖德。董天知既是北平团市委的组织干事，又是红色互济会的骨干，因此这两个人都是他的上级。猛然看到他们两人，董天知身子一震，愣在那里。

董天知的反应被雷恒成尽收眼底。幸灾乐祸的他手指着李国伟和赖德，用挑衅的眼神看着董天知，故意拉长声调问道："怎么？你——不认识他们吗？"

董天知努力保持镇静。他愤怒的目光像锥子一样扎在那两个人的脸上，扎得他们脸上火辣辣的。片刻之后董天知收回目光，看着雷恒成摇摇头："您说的对。先生，我不认识他们。"

"去！你们两个去开导开导他！"雷恒成朝着李国伟和赖德一努嘴。

李国伟和赖德自知理亏，互相对望一眼，脚步迟疑着走了过来。

李国伟沉默半晌，结结巴巴开了口："天知，不是我要害你，我实在是没有办法呀！可怜我上有老母，下有妻小，我要是不把你们供出来……"

听着李国伟语无伦次的话语，董天知有一种说不出的厌恶。这样的借口不值得他去辩驳，他用鄙视的目光盯着李国伟，叹了口气，轻蔑地摇摇头。

雷恒成万万没有想到，李国伟竟然是这么一个屄货。本来是让他来指证对质的，可照眼前这个形势发展下去，怎么收场？他气咻咻白了李国伟一眼，挥手让他退下，又朝着赖德一努嘴，丢过去一个眼色。

赖德上前一步，费力地咽下一口唾沫，迟疑着说："天……天知，实话告诉你，我们都已经交代了。你……你还是认了吧！"

看着赖德和李国伟的轮番表演，董天知连连摇头。想不到，真想不到……他脑海里浮现出李国伟在他面前口若悬河大谈理想的神态，回想起赖德在他面前左一个马克思右一个列宁那虔诚的表情……而今，看着眼前发生的一切，董天知心中一股复杂的情绪涌上心头，他耻于与这种心口不一、亵渎理想的人为伍，耻于与这种背叛组织、出卖灵魂的人为伍。

想到这里，他的心情反而平静了一些，他一语双关地说道："我董天知真的不认识你们，我董天知也从来没有认识过你们。"

董天知的几句话，呛得李国伟和赖德面面相觑，哑口无言。

眼看招数失灵，雷恒成气急败坏地指着李国伟和赖德的鼻子骂道："下

9

去！下去！下去！都他妈给我滚下去！"

呸！董天知朝着两人的背影，恨恨地吐了一口。

"反了！"雷恒成咬牙切齿，手指董天知气冲冲吼起来，"来人！密审室，大刑伺候！"

门外两个宪兵冲了进来，手脚并用连打带踢，凶神恶煞一般把董天知掀翻在地，然后一人抓住一只脚拖起就走。他们拖着董天知下了台阶，董天知在石砌的台阶上磕得头破血流，走廊上也留下一路血迹，然后只听扑通一声，两个宪兵把董天知扔进旁边一间"密审室"里。

这是一间空旷的大屋子。一眼望去，最显眼的就是墙上挂着的、地上摆着的、房梁上吊着的各种刑具。董天知刚刚挣扎着站起来，身后又蹿上来两个宪兵，一左一右，把他的两只胳膊向后一别，抓着他的头发强迫他弓着身子把头扬起来。

气鼓鼓的雷恒成背着手跟在后边，双脚踏得地皮乱颤。他脸色铁青，心中恨恨：我倒要看看，你董天知的骨头到底有多硬！

密审室门口站着一个肤色黝黑、满脸横肉、长满胸毛的矮胖子，一眼看去活像李逵再世。雷恒成一进门就指着董天知对他说："又来一个新客人。先给这位董先生安排一个礼拜的菜单！"

"是！雷队长。"矮胖子答应一声，脸上的横肉立刻支棱了起来，他挽起袖子拉长声音说道，"今天是礼拜三，准备的第一道菜是，老虎凳——垫砖六块。"

雷恒成一摆手说道："六块？太少，再加两块！"他心里清楚，这老虎凳就是把受刑者绑在特制的凳子上，用铁棍把两腿向上撬起，然后塞进砖块，砖头最多只能加到六块，一旦加到八块，十有八九会成残废。

"是！"矮胖子显然是个中老手，他不假思索地继续说道，"明天礼拜四，上第二道菜——灌荷兰水。"

雷恒成点点头："好，一定要多加点儿辣椒面和洋油！"

矮胖子依旧不紧不慢，拉长声音说："礼拜五，上第三道菜——三上吊；礼拜六，上第四道菜——鸭子凫水；礼拜天——钉手指尖；下礼拜一——跪钉板；下礼拜二——电麻……"

雷恒成满意地笑笑，看着矮胖子说："听着，这位董先生的骨头是很硬的。一日不签字'反共'，一日不停止用刑。明白吗？"雷恒成又把脸转向董天知，皮笑肉不笑地说，"董先生，我得提前告诉你一声，我们安排的菜单十分丰盛，保证你顿顿美餐！"说到这里，雷恒成脸色一变，咬牙切齿地凑近董天知，"不怕你人心似铁，就怕我官法如炉。经我雷锤子之手办下的共产党成百上千，不把你熬成油，不把你化成膏，我雷锤子决不罢手！"

"来呀！"雷恒成转过身去，朝着几个壮汉一挥手。

几个打手手指节捏得咔咔响，狞笑着走向董天知。一直背着手的雷恒成像是想起什么似的，把手一抬说道："哦，等等！我看，见面礼不妨再丰盛一些。不如今天先给咱们董先生来上一碗大杂烩怎么样？从明天开始再按单点菜，请董先生慢慢品尝。"

"好！"矮胖子和几个打手听了，哄然附和。

雷恒成朝着董天知一努嘴，几个打手扑上来，七手八脚把董天知绑在老虎凳上。随后几双皮靴一起踏上身来，一根碗口粗的铁杠子已经压在了董天知小腿上。

"加砖！"雷恒成吩咐一声。噌的一声，一块砖头塞进了董天知的小腿下，董天知的小腿嘎嘣一声响，瞬间痛得全身出汗。

董天知咬紧牙关，一声不吭。

"再加！"雷恒成盯着董天知的脸，恶狠狠地说。

"再加！"又是一块！

董天知已经咬破嘴唇，鲜血顺着嘴角滴到地上。突然，只听嘎嘣一声脆响，董天知脑子里一片空白，随即失去知觉。

不知道过了多久，董天知耳边依稀传来一个恶毒的声音："妈的！装死，我叫你装死！快，凉水伺候！"

哗！哗！哗！……董天知慢慢睁开眼睛。迷迷糊糊之间，他看见雷恒成蹲下身来，伸出一根手指头在他鼻子下面晃了晃，似乎是在试探他还有没有气息。

见董天知醒转过来，雷恒成面目狰狞，凑到董天知脸前冷酷地低声问道："董先生醒了？招还是不招？嗯？"

董天知艰难地摇摇头。

雷恒成抬起皮靴踏在董天知的脸颊上，用力一拧，把董天知的脸颊踩得血肉模糊。

董天知紧闭双唇，牙齿咬得咯咯响，硬是没有一句话。

雷恒成朝几个大汉丢个眼色："起吊！"

几个打手冲上去，手中提着一根早已经准备好的绳子，把绳头绑着的一根枣木棒噌地插进董天知绑在身后的两手之间，熟练地把另一个绳头往上一扔绕过房梁，几个人攥住绳头用力一拽，董天知的身子凌空飞起。

嘎嘣一声脆响，肩窝脱臼，随着一阵钻心的疼痛，董天知头一耷拉再次失去知觉。

不知又过去多长时间，随着一阵哗哗的水声，董天知又一次慢慢醒来。

董天知躺在地板上的水洼里一动也不能动。他浑身水淋淋的，就像身处阴

11

曹地府一般寒气逼人，全身的骨头都像散了架，浑身上下如同针扎刀割一般。

雷恒成的声音又悠悠渺渺地传了过来："老子再问一遍，你悔不悔过？"

董天知神志恍惚，他已经不能发出声音，但他还是咬着牙艰难地摇摇头。

"来呀，过电！"雷恒成朝着几个打手摆摆手。

几个打手把董天知从水洼里提起来，手脚分开绑在电椅上，七手八脚用布条和绳索把他头眼蒙起，只留下口鼻呼吸。

"来！"只听雷恒成一声低吼，一个打手哗地推上电闸。

董天知身子一挺，耳中轰雷一般炸响，眼前乌黑一片，感觉皮肤唰的一声从肌肉上撕裂下来，肌肉也好像要把全身的骨骼拉开，全身的细胞和神经都在刺痛，心好像被烈火瞬间点燃，五脏六腑翻江倒海，连七窍都要向外喷出火来。

董天知大汗淋漓，浑身战栗，他用尽力气大吼一声，运足一口气咬牙忍着，牙齿咬得咯嘣咯嘣响，硬是一言不发。

一股火烧橡皮的味道在空气中弥漫开来。突然，董天知感到头顶上好像挨了重重一击，轰然一声眼前一黑，再次失去知觉。

董天知已经没有知觉，只是身体还在随着电流的通过而痉挛着、抽搐着。到现在嘴里还是没有一个求饶的字，几个打手面面相觑。雷恒成无奈地摇摇头，朝着电闸一指，一个打手拉下电闸。

不知道过了多长时间，董天知醒转过来。仿佛浸泡在数九寒天的冰窖里，董天知感到寒入骨髓。

"醒了。"不知谁说了一句。

董天知费力地睁开眼睛，只模模糊糊地看见眼前鬼影幢幢。

头痛欲裂。董天知慢慢有了一些意识，看见一双皮靴站在眼前。

那是雷恒成。雷恒成一摆手，一个打手趋上前来，把一张纸递到他手中，随后退了下去。

雷恒成居高临下，把手中那张纸往董天知面前一丢："来吧，签字画押！"

董天知艰难地抬头看去。透过一片血红，只隐隐约约看清写在最前面的是"反共"两个字，往下的就看不清了。这应该就是他们所说的"反共启事"了！

"年轻人，好汉不吃眼前亏，识时务者为俊杰。"雷恒成蹲下身来，尽量压低嗓门儿，声音也柔和了许多，"现在转变还来得及，签个字，画个押，你就可以大大方方从这里走出去。我可以替你保密，保证只有你知我知。"

董天知艰难地摇摇头，声音微弱但坚定地说道："不……还有……天知，地知！……"

"我叫你天知，我叫你地知！"雷恒成遽然站起身来，抬起马靴朝董天知的头恶狠狠地踢了过去，"拖回牢房，明天接着用刑。我就不相信我雷锤子拿不下你这个乳臭未干的黄口小儿！"

董天知挣扎着想要起身，谁知又是一阵头晕目眩，扑通！他再次重重地摔在地上，溅起片片带血的水花。

三、美人计

接下来的几天里，雷恒成对董天知天天用刑，董天知身上早已皮开肉绽，已经数不清昏死过去多少回了。

董天知又一次醒了过来。这一次睁开眼，却发现周围有些异样——身边围着不少难友，投过来一双双关切的眼神。

这是哪里？董天知嘴唇翕动，却发不出一点儿声音。

原来，几番大刑伺候后，宪兵们看董天知还是不肯"转变"，便把昏迷之中的他送到了鼓楼后门桥帽儿胡同东北军宪兵司令部看守所，这里是一座专门侦捕、关押、审讯共产党人、抗日热血青年和爱国进步人士的集中营。

这里已经关押了不少在这次大搜捕中被捕的共产党员。这里的监房是由一明两暗的几间大平房临时改建而成的，共有三个连在一起的监号。三个监号之间临时用薄薄的木板隔开，每个监号里关押着十几个人，这些薄薄的木板之间有着很大的缝隙，不仅不隔音，还可以看见隔壁牢房的动静。

大家已经知道这个新来的难友叫董天知，见他醒了过来，大家都松了一口气。

"水……水……"董天知口干舌燥，使出浑身力气终于发出一点儿声音来。

一个三十多岁的难友一直守候在董天知身旁。听到董天知的声音，他端起身旁的黑瓷碗，一边用手中的木勺把温水一点儿一点儿喂进董天知的嘴里，一边心疼地低声说道："你可算是醒过来了，已经昏迷几天几夜了，慢点儿喝，慢点儿喝。"

董天知心中一暖。他的身子一动，阵阵钻心的疼痛袭来。

"别动，别动。"另一个年纪二十三四岁的高个儿青年也来到董天知身旁，他一边轻声对董天知说着话，一边俯下身子把手中的黄表纸铺在他的伤处，小心地用手轻轻抚平，然后又用黄酒把碗里的干草灰调好，慢慢敷在黄表纸上。做完这一切，他抬头对着正给董天知喂水的难友说："老杨，你再给天知灌点儿黄酒疏通淤血，他内伤太重，灌点儿黄酒内伤好得快。"

老杨叫杨献珍，他一边答应着，一边放下手中那碗水，麻利地往另一只空碗里倒了小半碗黄酒，端到董天知嘴边，一勺一勺小心地把黄酒抿进董天知嘴里。看着董天知艰难地把黄酒咽下，杨献珍叹了一口气，对那个还在用黄酒擦洗董天知红肿伤处的青年说："老西，看把天知打的！这帮宪兵，作孽啊！"

"是啊，他们全不把我们当人看！"老西摇摇头，愤愤说道。

老西真名叫薄一波，是山西人，因为外地人习惯称山西人为"老西"，大家也就叫他"老西"。他把最后一点儿干草灰敷在董天知的伤口上，停下手来把空碗放在一旁，心疼地看着董天知："在家靠父母，出门靠朋友。都是吃官司的人，我们得相互帮衬哪！"

董天知轻轻点点头，感激地看着薄一波。

薄一波看着董天知身上刚刚结痂的伤痕，轻声安慰道："好好养伤！一切都会好的。"

又过了几天时间，董天知的伤好了一些，刚刚能够下地走路，新一轮的提审又开始了。

这次敌人变了一个花样。

堡垒最容易从内部攻破，老谋深算的邵文凯也深谙这个道理。他手下网罗了一批共产党的新老叛徒，这次他专门成立了一个以老叛徒李天民为首的审讯团，他要利用这些人反戈一击，迫使更多的政治犯"转变"，再顺势来个"瓜蔓抄"，挖出更多的共产党组织，从而达到彻底消灭北平共产党的目的。邵文凯暗暗盘算着，嗯，兴许整个华北的共产党都能一网打尽，那样，我邵某人可要为党国建立不朽的功勋！想到得意处，邵文凯差点儿笑出声来。

这一招果然见效。大凡叛徒反戈一击，因为知根知底，常常更加冷酷无情，也更容易击中对方的要害。李天民的"审讯团"对被捕的共产党员采取的便是"诱、逼、压"软硬兼施的手段，几天下来，这叫人猝不及防的"三板斧"还真见了效。

几乎每天都有人"转变"。这些"转变"了的政治犯走出监号的时候是镣铐加身，回转身来的时候已经脱下枷锁。有的卸下镣铐之后，在难友们蔑视的眼神中自己无趣地回到监号里取走行李，更多的是忍受不了难友的目光和自己良心的谴责，乞求看守回到监号替他们取走行李。

李天民的"审讯团"放出话来：投降的升官发财，不投降的死路一条！牢房里弥漫着一股令人压抑、叫人不安的气氛。

各种传言也在悄悄蔓延。甚至有人说，就连刚刚被捕的河北省委书记殷鉴也成了叛徒。殷鉴一九二○年春就跟随林育南、陈潭秋在武汉开展革命活动，后受党派遣留学莫斯科中山大学，是大名鼎鼎的"二十八个半布尔什维克"之一，难道……董天知的心情陡然沉重起来。

"老西、老杨，我们得想想办法，不能眼睁睁看着敌人的阴谋得逞啊！"

看着同样忧心忡忡的薄一波和杨献珍，董天知开了口。

"是啊，是得想想办法！"薄一波隔着木板的缝隙，看着一个又一个拖着脚镣的难友"哗啦哗啦"，无精打采地走向审讯室，心中也很着急。

"老西，老西！不断有人叛变，得想办法制止！"一个浓重的陕西口音传了过来。原来，是隔壁牢房里的乔国桢听到他们几个人的对话，也隔着木板加入进来。

薄一波和外号"冷娃"的乔国桢早就相熟。一九三〇年，在位于天津的河北省第三监狱坐牢的时候，两人就和同在狱中的彭真一起建立了秘密党支部，成功领导了狱中的绝食斗争，两人之间也结下了深厚的友谊。

薄一波听着乔国桢急切的声音，又看看眉头紧锁的董天知，忧心忡忡地说："天知、冷娃，你们说的对，是得赶紧想个办法。可是我们现在是群龙无首，一盘散沙，这些被捕的同志，有顺直省委的，有省团委的，有省军委的，有互济会和北平市委的，还有外围组织的群众，原本就不是一个系统，个人的情况又不相同，急切之间想要建立起一个组织来，可不是一件容易的事情。"

"咳！那也不能眼睁睁看着一个又一个叛变投降啊！"董天知急得直搓手。

"老西，你的点子多，还是先想个法子出来再说，不能眼睁睁看着难友们出去一个，叛变一个！"乔国桢知道薄一波足智多谋，是大家的主心骨，没有什么事情能难得住他。

听了乔国桢的话，董天知心中也陡然升起希望，他和几个年轻难友一起朝着薄一波围拢过来。

"依我看，"薄一波凝眉沉思片刻，"这样，咱们先约法三章。第一，决不讲反对共产党的话；第二，只说我们是热血青年，是要求抗日的学生；第三，好汉做事好汉当，做人要有骨气，自己打自己的官司，不要牵涉别人。只要本着这三条原则，具体怎么讲可以灵活掌握，敌人再问其他的情况，只说一概不知。我们几个人分头行动，抓紧时间向身边的难友宣传。你们说，这样行不行？"

"行！"董天知和乔国桢同时点头，分头行动去了。

因为有了主心骨，几天下来狱中难友终于稳住阵脚。但董天知心中还有一个疑问始终没有解开：殷鉴可是老资格的共产党员，难道真的成了可耻的叛徒吗？如果真是那样，敌人为什么没有释放他或者利用他来指证其他政治犯呢？

因为殷鉴的特殊身份，他被关押在一间独立的单人牢房里。邵文凯吩咐，没有他的命令，谁也不许和这位大共产党说话。邵文凯还特别规定，三天才准许他放一次风，放风的时候还有两个看守盯着，绝对不允许他和其他政治犯接触。因为和难友们不通消息，所以难友们对他的真实情况便不得而知。

直到有一天，这个谜底才得以揭开。

"带殷鉴过堂！"这天一大早，随着门外一声喊，董天知看到四个如狼似虎的武装宪兵越过他所在的监房，向着关押殷鉴的单间牢房奔了过去。

透过木板的缝隙，董天知看见宪兵们推搡着一个外表斯文却气度威严的高个子走了过来。两个宪兵赶上来要架起他的两只胳膊，殷鉴停下脚步，双肩一抖甩开他们，低声怒喝："让开，我自己会走！"两个宪兵无趣地往后退去。殷鉴弯下腰去，单手提起沉重的脚链，挺起胸腔从容不迫地大步向前走去。

哗啦，哗啦，伴随着脚镣的声响，殷鉴目不斜视，气势轩昂地走在四个杀气腾腾的宪兵中间，踏进审讯室。

牢房里的人们屏住呼吸，侧耳听着从不远处的审讯室里传出的声音。

先是听到哗啦一声响，想必是殷鉴把一直提在手中的锁链重重丢在了脚下。

"你，你叫什么名字？"一个干涩的声音从审讯室里传了出来，人们听得出来是李天民在发问。

"殷——鉴！"殷鉴的声音不卑不亢，每说一个字就像吐出一枚钉子。

"你——你是干什么的？"又是李天民的问话，人们听得出来他是在强作镇静。

"哼！我是干什么的，难道你不知道？"殷鉴的话里含有一丝轻蔑和讥讽。

"你是共产党！"李天民色厉内荏，为了自己给自己壮胆，他先是一声咆哮，随后啪的一声，把惊堂木重重地拍在桌子上。

"你说对了。我是共产党，而且我还是共产党的省委书记。"牢房里静得连掉在地上一根针都能听得见，殷鉴的回答传出来，牢房里的人们听得清清楚楚。

"很好！很好！"李天民拿腔拿调地接过殷鉴的话，装模作样地拍了几下巴掌，"你有骨气。那我问你，你手下的共产党还有哪些人？"

殷鉴哈哈大笑："就我一个。"

"你你你！"李天民感到自己受了戏弄，腔调一下子高了八度，"你老实回答！"

殷鉴又是呵呵一笑："好。我老实回答你，全中国的老百姓都是！"

啪，又是一声惊堂木，随后传来李天民歇斯底里的呼喝："殷鉴！你要弄清楚，你现在是站在什么地方跟我说话！"

"先生，您的意思是'人在屋檐下，不得不低头'，是吗？"殷鉴显然不为所动，他的声音也陡然高了起来，"这句话对真正的共产党人毫无效果！我站在什么地方？我站在我深深热爱着的祖国的土地上，站在生我养我的父母之邦，我有我的言论自由！"

"好好好，我不跟你争辩。"李天民满面通红，声音低了下去，突然他又猛地抬起头来，把话题一转，"既然你敢于承认你是共产党的省委书记，那我问你，殷鉴先生，共产党的中央机关现在在哪里？你到北平来的任务是什么？"

"好，我来回答你。"殷鉴的声音平静而又坚定，"共产党的中央机关在哪里？她就在你们动员几十万兵力前去围剿的地方，在每一个深爱着她的人心里。至于我来到北平的任务，那就是要推翻和打倒一切帝国主义，"说到这里殷鉴有意停顿了一下，目光如电直刺李天民，"和他们在中国的走狗！"殷鉴顿了一顿，大义凛然地继续说道，"实话告诉你们，从被捕的那一刻开始，我就没打算活着从这里走出去！我既不打算隐瞒自己的身份，也不打算隐瞒自己的观点。我早已经作好了充分的准备，要用自己的热血，唤起更多中国人的觉醒！"

审讯室里猛然沉寂下来，李天民理屈词穷。

殷鉴的话语声若金石，掷地铿锵，他的话音在牢房里久久回荡着，也敲击、震撼着每一个难友的心弦。

一阵沉寂过后，又传来殷鉴镇定自若的声音："我的话讲完了。先生们，请你们告诉我，用刑的地方在哪里？"

哗啦，哗啦，殷鉴出了审讯室，在几个宪兵的簇拥下，脚步从容地向着另一间摆满刑具的房间走去。

看着殷鉴瘦削而坚强的背影，董天知不禁肃然起敬。

等到殷鉴遍体鳞伤地走回来，路过董天知他们监号的时候，董天知隔着木板望着殷鉴，竖起大拇指钦佩地说："殷鉴大哥，好样的！你的官司打得太漂亮了！"

虽然已经是伤痕累累，步履蹒跚的殷鉴还是含笑看着董天知说："小兄弟，人生一世，草木一秋。敢为真理拼一死，不向妖魔让半分。哈哈，魑魅魍魉，其奈我何！"

哗啦哗啦，又一阵铁镣叮当，殷鉴挺着胸膛走向单人牢房。

因为有了殷鉴这个榜样，在接下来的提审中，李天民结结实实碰了不少硬钉子。牢房里，政治犯们压抑的情绪逐渐好转，气氛也渐渐活跃起来。

政治犯们在研究怎样对付敌人的审讯，邵文凯和李天民也没有闲着。他们也在暗中窥伺，精心谋划，处心积虑地寻找突破口。

轮到提审董天知的时候，李天民就出其不意使出了一个杀手锏。

几个看守把董天知带进审讯室。

李天民早已经候在那里，屋里还有几个面貌凶恶的打手。

17

见董天知进门，他伸手一指桌上厚厚的案卷，单刀直入："董天知，你的罪证我们早就掌握了。现在犯在我的手里，休想瞒得过去。老实交代吧！"

董天知轻轻一笑："交代什么？"

李天民摇摇头："年轻人，识时务者为俊杰。一个人年轻的时候哪能不犯些错误呢？知道错了，改了就好。那么多人都交代了，你又何必硬扛着？交代了，签个字，画个押，声明脱离共产党，改过自新，立马放你出去。不交代嘛，后果你是知道的！"

董天知想起了约法三章，他平静地说道："我只是一个热血青年，只是一个爱国学生，我听不懂你的话是什么意思。"

嚓的一声，李天民点燃一支雪茄，悠闲地在空中吐出一个烟圈，然后轻轻地在桌上的烟灰缸里弹掉烟灰，缓缓说道："年轻人，要论参加共产党嘛，我可比你们早多喽！但我在民国十六年就退了党。为什么？共产主义不适合中国国情嘛！年轻人一腔热血固然可贵，但眼光更要放长远。要知道，苦海无边，回头是岸。多亏我转变得早，这不，我现在不已经是堂堂东北军宪兵司令部军法处长了吗？俗话说得好：悬崖勒马，犹未为晚。我就不明白，作为一个中国人，干吗非要冒着杀头的危险去信奉外国人的主义呢？"

提起民国十六年，董天知倒想起一件事来。那一年发生了著名的"四一二"反革命政变，刚刚站稳脚跟的蒋介石对共产党人挥刀相向，血腥屠杀。这年，在亲友的帮助下，董天知考入位于开封的河南省立第一师范学校。五月中旬，他结识了刚从武汉来到开封等地秘密从事革命活动的共产党早期革命家、中国著名农民运动领袖彭湃。那时的董天知只是一个十五六岁的少年，他一眼就喜欢上了这个瘦高个儿、面貌清秀、南方口音的青年。相处虽然只有短短的十几天（其间，经董天知的姐姐董少峰邀请，彭湃还曾去荥阳县城董天知家暂居，躲避国民党的追捕），但这十几天里两人朝夕相伴，形影不离。对人生，对国家，对世界，董天知心中许许多多疑问都从他那里找到了清晰的答案，董天知还从他那里知道了外国列强对中国的压迫，知道了革命救国的道理。在彭湃的革命思想影响下，董天知开始接受共产主义思想。

"听见没有？嗯？"见董天知正在沉思，李天民恶狠狠地逼问道。

董天知收回思绪，轻蔑地瞥了李天民一眼："先生，我对你的个人历史不感兴趣。我只是不明白，共产主义怎么就不适合中国国情了呢？让中国老百姓人人有饭吃，人人有衣穿，把欺负中国的洋大人从我们的土地上赶走，怎么就不适合中国国情了呢？"

"年轻人，你中共产党的毒可是不浅哪！看来你是真的需要好好开导开导啦！"李天民嘿嘿一笑，又抽了一口雪茄，对着门外一声喊，"来人！把舒文玉带上来!"

舒文玉? 董天知的心咯噔一下。

从被捕到现在, 他始终没有得到舒文玉的消息。她现在怎么样了? 是不是也受到了残酷的折磨? 是不是也是伤痕累累?

随着一阵熟悉的脚步声, 舒文玉出现在审讯室的门口。

四目相对。舒文玉还是穿着那身素净淡雅的学生装, 如翠荷临风, 亭亭玉立, 只是白净秀丽的面孔上少了一些清纯, 多了一丝忧郁。看到镣铐加身、衣衫褴褛的董天知, 舒文玉的脚步迟疑一下, 但随即跑上前去, 扑进董天知的怀中, 嘤嘤地哭出声来。

舒文玉伏在董天知的肩膀上痛痛快快地哭了一场, 仿佛受了委屈的孩子。哭了一阵, 她仰起脸看着董天知。

董天知抬手擦去她脸上的泪痕, 笑着说:"不哭。看, 我不是好好的吗?"

看到自己心爱的人毫发无损, 董天知心中由衷高兴。他早已忘记了自己身上的伤痛, 轻声问道:"文玉, 你还好吗?"

舒文玉点点头。

董天知追问一句:"文玉, 他们怎么肯放你出来? 又怎么肯让你来见我?"

舒文玉没有正面回答董天知, 而是低下眉头轻轻叹了一口气:"天知, 我不能没有你!"

"文玉, 我也一样。你我之间纯真的爱情, 也是支撑我坐穿牢底的一个动力呢! 等我走出这监牢, 我们还像从前一样, 像马克思和他的燕妮, 像列宁和他的克鲁普斯卡娅, 肩并着肩手挽着手, 继续从事我们壮丽的事业!"董天知沉浸在美好的遐想之中。

"可是……我……"舒文玉嗫嚅起来。

"文玉, 你, 怎么了?"董天知一阵警觉, 他双手扳着舒文玉的肩膀追问道。

"我发表了转变声明……"舒文玉鼓足勇气把这句话吐了出来。

"你! 你!"仿佛是晴天霹雳, 董天知惊得大张着嘴巴, 半天才回过神来, "你你你……这是真的?"

舒文玉点点头:"天知, 是真的。"

仿佛是害怕染上可怕的瘟疫, 董天知一把把怀中的舒文玉推出老远。

舒文玉踉跄后退几步, 但她还是扑向董天知, 含着眼泪说:"天知, 你听我说。他们的拷打审讯, 我不害怕。但是每当他们告诉我, 说你被打得遍体鳞伤, 被折磨得奄奄一息, 我……我受不了。想象着你被他们折磨的情景, 我不知道哭了多少次! 天知, 我不忍心看着你受罪!"

"这, 这, 难道这就是你转变的理由?"董天知气愤地逼问。

"不！"舒文玉抽泣着说道，"他们说我可以救你。可以想办法让我们一起逃脱牢笼，脱离苦海……他们答应我，只要你在转变声明上签个字，他们就提供给我们一大笔钱，送我们两个人出国留学。到英国，到法国，到德国，到美国，到哪里都行！天知，你我都还年轻，出去后隐姓埋名继续求学，我们还会有大好的前程，你说是吗？"

"条件是，我和你一样——转变，对不对？"董天知反问道。

舒文玉抬起头，泪眼婆娑地看着董天知，轻轻点点头。

"不！"董天知再次决绝地推开舒文玉。

"天知，留得青山在，不怕没柴烧。对抗下去，我们可能被杀头，被判许多年刑，难道你真的愿意把我们的大好青春葬送在这监狱里吗？天知……"舒文玉用哀求般的语气接着往下说，"天知，难道你真的忘了我们在一起相亲相爱的点点滴滴吗？天知，难道你真的忍心舍弃我，让我独自一个人飘零异国他乡？天知，难道你真的不为我们将来的前程着想吗？"舒文玉哭着说着，早已成了泪人。

"你，你，你，你亵渎了我们神圣的爱情，你亵渎了我们壮丽的事业！你，你，你，你一个人拿着他们施舍给你的金钱，去奔你的锦绣前程，去享你的荣华富贵吧！只是请你记住：从今以后，你我永为陌路！"

说完这句话，董天知头也不回，拂袖而去。

"天知……天知……天知……"舒文玉丧魂落魄，发出撕心裂肺般的哭喊声，向着董天知追了过去。

董天知猛地一甩审讯室的铁门，铁门咣当一声迎头挡住了舒文玉的去路。舒文玉扑在冰冷的铁门上，透过铁栅栏看着董天知决绝远去。

四、大牢里的歌声

又一轮审讯过后，牢房里剩下了三十九个坚决不肯"转变"的政治犯。

邵文凯和李天民暗中磨刀霍霍，放出风来对这些人要予以严惩。

一九三一年八月初的一天清晨，天刚蒙蒙亮，睡梦中的人们就被牢房外一阵嗵嗵嗵的脚步声惊醒。牢房里的空气陡然紧张起来，政治犯们从地铺上一跃而起，互相用目光探寻：怎么回事？

董天知隔着门缝朝外望去，几个看守一边哗啦哗啦地打开牢房的门锁，一边大声吆喝着："起来起来！都起来！准备走！"

"准备走？往哪里走？"董天知禁不住问了一句。

"问什么问！到时候自然就知道了！"看守眼睛一翻，不耐烦地答道。

"带行李不带？"站在董天知身旁的杨献珍试探着问了一句。

"不带，不带，什么也不带！"另一个看守板着脸，语调冷酷地接了一句。

董天知看看和他并肩站在一起的杨献珍，轻声说道："老杨，看这个架势，会不会是要送老子们去天桥？"董天知所说的天桥，指的是天桥下边二道坛门西那片空地儿。清朝时候，清政府把宣武门外的菜市口当作杀人的刑场，因为那里地处偏僻，人烟稀少。到了民国，政府却把刑场挪到了天桥，他们说的是天桥行人稠众，游客密织，在这里杀人更能起到杀一儆百的效果。

杨献珍还没有来得及回答，倒是一个耳朵尖的看守接过话来，没好气地抢白一句："叫你甭问甭问，你偏要问。到地方你小子就知道了！"

"就是去天桥又咋的？老子不怕！"董天知一仰脖子说道。

董天知话音刚落，从院子里又呼呼啦啦涌进来一群宪兵，推搡着，吆喝着，把刚出牢门的政治犯们往牢房外边轰。

董天知随着人群来到院子里。院子正中间站着一个光头宪兵，手里抓着一大把约莫有半个手掌心大小的白色卡片，上面已经逐个写好了政治犯的名字。这个宪兵每叫到一个人名，就把对应的卡片发到那个人手里，完了还不忘交代一句："用别针别在胸口上！"

外面的空气很新鲜。在昏暗污浊的牢房里待了这么长时间，董天知从来没有这么自由地呼吸过。他闭上眼睛做了一个深呼吸，尽情享受着空气中那种甜丝丝的清新味道。太阳也升起来了，眯起眼睛望去，仿佛能够看得到丝丝金线。

远处，几个宪兵围成一团，似乎在围观什么稀罕玩意儿，一边看一边还在指点着评头论足。人群朝着这里走过来，等到这几个宪兵散开之后，大家才看清楚，原来是一个铁三脚架上支着一个蒙着黑色幕布的照相机。

原来是给大家照相。只是，这平白无故的照什么相呢？难道果真是要往天桥上送？董天知心里掠过一丝阴影。

殷鉴也从单间牢房出来了，向着人群走过来。他比以前更瘦，但脸上依然挂着淡淡的充满自信的微笑，步伐从容坚定，就像是往常放风一样。身后的两个看守就像是两个保镖，一左一右，依然是寸步不离。

等殷鉴加入队伍中，一个值班的看守整了队列，照相开始了。

照相一个人一个人进行。趁这个工夫，人们热情地把殷鉴和薄一波围在中间，薄一波向殷鉴一一介绍大牢房里的难友。介绍董天知的时候，殷鉴看看他稚嫩的面孔，又看看他身上的累累伤痕，抬手拍拍董天知的肩膀，感慨地说："好样的，这么年轻的同志！"

"是啊，"薄一波接过殷鉴的话，"虽然年轻，却是铁骨铮铮的汉子，和你一样，从来没有向敌人低过头。"

听到薄一波的话，殷鉴用欣赏的眼神看着董天知，含着笑不住点头。

正在大家交谈的时候，两辆汽车开了过来，停在一旁。汽车刹车的声音引起了人们的注意，人们抬眼看去，见其中一辆敞篷车上沿着车厢板坐了十几个挎着盒子枪的宪兵，另一辆是空车，前后畅通，车厢却被一张巨大的帆布围了起来。

刚刚照完相，宪兵们就催着人们上车。等大家都上了车，四个手持长枪的宪兵咔咔上了刺刀，也爬上车厢，并排坐在车尾。

一阵马达轰鸣，汽车呜呜吼叫着开出大院。

果真要往天桥送？董天知表情肃穆，默默注视着前方，心中涌起一股悲壮的豪情。汽车前行不久，眼看着拐了一个弯，通过地安门低低的门洞直奔景山而来。董天知心里清楚，过了景山，绕过紫禁城便是前门，前门正对着的便是天桥了！

近处，景山顶上那些青翠茂密的苍松翠柏，在晨风中飒飒作响，仿佛在为这些年轻的生命鸣不平；远处，紫禁城里那些重檐飞角的楼阁宫殿，在朝霞中无言肃立，好像在对这群不屈的灵魂表达敬意。

车上的人在低声交谈。有的说："我们不能就这样不声不响地让敌人屠杀！我们要高唱《国际歌》，展示我们共产党人的气节！"有的说："到了行刑的时候，我们要高喊'共产党万岁'！"听到大家的议论，董天知下意识地清了清嗓子，心里暗暗拿定主意：一旦到了天桥，他要放开歌喉，用最大的声音高唱《国际歌》。在监牢中，他早就渴望着放开喉咙歌唱，要把这些天来郁积在胸中的闷气尽情宣泄出来。想到这里，他向着大家扫视一周，大声说道："难友们！到了天桥，我们要一起合唱《国际歌》，一起怒吼，像黄河涛声，像钱塘怒潮，向万恶的旧世界发出我们最后的吼声！"

"对！"众人纷纷赞同。

说话间，汽车已经出了南池子，过了天安门，可是并没有像大家预料的那样向南拐去，而是一直沿着西长安街直直向西开去！

莫非不是要拉到天桥？

车上的人鸦雀无声。汽车继续前行。难道要过复兴门？正在大家疑惑的时候，汽车到了府右街口突然往北一拐，径直开进路西一座院墙高耸的深宅大院里。

这里原是大清王朝的顺承郡王府，现在是张学良陆海空军副总司令部行营军法处。进了军法处的大门，东边是看守们的住室，南边是一片空地，北配殿和西配殿便是两处监房了。

从宪兵司令部看守所送来的三十九人中，除了殷鉴、薄一波、董天知和杨献珍，还有刘澜涛、乔国桢、胡锡奎、赵镈、张友清、王鹤峰和刘聚奎等。到了行营军法处，他们才发现比他们早几个月在天津被捕的前顺直省委陈原道、安子文、周仲英、刘亚雄、郝清玉等几十个共产党员也在这里。这些人中，殷鉴、陈原道和刘亚雄是莫斯科中山大学的同学，薄一波、乔国桢、胡锡奎、张友清同安子文、周仲英又并肩战斗过许多岁月，都是生死之交。

这是一次特殊的地下会师。董天知原本和其中的很多人并不相熟，但因为有了薄一波的介绍，大家很快就熟悉起来。

宪兵司令部要枪毙殷鉴、薄一波、董天知等这批政治犯的意图，大家心中有数。但是行营军法处将会对他们作出怎样的最终判决呢？行营军法处和宪兵司令部有什么不同？行营军法处和宪兵司令部之间有没有可以利用的矛盾？……对于这些至关重要的问题，董天知和薄一波等一起，利用各种机会进行调查了解和摸底，很快就有了大致的头绪。

行营军法处和宪兵司令部都是东北军，但他们之间又有着很深的矛盾。外号"活阎王"的行营军法处长颜文海，是张作霖当年"红胡子"起家时的拜把兄弟，是奉系军阀里的元老派，资历深，年岁大，自恃劳苦功高，打心眼里看不起宪兵司令部那帮一步登天的年轻人。颜文海虽然看不起宪兵司令部里的年轻人，却十分讲江湖义气，颇有一些"托孤重臣辅佐幼主"的忠心，对"少帅"张学良那是言听计从，忠心耿耿，因此张学良对他也是高看一眼，对他的意见更是多有听从。

还有更重要的一点，宪兵司令部中有蒋介石的力量渗透其中，而行营军法处却是清一色的东北人，颜文海手下这帮"元老派"，最在乎的就是保持奉系军阀的独立性，最反感的就是受到南京方面的摆布，而这一点又恰恰和张学良的想法不谋而合。因此，在和宪兵司令部的历次较量中，颜文海总是占据上风。

对于如何处理从宪兵司令部送来的政治犯，颜文海对邵文凯的"判决"不以为然，而是另起炉灶，又制定了三条标准：一，持枪暴动者一律枪毙；二，共产党员和与共产党有联系的，一律判刑；三，与共产党没有关系的，一律释放。

摸清了颜文海的底细，殷鉴、薄一波开始筹划怎么样开展狱中斗争更为有利。

董天知也积极参与其中，尽力出谋划策。每到放风时间，董天知总是瞅准机会，和殷鉴、薄一波几个人走到一起，分析情况，交换意见。

一天，又到了放风时间，殷鉴、薄一波和董天知装作散步的样子，又聚到一起。

薄一波首先开口："活阎王信不过宪兵司令部的审讯意见，又成立了一个法庭对我们进行复审。今天第一个就提审了我。"

"老西，提审的时候活阎王都问了些什么？"董天知急于知道颜文海的意图。

"活阎王大大咧咧地坐在罗圈椅子里，旁边还坐着个法官。我一进门，活阎王就问我究竟是犯了什么罪，被邵文凯判成死刑。我说我也不知道是怎么回事，就稀里糊涂地被他们判了。我这么一说，那活阎王倒来了兴致，非要我把这来龙去脉讲讲。我告诉活阎王，说我从家乡山西来北平就是为了找个工作，混碗饭吃。经一个朋友介绍认识了一个叫廖划平的人，在他手下抄抄写写做个小文书。后来这个廖划平被宪兵队抓起来了，他扛不住宪兵队的毒打招了供。因为立功心切，他反咬一口，说我是共产党。活阎王听到这里，哈哈大笑一阵打断了我的话，问我：年轻人，你知道什么是布尔什维克吗？我说不知道。旁边那个法官插了一句话说：我看你这年纪轻轻的，想你也不会懂得共产党是怎么回事！活阎王也摇摇头，甩着两手说：看看，看看，都是邵文凯这帮小人把事情给弄坏了！活阎王又问了几句话，提笔把我的死刑改为有期徒刑了。"

"旗开得胜！"殷鉴高兴地对薄一波点点头。

董天知说道："殷鉴大哥，老西，我也听说了一些消息。廖划平他们几个叛徒由于投敌叛变有功，被邵文凯留在了宪兵司令部，听说他们还给了廖划平一个司令部秘书的职务。这活阎王是个重义气的人，最看不起那些出卖朋友起家的人，常常为了这件事情愤愤不平，我看，这也是我们可以利用的一点。"

"对。"殷鉴抬头向四周看看，见看守没有注意到他们几个人的动静，接着说道，"老西做了一个很好的尝试。我们要利用他们之间的矛盾，借着这次复审开展一次翻供斗争。从目前的情形看，通过这次斗争争取重新改判，争取轻判，甚至争取部分政治犯无罪释放都是有可能的。"

"我看还是要分几种情况。凡是没有被敌人掌握证据的人，要全盘推翻他们强加给我们的罪名。被敌人抓到了证据的，要避重就轻。被判了死刑的同志们，更要积极主动，通过翻供争取轻判。"董天知把自己的想法和盘托出。

薄一波点点头。和董天知相比，他年长几岁，这些年经过的大风大浪要多一些，心思也更加缜密："这几天我们就分头联系，把我们的意见告诉大家。只是要特别注意，这一切都要秘密进行，千万不能让活阎王他们发现。否则，那可是弄巧成拙！"

"嗯！"董天知也意识到了这一点，"活阎王要是知道这是我们有组织的行动，那一切都会前功尽弃！"

"甚至我们的处境会更险恶！"殷鉴看着薄一波和董天知，再次叮嘱。

经过暗中一番精心组织，这次翻供斗争取得全胜。从宪兵司令部送来的三十九个"共产党要犯"全部改判，所有的死刑也都改成了有期徒刑。董天知被判五年，薄一波被判八年，就连原来估计必死无疑的殷鉴，也改判成了十二年徒刑。

就在大家刚刚松口气的时候，一个人的到来打破了军法处的平静。

那是八月底的一天，天气已经有了一些凉意，正好是放风时间，董天知和薄一波一边散步一边说话，忽然听到一阵嘈杂的声音："你们要干什么？要杀就杀，要剐就剐，我没有什么好交代的！"

董天知抬头望去，见几个宪兵推推搡搡，押着一个身材高大的青年人朝着他们走过来，这青年一边挣扎，一边毫无惧色地大声斥骂。

薄一波见了来人，心中一惊：这不正是几个月前还和他一起并肩战斗的战友——中国工农红军第二十四军政委苏亦雄吗？

苏亦雄也看到了薄一波和董天知。薄一波轻轻拉了董天知一下，两人正要向着苏亦雄走过去，苏亦雄却对着他们摇摇头，用目光止住他们两个人的脚步。

两人疑惑地止住脚步，注视着苏亦雄转过身去，挺起胸膛走向关押自己的地方——死牢。

两人刹那间明白，原来苏亦雄已经知道自己的生命马上就要走到尽头，他不愿意连累亲爱的战友。

第三天一大早，天色尚在朦胧之中，牢房外突然传来一阵纷乱的脚步声，董天知翻身坐起，走到窗前向外望去。

军法处沉重的大门轰轰隆隆打开了，四个全副武装的宪兵胸前平端着冲锋枪，耀武扬威地进了大门，然后分列大门两边站定。紧接着后面又有四个持枪宪兵和两个腋下夹着皮包像是秘书模样的人，簇拥着一个全身披挂、老气横秋的老头子大步进门。这老头子膀大腰圆，眉毛、胡子都是雪白的，身子骨却十分硬朗。高耸的大蒜头鼻子下，一左一右两撮高高撅起的胡子像野鸡翎子一般又粗又长，随着他的脚步落地，两撮大胡子也被震得一晃一晃的。他走起路来腰板挺直，大大咧咧，咚咚咚咚的脚步声踏在地上，仿佛地皮都在颤动。

他就是活阎王颜文海。

颜文海在院子中间站定，吹胡子瞪眼睛地大声吆喝了一通，就见两个看守"是是是"了一阵，转过身来踮着脚尖一路小碎步跑到死牢门外，麻利地打开牢门，急促地喊了起来："苏亦雄！"

几个牢房里都是鸦雀无声。人们心中有了一种不祥的预感，整个高墙里的空气凝固了。人们纷纷涌到窗前，屏住呼吸，透过门窗上的铁栏杆默默注视着苏亦雄。

哗啦哗啦，苏亦雄和他的警卫员迈着沉重的步伐默默走到院子的中间。黑暗中，苏亦雄回过头来，仔细打量着四周的牢房，然后双手抱拳，深深吸了一口气，把头一扬，像是对着黑暗中的天空，又像是对着牢房里的难友，一字一句地大声说道："永别了，同志们！永别了，难友们！"

高墙里死一般寂静。天空颤抖了，大地颤抖了，每一个人的心都在颤抖。董天知感觉到自己的脑海里像是有一道闪电划过，要将这黑沉沉的天空撕裂，要将这硬邦邦的大地击穿，要点起一把熊熊的大火，把这黑暗的世界照亮，让这黑暗的世界燃烧！

哗啦哗啦的脚镣声又响了起来，两个人在大家的注视下，互相搀扶着向前走去，一直走出门外，走出人们的视线。不大一会儿工夫，从西直门外的护城河边上，隐隐约约传来几声"共产党万岁"的呼喊，紧接着就是两声沉闷的枪响。

牢房中，人们痛苦地闭上眼睛，默默地低下头去。

黑暗中，人们在默默流泪。董天知的眼泪顺着脸颊往下流，他抬起手擦了一把眼泪，这时才发现殷鉴和薄一波不知什么时候已经站在他身边。

殷鉴把手中的一封信递给董天知，哽咽着说："苏亦雄同志的遗书。昨天一个好心的看守偷偷送来的。"

董天知接过来低头看去。这是两张很粗糙的废纸，正反两面都密密麻麻写满了铅笔字，为了节省纸张，字写得很小，有的字写得工工整整，有的字写得十分潦草，看得出苏亦雄澎湃起伏的心情。借着牢房里昏暗的灯光，董天知把这封"诀别书"快速浏览一遍。当看到信的结尾处"亦雄绝笔于狱中"几个字的时候，董天知回头对殷鉴和薄一波说道："不能让我们的英雄就这么无声无息地死去。即使死，也要死得有尊严！我们一定要想个办法，悼念苏亦雄！"

"好主意！"殷鉴和薄一波对望一眼，两人不约而同地对着董天知点点头。

难友们听了董天知的话，也都向他围拢过来。黑暗中，杨献珍问道："悼念苏亦雄，这是我们大家共同的心声。只是，用什么方法好呢？"

"唱歌！"董天知擦干泪水说道，"我们一起唱。用歌声为我们的英雄送行，用歌声告慰远去的英灵，用歌声寄托我们的哀思！"

"可是，军法处不允许我们唱《国际歌》。"刘澜涛不无担心地说。

"那我们就唱别的。"董天知胸有成竹，"唱列宁生前最喜欢唱的那首歌——《光荣牺牲》！"

"好！"大家齐声同意。难友们都知道董天知喜欢唱歌。他不但有一副好嗓子，而且唱歌的时候特别投入，把自己的真挚情感融化在歌声里。每当他的歌声响起，难友们就会陶醉在他的歌声中，会不由自主地随着节拍哼唱，会忘记疼痛和忧伤，甚至忘记了身在牢狱，心灵都随着歌声飞出了牢狱高高的围墙。

看到大家情绪激昂，殷鉴说道："歌声就是心声。用歌声悼念我们的英雄，恐怕也是身陷监牢之中的我们唯一能用的办法了。"殷鉴说完，朝着薄一波看了一眼。

薄一波点点头，往前走了一步，表情严肃地说："这样，咱们的追悼会由我来组织。天知，唱歌的时候由你来起头、领唱。你要作好心理准备，万一……万一有人告密，那样的话我们俩可能会被拷打、加刑，甚至——"

没等薄一波把话说完，董天知抬起手从空中向下猛地一劈，斩钉截铁地说："干！"

薄一波转身看着大家，声调低沉地说道："大家都听到了远处的枪声，那是我们的同志倒在了敌人的枪口下。现在，我们面向枪声响起的地方，默哀三分钟……"

人们纷纷移动脚步，神情肃穆地低下头。

> 感受不自由莫大的痛苦，
> 你牺牲了光荣的生命；
> 在我们艰苦的斗争中，
> 你英勇地抛弃头颅。
> 英勇，你英勇地抛弃头颅，
> 英勇，你英勇地抛弃头颅……

黑暗中响起了董天知深沉的歌声。

声音由小到大，歌声由低到高，庄严的旋律就像从大地的胸腔里迸发出来，仿佛来自地球深处的红色熔岩在翻滚怒吼。这歌声仿佛具有摧毁一切的力量，深深地感染着牢房里每一个人。这歌声唱到了每一个人的心窝里，穿透每一个人的灵魂，发泄着每一个人的心声，此刻也只有这雄浑的歌声才能表达对英雄的怀念。

受了董天知歌声的感染，人们不断加入进来，把自己的情绪汇入这激荡的洪流中。歌声渐渐高昂，就像一条条涓涓细流不停地注入同一条江河，最终汇成一条波浪翻滚奔腾咆哮的洪流，势不可挡地滚滚向前。汹涌澎湃的歌声又为每一个人的心中注入勇气，鼓舞着人们。

庄严的旋律一遍又一遍响起，在黑暗的夜空中回环往复，在黑暗的牢狱中震颤激荡。歌声撞击着屋瓦房檐，撞击着楼宇围墙，然后越过围墙飞出大门，向着刚才枪声响起的地方飞去，向着黑沉沉的天空飞去。

听到牢房里传出的歌声，门外的看守号叫起来："不许唱！不许唱！"牢房里的人听到皮鞭抽打在铁门环上发出"噼里啪啦"恐怖的脆响。但是人们并没有害怕，没有停止歌唱，歌声承载勇往直前的勇气，裹挟着不可抗拒的力量，反而越来越激越，越来越高昂，越来越响亮。

透过生锈的铁窗，惨淡的晓月照在董天知脸上。董天知早已泪流满面，脸上的泪痕发出荧荧的光，他却顾不上去擦一把。其实，他也不想把脸上的泪痕擦去，流吧，流吧，那是悼念英雄的泪水，那是寄托哀思的泪水，就让它尽情地流吧……

董天知是用自己的心在歌唱。他把自己的全部身心都融化到了歌声里，他已经化作一只勇敢的雄鹰，在天空中翱翔，俯视着大地苍生，迎着天边的彩霞，飞翔，飞翔！

歌曲终了，牢房里出奇地安静。董天知站在铁窗前，极目向着东方望去。天边已经有了一抹亮色，想必朝霞马上就要升起了，可是我们的英雄却倒在了太阳即将升起的时候。董天知的心仍然沉浸在深深的悲痛之中。

是的，英雄已经远去。对于战友最好的纪念，莫过于挺起胸膛继续战斗！想到这里，董天知用力地清清嗓子，回过头朝着难友们点点头，领头唱起了另外一首歌：

> 走向前去啊，
> 曙光在前，
> 同志们奋斗，
> 用我们的刺刀和枪炮
> 开自己的路。
> 勇敢上前，
> 坚定脚步……

人们的情绪激昂起来，争先恐后地把自己的声音汇入歌声中。刚刚因为苏亦雄牺牲而悲痛的情绪，正在一点点转化成继续战斗的勇气，正在一点点集聚成排山倒海、无坚不摧的力量。歌声中，东方的一轮红日正在冉冉升起；歌声中，人们耳边仿佛响起嘀嘀嗒嗒的冲锋号角；歌声中，人们眼前仿佛有一面鲜艳的红旗在飘动。

> 同志们奋斗，
>
> 用我们的刺刀和枪炮
>
> 开自己的路……

受了董天知牢房里歌声的感染，其他牢房里也应和着唱了起来。尽管看守们在院子里大声呵斥，但谁也无法阻止这雄壮的歌声。

这雄浑有力的歌声此伏彼起，仿佛是一场接力的竞赛，犹如滚滚而来的潮水，在各个牢房里激荡着，传递着，延续着……

五、狱中"斯皮克"

秋天来了。

已经过了白露时节的北平，天气渐凉。天空中蓦然传来由远及近的雁鸣，清音嘹亮，裂石穿云。循声望去，只见湛蓝的空中，一群翅膀上披着金色余晖的大雁，正列阵南飞，在一片"喔啊，喔啊……"的鸣唱里，渐渐消失在茫茫天际。雁阵大有一去不返壮别天涯的气势，它们边飞边鸣，你应我和，那高昂激越的雁鸣，仿佛就是那一往无前的远征号角。

董天知侧身半躺在牢房的地铺上，抬头看着天空中的大雁，沉浸在无边的遐想当中。

薄一波正在帮难友们缝补磨烂的衣服。他顺手把几根碎布条裹在董天知的脚镣上，低头缝了起来，一边缝一边对董天知说："天知，看天上的大雁，是不是有点儿'数声飘去和秋色，一字横来背晚晖'的意思？"

"是啊。"董天知收回思绪，看着薄一波缝好了布条的接口，低下头去咬断针脚。

薄一波收好针线，抬起头，透过牢房的铁窗凝望着大雁过后的寥落长空，像是自言自语，又像是对董天知说道："西风起边雁，一一向潇湘。这是一段漫长的征程，我们可不能掉队呀！"

董天知知道薄一波话中的深意。几个月来的狱中生活，让董天知成熟了许多。他经历过痛苦的抉择，也经受了生与死的考验，他认真地思考了许多问题，感觉到自己的生命已经具有了全新的意义。在敌人的残酷折磨和威逼利诱下，已经有一些意志软弱的人掉了队，自己可一定要跟上，要跟上前行的队伍，千万别掉队！

"行营军法处的复审已经结束，把我们关在这里也不是长久之计，下一步不知道他们会把我们送到哪里去。"一旁的殷鉴也开了口。

是啊，下一步会送到哪里去？

一墙之隔便是张学良的副总司令行营。就在董天知他们为下一步命运担忧的时候，国民党一个中央委员悄然来到北平，进了顺承郡王府。

他叫曾扩情，此行是带了蒋介石的密令，专为行营军法处这批政治犯而来。

不想张学良不在王府，而是住在北平协和医院。原来，张学良本来就体弱多病，几个月前赴南京参加国民会议又感染伤寒，返回北平后病情加重，日甚一日，不得不住进协和医院的一间秘密病房治疗。曾扩情到达北平的时候，张学良病情略有起色，刚能够勉强处理一些公务，但还不能离开医院。

张学良就在医院那间琉璃瓦覆盖的秘密病房里会见了曾扩情。

张学良身体依然虚弱，但气色已近正常。

"少帅，蒋公目前正在江西前线亲率三十万大军'剿共'。这是对朱毛红军的第三次清剿，目前作战已获大胜，卑职相信共产党的力量不久就会被全部歼灭。蒋公听说少帅您这里关押了不少'共党分子'，对于如何处置他们，蒋公十分关心哪！"寒暄几句过后，曾扩情说明来意。

"那，蒋公的意思是……"张学良知道蒋介石视共产党为洪水猛兽，要不然也不会在中原大战后不到一年的时间里三次进剿红军，这次派他黄埔一期的得意门生前来，一定是来传达旨意的。

"蒋公已经得知，这批共产党人中，不少已经被少帅的宪兵司令部定了死罪，可是到了您的行营军法处，竟然统统得到改判，死罪全部取消。这恐怕与政府刚刚颁布的《危害民国紧急治罪法》多有不符啊！"曾扩情一边说着话，一边仔细观察张学良的神色。

张学良听了这话，脸色一沉，猜想一定是宪兵司令部里有人向蒋介石通了消息。想到有人背后打他的小报告，他心中拂过一丝不悦："那——蒋公认为我应该怎么办？"

"蒋公的意见有两条：第一，斩草除根，由少帅您把这批共产党就地正法，以绝后患。第二，如果您下不了手，或者不愿意开罪共产党，就解送南京军人反省总院，由南京方面解决。"曾扩情胸有成竹，把蒋介石的意思和盘托出。

张学良陷入沉思。张学良对待共产党的态度和蒋介石不同。他虽然并不赞同共产党的主张，但他爱惜共产党里的人才。现在他身边颇为倚重的私人秘书黎天才就是从共产党阵营里过来的，他知道目前这一批共产党人中更是藏龙卧虎，因此寄希望于这批共产党人能为他所用。目前的政治斗争风云变幻，张学良感觉自己时刻都处于风口浪尖上。日本人对东北的野心日益昭著，让他提心吊胆。国内各派军阀之间的明争暗斗，让他如履薄冰。蒋介石这位盟兄对他的多方掣肘，也让他疑虑重重。多方因素使他焦头烂额，应接不暇。目前正是急需用人的时候，他知道共产党是坚决的抗日派，如果能有这些人的帮助，他将会如虎添翼。退一步讲，他根本不相信曾扩情嘴里那些红军将会全军覆没的鬼话，共产党不是那么好消灭的。把这些共产党交给蒋介石杀掉，不仅没有了和共产党做交易的本钱，还会和共产党之间添上一笔新债。在张学良心中，这可不是智者所为。

想到这里，他对曾扩情说道："请你转告蒋公，这件事劳烦蒋公惦念，汉卿十分感谢。但对于如何处理这批共产党，汉卿已有考虑，况且已于几日前通令各部，现在不宜再作变更。"

听张学良的口气，曾扩情知道事情已经难以转圜，只好悻悻而去。

几天之后，关押在行营军法处的政治犯得到通知，要把他们解往监狱去了。

院子里响起了急促的哨子声。等董天知收拾好了行李走出牢门的时候，人差不多已经集合齐了，跟在身后的看守还在不停地催促："快！快！"

一胖一瘦两个看守踮着脚尖、伸长脖子注视着人犯。绰号"瘦猴"的看守长手里拿着一份名单开始清点人数。胖看守手里捏着一炷冒着缕缕青烟的火香头，站在瘦猴身边。瘦猴点一个人名，胖子就踮起脚尖从他身后把火香头伸过来，在这个名字上烫一个洞。

清点完人数，见人已到齐，瘦猴把这张纸胡乱一叠塞进口袋，皮笑肉不笑地对大家说："难友们！你们的官司都已经定案了。今天要送你们到草岚子监狱，到了那里，咳，要听话，要是运气好的话，遇到大赦了，还能提前回家！……"

终于知道要被送到哪个监狱去了，人群里有了一些小小的骚动。有人小声议论起来："这都到了现在，也不告诉一声，到底判的都是多长时间呀？"又有人说："这到底是个啥罪名呀？"

瘦猴只不过是在例行公事，一心想着赶快交差，所以对人群中的议论充耳不闻。他朝着旁边拿枪的看守一努嘴，眨巴着眼睛挤出一句："上车！"

看守们刚刚还是呆板僵硬地站在那里，听了这话如同牵线木偶开了机关，大声吆喝起来："快点儿，快点儿！两个人一排，两个人一排，后边的跟上，后边的跟上，上车！上车！"

人们挤上了一辆带篷子的大卡车。看守们最后上车，不过他们手里都端着长枪。站在后排的人，胸膛正好对着看守们明晃晃的刺刀。

呜的一声汽车开动，车上的人齐齐向后倒去，有几个差点儿碰到了刺刀上。端着刺刀的看守们大声咒骂着，没等车上的人站稳，只听又是呜的一声，汽车像一头发疯的野兽向前冲去。

从篷布的缝隙里望去，看得到大街两旁的绿树。董天知打量着这久违的北平秋色。秋高气爽，大清早的天空瓦蓝瓦蓝的，空中只飘着几丝细细的浮云，两行大雁在天上写出一个大大的"人"字，在浮云间穿梭着排着队向南飞去，极目望去，顷刻间觉得神清目爽。一阵微风吹来，清新的空气中流淌着一股自然的清香，他情不自禁地闭上眼睛深深吸了一口气，清新的空气让他浑身麻酥酥的，感觉沁人心脾，深入肺腑。能够自由地呼吸真好！只有曾经失去过才知道自由是何等宝贵，从臊臭闷热、空气污浊的号子里出来，才注意到原来我们每天呼吸的空气竟有着这般诱人的芳香。街道两旁的洋槐树上，树叶子的边缘还挂着几点露珠，摇晃着似乎就要滚落下来。树枝间已经夹杂了一些黄叶，微风吹过，露珠便滑过树叶的边缘掉下来，偶尔还会有几片树叶随风打着旋儿从树梢飘落，有的颜色碧绿，有的颜色金黄，恋恋不舍地离开了曾经让它们依赖的枝头，静悄悄地落在人行道上。

董天知心想，就连这一片一片的树叶，只要能够自由地在空中飞舞，原来也可以这么美丽。

拐了几个弯，前面不远就是破旧不堪的西单牌楼。横梁上斑驳脱落的"瞻云"两个大字显得暗淡无神。董天知眯着眼睛正在愣神，只听有一个宪兵高声叫喊着："到了！停下停下！"

汽车在一个黑漆漆的大门跟前停了下来。

这里就是地处草岚子胡同的"北平军人反省分院"（原为一九三一年九月设立的专门关押共产党人的临时看守所，一九三二年三月正式改为此名），俗称"草岚子监狱"。

这是一座破旧的大院落。院落坐南朝北，正门朝着东面开，西边有一座灰色二层小楼（监狱当局办公的地方），后院有幢长筒状的房子，那是牢房，分为南监和北监，各有二十四间牢房。四周高墙上都扯上了一道又一道带着铁刺的电网，长长的白茅草挂在电网上面，随着阵阵秋风瑟瑟抖动。迎面有一座哨楼，像是一座斑驳古旧的砖塔，塔檐向上翘起，远远地伸了出去，四角还挂着几个破旧的风铃，顺着生锈的铁链子低垂下来，在秋风中发出暗哑断续的叮当声。塔上站着一个扛着长枪的哨兵，他好奇地向这边打量，高出肩头的刺刀在阳光下随着身体的转动，发出一闪一闪刺眼的亮光。

"站好站好站好！"董天知他们站在空空的院子里，一个中等身材的黑脸汉子来到跟前。他一边抬起右手对着人群指点，一边操着浓重的山东口音说道："俺咧，姓牛，以后大家叫俺牛班长就行咧。都给俺听着，俺嘛，现在讲两句。到了监狱里咧，只许老老实实，不准乱说乱动，不老实的，可别怪俺们不客气！"牛班长说罢往后退了一步，身子一弓让出一位浑身上下一般粗细、大脑袋直接坐在肩膀上的矮胖子。

大脑袋挪了一步往人群前面一站，用一口破锣嗓子说："难友先生们，鄙人姓栾，是这里的管理员。今天你们初来乍到，往后我们打交道的日子还长着呢。所以今天我不在这里多讲，只提醒大家一句，必须服从党国训令，好好反省！"

说到这里，几个全副武装的宪兵簇拥着一个穿东北军军装的军官走了出来。大脑袋忙不迭退到一旁。等一行人到了人群前面站住，人们这才看清，原来是活阎王颜文海。人群中有人小声嘀咕："怎么还没有跑出活阎王的手掌心！"

见颜文海在人群前面站定，大脑袋脸上堆着笑对大家说："下面，请少帅行营军法处处长训话！"

颜文海背着手，旁若无人地在人群前头踱了几个来回，不慌不忙地用眼睛冷冷地将这些政治犯仔细打量一番。过了好大一会儿，才慢条斯理地开了腔："我们又见面了！你们这群人哪，都是黄毛孩子嘛！唵，你们懂什么呀？跟着共产党能折腾出个啥光景来？想当年，我跟我们张大帅，"说到这里，颜文海双手抱拳向着空中一比画，"一同起兵，到现在又跟了我们张少帅。跟老毛子打过仗，跟小日本打过仗，到如今光打仗老子就打了快四十年，我什么世面没有见过，唵？就凭你们这些黄毛小子，还能折腾出个朝廷来？"

颜文海粗大的喉结咕噜一下，用手指点着人群接着说道："年幼无知。家里拿钱供你们读书，容易吗？你们可倒好，不好好读书，穷折腾个啥，唵？这不，进了监狱了吧？没有要你们的命，那是我们张少帅开恩。你们可要体谅我们少帅的良苦用心，放弃那什么共产主义，老老实实地接受三民主义。哦，还有很重要的一点要告诉你们，这里不同于普通的监狱，你们在这里不单单是要坐牢，更重要的是反省。反省嘛，以六个月为一期，凡是反省了的，登个'反共启事'就完事儿，就可以释放回家，经过三期仍然不反省的——"说到这里，颜文海鼓起腮帮子噗的一声，把八字胡吹起老高，伸手把腰间挂着的盒子炮拍得啪啪响，"统统枪毙！"

颜文海话音一落，朝着人群睥睨一眼，转身离去。几个看守忙不迭跟上去，满脸堆笑，慌得大孙子一样把颜文海送出了门。

"妈的！看什么看？院长讲话，怎么不鼓掌？难道是想造反不成？"大家的目光还没有从颜文海身上收回，就听耳边响起一个刺耳的声音。回头一看，原来是一个长着高高的鹰钩鼻子，镶了两颗大金牙的看守走上人前。鹰钩鼻子目光凶狠地盯着政治犯们，嘴里一边嚷嚷着，一边抡起手里两尺来长的橡皮棍，劈头盖脸地砸向人群，蛮横地吼叫着："滚！都给老子滚进号子里，老实待着去！"

"你……"董天知提起拳头就要冲上去。

身旁的殷鉴拉了他一把，小声说："天知，莫急，观察清楚情况再算账不迟！"

董天知恨恨地跺了一脚，跟在殷鉴后面进了牢房。

这国民党的"反省院"，原本是根据一九二九年国民党政府行政院第 2774 号"密令"而设立的，专门用来对付共产党。和普通监狱相比，反省院在对这些政治犯们进行肉体折磨的同时，又增加了精神折磨，就是要通过这双重折磨迫使革命者"反省"，直至放弃自己的政治信仰。

面对敌人的"反省"攻势，大家也都在考虑对策。

被关在反省院中的政治犯，有的是共产党员，有的是共青团员，还有一些是思想进步的学生。有的是在天津被捕的，有的是在北平被捕的，还有的是在冀中、冀南或者冀东被捕的，情况各不相同，原来也并不熟悉，如果任其各自为战，难免会被敌人各个击破。

必须建立一个组织，把大家紧紧地团结起来，团结成一个坚强的拳头，只有这样才能有统一的步调，才能对付敌人的"反省"阴谋。

很快，殷鉴、薄一波和刘澜涛就利用放风的时间商量出了一个办法——成立代号"老兄"的狱中地下党组织。那共青团员和一般群众怎么办呢？大家不约而同想到了董天知。

董天知虽然一九三〇年就加入了共产党，但他的党员身份在入狱时并没有暴露。再加上董天知虽然年轻，但立场坚定，活泼开朗，浑身上下充满朝气，在年轻人中有着很大的影响力，通过董天知来影响带动大家是最好的选择。

殷鉴代表"老兄"把这个想法告诉了董天知，董天知毫不犹豫，欣然答应。

就在"老兄"刚刚开始领导大家进行战斗的时候，反省院又关进来一批进步青年，他们带来了一个令所有政治犯震惊的消息："九一八"事变爆发，日军铁蹄踏入东北，东北军不战而退！

啊！国难当头，民族危亡！怎么办？怎么办？所有政治犯都忧心如焚。

"老兄"决定发动一场争取无条件释放政治犯共赴国难的斗争。但这场针锋相对的斗争只能以群众面目出现，不能暴露出狱中的地下党组织。"老兄"经过慎重考虑，决定仿照过去建立"工人委员会""士兵委员会"的经验，由每个牢房推举出一个代表，统称为"SPEAKER"（斯皮克）——发言人，代表大家表达心声。

董天知不仅担任他所在五号牢房的"斯皮克"，还按照"老兄"的秘密安排，领导所有的"斯皮克"统一行动，开展斗争。

一九三二年三月中旬的一天，正是中午开饭时间，所有政治犯到了饭堂，都端端正正坐在凳子上，却没有一个人动筷子。经过一阵可怕的沉默，董天知站起身来，盯着看守班长说："看守先生，麻烦你把管理员请来，我们有话要说。"

饭堂里的空气瞬间紧张起来。看守班长早就看出阵势不对，不敢有丝毫怠慢，一路小跑把栾管理员请到饭堂里。

身穿青缎棉袍、头戴兔皮帽子的栾管理员一踏进饭堂，就被眼前的场面给镇住了。他强作镇静地说道："你们，你们，这是……这是干什么？这里是监狱，是反省院，难道……难道你们想……闹事不成？"

"管理员先生，你不用紧张。"董天知镇定自若，眼光逼视着栾管理员，"我们是想请你向你的上司转达我们的要求！"

"什么什么？你们这是在蹲监狱！你们有什么资格提要求？"栾管理员虽然心中发怵，嘴上却仍然在逞威风。

"管理员先生，你这就错了。"董天知上前一步，不依不饶，"我们虽然是蹲了你们的大牢，但哪条法律规定我们不许提要求？"说到这里，董天知的声音激昂起来，"虽然你们一直在对我们封锁消息，不让我们看书，不让我们看报，但我们也知道了最近外面发生的事情。日本人打进东北，这是关系国家安危民族存亡的大事情啊，这天大的事情你们又怎么能够封锁得了？"董天知看看在座的难友，"我们都是一腔热血的爱国青年，就包括你们，不也是中国人吗？同为中华儿女，同为炎黄子孙，怎么就忍心看着日本侵略者占我国土，杀我同胞，淫我姐妹，抢我财物？"说到这里，董天知的声音有些愤怒，"日本侵略者之所以敢如此猖狂，都是因为国民党政府的卖国政策！不抵抗，不抵抗，为什么不能抵抗？！我们都是爱国青年，都是热血男儿，我们要求当局，立即无条件释放我们！我们要求立即开赴前线，我们要求上阵杀敌，赶走侵略者！"

董天知话音刚落，各个牢房里的"斯皮克"纷纷发言。大家越说越激动，越讲越悲愤，讲者痛哭失声，听者唏嘘流泪。

反省院的看守都是张学良部下，随着日本侵略者占领东北，他们人人都有一本家破人亡的血泪账，心中也都憋着一股窝囊气。听难友们讲出他们想说又不敢说的心里话，他们的心也都受到了强烈的震撼，就连一直端着架子的栾管理员，也从心底里佩服这些年轻人呢，又受了大家情绪的感染，答应一定会把大家的意见向上司转达。

"前哨战"旗开得胜。"老兄"认为仅仅口头提出无条件释放的要求还不够，决定把大家强烈的抗日愿望写成正式呈文，递交张学良副总司令。

呈文递上去不久就传来回音。张学良派副总司令行营一位处长——他的结拜兄弟高胜岳来到反省院，代表他向政治犯作答复。讲话中虽然对释放政治犯开赴抗日前线的事情只字不提，但也不得不承认大家是爱国有为的热血青年。

六、虎口抗争

大好国土沦丧，反省院却还在导演着各种鬼把戏。

因为栾、蓝二字谐音，按照英语里"蓝"的读音，栾管理员被难友们暗地里起了"布鲁"这么个外号。这布鲁本是活阎王颜文海手下一个无权无势的下级军官，平时见了别的同僚升官发财，总是羡慕得眼睛发红。可巧碰到这次设立反省院的机会，颜文海兼任院长，正想找两个能够替他办事的人。布鲁不露声色地使出浑身解数巴结逢迎颜文海，一番努力之后，还真就博得颜文海欢心，坐上了管理员这把交椅，因此他铆足一股劲，要在颜文海面前露两手。

这天早饭过后，看守们七手八脚把政治犯就餐的食堂布置成了一个简单的教室。

一阵铃声过后，军法处一位衣冠楚楚的法官，腋下夹着厚厚一摞书，满面春风进了教室。

"诸位，"这位肥头大耳的法官把书放在讲桌上，朝着政治犯们扫视一周，开口说道，"按照中华民国《反省院条例》规定，所有反省人都必须学习三民主义。今天，我给大家讲课的题目是'三民主义为救国之根本'。在讲课之前，我要开宗明义地告诉大家：共产主义不适合中国国情。"

这位法官正准备继续讲下去，台下的政治犯却乱哄哄议论开了。

董天知站起身来说道："法官先生，我有一个问题请教。据我所知，孙中山先生在一九二三年十一月二十九日《批邓泽如等的上书》中说：民生主义与共产主义实无别也。中山先生在一九二四年秋天讲演三民主义的时候，又讲过这么一番话：'民生主义就是共产主义，就是社会主义。所以我们对于共产主义，不但不能说是和民生主义相冲突，并且是一个好朋友。'请问您对国父先生这些话怎么理解？"

这法官讲课本来就是为了应景，况且肚子里本来就没有多少墨水，听了董天知这番话一时愣在那里，脸上红一阵白一阵好不尴尬。

"还有，"董天知继续说道，"中山先生三民主义中的民族主义，就是要求中华民族平等独立。现在日本帝国主义武力侵占东三省，国民政府却下令不许抵抗，这符合中山先生民族主义的精神吗？"

在董天知一连串追问之下，进门时候还趾高气扬的法官恨不得找一个地缝钻进去，只好强打精神嗯嗯啊啊搪塞一阵，夹起书本溜之大吉。

以后又有几个法官来讲课。这些反动腐朽、思想落伍的法官，哪里会是关心时事、满腹才学的政治犯们的对手，政治犯们总是抓住讲课中间的漏洞进行有理有据的反驳，有的法官想发作却抓不到把柄，不得不自己给自己找个台阶，低声下气地说："让我们这些行伍出身的人给你们这些大学生讲课，我们能讲得好吗？唉，我们还不是为了混口饭吃？"有些识时务的法官，在政治犯的强烈要求下，常常讲一些时事，尤其是讲日本人在东北的暴行，讲东北义勇军英勇战斗的故事，每当这些时候，政治犯们总是鸦雀无声，舍不得漏掉一个细节。

反省院的"三民主义"攻势失败以后，布鲁又想到了孔孟之道，想用四书五经给政治犯们洗脑。不过，哪个法官也不是苦读经书的孔孟子弟，反而在课堂上闹出了更多笑话。布鲁看到这种讲课不仅毫无效果，而且法官还常常当面受辱，都把讲课视为畏途，不得不把讲课取消，换成另一个"法宝"。

一个星期五的下午，政治犯们又被集合到了食堂里。

随着一声低低的咳嗽，布鲁煞有介事地把一个身穿黑色教袍的神父请到讲台上，然后向大家郑重其事地介绍说："难友们，这位是西什库教堂的爱德华神父，今天来给大家布道。爱德华神父学识渊博，精通教义，相信大家能从中得到教益。"

政治犯们目光集中在神父身上。只见他年纪三十岁左右，中等身材，圆圆的脸庞上红光满面，在布鲁把他介绍给大家的时候，他闭着眼睛念念有词，不停地在胸前画着十字。

董天知抬眼望去，心中疑惑：这人明明是个黑头发黄皮肤的中国人，怎么起了这么个洋人名字？

"各位难友，"爱德华神父开始布道，"至高莫若天，至尊莫若主。我们教会是信仰上帝的。让我这个上帝的仆人指引你们学会忍耐，指引你们这些迷途的羔羊脱离苦海，同享天国的永生之福。"他又在胸前画了一个十字，"尘世上的人们，生来都是有罪的，你们要忏悔，要请求上帝的宽恕……"

难友中有人问了一句："神父先生，你刚才讲人们生来都是有罪的，那你有罪没有呢？"

神父眨眨眼睛答道："哦——这个——我有我的罪，你们有你们的罪。"

"那就请你说说你的罪好了。"不知是谁接了一句。

神父的脸上青一阵白一阵，支支吾吾地说道："我的罪我自然会向全能的上帝忏悔。问题是你们要认清你们的罪。"

董天知接口说道："神父先生，我们罪在何处？"

"你们的罪就是宣传共产主义。"神父脱口而出。

"那为什么你能宣传你的信仰，我们宣传我们的信仰就成了罪过呢？"董天知不依不饶。

"这……因为你们的共产主义和三民主义不相容。"

"难道你的天主教义和三民主义是相容的吗？"

神父已经答不上来了。董天知从座位上站起来："你刚才要我们忍耐，日本人打进中国来，眼看就要灭亡我们，难道我们也得忍耐吗？"

"这……这要看政府的主意。"神父结结巴巴地说。

"政府要我们不抵抗，我们要抗日救国，难道说爱国有罪吗？"董天知步步紧逼。

"爱……爱国怎么是有罪呢？"神父阵脚大乱，语无伦次地回答。

董天知一笑："是啊，爱国无罪。可是我们这些爱国的青年却被强加上各种罪名投进监狱，镣铐加身，棍棒伺候。"董天知弯腰提起脚镣上的铁链，握在手里抖得哗哗响，"神父先生，请你回答我，为什么有罪的不是那些出卖国家的人，而是我们？我们到底何罪之有？"

听了董天知的话，神父慌慌张张地在胸前画着十字，嘴里嘟嘟囔囔地说："上帝啊，原谅你有罪的仆人吧，上帝啊，原谅这些罪孽深重的人吧……"神父一边嘟囔，一边急急忙忙地收拾起放在桌上的那本厚厚的《圣经》，落荒而去。

借着神父布道来对政治犯进行精神麻醉的阴谋破产之后，反省院又相继上演修女诵经和逼迫政治犯写"反省体会"的把戏，也都被政治犯们一一识破。

一九三二年的冬天来了。

北平无春秋。刚刚脱去短衫的人们，还没有来得及欣赏香山的红叶，一场早早到来的暴风雪便席卷了北平城，仿佛一夜之间，北平就从炎炎夏日跌进冰窖。

沙沙沙沙，夜已经深了，雪还在下着。

草岚子监狱里的黑夜静得瘆人。哨楼四角的风铃不时传来若有若无的叮当声，仿佛来自遥远的地狱之中，仔细听去，那铃声一会儿像是一声声无助的呻吟，一会儿又像一把把锐利的尖刀扎得人心疼。

昏暗的牢房里，董天知翻来覆去像烙烧饼一样无法入睡。他静静地躺在干草铺上，两只手在脑后支着，嘴里噙着一根枯草，睁着又圆又亮的大眼睛，望着黑洞洞的天花板出神。寒风时远时近，远处的风声听起来是那种低沉的呜咽，到了近处猛地变成了尖厉的呼啸，偶尔还夹杂着锐利而急促的哨音，再近一些就成了一阵比一阵紧的呼呼呼的声音，紧接着就听见寒风拍打在窗户上发出"哐当哐当"的声响，遇到没有关好的窗户，便会传来一阵"咔嗒咔嚓"窗户碰撞和玻璃破碎的声音。凛冽的风从破烂的窗户里呼地灌进牢房，他打了一个寒战，不由得往上拉拉裹在身上的那条破棉被。

董天知脑海里回忆着最近发生的事。

自从法官的政治攻势和神父、修女的麻醉战术失败以后，恼羞成怒的布鲁又换了招数，开始变本加厉地在生活上迫害和虐待政治犯。不仅克扣政治犯的口粮，每天只给难友们吃两顿发了霉的窝头，而且还缩短放风时间，不许洗澡理发，就连每天早晨的洗漱，都像阎王催命一样，对于手脚稍微慢一点儿的，一语不合便送进监狱中的监狱——独居室进行禁闭处罚。

殷鉴的腿伤越来越严重，敌人硬拖着不给治，现在连行走都很困难。狱中恶劣的条件再加上酷刑折磨，周仲英得了严重的肺结核，经常大口大口吐血，反省院却置之不理。虚弱的周仲英在不久前又一次吐血之后昏死过去，敌人把他拖进停尸间，要把他抬出去埋掉，幸亏有人摸摸他的胸口发现还有一丝气息，才捡回一条命。郝清玉原本就患有肠胃炎，被捕后敌人的残酷折磨伸仲病情越发严重，骨瘦如柴，已经气息奄奄。布鲁想从郝清玉这里打开突破口，拿着印好的"反共启事"对他说："你已经病成这个样子，现在只需要你用手指按个手印，我们马上送你到北平最好的医院去治病。"郝清玉轻蔑地摇摇头。

看来，敌人就是要通过生活上的虐待和精神上的折磨，来迫使政治犯们屈服投降。好歹毒的居心！

作为狱中秘密团支部的书记，董天知按"老兄"的指示，肩负着团结和组织狱中团员同志们的责任。黑暗中他翻了一个身，把最近一个时期团员们的斗争表现在脑海中又过了一遍电影。想起几个河南同乡的表现，他脸上露出了满意的微笑。和他一前一后被捕的王鹤峰和刘聚奎，年纪和他相仿，两人本是中学同学，后来又一同参加革命，情同手足，他俩被河南省委派到北平参加兵运工作训练班，没想到被叛徒认出，在宣武门外的河南会馆双双被捕。在监狱中，他们俩立场坚定，配合默契，都是董天知的好帮手。前不久，敌人又把一批要求抗日的青年学生投进草岚子监狱，其中又有几个是董天知的河南同乡——中国大学的学生韩钧、张漫萍和邱少山，张漫萍还是董天知的高小同学。他乡遇故知，而且还是在监狱这个特殊的环境，董天知看到这三个青年团员高昂的斗志和革命热情，感到由衷的高兴，我们的力量又壮大了！

　　董天知又想起白天接到的"老兄"指示——针锋相对，奋起反抗。对，先从要求给病重的郝清玉下镣开始，明天就行动！

　　董天知住在北监五号牢房，透过窗户上的铁丝网和铁栅栏能够看见看守办公室里的动静。吃过早饭，董天知就守在窗户前，一直观察着楼上的动静，他焦急地等待着布鲁的出现。

　　布鲁终于下楼了！

　　董天知对同住五号牢房的赵林使个眼色，低声说："快，通知各牢房，集体抗议！"赵林点点头，跑到铁门边，通过门上那个四寸见方的观察孔给大家报信儿去了。大家得到通知，都站在门口等着布鲁的到来。

　　布鲁刚刚跨进过道，董天知就大声喊了一句："管理员，郝清玉病得那么厉害，请你赶快给他下镣！"

　　听到董天知的声音，各个牢房里的政治犯异口同声地谴责起来："为什么不给郝清玉下镣？我们抗议！""不许虐待政治犯！"

　　布鲁听到大家愤怒的喊声，反身走出过道回了办公室。就在大家都以为事情会有所转机的时候，谁知道却传来了更让人愤怒的消息：布鲁吩咐，不仅不给郝清玉下镣，还命令看守把他移到北监的独居二号去等死！

　　全体政治犯义愤填膺。利用放风时间，"老兄"的几个负责人碰了头，决定再进行一次饭堂斗争，董天知挺身而出："我们团员和青年同志还要站在最前头，由我们打头阵！"

　　第二天早晨，吃过早饭的政治犯们没有像往常一样离开，而是静静地坐在饭桌前一动不动。

　　姓牛的看守班长走了过来。因为牛的英语单词是 OX，政治犯们私下里都称牛班长为"欧克司"。

　　欧克司看出今天气氛不对，脸上勉强挤出点儿微笑，用商量的口气说道："难友们，都吃过饭了，该回牢房去了！"

　　董天知看了一眼早已跃跃欲试的王鹤峰。王鹤峰站起身来，严肃地说道："牛班长，我们有重要事情，请你把管理员请下来，我们要当面问个明白！"

　　一听王鹤峰的口气，再一看大家怒目相向的眼神，欧克司不敢怠慢，赶紧上楼把布鲁请到了饭堂里。

　　布鲁进了饭堂，拿腔拿调地说道："你们不守监规，在这里起哄闹事，知道后果吗？"

　　董天知起身说道："我们没有不守监规，更没有起哄闹事，你也不必拿这顶大帽子吓唬我们。我们今天把你请过来，就是要向你说清楚，我们反对任意摧残我们的身体！"

布鲁转向董天知，用挑衅的眼神把董天知上下打量一番，然后用威胁的口气说："好！好！我倒要问问你，我们怎么就任意摧残你们的身体了？"

董天知毫不示弱，迎着布鲁的目光，针锋相对地说道："郝清玉病得眼看都活不成了，你不但不给下镣，反而把他调到独居室，这不是存心虐待、任意摧残是什么？"

一句话点到了布鲁的痛处。布鲁无言以对却心有不甘，强词夺理地说了一句："这是坐牢的规矩。怎么了？不服你们上告去！"

看到布鲁蛮不讲理，薄一波决定点点他的死穴。他站起身来不紧不慢地说道："管理员先生，你不要嘴硬。说你虐待摧残政治犯你还不服，敢问我们每个政治犯每月四块半的伙食费，我们实际吃到了多少？咱们敢不敢一纸诉状送上去，让军法处来查查账目？"

听了薄一波的话，布鲁心里暗暗一惊。他因为克扣囚粮，独吞太多，已经引起反省院里其他看守员的不满，要是再告发到军法处，还能有他的好？不死也得脱层皮。想到这里，布鲁马上软了下来，话语里已经搭上了下台的梯子："难友们，难友们，我栾某人从来不愿跟难友们过不去。要是总这么别扭着，对大家都没有好处。只要大家互相体谅一些，那就什么都好办。"

说完这句话，布鲁害怕再碰到薄一波的目光，把脸转向董天知。董天知也听出了他话中的意思，见好就收："那好！那就请你马上派人给郝清玉下脚镣，搬出独居室！"

布鲁见大家不再提起状告他的事，巴不得息事宁人，连忙转向欧克司："牛班长，还愣着干什么？这事就交给你了。"

欧克司为人活络，平时也很同情这些政治犯，巴不得落个顺水人情，拿起钥匙颠儿颠儿地就奔郝清玉的独居牢房去了。

看守中那个外号"鹰钩鼻子"的，是个胸无点墨的粗人。他自认为高人一等，在那些"犯了国法"的政治犯面前为所欲为，看政治犯稍不如意，张口就骂，抬手就打，"老兄"早就想教训教训他，煞煞他的威风。

这天下午正是放风时候，政治犯们都集中在牢房后面那个月牙形的小院里散步。闷了一天的政治犯们正想舒展舒展筋骨，呼吸两口新鲜空气，不识时务的鹰钩鼻子却要起了威风，恶声恶气地把政治犯们往牢房里赶。

不知是谁嘟囔了一声，鹰钩鼻子抡起手中的橡皮棒子就要打下去。

外号"牛皋"的刘聚奎看不过去，抬手挡住了鹰钩鼻子的橡皮棒。鹰钩鼻子一看半路杀出个程咬金来，立刻把目标转向刘聚奎，刘聚奎也毫不示弱，提着拳头对他怒目相向。

眼看一场大战就要爆发。董天知飞速看了一眼旁边不远处的哨楼，见哨兵正扛着长枪朝这里张望，心想这里可不是教训鹰钩鼻子的好地方。他走上前去，用胳膊肘一捅刘聚奎，朝牢房一努嘴。刘聚奎会意，喊了一声："看守打人啦!"转身就朝牢房里跑去。

鹰钩鼻子手中的橡皮棒举在空中还没有落下来，见刘聚奎竟敢放声叫喊，气得七窍生烟，拎着橡皮棒便追了上去。

董天知又朝王鹤峰使个眼色，两个人嘴里一齐喊着："看守打人啦，看守打人啦!"紧随在鹰钩鼻子身后也追了过去。

刘聚奎进了楼道，回身一看鹰钩鼻子追了过来，闪身进了五号牢房。

鹰钩鼻子也气冲冲跟了进去。刚一进门，就见刘聚奎回身一拳迎面打过来，正好打在鹰钩鼻子的面门上，把鹰钩鼻子打得眼冒金星，然后飞起一脚，把鹰钩鼻子手中的橡皮棒踢出老远。

哎哟一声，鹰钩鼻子捂着脸转身就要往外跑，门口早被董天知和王鹤峰两个人堵了个严严实实。

来者不善。鹰钩鼻子眼睛里流露出一丝惊恐，语无伦次地说道："你们……我……我……你们……"

"我们今天就是要教训教训你这个不知天高地厚的东西!"董天知迎上一步，指着鹰钩鼻子怒斥，"我们要爱国，我们要抗日，我们犯了哪家王法?日本人占领东北，你们东北军临阵脱逃，对我们这些手无寸铁的爱国青年，你却动不动非打即骂，你在我们面前逞什么英雄?老子今天就要让你清醒清醒!"话音未落，董天知朝着这个平日里作恶多端的鹰钩鼻子迎面又是一拳。

"啊……"鹰钩鼻子一声惨叫仰面倒地。

刘聚奎趁势骑在鹰钩鼻子身上，抡起拳头左右开弓，把心中的愤怒尽情发泄出去。

鹰钩鼻子挣扎着刚想还手，王鹤峰一个箭步冲上去，把他两手摁了个结实。鹰钩鼻子动弹不得，只剩下挨揍的份儿。

外边传来脚步声，董天知探身朝走廊里看去，见欧克司带着一帮看守慌里慌张跑了过来，他回过身来朝着刘聚奎和王鹤峰递个眼色，大声喊道："牛班长，你快来看，看守打人!"

乱纷纷的脚步声越来越近，刘聚奎和王鹤峰迅速起身，放开了鹰钩鼻子。

鹰钩鼻子挨了一顿胖揍，抓起痰盂从地上一跃而起，扑向刘聚奎。手中的痰盂刚刚举起，就听纷乱的脚步声停了下来，门口传来欧克司的声音："还不快放下!"

鹰钩鼻子手中的痰盂在空中一顿，污水泼了自己一身，顺头而下。他顾不得擦去脸上的污渍，朝着欧克司委屈地说："班长，他……他们打我！"

牢房里外的人异口同声："牛班长，我们都看见了，看守从后院追过来，打了这个打那个！"

众怒难犯。欧克司对鹰钩鼻子平日里的做派心中有数，虽然亲眼看见鹰钩鼻子举着痰盂往下砸，但一看鹰钩鼻子鼻青脸肿的样子，心中早已明白了七七八八，鉴于眼下的情势，他也只好揣着明白装糊涂，装模作样地把鹰钩鼻子狠狠训斥一顿。

七、审查风波

一九三三年春节刚过，坏消息接连不断传到狱中。侵占了东北的日军并不罢休，又举兵南下占领热河，张学良引咎辞职。蒋介石不用一兵一卒就从华北挤走张学良，委派亲信何应钦代行"国民政府军事委员会北平军分会"委员长职务。何应钦带着特务头子刘健群、曾扩情和专事"反共"的国民党宪兵三团进驻北平。

这些人一到北平，就把目光瞄准了草岚子监狱。

这天一大早，监狱里显出一种异样的气氛。先是看守们早早打开牢门，催促政治犯打扫卫生，然后又特意交代每一个监房，把尿桶抬到后院仔细刷洗。过道里，欧克司倒背着手，带着鹰钩鼻子，从牢房这头走到那头，一间挨着一间检查，对于达不到标准的，还要指点着再来一遍。

到了五号牢房，鹰钩鼻子正想挑点儿毛病出来报一箭之仇，欧克司知道董天知不好惹，怕他多嘴多舌生出是非，把他一把拽到身后，对着牢房四下瞅瞅，点着头不停夸赞："对对，就像这个样子咧，你看你看，多好！"董天知把欧克司的一举一动都看在眼里，他撇撇嘴说道："是啊，多好！平时你们除了放风，连牢门都舍不得开条缝，连一把扫帚一块抹布都舍不得给我们，让我们怎么打扫卫生！"欧克司脸上现出尴尬的表情，伸出手挠挠头皮说了一句："说的倒也是。"他推了一把鹰钩鼻子说，"快去，把扫帚和抹布拿来！"鹰钩鼻子一溜烟儿去了。

董天知另有用意。他知道欧克司暗中同情共产党，等支开了鹰钩鼻子，他靠近欧克司身边问："牛班长，今天是不是有什么大人物来？"

欧克司看看四下无人，低声说："可不是，只听说是刚从南京来的大人物。至于是谁，"欧克司撇撇嘴，耸耸肩，"我们可不知道。"

说话间，门口传来一阵轰隆轰隆打开大门的声音。欧克司慌忙给牢门落了锁，转身离去。

董天知走到牢房门口，透过门上的小铁窗向外望过去。见门外进来一队穿着东北军灰色军装的士兵，个个背着长枪，在院子里布上岗哨。

随后又进来了十几个穿布军装的中央军士兵，腰里挎着盒子炮，两脚跨立双手背后排成两行，神气地站在食堂门口。最后才是几个腆着大肚子，穿着崭新将军服的人走了进来。布鲁也破例穿上了那身显得有点儿窄小、颜色褪得有些发白的灰军装，风纪扣紧紧地扣着。

几个将军模样的人迈着方步进了大门，不时地用手指点着问这问那。布鲁脸上堆着笑走在最前头，一边不时地点头谦让，一边不停地回身俯仰承应，带着那几个人上了楼。

过了一会儿，鹰钩鼻子带着几个看守哗啦开了牢门："快点儿快点儿，集合！"政治犯们稀稀拉拉走出牢房，朝着食堂走去。

待政治犯到齐了，欧克司把人数清点完，一路小跑着从小门上楼报告，过了一会儿又急匆匆回到食堂，笔挺地站在小门口一动不动。政治犯们都静静地坐着，眼睛朝着小门口张望。

先是听见一阵吱呀吱呀的开门声，然后便有说话声传来，接着便听到了"噔噔噔"下楼的脚步声。欧克司弯腰把小门拉开一扇，就见一只肥嘟嘟的胳膊先从门外撸了进来，手掌向上伸着，似乎是在请后边的人先进门。

几个人你拉我拽谦让半天，终于有一条皮鞋擦得锃亮、裤腿熨得笔直的长腿跨了进来，紧接着几个人鱼贯入场，依次走上讲台。

讲台下已经有四个挎着冲锋枪的宪兵，头顶钢盔站在两边，将来人与人群隔开。布鲁站在讲台边上，脸上泛着兴奋的红光说："难友们！今天，从南京来的几位长官亲临反省院，要来给大家训话，大家欢迎！"

人群里响起了几声稀稀拉拉的掌声，不过，听起来却像是对他们发出的嘲弄，紧接着又响起一阵脚镣晃动的哗哗声响，布鲁明白，这应该是对他们发出的抗议了。布鲁的脸上红一阵白一阵，偷偷向两边乜斜两眼，恨不得钻到地底下。

一个身材高大的山羊胡子把嘴一撇，不满地看了布鲁一眼，往前跨了一步说："鄙人高胜岳，"说到这里向旁边跨出一步，半侧着身子伸出一只手，把大家的目光引向那两个将军，对大家说，"现在，请南京来的中央委员、北平军分会政训处处长刘健群将军和副处长曾扩情将军训话！大家——欢迎！"

高胜岳和布鲁、欧克司起劲儿地拍着巴掌，无奈底下依然是几下子稀稀拉拉的掌声。

两位南京来的处长十分扫兴。个儿高一些的刘健群阴沉着脸，目光冷冷地向着大家扫视一遍，开口说道："我知道，我们的信仰不同。但你们也都是有知识有文化的人，最起码的礼貌还是要有的！眼下国难当头，我们更应该精诚团结呀！大敌当前，我们需要坚持的是'一个党、一个主义、一个领袖、一个敌人'的纲领，可你们，你们怎么就是不理解党国的良苦用心呢？怎么就是不能团结在蒋委员长周围呢？大敌当前，你们这是在制造混乱，知道吗？"

人群里又传出一阵刺耳的、铁镣碰撞发出的响声。

布鲁急得脑门子冒汗，躲在一边咧着嘴，暗地里拼命地抬起两手往下压着，对着政治犯们做出保持安静的手势，无奈却没有一个人理会他。

身材矮胖的曾扩情面无表情，他一直在冷眼看着眼前这一切。刘健群话音刚落，只见他一手叉腰，一手指着台下，厉声喝道："太不像话了！简直是无法无天！我从来没有见过把监狱办成这个样子的！两年前我就向张少帅建议，对你们这些'共党分子'严厉惩处，不可宽贷，张少帅不以为然，看看现在成了什么局面！我宣布，从今天开始实行定期审查！人人过关，一个不漏。每六个月一期，能悔过、愿意发表'反共启事'的，随时释放！连续三期不悔过的，别怪我曾某人手下无情，"他啪的一掌把面前的桌子一拍，脸色狰狞地从牙缝里挤出几个字来，"统统枪毙！"

曾扩情发了一通脾气，怒气冲冲地和刘健群走出饭堂。布鲁走在最后，到了门口，他一脚门里一脚门外停下脚步，一只手扶着门框对欧克司说："押回去押回去！等着一个一个审查！"

监狱里压抑与紧张的气氛弥漫开来。

第一次审查正式拉开大幕。

黑漆漆的大门两旁新加了一道岗，两个持枪的宪兵黑着脸对门口进出的人严加盘查。围墙四周的岗楼上增加了岗哨，扛枪的哨兵由一个变成了两个，就连哨楼之间的围墙上，也有哨兵在不停地游弋，甚至后院露天厕所的门口，也有一个持枪的哨兵站着。

监狱里大有泰山压顶之势。

政治犯们之间互相不许说话，就连同在一个牢房里的几个人，也是一个人蹲一个墙角，达摩面壁似的脸对着墙坐着。更不许政治犯和看守说话，就连放风时候送开水的两个伙夫，见了政治犯们都像避瘟神一样躲得远远的，生怕惹上什么麻烦。

监狱里的空气骤然紧张起来。

每天的放风时间又缩回到半小时，北监、南监时间错开，放风的时候人们头碰了头也不能说话，只能以眼神做简单的示意。监狱二楼的办公室被改成了临时审查室，每天只提审三四个人，每个人过堂的时间都很长，看样子是要狠下心来一个一个收拾。

这天一早，牢门咣的一声打开了。

"董天知！提审！"鹰钩鼻子像打了鸡血一样，又重新神气起来，冲着董天知不怀好意地喊了一声。

小人得志！董天知无奈地摇摇头，提起脚镣来到审查室。

两个法官坐在桌子后面。董天知放下脚镣抬头一看，其中一个是曾经多次交过手的老叛徒李天民。

李天民决定先探探虚实，假惺惺地问道："年轻人，人生苦短。大好的青春年华，浪费在监狱里实在可惜！距离我们上一次打交道有一年多了吧？在反省院里待了这么些时日，苦不苦啊？"

这不是明知故问吗？董天知微微一笑："你说呢？"

李天民假装同情地说道："唉！我知道这里的日子不好过，你就不要嘴硬了。我早就告诉过你的，识时务者为俊杰。"

"识时务？"董天知两眼逼视着李天民，"当前最大的时务是什么？是抗日救国呀！国民政府识时务吗？一味执行投降政策，先失东北，再丢热河，丧师失地，丧权辱国，把大好河山拱手让人，却一再镇压要求抗日的青年，说什么'奢言抗日者，杀无赦'，这就是识时务吗？这是历史的罪人哪！"

李天民连连摇头，嘴里嘟囔着："无可救药，无可救药。"

一看李天民碰壁，旁边那位法官脸色一变，厉声说道："不要敬酒不吃吃罚酒！共产党给了你什么好处，嗯？值得你这么尽忠守节，在监狱里还为共产党打旗子？实话告诉你，蒋委员长亲赴前线指挥'剿共'，红军老巢已经被国军占领，红旗已经倒了！"说到这里他话锋一转，"你被关在监狱里能抗日救国吗？你还年轻，履行个手续走出监狱，干点儿什么不比在这里强？"

董天知心如明镜，知道这两位用的是软硬兼施的招数，轻蔑地说："抗日救国，人人有责。你们把我们关起来就是错的，还让我们履行什么'手续'，不是错上加错吗？"

李天民心中明白，再问下去也是竹篮打水一场空，无奈地一摆手："好好好，你可以走了！"

董天知转过身来，提起脚镣大步离去。

寒来暑往，时间在日复一日的审查中流逝。第一次审查、第二次审查接连登场，等第二次审查结束已经是一九三四年的春天。两次审查并没有得到他们想要的结果，接替刘健群担任北平军分会政训处处长的曾扩情立即布置第三次审查，开始新一轮的攻势。这第三次审查，不仅法官换了人，就连法庭也从反省院挪到位于府右街南口军分会的军法处。

这样，草岚子监狱里每个接受审查的政治犯，便要戴着镣铐从草岚子胡同西拐到刘兰塑胡同南口出来，经过西安门，穿过长长的府右街，来到军法处受审。

这种变相的游街示众本是军法处对政治犯的羞辱和折磨，没想到殷鉴、薄一波、董天知他们却因势利导，毫不畏惧，总是挺起胸膛气势轩昂地穿行在人流中，沿途行人经常对着他们的背影发出啧啧赞叹：瞧，共产党就是好样的！

第三次审查还在进行着，郝清玉的病却一天比一天重了。

自从那次饭堂斗争之后，反省院不得不去掉了郝清玉的脚镣，董天知等青年难友也轮换着去护理这位病中的老哥哥。

这天董天知走进阴暗潮湿的病号房，看到瘦得已经失去人形的郝清玉，心里禁不住一阵酸痛。"天知——"郝清玉沙哑着发出了一点儿微弱的声音，挣扎着想从黑黢黢的床板上起来，可是却一点儿也动弹不了。董天知赶紧走过去，坐在床沿上，双手轻轻地拉起他那只剩下一层皮包着骨头的手，把温暖通过手掌传递给他。

看着这位老哥哥，董天知心里一阵酸楚。他本来只是得了轻微的肠胃炎，只是有些拉肚子，可是监狱为了逼着他在"反共启事"上按手印，硬是拖着不给治，拖了一天又一天，终于把他彻底拖垮了。拉着他那瘦如枯柴的手，看着他那深深塌陷的眼窝，看着他那粗大的喉结一上一下却说不出一句话来的痛苦表情，再看看这暗无天日的牢房，敬佩、爱怜、痛惜、怨恨、无肋，各种复杂的感情一起涌上董天知的心头。董天知的眼泪再也忍不住了，他把头扬起来努力克制着，可是眼泪还是顺着脸颊淌下，吧嗒、吧嗒，滴在老郝干枯的手上。

这真情的眼泪，这炽热的感情，这纯真的友谊，仿佛一股清澈暖人的泉水，汩汩地流进了老郝的心里。他的身上也慢慢有了一些活力，他吃力地睁开深深陷进眼眶里面的眼睛，微微翕动着嘴唇，艰难地说："天知……我……怕是不行了……你们还年轻……会看到……我们胜利那一天……年轻……真好！……"

董天知不忍心打断他，静静地听着他断断续续的话语，听着这发自内心深处的声音，听着这充满留恋和不舍的低语，听着这充满深情和希望的赠言，心中掀起一阵一阵狂涛巨澜。

突然，话音戛然而止，老郝的身体一下子松弛下来，瘦削的脸庞歪向一旁，手也重重地垂了下来，耷拉在硬板床的床沿上。

带着对祖国的无限憧憬，带着对自由和光明的无限渴望，带着对真理和正义的执着追求，带着对黑暗世界的诅咒，老郝——走了！

病号房里停了一口薄薄的杨木棺材。老郝永远闭上了眼睛，瘦得皮包骨头

47

的他静静地躺在里面，嘴唇微微地张着，似乎还有什么话要说，却含屈抱憾地走了。

难友们一个一个低头垂手从棺材旁边走过，依依不舍地向这位倒在黑暗牢狱之中的战友告别。

董天知眼睛里噙着泪花站在棺材旁，他看着这张瘦削但凝固着坚强和刚毅的脸庞，看着这一副只有一张皮包着却倔强不屈的骨头，又想起了老郝临终前断断续续说出的那一番话。他在心里默默地将老郝说过的话又回忆一遍，老郝！我的好哥哥！我的好战友！我的好同志！你就放心地走吧！我们会为了你没有来得及完成的事业，去拼杀，去战斗，去冲锋！

难友们表情凝重地聚拢过来，鸦雀无声地簇拥着这口薄薄的棺材，把棺材送到了后院。棺材停在了那个常年没有打开过的后门门口。鹰钩鼻子也没有了往日的嚣张，他敛声屏息地打开了门锁，手脚麻利地拉开已经有些变形的木门闩。

欧克司正在小声吩咐几个看守，要把棺材从小小的后门抬出去。董天知从人群中走了出来，他抬起手一把把棺材板按住，不容置疑地说道："慢着！"然后他把脸转向欧克司，冷冷地看着他，"牛班长，还有一个应该给老郝送行的人没有来！"

董天知的话声音不大，却斩钉截铁，像钉子一样把几个看守钉在那里。几个看守面面相觑，把刚刚抬离地面的棺材又迟迟疑疑地重新放下，把已经穿进棺材绳子里的木杠子又抽了出来。欧克司不知道董天知话音里指的是谁，难友们也都是一愣。董天知看着难友们，面色冷峻地说："人命关天。监狱里出了这么大的事情，栾管理员该不该来给老郝送送行?!"

宁犯天条，不犯众怒。欧克司一看这阵势，深深知道这众怒难犯的道理，忙摆摆手对几个看守说："停下停下停下！"这才转过脸来对大伙儿说，"难友们难友们，你们等一下，我这就去请管理员。"说罢转身噔噔噔去了。

不大一会儿工夫，布鲁跟在欧克司后面来了。两人一踏进后院，董天知看也不看他们，就低沉地吼了一声："默哀三分钟！"刚才还在哗啦哗啦响的脚镣声霎时安静下来，人们齐齐垂下头去。

布鲁和欧克司一看这阵势，没敢说什么，俩人都老老实实地站在那里，乖乖地低下了头。旁边几个扛着木杠子杵在那里的看守一看这阵势，也悄没声儿地放下手里的家什，垂下双手把脑袋耷拉下去。

棺材从后门送出去了，人群却没有散开。

董天知看了殷鉴一眼，飞过去一个眼色。

最近也一直在生病，身体虚弱得需要拄着拐杖的殷鉴立刻会意，他艰难地从人群中走了出来，用手里的拐杖支着身体，站在人群前面。他先是回身扫视众人，就像是检阅自己的队伍一样，然后又转过身来，眼光逼视着布鲁说："你们看看，又从后门送出去一个！就这一天到晚还在审查，审查，审查！不准干这，不准干那，饭也吃不饱，有病不给看！你们是不是还要继续审查下去，把我们一个一个都逼死，一个一个从这个后门送出去?!"因为气愤，殷鉴刚刚说完这几句话，就剧烈地咳嗽起来。

人群里又响起一阵哗啦哗啦的脚镣声，似乎隐含着一场巨大的风暴。

布鲁下意识地后退一步，抬起手不自然地拉拉风纪扣借以掩饰，红着脸结结巴巴地说："我……怎么不体谅大家的处境呀！只是……栾某位卑言轻，这个事情单独做不了主哇！不过大家放心，我会尽快向上面呈报，暂时……审查就不要再搞了！……"

八、绝食斗争

一九三四年的冬天来了。

这天下午，还没到放风时间，走廊过道的门忽然开了，顺着过道走进来几个看守。随着一阵熟悉的钥匙串哗啦哗啦的响声，看守们麻利地把一间一间牢房全都打开，而且南北两边的号子都开了门。

这种情景以前少见。大家还以为看守发了善心，延长了放风时间，高高兴兴出了号子往后院里走。董天知出了牢门，低着头一直往后院走，迎面看见过道通往后院的门口正中间，早就站着一个看守在那里，双手背在身后把过道门堵了个严严实实。

董天知抬头看着他，他摆着手喊道："往那边走！往那边走!"说着话用手指着前院的方向。董天知心中疑惑："怎么回事儿？放风改前院了？不可能呀!"心里这么想着，但还是转了个身，拖着脚镣随着大家走向前院。

还没走出过道，远远就见看守们早已经站在院子里了。欧克司站在院子的正中间，正伸出一只手指着饭堂的门，比画着让大家往饭堂里进。这就更奇怪了，莫非是不放风了？改成提前吃饭？

人们陆陆续续走进饭堂坐好，却不见饭桌上上饭菜。董天知四下里望望，见每个人面前都规规矩矩放着这么几样东西：一支寸楷羊毫、一个电镀墨盒、一个印刷粗糙的小学生作业本。这些东西看样子都是新买的，仔细一看，作业本上印着象棋子儿大小的"作文簿"三个石印大字。

这是要干什么？董天知正想着，听见饭堂里面的角门外传来两声咳嗽声，大家都已经习惯了，知道这是布鲁准备登场，一齐抬起头向着角门望去。

出乎意料，这次进来的却不是布鲁。

进来的是两个人。走在前面的，是一个精瘦的中年人，青面无须，穿着一身显得有些宽大的中山服，中等个子，留着个小平头，嘴里叼着一个大大的烟袋锅，脸上瘦得只剩下了一张皮，还是灰白灰白的颜色，远远一看就知道是一个大烟鬼。后边跟着的，是一个像半截子萝卜一样的小个子，那个头儿充其量也到不了中等个子的胳肢窝，留着个三七分的汉奸头，脑袋胖得像蔓菁疙瘩，脸色黑得像炒锅底子，下巴上只有几根稀稀拉拉的长胡子，活像是刚拔出泥的萝卜带着几根稀疏的萝卜须。

这两个人应该就是传说中的"大少爷"和"萝卜头"了！

董天知早就听人说过这两个人，可一直没见他们在草岚子监狱露过面。这大少爷是活阎王颜文海的干儿子，早年也是行伍出身，现在是反省院的训导员，从名义上来说，他才是草岚子监狱里真正的当家人。

这个人原本也是聪明世故之人，也有一些料理事务的才干，可是自从前些年沾上了大烟就变成了一个废物，很多事情既无心料理，也料理不了，颜文海只得给他配了个能干活儿的副手——布鲁，这样大少爷就可以足不出户地吞云吐雾，照样过他的神仙日子，一年也不用到草岚子监狱里来一回。

至于这个萝卜头，他是大少爷的小舅子。别看他有个杨柳细腰风姿婀娜的姐姐，可他却出人意料地长成了这副德行。俗话说：矮子矮，一肚子拐。别看他猥猥琐琐其貌不扬，却也是监狱里一个有些权力的人物，因为他是草岚子监狱的庶务——管钱的人，监狱里这些政治犯的吃喝拉撒都攥在他的手里。

白面无须不可交，矬子杀人不用刀。有这么个吸大烟的主儿管着监狱，又有这么个忠心耿耿的黑心小舅子替他攥着钱，再加上一个贪得无厌、雁过拔毛的布鲁，难怪这草岚子监狱的伙食越来越差！董天知心想。

布鲁最后一个进门。那俩人大模大样站在台上，他缩手缩脚规规矩矩站在台子下面，手里还拿着一大盒火柴，大少爷一刻不停地吸着烟，他也就随时随地逢迎上去，不停地划着火柴把烟点上。不大一会儿工夫，讲台上的火柴梗已经扔了一地。

大少爷自顾自吧唧吧唧过足了烟瘾，多少有了一些精神，两边脸蛋上也都升起一坨子病态的红晕来。他用枯黄的手端着烟袋锅从嘴唇上移开，攒足了一股劲儿开始讲话："今天，我特意赶来看望大家，啊！是要告诉大家一个消息。今年春上，我们张少帅就任鄂豫皖三省剿总副总司令，啊，张少帅运筹帷幄，指挥若定，大军所指，所向披靡。今年十月间，'共匪'已被彻底击溃！朱毛红军已被消灭！啊，就连朱毛两个'匪首'也都已经被击毙了，剩下的几个毛贼朝西边跑了。但是呢，插翅难逃啊，谅他们也逃不出蒋委员长亲自布置的四道封锁线！"

说到这里他停顿一下，举着大烟袋锅四下张望。布鲁赶紧凑上去，把烟丝捺进烟袋锅里，忙不迭划着一根火柴，双手捧着火苗，小心翼翼地把大少爷的大烟袋锅子点上，然后又后退一步，屏气敛息轻轻地噗了一声，把手中的火柴梗吹灭，丢在一旁。

大少爷大咧咧又吸了一阵子烟，接着说："石达开全军覆没的好戏再次上演！所以呢，你们的靠山没有了！共产党没有了，你们这些人还有什么指望呢？啊？你们都是明白人，啊！相信你们都能听得懂我话里的意思，我就不再多讲了。我奉劝你们还是老老实实地反省！要想从这里走出去，就乖乖地在'反共启事'上捺个手印！啊，要是不捺手印，就是刑期到了，也休想从这里走出去！啊！……谁要是敢领头闹事儿，我可告诉你们，莫怪我大少爷不客气！啊！……"

大少爷站在讲台上，不停地"啊""啊""啊"，犹如一只聒噪的老鸹。

饭堂里没有响起脚镣声，四周十分寂静，静得有些瘆人，静得有些可怕。

董天知心里一沉。他当然不相信大少爷的鬼话，但大少爷这番话从何而来？难道是红军遇到了什么挫折？董天知回想着大少爷的话，想从他的话里挑出什么毛病来。正在心思烦乱的时候，大少爷话音已落。因为大烟瘾发了，只见大少爷张着大口连连打着哈欠，眼睛也眯成了一条缝，眼角黄白黏稠的眵目糊堆积了不少，把本来就不大的眼睛粘得快要睁不开了，清水鼻涕也开始哗哗地顺着鼻子往嘴里流，脸上霎时涕泪交流。

布鲁是个拍马溜须惯了的人，一见这情景，不失时机地接上了一句："啊！长官的话已经讲得很清楚了！纸和笔都给你们准备好了，现在就开始，写——反省书！"

萝卜头和布鲁见大少爷的模样，知道不能久留，一左一右拥着他走了。

董天知心烦意乱。他手里握着毛笔，却没有心思考虑反省不反省的事，心早已经被红军的命运安危牵到了很远很远的地方。

草岚子监狱的伙食越来越差。不仅顿顿连发霉的高粱面窝头都不给吃饱，就连一人几片的烂咸菜，也散发着一股酸臭的味道。连续几年的折磨，难友们都是一身的病痛，差不多每个人都患有三种病。一种是长期饥饿和食用发霉变质的食物引起的肠胃炎，一种是长年累月镣铐加身造成的关节炎，还有一种是长期缺乏营养造成的夜盲症。有一部分人还患上了神经衰弱或者肺结核，更别提由于严刑拷打造成的伤痛了。

董天知由于性格刚强，受到的毒打折磨格外多，常常是老伤没好又添新伤，寒冬的来临加上对红军命运的担忧，使他新伤老伤一起发作。他又一次病倒了，而且这一次病势沉重。

已经是十冬腊月，大少爷却特意把布鲁叫去，特别交代不给牢房里生火炉，他要省下这点儿黑心钱，供着他吸大烟。牢房过道里也只剩下一个小火炉，值班的看守围着那个火炉烤火。他们身上穿着厚厚的棉大衣，脚下蹬着大头靴，竖起高高的衣领子还冻得啪嗒啪嗒直跺脚，两只手捂着嘴巴哈热气。

实在是活不下去了！

再这样继续下去，会不断地有难友失去生命。

不能坐以待毙。难友中不断有人提出绝食斗争的建议。

董天知躺在病床上，心中也一直在琢磨这件事。不采取行动不行，可贸然行动也许更糟。这监狱里绝食可不是闹着玩儿的，它如同是虎口拔牙，没有取胜的把握，没有统一的步骤，没有有利的时机，没有外边党组织的支持和配合，后果难以预料。

"怎么办，老兄？"董天知强撑病体，在放风的时候见了殷鉴和薄一波，迫不及待地问。

殷鉴听了董天知的问话，并没有立即作答，他皱着眉头想了半天才说："从外部形势看，现在进行绝食斗争的条件是成熟了。张学良就任鄂豫皖剿总副总司令之后，何应钦坐镇北平，主管草岚子监狱的军法处还是东北军原班人马，闹出什么动静来，万一惹得何应钦不高兴，他可不会像张学良那样去护犊子。"

薄一波面色冷峻地点点头："就是。没有了张学良这个保护伞，要是惹得何应钦不高兴，这帮人也怕丢了饭碗。"

董天知接着说："从我们内部来说，大家现在的心很齐，能够形成统一的步调，这也是一个有利条件。"

殷鉴连连点头："内部条件倒是也成熟。绝食要有周密的计划，这件事情仅靠我们的力量单打独斗，恐怕不行，必须设法争取社会舆论的支持，内外夹击，双管齐下。"

薄一波说："最好是提前把我们的计划报告外面的党组织，请求他们的批准，要求他们的配合和支持！"

里应外合！董天知眼里闪过一丝欣喜的亮光："对！这样更好，他们还可以替我们争取舆论声援，甚至动员社会知名人士来狱中看望，给监狱施加压力，这样效果更好！只是，怎么跟外边的党组织取得联系？"

薄一波胸有成竹："这个我有办法。我已经把欧克司争取过来成了一个特殊的朋友，他能够起到我们的人起不到的作用。把咱们的计划写一封密信，通过他秘密转交给外面，应该不成问题。"

殷鉴也笑了："老西，有你的！那你就赶紧起草一个计划，把我们的行动步骤和开始时间告诉狱外的党组织，让他们密切配合，最好是能让我们绝食的消息不断见报，动静越大越好！"

趁着放风的时候，殷鉴、薄一波、董天知、韩钧、周仲英、杨献珍、刘澜涛、安子文这些监狱里党的骨干力量，分头向大家转告了绝食斗争的决定。

这天一大早，随着哗啦哗啦一阵响声，政治犯们像往常一样拖着沉重的脚镣来到了饭堂。与往常不同的是，他们一个个整齐地坐在饭桌前，却没有一个人动筷子。饭堂里也没有了往日的喧闹，静得让几个看守有些不自在。

很快，人群中有了一阵骚动，一个愤怒的声音响了起来："我们要见栾管理员！前几天我们提的四条要求，现在就要答复！"

董天知也从自己的座位上站了起来，大声说道："必须现在答复！否则我们绝食！"

几个看守有些惊慌，见势不妙噔噔噔跑上楼去请布鲁下楼。

布鲁刚下楼梯，就听楼下饭堂里传出一阵阵愤怒的吼声，侧耳一听像是在唱歌，可是仔细一听那歌词，竟是在控诉自己！

歌声顺着楼道冲上来，是《打倒列强》的曲子，却不是《打倒列强》的歌词，每唱一个字都让他身子随着一震，像是一把把铁锤狠狠地砸在他的耳膜上：

> 糟米稀饭，糟米稀饭，窝窝头——
> 一人一块咸菜，一人一块咸菜，吃不饱！吃不饱！
> 夜里难过，夜里难过，跳蚤咬——
> 一人一身疙瘩，一人一身疙瘩，睡不着！睡不着！

事态严重！布鲁鼓足勇气一脚跨进饭堂，看到的却是人群中怒射过来的目光，就像迎面射来了无数支利箭。

布鲁摆出管理员的威风，强自镇静地吆喝着："别吵别吵！上峰回电话了，说，你们的要求无法办到！我劝你们……"

没等他的话说完，董天知噌地从座位上站了起来，愤怒地说："我们的四条要求有哪一条不合理吗？为什么答复不行？为什么?!"董天知弯腰把脚镣提在手中，"从入狱那一天直到现在，几年过去了，我们无时无刻不被这条铁链子捆绑着！那么多人就拖着这条铁链子倒下了！没有倒下的，也都得了关节炎，也都是病魔缠身！难道下个脚镣就那么难吗？还有——"

董天知哗啦一声放下脚镣，抬手指着几个看守："在这寒冬腊月里，你们穿着大衣、围着火炉还冻得直跺脚，我们呢？睡在湿漉漉的泥地上，吃不饱穿不暖，牢房里连个火炉子也不给生，这不是要把我们活生生给冻死嘛！还有——"

董天知越说越生气，声音也越来越高："不让看书，不让看报，公开发行的书报，为什么不让我们看？顿顿都是发霉的窝窝头烂咸菜，你们是不是存心要把我们饿死在这里?！我们就算是你们的囚犯，也有权利吃够囚粮！克扣囚粮，天理难容！……"

董天知的话义正词严，字字诛心，就像机关枪一样一阵猛扫，扫得看守们张口结舌。

痒处有虱，怕处有鬼。董天知这最后一句话"克扣囚粮"，一下子点到了布鲁的痛处。

原来，这布鲁养了个不争气的闺女，前几年卷了家里的积蓄跟人私奔，谁知道好景不长，没几天就被那个没良心的给甩了。布鲁只好四处央人说合，想赶快把这不争气的闺女嫁出去。为了给她准备嫁妆，这几年布鲁可没少从囚粮里面捞好处。这些情况难友们都略知一二，因此董天知的话点醒了众人，大家都群情激昂，纷纷站起来大喊："不立即答应我们的四条要求，我们就绝食！"

布鲁一看这阵势慌了神。他倒不是怕这些政治犯饿死，而是怕一旦惊动了上边，他克扣囚粮的龌龊行径恐怕就瞒不住了！

布鲁胆战心惊，结结巴巴地说："我，我，我再向上面请示请示！请示请示！"话没说完，转身从角门逃一样地走了。

董天知伸出手来，把面前的饭碗拿起，反转过来朝着那张破桌子啪地一扣，走出食堂。

绝食行动开始了。

人们陆续回到牢房里，把饭缸子、筷子和几块发霉的咸菜片都隔着窗口扔到牢门外面黑黢黢的地上，然后回到自己的铺位上，静静地躺了下来。

董天知身体一直有病，本来狱中党支部决定不让他参加这次绝食，但他坚决不同意，而是毅然决然地说："虽然我有病，但和你们一样，也是拳头上能立人、胳膊上能走马的汉子！我一个人不参加是小事，但政治影响是大事！咱们要死一起死，要活一起活！"

牢房里死一样地静寂。

太阳从东边升起来又从西边落下去，一天的时间快要过去了。

到了傍晚时分，牢房外有了一些动静。几个看守蔫不拉唧地推着一辆打饭车轱辘轱辘进了门，停在过道里。一阵香喷喷的炒鸡蛋香味立即弥漫开来，飘散在空气中，飘进每一间牢房，飘进每一个人的鼻孔里，刺激着每一个人的神经。和董天知同一个牢房的几个难友，眼睛连睁都没有睁，脸上满是不屑一顾的表情，还是直挺挺地躺在那里，一动不动。

一阵脚步声从过道里进到了牢房，在董天知的身边停住了。接着一个身影俯了下去，一阵温和的声音传进他们几个人的耳朵里："哎哎，难友们难友们，这是食堂大师傅专门为你们做的鸡蛋面条，还热乎着呢，趁热快点儿吃吧，来，快点儿吃吧，啊！"说着还用手轻轻推了推董天知。

董天知连眼皮都没有抬一下，用鼻孔冷冷地哼了一声，看守知趣地走开了。

这几个看守从过道这头走到那头，一碗鸡蛋面也没有送出去，只好耷拉着脑袋怏怏而去。

第二天过去了。

第三天过去了。

牢房里，无声的较量还在进行着。

绝食到了第四天，董天知感到自己的肠胃在翻腾、在痉挛、在绞痛，身体就像被掏空了一样难受。走廊里传来了脚步声。董天知躺在自己的铺位上，还是一动不动地闭着眼睛，脸上一副不屑的神情。听脚步声不止一个人，从过道这头走到那头，又从那头走了回来，伴随着一阵交头接耳的声音，像是在一间牢房一间牢房地查看。董天知没有睁眼，但他单从老远就闻得见那股呛人的烟油味儿和吧唧吧唧抽着烟袋锅的声音，心中就猜了个八九不离十：八成这是惊动了大少爷的大驾。

过了一会儿，走廊那头果然传来了大少爷那嘶哑的号叫声："好，好！我倒要看看，看我们谁比谁硬！告诉你们，饿死一个拉出一个，饿死两个抬走一双！"

那呛人的烟油味儿从过道里飘走了。

又一天过去了，牢房里已经臭气难闻。

董天知脑子里昏昏沉沉，一阵清醒，一阵迷糊。

傍晚时分，过道里传来一阵蹑手蹑脚的脚步声。董天知睁眼一看，从牢房门口往里去了两副担架，几个看守戴着口罩，悄无声息地溜着墙根过去了。又过了一会儿，两个担架一前一后出来了，每一个担架上都抬着一个人，蒙着白布单子从门口飘了出去。

董天知心里一惊：啊！难道有两个同志献出了自己的生命？他心里一阵难受，竟昏昏沉沉没了知觉。

绝食坚持到了第六天。中午刚过，过道口响起了急促的脚步声，紧接着就传来欧克司那如释重负的声音："可好了，可好了咧！长官来解决问题了！请各屋推举一位难友代表……"

牢门打开了。

人们刚刚睁开眼睛，就听五号牢房里传出一个急切的声音："天知，天知，你怎么了？你快醒醒，快醒醒！"

几个难友围拢过来一看，原来董天知已经气息奄奄。

听到大家的呼唤，董天知吃力地睁开眼睛。正巧欧克司的声音传来："你们号子里推举的代表是谁呀？"董天知挣扎着起身，摇摇晃晃地站了起来："我……我去！"

十几个难友代表跟着欧克司，扶着墙摇摇晃晃，来到了医务室。

董天知一进屋，就见医务室中间摆着一张桌子，桌子上铺着一块白布，围着桌子的空地上摆着十几个板凳。一人一个凳子，十几个虚弱不堪的人喘着粗气坐了下来。

随着一阵咔嚓咔嚓的皮鞋声，一个穿军装的高个子进了门，走到桌子前面坐下。董天知一看，原来又是那个山羊胡子——高胜岳。

高胜岳一个人进了屋，连个随从都没有带。大少爷和布鲁连面都没敢露，欧克司垂手立在高胜岳身后。

高胜岳刚刚坐定，身子一挺要端起架子，却像是突然想起什么似的又放松下来，呵呵干笑两声，和颜悦色地开了口："鄙人受颜处长全权委托，来听听大家的意见。"

殷鉴晃晃悠悠站了起来，说："高先生，我们的意见还不够明白吗？现在要做的不是听我们的意见，而是要听你们的意见呀！"

高胜岳以退为进："你们提的四条要求都可以商量，但是，先复食好不好？"

董天知摇摇头，坚定地说："不，我们需要一个痛快的答复！"

高胜岳两手一摊："可是，军法处没有给我这个权力呀！"

针尖对上了麦芒。

董天知愤怒地说："那，你来这里是要干什么?！"

薄一波一看火候已经差不多了，他站了起来，不紧不慢地说道："事关全体政治犯，我们没有擅自同意复食的权力。高先生，你看这样行不行，你让他们把牢门打开，我们同全体政治犯商议一下，你也向颜处长问问清楚，你究竟有多大权力，等各自都把自己的意思弄清楚了咱们再说，行不行？"

"这……这……"这高胜岳久经官场历练，他沉吟片刻还是给双方都留下一个余地，他点点头说，"好吧！"

又有几个难友晕倒了。

消息传到军法处，活阎王颜文海终于害怕了！不得不同意了政治犯提出的要求。

绝食斗争取得胜利。

九、打入死牢

消息传到曾扩情耳朵里，立刻引起这只老狐狸的警觉。他眼睛里射出鹰隼一般锐利的光，仿佛雪地追踪的饿狼嗅出了一丝猎物的气味：同一时间，统一行动，不达目的誓不罢休……这背后一定有文章！

"请宪兵三团团长蒋孝先、团附吴振廷！"曾扩情向手下吩咐。

等蒋孝先和吴振廷到政训处的时候，曾扩情已经穿戴整齐，他手上戴着白手套，朝着两人一挥手："走！草岚子监狱！"

曾扩情一行来到草岚子监狱，刚一坐定就把布鲁叫到跟前："栾管理员，我今天就是特意来找你的。"

"好，好。"布鲁诚惶诚恐地答应着，刚刚曾扩情进门时候的气势已经把他唬得一愣一愣的。曾扩情还没有下车，一大群宪兵警卫就把胡同口、大门内外堵了个严严实实，楼上楼下也是警卫遍布，警卫个个手握长枪，如临大敌。身穿将军呢大衣的曾扩情走下汽车，就被如狼似虎的贴身卫士拥上办公楼，布鲁跟在身后，连问声好都凑不到曾扩情身边。

"栾管理员，听说你们这里的犯人闹得很凶，是吗？"曾扩情摘下一只手套往面前的桌子上一扔，冷冰冰地问。

"回长官，是！闹得很凶。"布鲁赔着小心答道。

"前一段时间的绝食风潮闹了几天？"

"回长官，七天七夜，硬是怎么劝都不行！"

曾扩情脸色一沉，啪的一声把面前的桌子一拍："就这样你们就怕了？就这样你们就认戾了？难道你们手里的枪是吃素的吗？一群饭桶！"

布鲁知道这个曾扩情是蒋介石面前的红人，手眼通天，一句话就可以决定像他这种人的生死，纵然是被劈头盖脸臭骂，也只能奴颜婢膝地低头赔着笑脸。

曾扩情发泄了一通，朝着布鲁睥睨一眼，见布鲁一副诚惶诚恐的样子，心中怒气渐平，口气也缓和了一些："参加的一共有多少人？"

"几乎……全都参加了。"布鲁期期艾艾答道。

"难道你们事先就没有发现一点儿蛛丝马迹？"曾扩情逼问一句。

"没没没有。"布鲁卑怯心虚，说完赶紧缩手缩脚地低下头去。

"笨蛋！全是窝囊废！"曾扩情的声音又高了起来，他手指头指点着布鲁的脑门儿嚷嚷着，"你们拿着党国的薪水，衣食无忧，吃喝不愁，却任凭共产党在你们眼皮子底下翻云覆雨，兴风作浪，真是党国的败类！限你三个月之内，把共产党的头儿给我查出来，否则，要你的脑袋！"

布鲁脸上汗涔涔的，心里一个劲儿叫苦，还得赔着笑脸连连点头："是，长官！"

曾扩情一把抓起刚才扔在桌子上的白手套，站起身来，指指站在他身后的吴振廷，对布鲁说："栾管理员，这位是军法处的吴法官，从今天开始，他代表我，就在你这里办公。对于他的事，你不许过问！"

曾扩情说完，怒气冲冲地带着随从们走了。

几个月的时间过去了。一九三五年四月的一天深夜，走廊那头突然传来一阵哗啦哗啦开门的声音。

董天知一下子警觉起来。在这监狱里头，半夜开门大多不是什么好事情！

一阵脚步声越来越近，一个肥胖的身影把五号牢房门上的小铁窗口堵了个严严实实。

一个陌生的声音像在询问值班的看守："是这个号子吗？"

看守的声音从牢房门缝里传了进来："是是。"

"董天知！有请！"过道里传来一个冷冷的声音，听起来有点儿瘆人。

看守哗啦哗啦开了牢门。

董天知慢慢起身，一边穿衣服一边心想，这是干什么？提审？枪毙？暗杀？

牢房长长的走廊里空荡荡的。正是好梦投怀的时候，走廊里的几个看守也都被来人从睡梦中惊醒，揉着惺忪的睡眼怔怔地看着董天知从走廊那头走过来。董天知每走一步，脚下都会响起一阵哗啦哗啦的脚镣声，正是夜深人静的时候，脚镣声回荡在寂无人声的走廊里，听起来格外刺耳。

出了走廊，外面更是漆黑一片。

一团漆黑的前院里，竟然有不少影影绰绰的人影在幽幽地晃动。董天知定睛一看，原来前院里每隔几步，就有一个腰里挎着盒子枪的大汉，背着手在暗地里定定地站着，像是早早就候在了那里。

董天知心中更加纳闷儿。正在疑惑，不知道从哪里投过来几束花花绿绿的光，把这些人的脸映照得半边红半边绿的，一时间看起来相貌狰狞，但一转眼工夫，那些光线就倏忽消失。

几个人押着董天知七拐八拐，来到一间以前从来没有到过的屋子里。

屋里已经有了几个人。这里灯光昏暗鬼影幢幢，像是经过了精心的布置。几块不透光的黑布把窗户遮了个严严实实，不知道从哪里弄来几个发着红光绿光的小灯笼，挂在墙角一闪一闪，倒像是几点幽冥鬼火。一阵阴风吹来，灯光半明半暗，帷幕遮遮掩掩，屋里的两个人也都背对着昏暗的灯光站着，故意让人看不清楚他们的面貌，他们却能将来人看得清清楚楚。

到处布置得神神怪怪的。世上本无鬼，这装神弄鬼的背后必有不可告人的事情，董天知暗自好笑。

黑暗中，一个故意拿捏着嗓子的声音，像是从阴曹地府传出来一般，阴阳怪气地说："你——就是董天知？"

"对，我就是！"董天知眯起眼睛轻蔑地看看这个黑影，朗声作答。

"呵呵，你可知道我们为什么传你？"黑影拿腔作调，拉长了声音问道。

董天知摇摇头。

"哼，别装蒜了！实话告诉你吧，我们已经全都弄清楚了。草岚子监狱里有'共党'的秘密组织，你们呀，你们这些不知死活的人哪，真是不要命了！眼看着死到临头，还有心思在刀尖上舔血，在老虎屁股上蹭痒。说！秘密组织都有谁？"黑影恶狠狠地说道。

"哈！既然你们都知道了，还有必要在这里装神弄鬼吗！"董天知不卑不亢。

"好小子，你骨头硬！不说是吧？"黑影中那人噌的一声站起身来，一脚踏在面前的凳子上，捋起一只衣袖，抬手朝着董天知一指，"告诉你，其中就有你！你们的问题可是很严重的！你们组织犯人抵制反省，对抗审查，煽动绝食，拒不悔过，我没有说错吧？嗯？！"

没等董天知接话，黑暗中又传过来一阵洋腔怪调："我知道，草岚子监狱这些饭桶根本不是你们的对手，斗不过你们！可是天外有天，人外有人，我们宪兵三团可不是好惹的！实话告诉你，其实你说不说都无关紧要！你应该听说过吧？我们宪兵三团杀人从来就不需要什么证据，也不需要什么理由！杀掉你，杀掉你们，就像踩死一只蚂蚁，神不知鬼不觉，易如反掌！"

一阵灯光摇曳，董天知看清楚了这个一直躲在暗影里的人，原来是不久前来到草岚子监狱那个行踪诡秘的"吴法官"。

不等董天知答话，"吴法官"把手一挥："拉下去，打入死牢！"接着又对着门外阴森森吼了一句，"下一个！"

一夜之间，南监七号、八号两个死牢里就关了十二个人进来，一个个都给砸上了十二斤重的大镣。

董天知一看，这下糟了，殷鉴、薄一波、杨献珍、韩钧、刘澜涛、安子文……"老兄"的骨干分子几乎被一网打尽！

第二章　播火龙城（1936—1937）

一、秘密使命

宪兵三团磨刀霍霍，单等呈送南京的呈文得到批复后，就把关在死牢里的这十二名"死囚"就地正法。

然而世事难料。就在所有人，包括殷鉴、薄一波、董天知他们都认为自己必死无疑，已经作好准备要"列宁墓前见"、要"从容就义"的关头，事情却发生了出人意料的变化。

日本人的魔爪正一步步深入华北腹地。在日本军队咄咄逼人的攻势面前惯于逆来顺受的南京政府，慌忙委派何应钦与日军驻天津的日本华北驻屯军司令官梅津美治郎秘密协商，于一九三五年七月上旬达成了《何梅协定》，密约规定：中央军、北平军分会政训处和宪兵三团限期撤出北平。

南京的批复还没有来得及送达宪兵三团，宪兵三团不得不仓皇南撤了，宪兵三团的刽子手们纵是有心杀人，也没有杀人的时间了！

笼罩在草岚子监狱上空的死神，就这样雷霆万钧地呼啸而来，又阴差阳错地悄然离去。

在一九三六年初春的料峭寒风中，一位肩负重任的神秘人物从瓦窑堡出发，经陕西鄜县（今富县）、耀县和临潼，一路风尘，悄然抵达天津。

　　他就是受中央委派主持北方局工作的中共中央代表刘少奇（当时化名"胡服"）。到了天津，他了解到华北抗日救亡运动已经搞得轰轰烈烈，到处都要求共产党派干部去领导。胡服向北方局询问组织状况，问能否派出一些领导干部分赴各地组织领导群众的抗日救亡运动，北方局组织部长柯庆施急得连连甩手，说道："华北党的干部奇缺，工作根本没有办法开展。至今北平草岚子监狱里还关押着几十名党的重要干部，但他们坚持不在'反共启事'上签名，出不来！"

　　柯庆施把这几十名党员同志五年来在狱中与敌人进行坚决斗争的情况向胡服进行了详细汇报，最后又说："这些同志在狱中坚决不向敌人屈服，他们把'慷慨赴死易，从容就义难'作为激励斗志的座右铭，虽然一直在争取'红旗出狱'，但也作好了随时'从容就义'的准备。"听了柯庆施的话，胡服陷入沉思：华北情势危急，一旦日寇打进来，这批同志必遭杀害。这些同志都是经过长期考验、经过生死考验的好同志，就这样白白损失掉，岂不是无谓的牺牲？这实在让人痛惜。假如由上级出面，命令他们采用假自首的方式出狱，组织领导群众抗日救亡，不也是一条可行之道？

　　胡服和柯庆施代表北方局向中央报告，建议立即采取措施营救这批同志，可以用假自首的方式，即按国民党的规定履行出狱手续，在"反共启事"上签字出狱。党中央、毛泽东同志批准了他们的建议。

　　北方局将营救任务交给柯庆施。柯庆施找到徐冰（当时化名"邢西萍"），告诉他："北平军人反省分院"关押着几十名党的重要干部，中央批准了北方局的营救计划，要求他们按照监狱当局的要求办手续尽快出狱。柯庆施交代徐冰去找与他单线联系的孔祥桢，孔祥桢曾担任过草岚子监狱中的党支部书记，有办法把党的这个决定传达到狱中党支部。

　　此后，柯庆施又找到中共北平市委书记李葆华，告诉他日军有可能占领北平，必须赶在此前将草岚子监狱中的同志营救出来。否则，有可能像沈阳那样，日寇一来，监狱中的党员大批被杀。柯庆施要求李葆华负责催促徐冰抓紧时间办理营救的事。

　　徐冰很快就找到了孔祥桢。徐冰根据胡服指示口授，孔祥桢记录，写了第一封信。内容大意是：目前抗日运动普遍高涨，许多地方、许多抗日救国群众组织要求党派人去领导，许多工作都要人去做。党指示你们可以履行敌人规定的"出狱手续"（在"反共启事"上签名）出狱。如果平津失陷，再办就困难了。

　　收到第一封信后，草岚子监狱党支部干事会支书薄一波、干事殷鉴和刘澜涛看了，一致认为可疑：北方局明明知道，我们多年来坚持的正是拒绝在"反共启事"上签字、捺手印，怎么现在却要求我们这样做呢？这是不是孔祥桢本人或者北方局某个领导的个人意见？支部干事会作出决定：不予讨论。

时隔数月，又收到第二封信。大意是：上次给你们的信，是中央代表胡服让写的。信去后，已经三四个月了，未见你们动静。胡服让再给你们写这封信。现在外面工作正在迅速开展，各方面都很需要人。你们不但可以而且必须履行"出狱手续"，争取早日出来，为党工作。你们过去多年坚持反对"反省政策"，坚持不在"反共启事"上捺手印，做的是完全对的，说明你们经受住了严峻考验。也正因为这样，组织上认为你们现在可以履行敌人规定的"出狱手续"出狱，党需要你们这样做。过去你们坚持不履行敌人规定的"出狱手续"是完全正确的，但如果现在你们还继续坚持不履行"出狱手续"，不执行党的决议，那你们就要犯严重的错误。现在要求你们立即执行这一指示。外面也正在想办法向"反省分院"的上级活动，以取得支持，并准备找一个进步人士打入"反省分院"，帮助你们早日出狱。

收到第二封信后，党支部干事会又请狱中几位同志写信，向外面知情人士打听，此事是否确实已经中央批准，北方局又是如何活动的。情况很快反馈回来：此事是中央批准的，向延安送信的叫王琳，胡服和柯庆施费了很大的劲儿，李葆华也参加了。从"反省分院"出去的一些同志，也向组织上提供了整批出狱很难办到的情况。因为按"反省分院"规定，即使登了启事，还要关押北监考察一至两个月才能出来，而且只能一个一个地办。现在要做到整批快出，必须向军法处做工作。北方局派徐冰找到一个叫过之翰的人帮忙。过之翰与宋哲元关系密切，是二十九军军长宋哲元兼任委员长的冀察政务委员会财政厅厅长，掌握着西北军的财政大权。过之翰的长子过家芳和侄子过家和都是经彭雪枫介绍入党的中共党员，加之过之翰本人也力主抗日，因此他对共产党颇为同情。过之翰表示，只要这些共产党员答应履行"出狱手续"，他就可以想办法让他们"整批、尽快"出去。同时，他马上疏通宋哲元把"反省分院"的管理员换成了同情党的开明人士、自己的族叔过俊伟。

过俊伟上任以后，胡服又安排公开身份是二十九军军务处中校处员的秘密党员过家和，借着看望"五爷"过俊伟的名义，身着二十九军中校军装出入草岚子监狱，了解狱中情况，向狱中传递消息。

狱中党支部干事会对这两封信再次进行仔细研究，确认这两封信的内容是中央批准决定的。对这两封信的含义也统一了认识："日寇打进来，这批同志必遭杀害"，指的是中央要为党保存这一批久经考验的干部，狱中同志们不能不观察当前形势，更不能死咬住过去说来是完全正确的做法不放；"外面工作开展，各方面都很需要人"，指的是党的工作迫切需要这一批干部；"你们不但可以而且必须履行'出狱手续'，争取早日出来，为党工作"，这里所说的"不但可以"是指这一批干部坚持反对"反省政策"已经有五年了，是经过了考验的，"而且必须"是指党的工作需要，是组织上从全局着眼作出的决定；"你们过去多年坚持反对'反省政策'，坚持不在'反共启事'上捺手印，做的是完全正确的"，这是把同志们过去坚持反对"反省政策"的斗争肯定下来；"如果现在你们还继续坚持不履行'出狱手续'，不执行党的决定，那你们就要犯严重的错误"，这个话口气严厉，分量很重，每一个共产党员都清楚不执行组织决定的严重后果。

党支部干事会决定把来信和支部干事会意见传达给全体党员，要坚决执行胡服和柯庆施代表北方局建议并经中央批准的履行刊登"反共启事"出狱的指示。

紧接着，狱中又收到第三封信。第三封信内容很简单，说一切都办好了，新的管理员就是来帮你们快办手续、快出监狱的。党支部干事会还把每次来信都告诉了当时没有参加支部生活的刘锡五、罗霖祥、马辉之、王德四位同志，他们也表示完全同意。党支部干事会对出狱的批次做了具体安排，薄一波和董天知等被安排在第一批。刘锡五则要求把他的出狱时间安排得靠后一些，他对薄一波说："只要是中央、北方局的指示，我坚决执行。请你出去后再核实一下。如果核实是党的指示，那就请你给我送一只烧鸡来作为信号。"

薄一波出狱后，按照约定给刘锡五送了一只烧鸡。

五年的铁窗生涯就这样结束了。

早在一九三六年八月下旬，被营救的第一批同志出狱前夕，一位不速之客来到草岚子监狱看望薄一波。

来人叫郭挺一，此行是受了阎锡山的委派。郭挺一是薄一波的同学，而且薄一波又是郭挺一的入党介绍人，两人过去很熟悉。见到薄一波，郭挺一开门见山地说："阎先生派我来营救你，带来了活动经费和阎先生写给宋哲元的亲笔信。另外，阎先生还让我给你带来一封信。"说着话，郭挺一从公文袋里取出一封信来，朝薄一波递过去。

薄一波伸手一挡，并未接信。他以为他还是共产党员，寒暄两句，兴冲冲地告诉郭挺一："不必不必。组织上已经安排营救我们，而且马上就要出去了。"

郭挺一只好悻悻地把这封信又装回公文袋里。告别后，郭挺一马上向阎锡山发去一封电报，把薄一波即将出狱的消息报告阎锡山，在电报里还特意说明，薄一波现在还是共产党员。

郭挺一虽然是受了阎锡山的委托前来，但他并不知道阎锡山的真正意图。他认为阎锡山不会用真正的共产党员，哪里知道恰恰相反，阎锡山立即给他发来一封电报，并要他马上转给薄一波。

郭挺一拿着这封电报再次来到草岚子监狱。薄一波接过电报一看，只见上面写着：目前山西形势危急，希望一波兄回晋，共策保晋大业。薄一波不知道此时的郭挺一已经投靠了阎锡山，更不知道郭挺一已经在阎锡山面前夸下海口，说自己有把握把薄一波请回山西。他看了看电报，呵呵一笑摇摇头，淡淡地说道："挺一，共策保晋大业云云，你做可以，我不合适。我在外边搞了这么多年，在山西又曾两次被阎锡山通缉，对阎锡山这个人，我不感兴趣。"

薄一波两次回绝，郭挺一为难得啧啧连声，直挠头皮。他了解薄一波，知道这是个一旦拿定主意就不会轻易改变的人，只好长叹一声，打道回府。

薄一波出狱后，北方局派徐冰和他接头联系。有一次谈完正事后，薄一波顺便提到前不久阎锡山曾派人邀请他回晋工作，被他一口回绝。在薄一波眼里，这件事已经过去，他只是那么一说，并没有要徐冰报告北方局。

说者无意，听者有心。徐冰立即赶到天津，向胡服汇报了这件事。第二天徐冰又从天津赶回北平，告诉薄一波："胡服同志讲了，现在形势正在发生大的变化。日本要灭亡中国，蒋介石继续搞不抵抗政策，阎锡山在动摇中。当前党的任务是组织抗日民族统一战线，联合全国各党、各派、各军、各界一致抗日。北方局刚刚收到陕北来电，毛泽东同志在电报中提出，阎锡山等华北六省市军政负责人处，'一有机会，即须接洽。统一战线以各派军队为第一位，千万注意'。这样的机会我们找还找不到，现在阎锡山找上门来，你却拒绝不去，是不是还有一点儿'左'倾关门主义的顽疾？'左'倾关门主义就是不懂得要善于把公开工作同秘密工作相联系，把合法斗争同非法斗争相联系，把上层统一战线工作同下层统一战线工作相联系。过去我们就是吃了'左'倾关门主义的亏，使白区党的工作受到重大的损失。"

薄一波听完徐冰转达的胡服这番话，知道徐冰把自己拒绝回晋的事已经向胡服同志汇报了，胡服同志要他必须到山西去，与阎锡山开展上层统一战线工作。薄一波内心不愿意与阎锡山打交道，他请徐冰再报告胡服同志："我在狱中读过共产国际七大的全部文件，其中季米特洛夫的报告最感人，还读了共产国际十三次委员会各位委员的发言。这两次会议都是反对'左'倾关门主义的，对照我长期在白区做军运工作的经验教训，我对'左'倾关门主义的危害深恶痛绝。中央瓦窑堡会议的决定，我在狱中也认真学过，反对'左'倾关门主义，我是坚决的。不过，我不去山西有自己的理由。并不是因为我做党的秘密工作已经多年，不熟悉上层社会的人情世故和待人接物，不适合到那里工作，主要是不愿意和阎锡山这样的人共事。何况，郭挺一已经知道我是共产党员。"

徐冰听完薄一波的话，再次去了天津。胡服听完徐冰转达的薄一波的话后，当即就冒火了，说："告诉一波，去也得去，不去也得去。彻底转变我们过去的斗争方式与工作方法，学习和创造新的斗争方式与工作方法，这是新形势向我们提出的要求。不会就学，到工作中去学。阎锡山正因为知道你是共产党员，才会对你这样欢迎嘛！"这一次，薄一波不再坚持自己的意见。但他还是请徐冰报告胡服，希望能有个把月时间，先到山西实地考察一下，看形势究竟如何，再确定今后的行止。胡服同意了薄一波的要求。

薄一波立即动身回到山西。他在山西考察了四十天左右，找到做地下工作的同志，并通过各方面的关系，广泛接触了他所认识的与阎锡山有接触的同学和朋友，包括阎锡山机要处的两位负责人，还见了阎锡山的老部下、同阎锡山历史渊源很深的傅存怀，特别是向共产党情报系统设在太原的特科负责人胡西安，以及虽然脱党但仍然倾向革命、人称"包打听"的周新民做了深入的调查，把山西的情况摸得比较清楚。通过四十天左右的调查研究，他对山西的情况已经心中有数：山西确已形成可以推动阎锡山参加抗日民族统一战线，开展群众性抗日救亡运动的有利形势。

薄一波此行还摸透了阎锡山的心思。一九三五年华北事变后，晋绥首当其冲受到日军威胁，眼看自己苦心经营二十多年的基业行将不保，阎锡山不得不重新考虑他的对策。阎锡山看到降日、迎蒋都会危及他的存在，抗日、拒蒋他又没有这个力量，不得不另外寻找新的暂时的同盟者。阎锡山苦心构思了一个新的策略：请一个坚决抗战同时又有号召力的共产党人，但不以共产党员的面貌出现，而是以山西抗敌救亡活动家、组织家的面貌出现；采取共产党的进步措施和主张，但在提法上要换成"山西话"，在组织上要戴阎锡山的"帽子"；借助共产党的政治影响和做法，但又打着山西的旗号来扩充实力，应付危机，以求渡过难关。他内定要请的这个共产党员就是薄一波。

薄一波心里还有更深一层的考虑。看来，阎锡山的如意算盘是利用共产党人给他输血，企图加强他在同日本人、同蒋介石的抗衡中讨价还价的资本，又要求他请来的共产党人戴上"山西帽子"以抵消共产党的影响。这样的主意也只有他阎锡山才能想得出来。但是，阎锡山要利用共产党人给他做工作，就不得不提供一些做工作的条件，那我们就可以顺势取得合法的身份，放手做抗日救亡的工作，创造宣传和组织群众的有利条件。结果究竟如何，最终鹿死谁手，这就取决于我们的工作和斗争了！只要我们很好地按照党的新策略即抗日民族统一战线的策略去做，不犯大的错误，我们共产党人是完全可以赢得这场斗争胜利的！

把山西的情况摸清楚之后，薄一波返回北平，通过徐冰向胡服做了详细的报告。报告包括山西的政治、经济情况，阎锡山的处境和他的思想动态、政治企图，对共产党今后在山西开展抗日救亡工作、建立统一战线的可能性估计，以及应采取的工作方式等。结论是，按照党所提出的抗日民族统一战线的方针来衡量山西的情况，不但可以做工作，而且大有文章可做。胡服在认真研究薄一波这份报告后，对薄一波提出的在山西建立抗日民族统一战线的构想深表赞许，决定要薄一波即日启程，并要薄一波从刚出狱的同志中选择几个帮手一起到山西工作。薄一波说先少选几位，待工作开展后看情况再增加。薄一波选择了杨献珍、董天知、韩钧三人，周仲英也想一同前往，就成四个人了。胡服同意了薄一波提出的人选。

一九三六年十月二十四日五更时分，一列火车出了正阳门车站，刺破北平的朦胧薄雾向南驶去。

窗外一片黑暗。伴随着咣当咣当车轮前进的声音，一声悠扬的汽笛声传来，瞬间把董天知的思绪带向远方。

董天知的家在河南荥阳县城南街，离家不远就是陇海铁路。小时候，这熟悉的汽笛声，常常在夜深人静的时候，把他的思绪带向远方。悠悠而来又渐渐远去的汽笛声，也总是勾起他对外面世界的无限向往。

火车汽笛意味着相逢。就在他十六岁那年五月中旬的一天，一阵火车汽笛声响过之后，家里住进了一位神秘的客人。这个叫彭湃的大哥哥脸上总是挂着微笑，一口南方口音的普通话听起来有些滑稽，常常逗得董天知哈哈大笑。几乎是从一见面开始，两个人就成了无话不谈的好朋友。彭湃的渊博学识和敏锐眼光叫他佩服。从彭湃那里，董天知知道了他出生于海丰县一个富足人家，曾留学日本，但一九一八年日本逼迫段祺瑞政府签订丧权辱国的《中日陆军共同防敌军事协定》，让彭湃倍感屈辱，加上日本人对中国留学生的种种侮辱，彭湃领导三千留日学生愤而罢学归国。彭湃还心情沉重地给董天知讲了自己参观日本博物馆的见闻："日本的博物馆里，陈列着许多日本军人参加八国联军侵略中国时掠走的文物，这些东西都是我们中国的呀，你看日本帝国主义的野心有多大！要记住，我们生做中国人，最大的责任就是救国，当头的急务就是排日！"彭湃还给董天知讲了俄国十月革命的成功经验，告诉天知，要想救中国，就必须要走俄国十月革命的道路。多日的朝夕相处，让董天知茅塞顿开，让董天知的人生有了明确的奋斗目标。

火车汽笛又意味着分离。就在那年五月底的一天，随着一声火车汽笛，彭湃离开董家，离开荥阳。董天知扛着行李把彭湃送上火车，彭湃隔着车窗向董天知挥挥手，带着熟悉的微笑，渐渐从董天知的视线里消失。他并没有告诉董天知他要到哪里，董天知后来才知道他先回了武汉，接着又秘密去了南昌，并在那里与周恩来等会合，参与领导南昌起义。

火车汽笛意味着一个旧的结束，更意味着一个新的开始。正是伴随着声声汽笛，董天知从中原腹地的小小县城，走向风起云涌的革命潮头北平，在这里经受了风吹雨打，经历了烈火锤炼。今天，这声声汽笛恰似声声战鼓，要把董天知带到抗战的第一线，带到一个更广阔的抗日战场上。

董天知看看几位同行的战友，他们脸上凝重的表情又把董天知的思绪拉回到了出发的前夜。

就在昨天晚上，按照胡服的要求，北方局联络员徐冰把薄一波、董天知、韩钧、杨献珍、周仲英等五个人召集在一起，召开了一个秘密会议。徐冰神情严肃，代表胡服再三叮嘱："同志们，你们马上就要启程。胡服同志反复强调，你们是一个绝密组织，担当的是一个特殊的使命。由你们五人组成的山西公开工作委员会，一波同志担任书记。你们的工作直接受北方局领导，名为山西公开工作委员会，指的是做公开的抗日救亡工作，你们的党员身份仍然要高度保密。目前，红军在陕西立足未稳，山西是一个全新的战场，极有可能成为我们共产党命运的转折点。到了山西，切记要坚持几个原则：第一，站稳脚跟，不冒险、不空谈、不争论，不提阎锡山不能接受的口号，不做山西当局不允许做的事情。第二，俯下身子，不图虚名，作好吃苦准备。第三，脚踏实地，积聚力量，任何时候都要牢牢记住，做我们共产党该做的事情。第四，牢牢抓住抗日民族统一战线的领导权，在这个问题上决不能含糊。"

是啊，牢牢抓住抗日民族统一战线的领导权，在这个问题上决不能含糊。想到这里，董天知暗暗点头，抬眼朝车窗外的太原城方向望去。

昨夜重阳。阎锡山特意挑选了这个赏菊饮酒的日子，在坝陵桥阎公馆的后花园举行了一场家宴，宴请山西牺牲救国同盟会的几个发起人，意在安抚。

山西牺牲救国同盟会，简称牺盟会，原来是由山西自强救国同志会（更高的组织叫自强救国同志社，它是阎锡山的核心组织）中不少进步青年如杜任之、刘岱峰、宋劭文、戎子和、刘玉衡、张文昂等倡议成立的。据说原拟起名为"抗日救国同盟会"，阎锡山认为"抗日救国"是共产党的口号，怕刺激日本和国民党政府当局。另外，阎锡山觉得这个口号表现不出自己的特色。当年他在日本留学时曾加入孙中山先生建立的同盟会，并在同盟会之下，与李烈钧等人组成了铁血丈夫团。他喜欢这类突出献身精神的名称，因此主张改为

"牺牲救国同盟会"。这是阎锡山的得意之作。牺盟会是一九三六年九月十八日在太原纪念"九一八"事变五周年大会上正式宣布成立的。成立之初，成分比较复杂，既有个别共产党员，也有一批进步青年，还有一些跟着阎锡山反过共的人。成立大会上发表的《简章》、《纲领》、《宣言》、《告同胞书》都是进步的。大会的召开以及《简章》、《纲领》、《宣言》、《告同胞书》的发表，在国内外引起了强烈的反响。然而阎锡山未曾料到，牺盟会的《简章》、《纲领》、《宣言》、《告同胞书》刚见诸报端，就引来了蒋介石的责难和日本人的抗议。想到这里，阎锡山觉得心里堵得慌。其实，牺盟会的工作纲领和《告同胞书》事先都经他审阅过，其中"没收××帝国主义与汉奸卖国贼在我们领土以内的一切财产，充作抗敌经费"这句话，还是按照他的意思隐去了"日本"两个字，没想到日本方面还是从中嗅出了什么，驻太原的日本特务机关长和知鹰二立即送来一纸通牒，口气强硬地要求阎锡山立刻取缔这个"蓄意诋毁帝国亲善政策"的组织，对阎锡山不依不饶。还有那个蒋委员长，抓住《告同胞书》中"枪口一致对外"这句话，说这是地地道道的"共党用语"，质问他"矛头何指"。唉！难哪！被日本人和蒋介石两面夹击的阎锡山一时乱了阵脚，匆忙之中他一面以"不知详情"为由向蒋介石和日本人搪塞，一面让亲信梁化之把捅了乱子的几个牺盟会发起人找来，狠狠发了顿脾气，要他们马上在山西各报刊出一份《更正声明》，声言报载牺盟会之《纲领》、《宣言》，等等，"是其中一二人发表之意见，未经会议正式通过"，以撇清阎锡山这个会长的责任。《更正声明》见报之后，阎锡山总算是把这件事草草掩饰过去。

阎锡山惯于见风使舵。事后他听说这几个年轻人心中不服，细细思量也觉得这件事自己做得不太厚道，临难苟免，诿过于人，让这些年轻人受了委屈。看看风头已过，他借着重阳节这个日子，让"新派头目"梁化之约了戎子和、张文昂、刘岱峰、宋劭文和郭挺一几个人，来到阎公馆的后花园月夜畅饮，意在笼络。

赴宴的几个人对阎锡山的用意都心知肚明。酒过三巡，阎锡山又亲自给每人面前的空杯斟上汾酒，然后执壶在手，环视一周，故作卖弄地说："各位想必都听过曹操煮酒论英雄的故事。那么试问，当今天下，谁为英雄?"

几人不知阎锡山话中真意，面面相觑，不肯开口。在阎锡山眼里，几个年轻人都是才富学高的青年才俊，并不是没有个人看法，而是他们不知他话里所指，故而慎言。

阎锡山的目光在几人脸上扫视一圈，自己打破沉默："我看哪，咱们的蒋委员长和袁绍袁本初好有一比。"他一边摇头，一边低语，"色厉胆薄，好谋无断，干大事而惜身，见小利而忘命，非英雄也。"

阎锡山见几个人都停下杯箸，洗耳恭听，便放下手中的酒壶，若有所思地摩挲着有些花白的短髭，接着话锋一转："蒋委员长、共产党、日本人，个个的胃口都不小哟！咱们山西偏居一隅，目前也只能学学刘皇叔，收敛锋芒，韬光养晦吧！"阎锡山又向在座各位扫视一周，摇摇头缓缓说道，"你们哪，你们还年轻，也都不要锋芒毕露，要学一学刘皇叔的装傻功夫。我看眼下，牺盟会还是得先停停，先停停……"

说完，阎锡山端起面前的酒杯，其余在座各位也纷纷举杯，站起身来一饮而尽。

温酒已经变凉，夹着一缕秋风入口下肚，每个人心中各有一番滋味。

次日一早，秘书手持一纸电文急匆匆走到阎锡山面前，轻声禀报："阎主任，傅作义将军绥远来电，说是日军驻绥特务机关长田中隆吉暗中策动，德王率蒙伪军侵入百灵庙，图谋不轨！"

阎锡山心中一沉。进入一九三六年以后，此前曾一度风声鹤唳、高度紧张的平津地区，一时归于平静，而近在咫尺的察绥地区，却再度陷入危机之中。作为太原绥靖公署主任，理当对晋绥负有守土之责，阎锡山近来一直为此如坐针毡。他知道，以绥远的地理条件和军队的布防，守难攻易，如果真有日军来攻，几乎没有全面坚守的可能。可是，绥远作为山西的最后一道屏障，又万万不能失守，一旦绥远动摇，则晋省失却屏蔽，虽有天险，亦将无以为计！

这可怎么办？阎锡山转念想起不久前蒋介石发的一封电报。电报中，蒋介石提到外交部长张群与日本驻华大使川越茂的谈判仍无进展，"默察情势，绥远敌在必得，预料其攻绥时期，当不出下月初旬……"看来，绥远一战，势不可免哪！

阎锡山眉头一蹙，吩咐随从："给宜生回电，请他立即飞赴太原，共商绥远战事！"

接到阎锡山电报，正在前线视察的傅作义立即返回归绥，第二天就飞到太原。

阎锡山把傅作义迎入中和斋。

傅作义刚一落座，就迫不及待地说："钧座，日本人看来要动真的了！前几天田中隆吉派关东军一个叫西峤的军佐，和前东北军师长郭殿屏一起来绥远见我，劝我跟日本人合作。说如肯合作，则内蒙古及西北，均可由我掌握，这两个人被我臭骂一顿，灰溜溜走了。听说田中隆吉大为恼怒，日军不仅向多伦和丰宁集中了三个联队，而且送了五辆装甲车和若干野炮装备伪军，绥远、包头两处的日军眷属都送往了平津一带。看这个样子，绥远之战旦夕之间就有打响的可能，我们是否先发制人？"

阎锡山却是老谋深算，他摇摇头叹了口气，说道："宜生，不是我们害怕日本人。蒋委员长希望我们晋绥军一马当先，在绥远打上一仗，给日本人一点儿颜色看看，用强硬的态度让日本人知难而退。可是我总思谋着怕咱们得不偿失，做了赔本的买卖。"

傅作义直来直去："南京政府不是已经部署中央军做我们的后援吗？最近，中央军汤恩伯部第四师、第八十九师、第七十二师，已经开始由陕北清涧、延川一带向府谷、神木方向移动，高桂滋第八十四师各部也已经集结，向吴堡、绥德、安定地区转进，还有门炳岳师也集结咸阳，随时准备开赴绥远……"

"宜生，你把问题看得简单了！"未等傅作义说完，阎锡山连连摆手，"能自谋者，始能为人谋；能自计者，始能为人计。你跟蒋委员长打交道打得少，你不了解他。这其中的利害关系，我们一定要就现求隐，以求万全，万万不可打错算盘，更不能把宝押在别人身上！"

阎锡山操起旱烟袋吸了一口，噗的一声吹出烟灰，接着说道："一旦我晋绥军主动出击，极有可能引起关东军大举介入。到那个时候，蒋委员长派来的军队是进是退，你我可都做不了主！单凭我们晋绥军的力量……"阎锡山又摇起头来，"我们晋绥军的工事和部署都准备得不周全哪！还有，一旦我们和日军大战一起，已经集结陕北的中共红军又近在肘腋，会不会重演今年二月东征山西之局，乘机打着增援绥远抗战的旗号堂而皇之地进入晋绥地区？最后的结局实难预料啊！宜生，所以我的意见是，非到万不得已，切记不可主动寻敌！"

说完这些话，阎锡山又喃喃一句："如果能再延宕敌人一年，于我最为有利。"

傅作义听出了阎锡山"延宕敌人一年"的话外之意，是因为蒋介石向阎锡山保证过，说近期就有十足的把握能把刚刚完成集结，已经疲惫不堪的共军围困消灭，故而阎锡山才有这种慨叹。可傅作义并不相信蒋介石真能消灭红军，只是对蒋介石这张挂在墙上的画饼付之一笑。

想到这里，傅作义取出一封信件呈给阎锡山："钧座，这是宜生今日临上飞机之时收到的。"

阎锡山低头一看，见是毛泽东写给傅作义的信函。

宜生主席先生勋鉴①：

日寇西侵，国难日亟。先生统率师旅捍卫边疆，今夏小试锋芒，已使敌人退避三舍。观乎报载以死继之之言，跃然民族英雄之抱负，

_____

① 《毛泽东书信选集》，人民出版社 1983 年 12 月第 1 版，第 82~83 页。

四万万人闻之，神为之王，气为之壮，诚属可贺可敬。红军远涉万里，急驱而前，所求者救中国，所事者抗日寇。今春渡河东进，原以冀察为目的地，以日寇为正面敌，不幸不见谅于阎蒋两先生，是以引军西还，从事各方抗日统一战线之促进。目前情势，日寇侵绥如箭在弦上，华北长江同时告急。但国内统一战线粗有成就，南京当局亦有转向抗日趋势，红军主力之三个方面军已集中于陕甘宁地区，一俟取得各方谅解，划定抗日防线，即行配合友军出动抗战。红军虽志切抗战，但在未得友军谅解，尤其在未得抗战地区之友军及地方行政长官之谅解以前，决不贸然向抗战阵地开进。在已得正式谅解而向抗战阵地开进与实行抗战时，自当以其全力为友军之助，而绝不丝毫妨碍共同抗战之友军及其后方之安全与秩序。兹派彭雨峰①同志来绥，与先生接洽一切，乞以先生之意见见教，并希建立直接通讯关系。百川②先生处，今春曾数数致书，夏时又托韩③团长将意，久未得复，祈先生再行转致鄙意。如有可能介绍彭同志赴晋一晤，实为公便。叨在比邻，愿同仇之共赋。倘承不吝赐教，幸甚幸甚。专此。即颂
戎绥

毛泽东
十月二十五日

看了信件，阎锡山闭目沉思片刻，点点头说道："共产党抗日的态度是真诚的。如此看来，我们晋绥军和共产党可以携手合作。其实，宜生，毛润之托郭登瀛带给我的那封信，我是认真拜读了的。之所以当时没有给毛润之回复，是因为时机不成熟。而如今，我们的方针是夏天穿汗衫，冬天穿皮袄，需要什么来什么！依我看，现在是我们和共产党合作的时候了！"

傅作义连连点头："是。至少在我们和日军作战的时候，没有后顾之忧。"

阎锡山接着说道："不仅如此。凡事都要把目光放远了来看。宜生，你记不记得，东北三省沦陷以后，坚持抗战的可都是共产党，我们晋绥也要未雨绸缪。蒋委员长想以武力'剿共'，我看——"阎锡山轻轻摇摇头，诡秘地一笑，"我看是心有余而力不逮。共产党提出的抗日民族统一战线主张，是人心所向，是大势所趋。眼下，我倒是觉得联合共产党、利用共产党可能是我们的

---

①　彭雨峰，即彭雪枫，时任八路军总部参谋处长兼驻晋办事处主任。
②　百川，即阎锡山，百川为其字。
③　原稿如此。韩应为郭，即被东征红军打败俘虏的晋绥军一九六旅三九二团团长郭登瀛。毛泽东于五月二十五日再次致函阎锡山，委托被红军释放的郭登瀛代转。

一条出路。我从北平请来了几位青年才俊，马上就到太原，要请他们替我们发动群众，壮大我们的力量才行啊！"

二、微妙的统一战线

薄一波、董天知等一行五人到达太原，已是十月二十五日深夜。

朦胧夜色之中，一列破旧的窄轨列车停靠在位于太原城南首义门外的太原车站。车窗外秋风劲吹，车站上灯光昏黄，潇潇暮雨之中，受中共秘密党员胡西安委托，前来接站的张文昂已经等候多时。

张文昂是薄一波在山西国民师范学校的同学，彼此相熟，几人寒暄过后，踏着泥泞一同进城。

胡西安与薄一波同村，又和阎锡山有点儿亲戚关系，他是中共中央特科在山西的负责人，公开职务是山西省政府经济统计处处长。当时的太原不允许外来的单身男子租房，出于安全考虑，他把初来乍到的薄一波、董天知他们安排在坝陵桥南街甲字一号自己的家中暂住。

薄一波、董天知几人跟在张文昂身后进门，一进门就闻到一股饭菜的香味。

胡西安已经为他们找来大厨，正在准备丰盛的饭菜。

见桌上摆着香气诱人的太原名吃炖羊肉和子推蒸饼，旅途劳顿的几个人胃口大开。

胡西安招呼大家落座，指着旁边一间空房说："现在的太原不太安全，你们暂时就住在我家里。我专门腾出一间空房，你们五个人将就一些，挤一挤住在一起，同睡一张大炕。"

众人边吃边聊。

董天知认真地问道："老胡，你说现在的太原不安全，指的是什么？"

胡西安叹了口气："面对蒋、日、共三种力量，阎老西有一套对于三方暗联明不联、上联下不联、暗反明不反、内反外不反的把戏。他不肯得罪日本人，日本人也就得寸进尺，在太原、大同都派驻了领事。你说，太原、大同又不是什么商埠，又没有日侨，用得着派驻领事吗？其实领事馆里明来暗往的尽是日本特务。太原的特务机关长叫和知鹰二，手下一帮人尽干些刺探军政、经济情报的勾当。和知鹰二在太原的典膳所、按司街、坊山府几个地方都开了俱乐部，指挥日本浪人贩料面、开赌场，逞凶斗狠，横行无忌。最近，和知鹰二还在新城街租了一所房院，私自盖起高楼，可以俯瞰全市，窥察一切呢！"

董天知几人迫切想知道太原的情势，边吃边听。

"还有，"胡西安接着说道，"阎老西处处提防着共产党。把全省划分为十二个防共保卫区，每区成立一个防共保卫团，就连遇到系着红腰带的，都要当作'共党'抓起来。在太原，阎老西想了一个别出心裁的办法。太原的市民人人都有一个白布做成的识别证，共分四种。正方形的颁给官员，叫作'好人'，圆形和椭圆形的分别由市民和学生佩戴，说是什么'次等好人'和'中人'，三角形的则是强制'坏人'佩戴，这些人的行动要受限制。"

"那没有识别证的呢？"董天知好奇地问道。

"对于没有识别证的，军警都是一目了然，马上扣押审讯。"胡西安苦笑着摇摇头。

董天知笑着又道："老胡，那要依着阎锡山的标准，我们这几个人算是哪一种人？"

胡西安用筷子点着董天知他们几个，呵呵一笑，胸有成竹地说道："你们几个？一等好人！"

大家一愣。

胡西安接着说道："最近一段时间，阎老西对共产党的态度表面上倒是有了较大转变。他经常说，"胡西安放下手中筷子，模仿着阎锡山说话的口气，"政治上撂了第一等的好事不做，就丢掉了第一等人才；撂了第二等的好事不做，就丢掉了第二等人才；撂了第三等的好事不做，第三等人才也会离开。现在国难当头，山西危机，抗战就是第一等要事、第一等好事。好事要办好，就得用第一等好人去做。蒋介石丢了那么多国土，共产党却主动抗日，你们说说，谁是第一等好人？"

原来如此！董天知他们几个笑了起来。胡西安接着又说道："阎老西非常自负。请你们几个来，他也是经过了再三的盘算，觉得自己有十足的把握。他曾经说过这么一句话：只要在山西，谁都跑不出我阎锡山的手心！"

"目前，山西党的基础怎么样？"董天知又问道。

胡西安摇摇头，心情有些沉重："十分薄弱。这些年党的地下组织遭到了空前严重的破坏，我们的许多同志，有的在监牢里边，有的流亡在外。"

薄一波点点头："前一段时间我到山西实地考察四十天左右，也发现这个问题，现在山西还在进行活动的共产党员，也就那么几十个人，基层党的组织已经没有什么力量了。当然，这不能全怪阎锡山，和我们党这些年来的三次'左'倾路线也有直接关系。"

"显而易见，我们还有个恢复党组织、重建党组织的任务。"董天知眉头紧蹙地说道。

董天知感到肩上担子沉重。他想起薄一波最近一直提到牺盟会，说目前牺盟会的工作正陷入困境。他又抬眼看看坐在对面的张文昂，他知道张文昂是牺盟会创始人之一，就问道："文昂，能不能把牺盟会的情况给我们介绍一下？"

张文昂叹口气："也是一言难尽。本来，九月十八号那天，我们就已经发起成立牺盟会，一个多月过去了，不仅没有红红火火搞起来，反而日渐冷清，陷入停顿。"

张文昂讲了牺盟会成立以来前前后后的事情。

薄一波说道："其实，牺盟会陷入停顿，根子还是在于阎锡山对牺盟会心存疑惧。"

董天知深有同感："对。胡服同志告诫我们，不要提阎锡山不能接受的口号，这话很有远见。牺盟会提出'打倒日本帝国主义'和'不分党派联合起来'的口号，这些话完全用的就是共产党的口吻，太激进了！怪不得阎锡山不感冒。这些话本来就不对阎锡山胃口，他借着日本人的抗议和蒋介石的反对，来个釜底抽薪，也就不难理解了。"

张文昂点头称是。

董天知看看薄一波和韩钧等人，说道："我总觉得，阎锡山还是想把牺盟会办得有点儿声色的。牺盟会作为一个组织，既然已经成立了，又是阎锡山自己同意成立的，他从骨子里并不愿说停就停，他正在思考的恐怕是怎么样才能让牺盟会最大限度为他所用。这是我们要好好琢磨的题目。一波，我们是不是想想办法，趁这个机会把牺盟会接手过来？"

薄一波会意一笑："我正有此意。"薄一波又看看胡西安和张文昂，"老胡，文昂，这几天阎老西在忙些什么？"

张文昂答道："阎老西正忙得焦头烂额。傅作义从绥远匆匆赶来，说是日本人正准备进攻绥远，战事一触即发。阎老西最近的心思全在这上头，这几天就要和傅作义一同飞到西安，去和老蒋面商机宜。"

薄一波思索片刻："等阎老西回到太原，我就去找他。我们还是要先从接手牺盟会开始做文章。"

董天知点点头："阎老西已经搭好了台子，我们这叫作借台唱戏！"

阎锡山和傅作义对绥远形势做了一番分析之后，一同乘机飞赴西安，要与蒋介石"熟商守边御侮大计"。哪知到达西安后才得知蒋介石已去洛阳，于是两人直奔位于西安城东门里金家巷深处的张学良公馆。

张公馆西楼二层的一个房间里亮着灯，张学良事先已经得到阎锡山和傅作义要来的消息，正在焦急等待着他们。

阎锡山和傅作义进门，张学良把二人匆匆迎上楼去。

张学良是个率真直性的人，说起话来不喜欢拐弯抹角。几个月来，他已经和阎锡山多次密使往返互通声气，几天前还亲自密赴太原，与阎锡山竟夜长谈，两人也有了一些共同语言。

阎锡山和傅作义一落座，张学良就开门见山地说："百川兄，宜生兄，这'剿共'的差事，我张学良是决意不再干了！委员长今天刚刚离开西安，到了洛阳去'避寿'。在西安的几天里，他还是满口的'对内''对内'，不停地'剿共''剿共'，绝口不提抗日。我和虎城兄一再劝谏，要求停止'剿共'团结御敌，委员长不但不听，反而对我们厉颜厉色，疑忌倍生，兄弟我实在寒心！"

看张学良愤愤不平，阎锡山接过他的话来："汉卿，在抗日的问题上，我和你意见一致。我也时时以日本人恶虎当道，而委员长一意'剿共'为非计。"

张学良无奈地甩了甩手，又掰着手指头说："这打红军是中国人之间的自相残杀！损的是中国的兵，折的是中国的将，灭的是中国人的志气。这日本人都已经打进院子里来了，我们兄弟之间还在同室操戈，怎能不让东洋鬼子耻笑！百川兄，宜生兄，真人面前不说假话，我已经和红军达成了秘密停战协议。"

阎锡山眉毛轻轻一耸，脸上却不动声色。其实这些并不出乎阎锡山意料。从这个时期东北军和红军之间的军事态势来看，阎锡山这个久经战阵的老军阀，早已经看破了其中的端倪。听了张学良的话，他也道出了自己的心思："汉卿，你我可是肝胆相照的弟兄！承蒙兄弟这么相信阎某，我也不瞒着你。最近中共毛先生给我们晋绥也派来了信使，共产党那个停止内战、一致抗日的主张，值得考虑啊！"

阎锡山说完，看了一眼坐在身旁的傅作义。傅作义明白阎锡山的意思，顺着阎锡山的话说道："毛先生在写给我的信中也说：红军远涉万里，急驱而前，所求者救中国，所事者抗日寇。依我看，共产党抗日的意愿是真诚的。"

张学良脸色稍霁，他吐出胸中一口闷气，看着阎锡山和傅作义："百川兄，宜生兄，后天就是委员长寿辰，我要再一次当面请求委员长停止内战，一致抗日。到时候，希望两位兄长能助我一臂之力。"

阎锡山心有灵犀，他正在琢磨自己的进退之策。看看现在的东北，再想想明天的晋绥，如果还是不抵抗、不抵抗，张学良的今天就是我阎锡山的明天！前车之覆，后车之鉴，张学良失去东北，尚且有个容身之处，那是因为中原大战中张学良把宝押在了蒋介石身上，怎么说也是有功于蒋，我阎某人一旦失去了山西这块地盘，可绝对不会像张少帅这么幸运了，作为中原大战中老蒋的死对头，蒋某人几次想置我于死地，到时候哪里还有我阎某人的容身之地？

想到这里，阎锡山抬起头看着张学良说："汉卿，你放心，我会和你同生死共进退。走，我们连夜赶赴洛阳！至于宜生，绥远前线战事随时有可能爆发，军中不能一日无帅，我看宜生还是尽快赶回前线的好。"

傅作义点点头："阎长官说的是。"

十月三十一日，农历九月十五。

这天是蒋介石五十大寿，国民党政要云集洛阳。

洛阳的西工兵营也早已布置一新。为了给蒋介石祝寿，就连吴佩孚当年修建的"继光台"，也特意更名为"国寿台"了。

太阳已经升起，洛阳秋色正好。五十架机身涂着青天白日旗的战斗机正在上下盘桓。先是在空中定点摆出一个大大的"寿"字，接着又从空中向下俯冲，飞临会场上空时如同天女散花般撒下无数祝寿的鲜花，鲜花从天而降，引来台上台下阵阵喝彩。

蒋介石端坐国寿台，眼睛望着天上的飞机，心中却在默默想着自己的心事。

蒋介石的心中有一个小算盘。他早就计划好了，要把这些老百姓用血汗钱捐出的飞机用于"剿共"。攘外必先安内嘛！过不了几天，这些飞机就要开赴陕北，去轰炸已经穷途末路的共军，待消灭了共军，我蒋某人就再也没有了后顾之忧，到那时再腾出手来，全力解决日本人的问题。

坐在一旁的阎锡山偷眼看看蒋介石身边的张学良，只见张学良眉头紧锁，心事重重。张学良正有着满腹的惆怅心思，他已经和阎锡山约好，晚饭过后两人一同去见蒋介石。

晚饭过后，阎锡山和张学良一同来到蒋介石住处。

张学良一进门，就竹筒倒豆子一般迫不及待地说："委员长，东北军离开家乡后，都惦记着父老乡亲，东北正遭受日本人的蹂躏，我们东北军却在和共军窝里斗，东北军官兵们都信服共产党'中国人不打中国人'的主张，都想尽快打回老家去！"

刚刚接受了各方朝拜的蒋介石，正沉浸在"剿共"的美梦中，一听张学良提到共产党四处宣扬的"中国人不打中国人"这句话，就气不打一处来，他大发雷霆，抬手指着张学良厉声训斥："我是国民政府军事委员会的委员长，你们说，是我该服从你们，还是你们该服从我！不服从的现在就滚出去！"这突如其来的暴风雨，唬得年轻气盛的张学良一愣。

蒋介石雷霆震怒，老于世故的阎锡山一看，哪里还敢插言。他一边顺着蒋介石的意思，言不由衷地对着张学良虚意相劝，一边给张学良使着眼色，拉起张学良匆匆告辞。接着便传来一阵茶杯摔在地上发出的哗啦声响。

话不投机半句多。年轻气盛的张学良本是口吐真言，没想到话未说完，就被蒋介石一通臭骂逐出门外。他强压心中的怒火，被阎锡山拉出蒋介石的会客室。此刻的张学良和阎锡山都有些狼狈，没有了几多英雄相知的感慨，倒有了些许惺惺相惜的无奈。

一同讨了没趣，两人心中烦闷，便信步来到西工兵营的大操场上。

操场上月色朦胧，两人把贴身的侍从远远撇在身后，边走边谈，一直到了深夜才从阴影处转了回来。

分手的时候，阎锡山对张学良说："汉卿，你要恢复你的家乡，我要保卫我的家乡，看来，一切全都要靠我们自己了！"

张学良闷闷不乐地回了西安，阎锡山满腹心思地回到太原。

一到太原，阎锡山马上派梁化之去请薄一波。

梁化之是阎锡山的表侄，阎锡山派人去北平邀请薄一波，梁化之一直共预其事。其实，阎锡山之所以邀请薄一波，除了考虑政治形势的影响之外，他的亲信赵戴文、赵丕廉和梁化之的推荐也起了重要作用。赵戴文时任山西省政府主席，赵丕廉时任国民政府蒙藏委员会副委员长，二赵是薄一波在山西国民师范学校读书时的前后任校长，梁化之是薄一波的同乡和高两个年级的高小同学，他们对薄一波在山西国民师范学校期间发动群众、组织群众的领导能力记忆犹新。

阎锡山把薄一波请到山西省政府东花园赵戴文的参事室，由赵戴文、梁化之作陪，进行了两个多小时的交谈。

待薄一波回到住处，董天知和韩钧几个人围拢过来。

薄一波满面春风地看着大家："谈的结果比我们想象的还要好！"

几个人相视一笑，如释重负。

薄一波接着说道："按照胡服同志的指示，我开诚布公告诉阎老西，我们不要高薪，不做清客，是来帮阎先生做实事的。阎老西听了很高兴。另外，我们这几天的功课没有白做。我把我们改造牺盟会的想法和建议一讲，阎老西一听没有什么刺耳的言语，也予以认可。看来，我们这旧瓶装新酒的策略是选对了。阎老西还当面称赞说，看来这次是选对人了！

"阎老西当面决定我以太原绥靖公署主任办公室秘书的名义，去做牺盟会负责人，主持牺盟会日常工作。我们几个同志都是牺盟会领导层，当然，阎锡山和梁化之仍然担任会长和干事长。

"还有，我向阎老西提出了'约法三章'。第一，我参加共产党多年，说话、行动都离不开共产党的主张。第二，凡是有利于抗日的事我们就做，不利于抗日的事我们坚决不做。第三，我要用些人，希望提供方便，保证安全。原本觉得这'约法三章'有些苛刻，没想到阎老西也没有表示反对。看来啊，我们到山西的开局不错。

"明天，我们几个人就搬到牺盟会总部所在地——山西国民师范学校，紧锣密鼓开展工作。对了，梁化之也要搬过去，和我们一起办公！"

"梁化之也要去？"董天知警惕地问。

"对！"薄一波自信地答道，"是我主动要求的。我们的眼光要长远。阎老西是个多疑的人，梁化之是阎老西的表侄子，阎老西最信得过他，有梁化之在我们身边，阎老西就会对我们放心。如果没有梁化之，阎老西会另外派人暗中监视我们，那样我们可是防不胜防。梁化之在咱们身边，咱们可以将计就计，团结他，拉住他，利用他，让他和咱们一起抗日救国！"

三、崭露头角

位于太原城东北角坝陵桥的山西国民师范学校是薄一波的母校，牺盟会总部就设在这里。

在薄一波带领下，董天知、韩钧他们搬进山西国民师范学校，几个人就像上了发条的闹钟一样，调整领导人员、修改章程纲领、充实基层机构……对牺盟会的改造紧锣密鼓展开。

多少年来救国救民的愿望，五年牢狱始终不渝的信念，现在终于有了可以唤醒民众、投身抵抗侵略的洪流之中一展抱负的机会，董天知热情洋溢，浑身上下都充满激情和力量。

阎锡山对改造牺盟会也颇上心，调整人员、修改纲领的事情都要亲自过问。对于修改纲领一事，阎锡山除了经常派出自己的心腹到山西国民师范学校和薄一波商谈之外，更是常常邀请薄一波到绥署面商。

董天知能力出众，才思敏捷，在狱中五年又熟读马列精研形势，因而目光敏锐见解独到，很快就成了薄一波的得力助手。每逢阎锡山有请，薄一波常常带着董天知一同前往。

这天，阎锡山又把薄一波和董天知请到中和斋议事。

董天知一脚跨进门，就觉得今天的气氛不同往常。在座的既有阎锡山平日里颇为信赖的赵戴文、梁化之等一帮亲信幕僚，也有阎锡山最为倚重的杨爱源、王靖国、孙楚等一众军事将领，还有牺盟会的几个重要干部宋劭文、张文昂、刘岱峰和戎子和，就连半年前已经卸任山西省政府主席，就任国民政府军事委员会办公厅主任的徐永昌，也特意乘飞机从南京赶来。

阎锡山没有了往日一贯的淡定从容，而是脸色阴郁，忧心忡忡。

阎锡山环顾四周，皱着眉头说道："近几天，傅宜生从绥远前线连电告急。在日军驻绥特务机关长田中隆吉指挥之下，伪蒙军已经开始向驻扎在兴和和红格尔图的我傅宜生守军发炮袭击，日伪军还动用飞机向我防守阵地轮番轰炸，我已下令命宜生组织还击。日本人的眼睛盯的可不仅仅是一个绥远，我担心战事一旦铺开，我们山西何以自保？请大家来，就是想听听各位的高见。"

听了阎锡山的发问，在座各位凝眉沉思。

已是古稀之年的赵戴文深受儒家文化影响，常挂在嘴边的一句话就是"君子之儒，忠君爱国"。自他以老迈之躯接替徐永昌担任山西省政府主席以来，对山西的前途更是日夜焦思。在座的也只有他资格最老，他沉吟片刻，开口说道："阎主任早就提出'守土抗战'的主张，我认为所言甚是。就我晋绥军目前的力量而言，如果要讲从日本人手里收复失地，恐怕力有不逮。但'守土抗战'则是我三晋军民人人都该有的志气，一旦战事扩大，我们只有拼死抵抗，决不后退！"

梁化之瞅了一眼阎锡山，见他垂下眼帘，正面无表情地静听，就试探着说："老校长言之有理。只是这'拼死抵抗'，也要有个预先的筹划，这样才不至于事到临头，手忙脚乱。"

听了赵戴文和梁化之的话，大家纷纷议论，各抒己见。

董天知默然静坐，听着大家漫无目的的发言，心中却在琢磨阎锡山的真正用意。

回到住处，董天知依然若有所思。

晚饭过后，薄一波找来董天知、韩钧、杨献珍和周仲英，一起商议。

薄一波讲了会议情况，问董天知："天知，依你所见，阎老西心里打的是什么算盘？"

董天知扬起手里的一本书，看着大家说："阎锡山是一个讲究实用主义的人。他常讲这么一句话：存在就是真理，需要就是合法。现在提到这个问题，可不是一时兴起，而是已经火烧眉毛了。贸然的泛泛而谈，不会对他的口味。他的想法，我倒是觉得可以从我手中这本书里找到答案。"

董天知手里拿着的是一本《军国主义谭》。这本薄薄的线装小册子，是阎锡山亲自撰写的，通篇不过两万多字，却集中反映了阎锡山治军理政的思路。最近，董天知一有时间就潜心研读，对书中阎锡山所谓的"治国方略"已经了然于心。

董天知接着说道："阎锡山在这本书里反复提到'以备战而止战，以强兵而睦邻'，我看，他现在的想法和这种思想还是一样，只不过是内容有了更强的针对性。那就是，面对日军的挑衅，'以备战而止战，以强兵而自固'。

"在绥远前线我们和日军已经刀兵相见。从数量和战斗力上来讲，我们晋绥的军队和日军不可同日而语。但阎锡山的老底子都在山西、绥远，他又是负有守土责任的封疆大吏，他不能退、不敢退，也无处可退。要想保住晋绥，保住山西，唯有一途，那就是找到一种切实可行的办法，立即动员山西民众，快速形成强大的后备兵力。我想，阎锡山最近一直萦心的，恐怕就在于此。"

听了董天知的话，薄一波忽然想起曾听阎锡山说过，他有一个训练三十万国民军的计划，但一直苦于没有得力的人手，没有合适的征兵办法而无法实施。董天知的话让薄一波心中豁然一亮："对，天知，你说的对。我听阎老西私下里说过，他有一个训练三十万后备兵力的设想。现在，该是提出这个建议的时候了！"

董天知也十分兴奋："我们不光是向他提出这样的建议，重要的是我们还要有切实可行的方案。胡服同志嘱咐我们，在阎锡山允许的范围之内，脚踏实地，积聚力量，这次不就是一个很好的尝试嘛！"

韩钧他们几个听了董天知和薄一波的想法，纷纷点头称是。

"天知，这件事我们再好好琢磨琢磨。明天的会上，就由你把这个建议向阎老西提出来！"

"好！"董天知目光炯炯，认真地点点头。

一班人马又齐聚中和斋。

阎锡山照例是手握旱烟袋，端坐静听。他有个习惯，就是在重大决策前，喜欢倾听各种意见，以博采众长，为己所用。

阎锡山的几个心腹谋士邱仰俊、李冠洋，轮番发表了一些不着边际的宏论。听着这些隔靴搔痒的话语，阎锡山脸上现出一丝不悦。

火候到了，董天知不紧不慢地开口说道："阎主任曾经说过：'国家乃为这一方的人民抵抗那一方人民侵夺自己生命财产的组织，而成为一个战争的基本团体。'我认为很有道理。当前我们晋绥人民面对的，恰恰就是这样的情势。正所谓国家兴亡，匹夫有责。面对劲敌，我们不能有丝毫的犹豫，必须竭尽全力，举国以战，在全民动员的基础上，集聚雄厚的兵力。兵力如何集聚？关键在于征兵。"

一直耷拉着眼皮的阎锡山突然眼睛一亮，注视着董天知。董天知话锋一转，语调婉转地说："但我不同意阎主任关于征兵的观点。"见阎锡山不仅没有反感，反而从口中移开一直噙着的旱烟袋，对他的发言显得饶有兴致，董天知接着说道，"阎主任认为我国'征兵必取强迫制，不取志愿制也无疑'，我不敢苟同。其实，强迫征兵正是我们晋绥军队，乃至整个中国军队战斗力不强的根本原因。"

听到这里，阎锡山不由得对这个年轻人刮目相看。阎锡山见惯了那些在他面前唯唯诺诺的奴才，不说别的，单单董天知这种有独立见解、不人云亦云的勇气，就让他耳目一新。

董天知继续说下去："强迫征兵征来的多是没有精神、没有信仰、没有主义之人，这样的队伍很难有强大的战斗力。当前日寇对我们晋绥步步紧逼，志在必得，这样的军队不足以保卫桑梓。所以，我们必须要从长计议，早做准备。阎主任曾有组织三十万国民兵的想法，现在实行，正当其时。用什么办法？广泛动员，以志愿的方式，把那些愿意为国献身，愿意保家卫国，有精神、有信仰的爱国青年团结在一起。这些兵员组织起来加以训练，可以成为精兵强将，这样的队伍才具有强大的力量。当前，蒋委员长还不允许提抗日的口号，我们晋绥已得风气之先，成立了牺牲救国同盟会，对于全中国那些被长久压抑在黑暗中的热血青年来说，他们看到了盼望已久的光明，冲破重重阻拦，也要到我们太原来。这是为什么？这就是精神的力量。把这些有进步思想的热血青年动员起来，组织起来，不要说'楚才晋用'，我们可以取全国英才为我晋绥所用！把这些有识之士用抗战救国的思想武装起来，还愁不能保卫桑梓？还愁不能战胜敌人？"

董天知话音已落。良久，中和斋里还是鸦雀无声。

高见，高见！阎锡山心中对董天知刮目相看，但他又不愿意在大庭广众之下被众人窥破心思，故作镇静地又把旱烟袋噙在嘴里，吧嗒吧嗒抽起烟来。

会议结束众人离去，阎锡山用目光示意赵戴文和梁化之留下。

中和斋里就剩下阎锡山、赵戴文和梁化之三人。阎锡山一反刚才默不作声的样子，脸上流露出掩饰不住的高兴神色，把烟袋锅的烟灰在鞋底上一磕，说道："次陇，敦厚，共产党里就是有人才。董天知那么年轻，竟然有这么独到的眼力，了不起，了不起！"

赵戴文频频点头，跷起大拇指。阎锡山兴奋地对梁化之吩咐："敦厚，立即着手招兵，把招兵的任务就交给一波和天知他们。哦，还有，咱们那个负责培训军政干部的军政训练委员会，也交给这几个年轻人，让他们放手去办！"

梁化之连连点头。

"等等，只是有一条我们必须掌握。不管他们招来多少兵，各级军官必须由我们派去！"老谋深算的阎锡山压低声音说道。

得到了阎锡山的首肯，薄一波、韩钧、董天知等人立即着手招兵买马。

第一步就是办"临时村政协助员"训练班。本来，薄一波、韩钧、董天知等人给这个训练班起的名字叫"抗敌救亡下乡宣传团"，谁知阎锡山听了连连摇头，他觉得"宣传"两个字有红军色彩，没有山西味道，要求改称"临时村政协助员"。改就改吧，只要从事的是抗日救亡的工作就行！

太原已经是朔风劲吹的隆冬季节，但董天知的心中却时常澎湃着火一样的激情。人流如织的海子边，经常出现他站在高台上，手里抓着一大把油印的抗日宣传单慷慨演说的场景。

魁梧的个头，黑红的脸膛，头上戴着一顶大礼帽，身上裹着一件短短的灰色呢子大氅，他那只抓着一大把传单的手总是高高举过头顶，用洪亮的声音，不知疲倦地向围拢过来的人群和每一个过往的行人大声疾呼。遇到学生模样的青年，他还会停下讲话，眼睛里闪烁着热情的光芒，把手里的传单塞到他们怀中。

偶尔，他会用另一只手把头顶上的大礼帽摘下，这时候，人们就会看到他浓密的头发上冒着腾腾的热气。

牺盟会是刚刚组织起来的，工作中的困难很多，许许多多的人都不了解这个组织，更不知道这个曾经行将夭折的组织已经起死回生，而且已经被赋予了全新的意义，将会焕发出新的生机。董天知心里着急，他要尽快地把这一切告诉大家。他希望通过他和同志们的努力，尽快唤起民众，尽快让人民觉醒，让尽可能多的人投身抗日救亡的大潮！

大中学生、中小学教员、进步青年奔走相告，报名参加"临时村政协助员"训练班的热血青年蜂拥而至。

怎样才能招到符合要求的进步青年？考试录取！董天知和韩钧、周仲英想出一招：除了阎锡山要求的考试科目之外，单独增加一门政治常识，政治常识的考试内容来自进步青年争相阅读的红色书刊。阅卷的还是董天知他们几个人，只要政治考试成绩合格，不管其他科目成绩如何，一律录取。

训练班设在太原小东门警备司令部驻地。第一批录取五百三十八人，一九三六年十二月一日开学；第二批录取五百四十二人，一九三六年十二月二十四日开学。每批培训时间十天，不到一个月时间，"临时村政协助员"训练完成，一千多名"临时村政协助员"迅速分配到山西各县。

阎锡山对这个"临时村政协助员"训练班特别重视，要求所有的"临时村政协助员"都要以山西省政府的名义派下去。薄一波、董天知他们求之不得，因此在第二批训练班的结业典礼上，特意请来阎锡山讲话。

阎锡山登上主席台，看着台下一个个年轻的面孔，兴奋地说："诸位都是热血青年，是我们山西的希望，为了抗敌救亡，你们马上就要下乡去工作。当前，我们要做的事情就是要动员我们的百姓，有钱出钱，有力出力。我希望你们把我说的话都告诉老百姓，叫老百姓明白爱国就是爱自己，叫老百姓知道，拿钱是为了自己，出力也是为了自己。你们的任务，是要把一盘散沙的民众变成一块胶石一般的民众，保卫晋绥，巩固国防，保卫自己。你们马上就要出发，我还要特别地嘱咐你们：要刻苦耐劳，负起责任，完成你们的任务。"

一时间，抗敌救亡的星星之火撒向山西各地。

他们是种子，是火苗，是希望。他们肩负着三项重任：一是宣传抗日救亡，唤起民众；二是用十人团的方式，发动组织一百万牺盟会会员；三是介绍推荐优秀的牺盟会会员投考即将开办的国民兵军官教导团，这个国民兵军官教导团招收名额两万人，要为三十万国民兵培训基层军官。

村政协助员派往各县以后，牺盟总部又派出几位巡视员前往各地，帮助、督促和检查这些村政协助员的工作。

四、三上玉峰山

时至一九三七年。刚刚过了正月十五，董天知就从太原出发南下，代表牺盟总部巡视晋南。

此时的晋南正是一派隆冬景象，寒风刺骨，风雪交加。董天知顾不得天寒地冻，每到一个县里他都要停留几天，找到分派下来的村政协助员详细询问工作开展情况，分析存在的问题，一起寻找解决办法。就这样，从祁县、平遥、汾阳、孝义、灵石、汾西、霍县、赵城、洪洞，董天知顶风冒雪，一路走来。

到了洪洞，董天知找到牺盟会分派下来的村政协助员张天民。

在一间简陋的办公室里，张天民兴奋地向董天知汇报："工作进展很快。我们几个村政协助员做了分工，分头发动群众，宣传抗日救国的道理。前几天，我们还在县城组织了一次大规模的游行，农民、商人、小贩都自动加入游行队伍中。我们几个村政协助员带头高喊'庆祝百灵庙大捷'、'誓死不做亡国奴'、'国家兴亡，匹夫有责'，老百姓受到了感染，已经开始关心国家大事了！我们还发展了不少牺盟会会员。前几天，我们组织牺盟会会员对镇上几家卖日本货的商店进行了检查，把他们的日本货全部没收充公，充作抗日经费，在一旁的老百姓看了，拍手欢迎！"

董天知满意地点点头。

张天民接着说："我们在村政协助员培训班的时候，你教我们学唱的歌曲也派上了用场。我们几个牺盟会会员就在商店门口唱，老百姓可高兴了！"

说着说着，张天民禁不住亮开嗓子唱了起来：

日本货，
真便宜。

小市民，
贪小利。
可是我问你，
买来一斤糖，
省得几分几？
要知敌人拿了你的钱，
马上变成他的枪子弹。
一颗颗，
一颗颗，
将来都要打在你的心坎里。

日本货，
真便宜。
奸商人，
图小利。
可是我问你，
贩来一匹布，
赚得几毛几？
要知敌人拿了你的钱，
马上造起他的大飞机，
一只只，
一只只，
将来都是带了炸弹炸死你！

看着张天民兴奋的样子，董天知也忍不住笑了起来："好！天民，我们的工作就是让咱们的百姓知道，中华民族正面临亡国灭种的危险，我们的人民要赶快警醒过来，赶快行动起来！"

张天民挠挠头，有些为难地说道："巡视员，只是有一个地方，我们实在是没有办法。去了好多次都吃了闭门羹，更不用说宣传抗日救国了！"

董天知看着张天民："哦？有这样的事情？"

张天民点点头："可不是，顽固得很！"

董天知追问道："是哪里？"

"普润中学。"张天民噘着嘴说，"基督教会办的学校，就在县城东北玉峰山上。"

"走!"董天知拉起张天民,"多带一些牺盟会徽章,我们一起去!"

玉峰山紧邻洪洞县城。站在城里朝东北方向望去,高高的山丘上大树参天,一排排西洋风格的建筑矗立其间。

董天知和张天民来到普润中学,这里依然是大门紧闭。

张天民叫了半天门,大门吱呀一声开了一道缝。守门人探出半个脑袋,一看见张天民就皱起眉头,不耐烦地说道:"怎么又是你?都跟你说过多少次了,校长不在!"说完哐的一声把大门关上了。

张天民转过身来,对着董天知两手一摊:"巡视员你看,真是拿他们没一点儿办法。我看呀,不如干脆把他们校长抓起来,给他们点儿颜色看看!"

董天知若有所思,摇摇头说道:"强扭的瓜不甜,不能蛮干。我们当前最紧要的工作是要发动和团结一切抗日力量,他们不开门,说明他们还不了解牺盟会,也说明我们的工作还没有做到他们心里去。天民,我们暂且回去,从长计议。"

回到住处,董天知问张天民:"天民,洪洞县城里还有没有教会办的学校?"

张天民答道:"有。还有一所天主教会办的私立教会学校,叫伯多禄学校,就在县城大北门天主教堂院内。"

"伯多禄学校情况怎么样?"董天知问道。

"伯多禄学校可比普润中学开明多了。"张天民兴致勃勃地说,"伯多禄学校有高小班和师范班,在校学生二百多人,学校的社会课老师孙先余虽然出身于天主教徒家庭,却非常开明,还是中共地下党员。我们到学校去宣传抗日,先余同志非常配合。听说他平时上课就经常给学生们讲抗日救国的道理,深受青年学生的欢迎,在他的影响和带动下,伯多禄学校不少学生都参加了牺盟会呢!"

董天知点点头:"看来,青年学生是关心时事、关心国家的前途命运的。伯多禄学校的做法可以借鉴,目前的问题是我们怎么样打开普润中学这道大门。走,天民,找先余同志商量个办法。"

伯多禄学校已经融入抗日救亡的洪流之中。孙先余得知董天知是为了普润中学而来,说道:"普润中学的情况我了解。校长约瑟是个虔诚的基督徒,也是个虔诚的和平主义者,他信奉和平主义,对中日关系一直抱有和平期望,认为国际社会不会坐视不管,不会任由日本人继续侵略中国,因此他认为中日之间的战争可以避免。"

"一叶障目,不见泰山!"张天民愤愤不平地说道。

董天知说道:"找到了问题症结,我们才好对症下药。先余,伯多禄学校的青年学生已经觉醒,可是普润中学的学生们还处在闭塞无知的状态中,要尽快唤醒他们的民族觉悟。我看不如这样,你尽快组织一些进步学生以学习交流的形式到普润中学去，把日本帝国主义进攻绥远和东北三省沦亡后的悲惨情景，一桩桩、一件件告诉大家。你们最近学习排练的一些抗日小调和活报剧，也一块儿带去！"

孙先余爽快地说道："好。我们最近排练了不少抗日救亡节目，这下正好派上用场。"

张天民看看董天知："巡视员，这个主意好，我们第一次上玉峰山吃了闭门羹，这叫二上玉峰山。"

董天知胸有成竹地说："等先余他们去过之后，我们还要三上玉峰山，尽快把学生们都发动起来，让抗日救亡成为一股不可阻挡的洪流。"

几天过后，孙先余来了。一见到董天知，孙先余就兴奋地说："巡视员，初见成效！"接着，孙先余把带人到普润中学进行抗日宣传的情况说了一遍。董天知听了，叫来张天民："天民，趁热打铁，走，三上玉峰山！"

约瑟校长是英国人，早已知道董天知和张天民的来意。见董天知身着灰色戎装，他虽然态度谦恭，但脸上僵硬的微笑却掩饰不住对来人的抵触，他用生硬的中国话问道："先生此来，有何见教？"

董天知诚恳地说道："校长先生，天知此来，是诚心诚意前来求教的。"

约瑟校长见董天知虽是军人打扮，却没有半分武夫的粗俗，相反，眉宇之间洋溢聪慧之气，言语之中透出温和儒雅，也就放松了大半。

几人落座。约瑟校长一边在胸前画着十字，一边开口说道："我主耶稣基督是和平之君，反对人类互相残杀。上帝必在列国当中判断善恶，解决各族之间的争端。人们要按照上帝的旨意，把刀剑打成犁头，把枪矛打成镰刀，国与国之间不再拔剑相攻。"

董天知听了校长的话，频频点头："校长所言极是。耶稣曾经亲口说过：凡动刀的必死在刀下。耶稣基督主张和平，基督徒和所有善良的人一样，都有一个责任，那就是消灭战争。"

董天知学识渊博，校长听得出他引用的是《圣经》中的原话，不由得对面前这个年轻人刮目相看。

董天知接着说道："先生从英伦辗转来到中国，为的是传播福音，普度众生。这一点，我们中国人感谢您。我们牺盟会现在正在做的是唤醒民众，自救救国，这和基督教义如出一辙，并没有冲突之处。日本人现在挥起屠刀，践踏中国，要让中国亡国灭种。对这种不义之战，依先生看来，我们中国人应该怎么办才好？"

校长又在胸前画了个十字，说道："日本人亵渎主的恶行，自然会受到上帝的惩罚。基督徒虔信耶稣，诚心爱主，自然会得到我主的庇护。"

董天知知道像他这样被基督教义浸染甚深的人，只可以理胜，不可以威服，就耐心说道："日本人铁蹄蹂躏东北，烧杀抢掠，血流成河，东北基督教众组织基督教青年会，和中国人民一起并肩战斗，共同投身抵抗日军的战斗，校长先生，对这种行为您怎么看？"

作为基督教中人士，约瑟校长对董天知所讲的事略有耳闻，他一时语塞，沉吟不语。

火候已到。董天知说道："中国有句老话：见义不为非勇也。基督徒不赞成侵略和欺凌，但我们中国人也决不能在屠刀面前引颈受戮。天知今天前来，有一事相求。那就是希望您能同意，把全校的师生集中起来，由我给大家讲讲话，把我们两个人刚才讲的一番话讲给同学们，我相信同学们有自己的分辨能力。至于大家如何选择，我们不加干涉，好不好？"

"见义不为非勇也。"约瑟校长心中反复揣摩着董天知这句话，一阵沉吟过后，终于点了头。

普润中学的礼堂很大，可以同时容纳几百人。全校师生很快集合起来，董天知走上讲台。

看到同学们好奇的面孔，董天知忽然想起了自己少年时期聆听彭湃教诲的情景。正是因为有了精神上的引路人，他才有了救国救民的信仰，他的人生路上才有了指路的灯塔，他的精神世界里才有了不灭的明灯。台下这些十六七岁的少年，不正像当年的他一样，在黑夜中摸索前行，需要这样一盏指路灯吗？

想到这里，他朝着大家扫视一周，大手一挥，饱含深情地讲道："同学们，有谁知道亡国奴的滋味？"

台下鸦雀无声。

"同学们，有谁知道日本人侵略中国的计划？有谁知道日本人已经占领中国哪些地方？"董天知连连发问。

大家陷入思索之中，董天知大手一挥，慷慨说道："亡国之奴不如丧家之犬。亡国奴是什么滋味？就是我们的土地，任意被敌人践踏；我们的森林，任意被敌人砍伐；我们的财产，任意被敌人劫夺；我们的同胞，任意被敌人残害；我们的姐妹，任意被敌人奸杀！同学们，想想看，有谁愿意做亡国奴？"

礼堂里静寂无声，只有董天知激昂的话语在久久回荡。

"日本亡我中华的野心，由来已久。侵我台湾、占我琉球、逼迫袁世凯接受灭亡中国的'二十一条'，直到'九一八'事变在三个多月时间里占领我东北全境，使我三千多万同胞沦为日军铁蹄下的奴隶！

"臭名昭著的《田中奏折》，想必同学们有所耳闻。早在一九二七年，同学们，十年之前！日本首相田中义一就密奏天皇，密折中精心策划了全面征服中国的计划。其中对于我国的森林、矿藏、粮食、人口种种情形，可谓了如指掌，就连如何才能永久地占领中国，都提出了全面而又详细的办法。《田中奏折》中还提出要在中国设立各种学校，对中国人实行奴化教育，这是想让我们的子孙后代，让我们世世代代都做日本人的奴隶啊！"

人群中发出一阵轻微的骚动，学生们脸上现出愤怒的表情。

董天知扳起手指头，声调激昂："同学们，从'九一八'至今，中国先失东北，后丢热河，然后又是察哈尔、冀东，现在日本人连陈兵北平、天津城下都还不满足，又在绥远挑起战火，下一个目标是哪里？就是我们山西啊！山西乃是我们中国的腹心之地，山西不保，整个华北就会落入日寇囊中。华北一旦丢失，日寇独霸中国的野心就又实现了一大步。到那时候，我们就要沦为亡国之奴，我们就会亡国灭种，这是多么可怕的情景啊！同学们，时至今日，我们能不抵抗吗？我们能不奋起吗？我们中国人也是有血性的啊！"说到这里，董天知不由自主地攥紧拳头在空中一挥。

听着董天知动情的话语，同学们心中的热血沸腾起来。

"过去，蒋委员长搞什么不抵抗主义。什么不抵抗主义，这是卖国！这些丧权辱国的主义早该见鬼去了！叫我们不抵抗，中国人民不答应！山西民众不答应！在座各位同学们，你们答应吗？阎主任组织了牺牲救国同盟会，就是要我们大家团结起来，一致抗敌，牺牲救国！凡是不愿做亡国奴的人们，不分党派，不分信仰，不分贫富，不分职业，不分男女，不分老少，欢迎大家都来参加牺盟会！"

董天知话音刚落，人群中霍地站起一个人来，大步走向讲台。

董天知抬眼望去，见是一个身穿月白长衫、相貌儒雅的教书先生，年纪在四十岁上下。他走到台前，朝着董天知点点头，眼睛里的粼粼泪光清晰可见。

他转过身去，面朝人群，声音哽咽着说道："同学们，我是你们的教员杨可嘉。董巡视员的话，句句说到了我们的心坎里。我们想要和平，但日本鬼子不给我们和平！和平不是靠乞求能够得来的。从鸦片战争到现在，我们割地赔款，我们乞求列强，我们求来和平了吗？我们得到的是变本加厉的侵略和欺凌。到如今，我们中国人已经退无可退，忍无可忍，和平……和平……"杨可嘉泪流满面地举起双手，仰望苍天，摇着头语气沉重，"和平早已经绝望了！与其不战而死，与其不战而亡，与其跪地而生，与其屈辱苟活，不如抗战求生！让我们挽起臂膀、拿起刀枪，到战场去、到前线去，为我们、为我们的子孙后代打出一片天地！同学们，宁做战死鬼，不做亡国奴！"

说罢这一席话，杨可嘉一把擦干眼泪，哗的一声撕开自己穿着的长衫，脱下来团成一团狠狠地摔在地上，然后一脚踏在上面："从今天开始，我要脱掉长衫，拿起刀枪，跟鬼子干！愿意打鬼子的，我们一起跟董巡视员走！"

"宁做战死鬼，不做亡国奴！""抗敌救亡，牺牲救国！""拿起刀枪打鬼子！"

台下的人群沸腾起来，学生们纷纷涌向董天知和杨可嘉，簇拥着他们两个人走出会场。

会场门口，张天民怀里抱着的牺盟会徽章，被蜂拥而上的同学们一抢而空。

五、冲破禁区

汾河两岸杨柳依依，丁香花和海棠花都已经怒放。

董天知返回太原时已是四月底。两个月来四处奔波，出狱后身体刚刚有些恢复的董天知竟又瘦了一圈，他来不及洗去征尘就又投入新的征程。

太原市大北门内侧，靠着城墙往东走，有几条偏僻破败的小巷。这里密密麻麻有几排数百米长的低矮平房，这些平房每隔几十米有一个大门，间隔成一个一个小院，院子里的小巷又窄又长，两旁的小屋黑暗潮湿，冬如冰窖，夏似蒸笼。

这一带聚居着太原兵工厂的工人。他们多数是离乡背井来太原做工的外地人，几乎全都是些光棍汉。

这些兵工厂的工人也是一股不小的力量。一旦打起仗来，这些人的力量更是不可低估。董天知知道这些工人兄弟经济上不宽裕，一有时间就提着现成的酒菜往这些工人兄弟的窝棚里跑，找几个青年朋友喝上两盅。这些工人各个年龄段都有，有的和董天知年龄相仿，有的已经是人到中年，拖家带口。他们在外闯荡多年，大都有着不幸的遭遇，能有这么个有学问的人互诉衷肠，他们很快就和董天知成了无话不谈的朋友。

知道了这些工人兄弟在想些什么，董天知有了一个开展工人工作的新想法。他专程来到新民西街侠义巷五号，找到负责工人组织发动工作的梁膺庸。

梁膺庸比董天知小一岁，也是共产党员。他和董天知都是牺盟会的执行委员，两人脾气相投，又都有着满腔的热情和冲天的干劲，因此无话不谈。

一听董天知的来意，梁膺庸高兴地说："天知，我们算是想到一块儿去了！最近工人工作推动得很慢，我也正在为这件事头疼呢。"

董天知笑吟吟地问道："找到症结了没有？"

梁膺庸摇摇头："我们的同志去和工人朋友们攀谈，讲抗日救亡的道理，讲我们牺盟会的章程，他们听了多数也是高兴的，但一谈到加入牺盟会，态度马上就冷淡下来了。还有的会说，改天再说吧！无疾而终，就这样没了下文。"

董天知点点头说："这可不能怪工人朋友啊，问题在我们身上。这是我们的工作方法赶不上形势的发展，是我们需要改进呀！"

梁膺庸若有所悟。董天知接着说："我们现在做工作的方法，是零零星星地找工人朋友们谈话，来发展牺盟会会员，这种缩手缩脚的工作方式，让工人兄弟心中有顾虑。"

梁膺庸心有同感。

"工人弟兄们的顾虑在哪里？就拿太原兵工厂来说，工厂总办是阎锡山的侄女婿张书田。张书田仗着自己有后台，扬言兵工厂是禁区，从来不准搞什么政治活动。他曾经对工人们公开扬言：'谁敢参加牺盟会，我就开除谁！'靠领工资吃饭的工人，能没有顾虑吗？"说到张书田的阻挠，董天知两眼炯炯放光，提了了声音，"既然我们知道了问题的症结，就从张书田这里入手，大刀阔斧！我们牺盟会是群众性的抗日救亡组织，是公开的，是合法的，尤其不要忘了，我们名义上还是阎锡山领导的团体，我们为什么不充分利用这些有利条件，大张旗鼓地开展工作呢？我们要旗帜鲜明，大张旗鼓，直接和张书田交涉，逼张书田让步。我们还要公开地把工人组织起来，登台高呼，轰轰烈烈，让工人兄弟们的思想彻底解放出来，也让工人兄弟们看到我们的力量！"

梁膺庸连连点头，兴奋地说："天知，对！大刀阔斧，大张旗鼓！除了这些，我们还可以在工人兄弟们集中的兴盛街、上北关、二道巷几个地方办起'工人夜校'，把兵工厂、炼钢厂、火柴厂、印刷厂、皮革厂的工人朋友们也都吸收进来，一方面帮助工人朋友们认字读书，另一方面大力宣传我们牺盟会的主张！"

董天知眼睛一眨，小声说道："还有，这也是发展我们地下党组织的好机会！"

梁膺庸心有灵犀："对！"

千余名村政协助员陆续返回太原。

村政协助员三个月的工作结出丰硕果实。他们动员来的国民兵军官教导团学员两万余人，怀抱着抗敌救亡的热情涌向太原、太谷、祁县、汾阳、平遥、平定、寿阳、原平和忻县，十个国民兵军官教导团迅速组建。

短短三个月时间，两万多名热血青年自愿涌入军营，阎锡山不由得暗暗佩服薄一波、董天知、韩钧等几个年轻人的远见卓识，佩服他们的超人才干。

牺盟会又成立了牺盟会特派员训练班，要从军政训练班、民训团和下乡回来的村政协助员中选拔一批学员，到全省一百零五个县组建各县牺盟会领导机关，继续推动和领导抗敌救亡工作。这些学员中的共产党员还担负着一项秘密任务，那就是利用合法地位秘密建立共产党基层组织。

这些人员的挑选必须慎之又慎。董天知来到军政训练班女兵连，和女兵连指导员刘亚雄一同商量。

刘亚雄出生于一九〇一年，比董天知大十来岁，是董天知最为敬重的老大姐。一九二六年就已经加入共产党的刘亚雄，和丈夫陈远道一起也曾被国民党投入草岚子监狱，是董天知的狱中难友。因为有过这么一段患难与共的经历，每次见到刘亚雄，董天知都像见到自己的亲姐姐一样，感到格外亲切。

办公室里，刘亚雄正和一个女兵研究派谁去参加牺盟会特派员训练班，见董天知进门，她高兴地朝他摆手，说："来来来，天知，大姐给你介绍一个刚从北平来的才女！"

刘亚雄用手朝着旁边那个英姿飒爽的女兵一指："呶，纪毓秀！"纪毓秀和董天知四目相对。见年轻英俊的董天知正在看她，纪毓秀双颊绯红，赶紧低下头去。

刘亚雄爽朗一笑，说道："天知，毓秀是清华大学的学生领袖，也是我们的同志。在女兵连里，是我的得力助手呢！"见纪毓秀低着头，刘亚雄朝董天知一眨眼。

董天知大大方方伸出手去："毓秀同志——钟灵毓秀，欢迎你！"

纪毓秀挺起胸膛，把董天知的手用力一握："天知同志，久闻大名！亚雄大姐给我们女兵连学员讲过你在草岚子监狱中宁死不屈的壮举。"说到这里，纪毓秀身子微微一探，做了个侠士抱拳的动作，朗声说道，"英雄气概，毓秀佩服得紧哪！"

纪毓秀落落大方的举止，逗得董天知哈哈大笑，就连纪毓秀自己也忍俊不禁，咯咯笑了起来。

董天知停下笑声四处张望，咦？亚雄大姐哪里去了？纪毓秀也发现亚雄大姐没了踪影。

哦？董天知和纪毓秀相视一笑，两个人几乎同时猜中了亚雄大姐的用意。

六、到抗战最前线

民众动员起来了，山西抗敌救亡的形势飞速发展。

平津一带的形势越来越严重。一九三七年六月初开始，北平城外的日军动不动就进行演习，有时是白天，有时是夜晚，有时甚至就在宛平城边明目张胆进行攻城演习。日军不断挑起事端，北平城外的火药味越来越浓。

薄一波找来董天知，神情严肃地说："平津一带形势危急。根据地下党的情报，日军有可能于近期对二十九军发动进攻，但二十九军军长宋哲元目前的态度摇摆不定。"

董天知焦急地问道:"一旦日军进攻,宋哲元要弃城逃跑吗?"

薄一波眉头紧锁:"宋哲元周围有我们的秘密地下党员,据他们提供的情报,宋哲元的幕僚提出了两套方案。一套是继续忍气吞声,在必要的时候撤出北平,保存实力。另一套是坚决抵抗,必要时以攻为守,一举攻占山海关扼守待援,号召全国人民的支持。二十九军将士的抗战热情很高,但目前宋哲元对抗战并没有多大信心,正在两种方案之间举棋不定。我们党的态度很明确,就是要发动各种力量,利用一切时机声援宋哲元,推动宋哲元坚决抗战。中华民族实在是已经无路可退了!目前二十九军中我地下党正在积极推动宋哲元早下决心,坚决抗日。二十九军中我地下党希望我们代表山西各界,能够组织一个慰问团,迅速北上,到二十九军开展抗日救亡的宣传鼓动工作,争取影响宋哲元,推动宋哲元坚定抗日信心。"

董天知主动请缨:"事关民族大义。组织慰问团,我带队前去!"

薄一波信任地看着董天知:"我找你来,正有此意。时间紧急,要迅速挑选人员,准备慰问节目,要能够鼓起前方将士的杀敌勇气!"薄一波拍拍董天知的肩膀,"要深入最前线,把我们全民族的支持传达给前方将士!"

董天知严肃地点点头。

一九三七年六月下旬,这支由二十八名军政训练班学员组成的慰问团从太原出发,身着灰色军服的学员们全副武装,在董天知的带领下到达北平。短短几天时间,二十九军驻地长辛店、门头沟、西苑、南苑、八宝山、卢沟桥,到处都留下了慰问团的身影。

七月六日傍晚时分,从前线返回的慰问团从广安门只开了一半的城门中挤进戒备森严的北平城。谁也没有想到,即将到来的七月七日,会成为让每一个中国人都永远难忘的一天。

慰问团进城之后安顿在东北大学校园里。凌晨时分,卢沟桥一阵阵惊天动地的枪炮声把大家从睡梦中惊醒:七七事变爆发了!面对日寇的进攻,二十九军将士奋起还击!

董天知组织慰问团学员在天亮之前撤出东北大学,化整为零,就地隐蔽,直到八月一日北平陷落,董天知才和大家一起躲过日军搜捕,离开北平。

董天知带领慰问团学员随平津流亡学生大队南下,绕道天津,乘船至烟台登陆,辗转到徐州乘上陇海线西去的列车。慰问团学员都已经脱离险境,路过荥阳的董天知决定顺道回家看看。

故乡一别,弹指八年,眼前的家乡已经变得有些陌生。

近乡情怯，董天知放慢了脚步。从城门外远远望去，首先映入眼帘的就是董家大院里那棵参天的古槐，古槐还是那样枝繁叶茂，满目苍翠，枝干遒劲，柔条纷披。眼下正是烈日当空，这棵高大葳蕤的古槐遮天蔽日，给人们带来一片绿荫，带来一份清凉。

家门口一个熟悉的身影，正坐在门楼下的阴凉里一针一线纳鞋底，头发花白，神情专注，不时把手中的针在头发上擦一下。董天知眼睛一热：那是娘！

老人家并没有注意到这个风尘仆仆的游子。董天知定定心神走上前去，放下手中的包袱，换了一种轻松的口气问道："老人家，有吃的吗？"

娘抬头不经意地看了一眼面前这个发长过耳、衣衫褴褛的青年，起身回到家里，拿来一个馒头递给他，然后又低头做针线去了。

娘做的馒头真好吃！董天知三口两口吞下肚去。见娘并没有认出他来，他索性又伸出手去："老人家，有水吗？"

娘并没有厌烦，又放下手中的针线，起身回家去了。

看着娘衰老的背影、花白的头发，董天知心中唏嘘感慨：难怪娘认不出他，离家已经整整八年了呀！走的时候还是个十七八岁的少年，如今已经是二十五六的大小伙子了！

娘从屋里端出一碗温开水来，小心地递到天知手里。董天知双手接过碗，一仰脖子咕嘟咕嘟灌了下去。

董天知的脸被碗挡了一大半。娘抬手擦擦额前的汗水，眯缝着已经昏花的双眼打量眼前这个小伙子，想起了自己多年未见的儿子：我的儿子因为抗日被国民党关进大牢，八年未见，也不知道现在成了什么样子！我的儿子身陷牢狱，他要是饿了渴了，也不知道是不是有人能给他一个馍吃，能给他一碗水喝？儿是娘的心头肉，想到这里，她禁不住轻轻叹了一口气。

最甜莫过家乡水。董天知把这碗家乡水喝得一滴不剩，他抬手一抹嘴唇，意犹未尽地咂摸着这家乡水的味道。看着母亲疑惑的眼神，他把遮挡着大半个脸庞的长发向后一撩，开口喊道："娘！你真的不认识我了吗？"

听到这熟悉的喊声，娘的身子一震，惊得张大了嘴巴。她睁大眼睛定睛一看，失声叫道："大文，你是大文！我的孩子！"

娘叫着董天知的乳名，踉跄两步扑了过来，紧紧抓住董天知的两只手臂，好像生怕儿子跑掉。她仰起头来仔细端详着儿子，眼泪扑簌簌掉了下来："大文，你可算是回来了，你可算是回来了。你怎么就忍心八年不回家？八年哪，娘可是天天想夜夜盼啊！"

听着娘的声声呼唤，董天知的眼泪终于忍不住落了下来。他抬手擦去娘的眼泪，说道："娘，大文不孝。请您原谅大文这些年漂泊在外，没有在二老面前尽孝!"

听了董天知的话，娘反而心疼起来，连声说道："大文，娘怎么能一见面就怪你! 回来就好，回来就好。走，大文，赶快回家去。"

董天知挽起娘的胳膊进了家门。

一进家门，首先映入眼帘的是院子当中那棵枝繁叶茂的老槐树。一别八年，这棵老槐树经常出现在自己的梦中。小时候，就是坐在老槐树下，娘纳着鞋底子给他讲了岳母刺字的故事；就是坐在老槐树下，娘纺着棉花给他讲了杨家将抗金、戚家军抗倭的故事……还是在这棵老槐树下，父亲把小黑板挂在树身上，教他学认百家姓；父亲搬来小板凳让他坐上，背着手让他一句一句跟读"人之初"……

老槐树呀老槐树，承载了董天知多少的童年记忆!

听到娘儿俩的说话声，父亲从屋里出来了，见了董天知自然也是问寒问暖。

董天知还有一个弟弟叫董育，见弟弟没在家，天知就向父母询问弟弟的情况。娘说道："你弟弟也想像你一样上战场打鬼子，这不，报考了黄埔军校。"

董天知听了，说道："娘，弟弟如果写信回来，你告诉他，我在打鬼子的战场上等着他!"

童年的伙伴们早就听说董天知在山西拉队伍打鬼子，如今听说他回来了，都纷纷来家里看望他，缠着他问来问去。

那些替董天知操心婚事的长辈们也纷纷上门提亲，但都被天知拒绝了。娘把天知拉到一旁细问，天知笑着对娘说："娘，不用您操心，我已经在外订婚，下次回家就把她给您老人家带回来!"

娘听了天知的话，眼睛笑得眯成一条缝。她了解自己的儿子，知道儿子的心胸，也知道儿子在外边干的是救国救民的大事业，她对自己的儿子没有过多的奢求，只是一个劲儿叮嘱："大文，你可记得早点儿把媳妇带回来，让娘看看……"

在家待了短短几天时间，董天知要返回山西了。

临走的时候，董天知的身边围了一大群人，三妹董少范，表弟欧刚、李德顺，还有同乡蔺克、兰保……都争着要跟董天知一起上战场。

董天知高兴地说："走! 一起上战场打鬼子去!"

第三章　烽烟晋南（1937—1938）

一、共赴国难

平津失陷，日军大举增兵，又沿平绥、平汉、平津三条铁路线向中国军队发起新一轮进攻。一时间，华北、淞沪皆成战场，半个中国硝烟弥漫。

决不能任由日寇猖狂肆虐！董天知归心似箭，他带着几十个要随他上阵杀敌的家乡子弟，乘火车沿陇海铁路赶赴潼关，取道风陵渡北上太原。

到达风陵渡口正是傍晚时分。黄河正值汛期，风陵渡口水面宽阔，自河口镇急转南下的黄河水经过千里奔腾，就是在这里直角折向正东。风陵渡口的黄河水翻腾着，吼叫着，撞击着沿岸巨大的石块，不时发出动人心魄的轰鸣，轰鸣的河水不断激起一个个巨大的漩涡，浪峰前推后涌奔流向东，大气磅礴，浩荡而去。坐在船头的董天知脑海里突然浮现出金人赵子贞写下的那首《题风陵渡》："一水分南北，中原气自全。云山连晋壤，烟树入秦川。落日黄尘起，晴沙白鸟眠。挽输今正急，忙杀渡头船。"想到这里，董天知抬眼向两个船工望去。就在乘船的人们整个身心都随着黄河的波涛而翻卷的时候，一老一少两个船工却面色如常。这是一对父子，他们两个都光着上身，裸露着被太阳晒成古铜色的皮肤，健壮的胸膛上布满细密的汗珠，夕阳一照熠熠闪光。这对父子面对风浪镇定自如，驾起船来在风浪中上下穿梭，如履平地。再仔细看去，这艘渡船船身宽平，由一根根碗口粗细的圆木组成，手指般粗细的大铁钉深深扎进每一根圆木，相互牵连，结成一体，把巨大的船体牢牢拴固在一起。船身没有经过任何修饰，那满身的伤痕，正是它曾无数次战胜风浪而留下的印记，也是大自然赐予它的一块块勋章。

坐在船头的董天知浮想联翩。眼下的中华民族，不就是一艘穿行在狂风激浪中的渡船吗？这艘满身伤痕的渡船已经在历史的长河里穿行了五千年，什么样的大风大浪没有见过？即将奔向抗日战场的这些家乡子弟，不就是这一根根把抗日力量凝聚在一起的大铁钉吗？全中国人民凝聚而成的巨大抗战力量，又有谁能够阻挡？

过了黄河，弃舟登车，他们坐上山西的小火车一路北上。

小火车在晋南大地上行驶。透过不大的车窗玻璃，董天知的目光一遍又一遍地从窗外广袤的土地上掠过。眼前不断掠过即将成熟的高粱、大豆、玉米、谷子，多么美丽的河山！多么富饶的大地！可是……过不了多久，这片美好的土地就会成为刀兵相见的战场。

董天知已经从报纸上得知，红军改编成八路军进入山西，正在挥师北进。山西青年抗敌决死队也已经于一九三七年八月一日正式组建。他脑海里浮现出笼罩在太原上空的战争硝烟，浮现出国民师范校园里决死队那些战友们在训练场上发出的愤怒吼声。就像勇士听到了激越的战鼓，英雄听到了使命的召唤，董天知难以抑制自己那起伏的心潮。

三妹少范就坐在对面。董天知打量着只有十四岁的妹妹，心中生出许多感慨。妹妹虽然娇小瘦弱，却性格倔强，敢作敢当。他八年前离开家乡的时候，妹妹只有六七岁，那时的妹妹天真活泼，无拘无束，在哥哥面前总有问不完的问题，总有说不完的话。现在的妹妹，也许是看到哥哥心事重重的缘故，也许是沿途看到逃难乡亲的种种苦难，她像是突然之间长大成人，在哥哥面前也沉默了许多，但她那双懂事的眼睛，却透出一股本不该属于她这个年龄的坚强。

董天知又想起了二妹少琪。本来二妹也要随他奔赴抗日前线，但懂事的她最终却选择了留下。临走的时候，她对天知说："大哥，你们尽管上前线杀敌卫国，家里的事情不用你们操心。父母年纪大了，需要有个人在身边照顾，就让我留下来。你们为国尽忠，我在家里尽孝！"二妹懂事的话语让董天知感动不已。是啊，姐姐和姐夫已经走上抗日战场，弟弟也已经投身抗日军旅，如今三妹也要和自己一起上前线打鬼子去，父母跟前总得有个人照应啊！

董天知一行到达太原，刚刚踏进国民师范学校的大门，就听到一阵歌声。

> 警醒吧！
> 被压迫的同胞们快起来，起来！
> 向前进！
> 我们要认清国家的危险，
> 要打倒敌人和汉奸们！
> 快迈开脚步向前，向前，
> 不怕那一切危险和艰难，
> 把全部力量献给民族。
> 我们肯牺牲我们的家，
> 就是死伤我们都很愿意！
> 把刺刀上起来，
> 把枪口瞄好准！
> 向前！向前！
> 在战场上，我们永不退后！

好雄壮的歌声！

董天知心中正在感叹，薄一波已经迎着他走了过来："天知，你可算回来了！这就是我们决死队的队歌，马赛曲的调子，歌词可是我们决死队战士自己写的！"

"怪不得呢，道出了我们的心声，听得人热血沸腾！"董天知连连称赞。

薄一波询问了董天知一路的情况，叫人把董天知带来的家乡子弟安排好，两人并肩朝着办公室走去。

"你一走两个月，咱们山西的变化可是太大了！"薄一波说道。

"快说来听听！"董天知语气急切地说道。

薄一波说："平津失陷以后，阎老西一看日军的架势，判定日军要从东、北两个方向对太原进行重兵夹击。为阻敌于晋绥之外，赶紧派晋绥军陈长捷师和马延守旅驰援把守南口的汤恩伯，我南口守军虽然付出了重大伤亡，最终也没能守住。紧接着，阎老西派到察北作战的赵承绶骑兵师和在张家口阻敌的傅作义部也接连惨败。一看晋绥军损兵折将，阎老西一下子变得进退失据，六神无主，他想起我们以前提出组建新军的建议，就急急忙忙把我找去，要我们先组建新军一个团试试。平津失陷以后，胡服同志和北方局也来到了太原，我把阎老西的意思向胡服同志进行了汇报，胡服同志当机立断：好！去！赶快去！要我们赶快去抓枪杆子。所以，我们就趁热打铁，组建了决死一总队。

"决死一总队成立的第二天，全部人马就领到了配备齐全的武器，现在是兵强马壮。看阎老西的意思，决死队还要进一步扩大。胡服同志也一再嘱咐，要我们立即调整工作方向，把主要精力放在抓抗日武装的建立上。

"胡服同志还对我们下一步的工作做了具体指示，让我们清醒地看到当前的新形势，现在抗战开始了，全国的政治形势进入了新阶段。按照胡服同志的估计，华北有全面沦陷的危险。因此，我们的策略也要改变，一定要从单纯的军队抗战，过渡到全面的民族抗战，只有这样，我们的抗战才能取得最后胜利。胡服同志指示我们，要放手发动群众，大刀阔斧地干，迅速壮大力量，不怕打破阎锡山的框框，要切实掌握领导权，努力成为抗战的核心！"

薄一波一口气说了这么多，董天知心中亮堂起来。

"根据胡服同志的指示，为了加紧进行战争动员，加强边境地区的工作，省牺盟总会决定在大同、平定、晋城和运城成立四个牺盟中心区，由你主持运城中心区的工作，迅速发动群众，组建抗日游击队，为将来我们创建抗日根据地打基础！"薄一波神情凝重地看着董天知。

董天知频频点头："这一带我熟。今年春天的时候我到晋西、晋南巡视过两个多月，这一带我们的群众基础比较好。"

薄一波道："正是考虑到你有这个优势，所以才派你去。"

董天知略一思索，问："什么时候出发？"

"现在！"

"好！我马上就走！"

董天知立即南下，组织晋南各县牺盟分会和当地党组织，在运城、曲沃、临汾周边各县组建起了有二百至五百人的县武装自卫队，在同蒲路沿线的洪洞、赵城、临汾、霍县、灵石五个县，还组织了抗日游击队，每县一个营的编制。

二、曲沃事件

一九三七年十月中旬，曲沃街头秋风萧瑟，阴郁的空气中弥漫着动荡不安的气息。

逃难的百姓越来越多，蓬头垢面风尘仆仆地沿着同蒲铁路线南下。逃难的队伍里夹杂有不少从前线下来的溃兵，这些丢盔弃甲的溃兵衣衫不整骂骂咧咧地在人群中横冲直撞。

因为发生过几起溃兵骚扰百姓的事，董天知这几天正带着武装自卫队的战士们在街头检查，维持秩序。

一天，杨献珍在几个自卫队战士的带领下找到了他。见杨献珍突然出现在面前，董天知一阵惊喜："杨大哥，你怎么来了？"

杨献珍朝董天知摆摆手："走，找个说话的地方。"董天知带杨献珍来到一家饭馆，点了一碗面。杨献珍风卷残云般一扫而光，一抹嘴说道："鬼子已经到了忻口。原本鬼子是想直下太原，没想到在忻口遇到中国军队的顽强阻击。小日本的飞机经常轰炸太原，眼看太原不保，阎锡山慌了手脚，下令调咱们刚刚组建的决死队去守太原城。一波、韩钧和戎子和带着决死一总队、二总队、三总队迅速赶到太原。我党主张游击战，不主张死守太原，尤其不主张刚刚成立，还没有形成战斗力的决死队去守太原，所以，正在太原的周恩来同志和一波同志分头向阎锡山建议，希望能够派决死队分赴各地建立抗日根据地，开展游击战争，这样能发挥更大的作用。阎锡山也害怕太原一战把决死队拼光，晋绥军在和日军的作战中已经损失惨重，如果再把决死队拼光，他哪里还有翻身的本钱？阎老西思前想后，就同意了我党建议。现在，一总队已经开往晋东南的沁县、武乡一带，二总队到了洪洞、赵城地区，三总队进驻曲沃、翼城、新绛。"

董天知若有所悟："这是要依托太行山、吕梁山和中条山开辟游击区，来建立抗日根据地。"

杨献珍点点头："正是。"说到这里，杨献珍压低了声音，"天知，北方局决定，我们两个都到决死三总队工作，由你担任政治主任。决死三总队的政治主任，原本由政治委员戎子和兼任，子和一身二任，任务繁重，分身乏术，苦不堪言。现在三总队一切都在草创之初，需要的是治繁理剧之才，北方局考虑再三，政治主任这个重任还是放在你的肩上。我到决死三总队建立随营学校，密切配合你，培养我们自己的抗日干部。"

董天知问道："戎子和是我们的人吗？"

杨献珍点点头："是。子和是刚刚发展的新党员，由山西省委单线联系。原来的联系人是胡西安，现在老胡刚刚被阎锡山任命为汾城县县长，上级决定把子和同志的组织关系交给我，由我来同他单线联系。"

"决死三总队党的力量怎么样？"董天知又问。

"十分薄弱。"杨献珍接着说道，"包括子和同志在内，目前总共只有几名党员，但是面对的形势却非常严峻。三总队是由山西国民兵军官教导团第十团改编过来的，军事人员从团长到班长都是旧军人出身，而且是原来防共保卫团的老底子，多数旧军人军事政治思想落后，而且头脑里的'反共'思想根深蒂固，改造难度很大。还有，总队长李冠军更是个冥顽不化的家伙，对决死队实行政委制十分反感，总怕失去了自己的特权，和子和同志之间的矛盾十分尖锐，子和同志难以招架。"

"所以，我们的力量迫切需要加强。"董天知心领神会。

"对！"杨献珍也点点头，"北方局要求我们迅速行动，秘密发展党组织，相机成立秘密的军政委员会，由你担任书记，统一领导三总队军政工作。当前的中心工作，就是全力支持子和同志把部队领导权争夺过来，牢牢掌握在我们手里。"

"牢牢抓住抗日民族统一战线的领导权，在这个问题上决不能含糊。"董天知脑海里蓦然浮现出胡服同志委托徐冰向他们几个人反复强调的这句话。

决死三总队总队部和二大队驻扎在曲沃大营盘，一大队和三大队分驻翼城和新绛。

大营盘在曲沃城西不远处，此刻大营盘一间破旧的窑洞里，听着窗外滴答的雨声，戎子和正心神不宁。

自从胡西安到汾城上任，戎子和和山西省委就失去了联系。原来胡西安在的时候，遇事还有人商量，可以随时向省委请示，胡西安一走，戎子和感到孤单了许多。虽然按照决死队的规定，作为政治委员的戎子和对总队军政大事有最终决定权，但李冠军这个总队长却总是当面一套背后一套，推三阻四，阳奉阴违，给戎子和制造了很大麻烦。李冠军手下的力量也不容小觑，这个老兵油子从军多年，善于吃喝拉拢，在部队中的关系盘根错节。

想到这里，戎子和的心情就像最近阴雨连绵的天气一样，沉重起来。

"政委，有人找！"吧嗒一声窑帘掀起，警卫员的话把戎子和从沉思中拉了回来。

戎子和迎出门外，一看来人喜出望外："天知！老杨！"忙把两人迎进窑洞。同在牺盟总部工作，戎子和对他们两个人的党员身份心知肚明，如今自己正是孤军奋战的时候，援兵从天而降，戎子和心中别提有多高兴了。

戎子和把三总队的现状向董天知和杨献珍仔细讲说一遍。

几个人谈兴正浓，只听门外传来一阵脚步声。一个腰挎大眼盒子的青年跨进门来，见过戎子和之后，朝着董天知一个敬礼："董主任，总队长有请！"

消息真快！戎子和正要说什么，董天知抬手制止了他，站起身来微笑着对来人说道："好！请你回报总队长，我马上前去拜见！"

来人转身离去。戎子和面色愤愤："这个李冠军，摆什么团长大人的臭架子！"

董天知朝戎子和一笑："不怕。这不，我初来乍到，这个李冠军恐怕是想先给我来个下马威。不过，他也许不知道，我也正想会会他呢！"

李冠军端坐在营房正中间那孔宽大的窑洞里，正端着架子等待董天知。

董天知挑帘进门，和李冠军四目相对。李冠军原本是想端坐不动，杀杀这个新任政治主任的威风，没想到和董天知锐利的眼神一碰，竟不由自主地挪动肥胖的身躯站了起来，勉强挤出一点儿笑容说道："主任驾到，有失远迎。"

董天知性格耿直，不惯客套，微微一点头算是打过了招呼。面前的李冠军年纪四十岁上下，身材矮胖，面容黢黑，上唇留着一撮微微翘起的短须，两只小眼睛从肿眼泡里努力射出一丝微芒，故作威严地逼视着董天知。

"早闻天知兄大名，有几个问题想向天知兄请教一二。"李冠军话中带刺地说道。

董天知微微一笑落座："不敢。只要是有利于我们携手抗战的话题，天知很愿意与李总队长共同切磋。"

"好。那我问你，打败小日本靠的是枪杆子还是嘴皮子？"李冠军使出一个杀威棒，不客气地问道。

"单靠枪杆子能打败鬼子的话，中国军队何以一枪不发，从东三省退向关内？单靠枪杆子能打败鬼子的话，我们何以先失东北，再丢热河，随后是北平、天津、察哈尔、河北，一路丧师失地，国土拱手相让？难道是因为中国军队手里没有枪，没有炮吗？"董天知话如连珠地反问道。

"这……"李冠军一介武夫，倒是从来没有想过这个问题，听了董天知的话，急得抓耳挠腮起来。

"没有主义，没有信念，钢枪在手又有何用？不知道为了谁去打仗，不知道朝着谁去开枪，不知道为了谁去冲锋，军队再多又有何用？"董天知的话句句诛心，针针见血。

李冠军急于招架，见缝插针地反问道："董主任，你讲的大道理我懂。我只是想问，军队是打仗用的，政治工作并不会打仗，难道鬼子的机枪大炮打过来，我们唱几支歌，喊几句口号，就能把鬼子吓跑吗？"

"不能。"董天知点点头，"但是政治工作可不仅仅是唱歌喊口号。政治工作是什么？是树立信仰，是凝聚人心，是同仇敌忾，是勇往直前；是不怕死，不要钱，不要命，是为了理想和主义心甘情愿献出自己的生命。政治工作就是不靠打骂，也能够让弟兄们跟着我们，为国家、为民族、为百姓，排山倒海、冲锋向前。政治工作就是让弟兄们知道为谁打仗，把弟兄们紧紧团结在一起，把一盘散沙变成钢筋铁骨，变成冲不垮打不烂的铁板一块！"

李冠军粗人一个，哪里听过这些道理。"好好好，我说不过你。"李冠军不耐烦地摆摆手，"但是你的政治工作最好悠着点儿做，我手下这些弟兄都是粗人，粗鲁惯了，脑袋里恐怕一下子转不过这个弯儿来。"

李冠军的话里透着一丝威胁的意味，董天知呵呵一笑，绵里藏针："不怕，人心都是肉长的，我相信弟兄们迟早会明白是非对错。再说，在决死队中开展政治工作，可不是我董某人的主意，这是阎司令长官明令颁布的，谁敢违抗，恐怕先要过了阎司令长官这一关！"

没想到这董天知初来乍到，就如此不把他这个总队长放在眼里，李冠军强压着心中怒气，端起桌上的茶杯抿了一口："送客！"

门口一个马弁伸手挑起窑帘，董天知也不示弱，起身撂下一句："告辞！"转身离去。

望着董天知远去的背影，李冠军端着茶杯的手微微颤抖着愣在那里。

一个戎子和就够难对付了，又来个董天知，看他那天不怕地不怕的样子，这又是个强硬的对手。这可怎么办？

李冠军这么卖力地独霸三总队，可不是为了效忠阎锡山，他是另有所图。其实他一直对阎锡山心怀怨怼。他本是保定军官学校八期毕业生，一九二二年就投身晋绥军，十五年来在战场上没少为阎锡山卖命，却一直得不到阎锡山的赏识和重用。一九三〇年，和他军校同期的盟兄陈诚已经是蒋介石手下的上将军长，他却还是晋绥军一个小得可怜的上校团长。不仅如此，从那个时候开始到现在又是七个年头儿过去了，他依然是官运蹉跎，原地踏步。暗地里，他不知道有多少次怨恨这个阎老西有眼无珠。

他曾经有一个升官的机会，可不承想升官未成，还差点儿丢了性命。李冠军还有个保定军校的师兄李生达，是晋绥军中的一员虎将。一来是同门师兄，二来是晋城同乡，李冠军投靠他的门下，本指望靠着这位乡党的提携出人头地，谁知道这个李生达因为瞒着阎锡山和蒋介石暗通款曲，竟被阎锡山买通卫士刺杀。这还不算，阎锡山还命人对李生达手下的晋城同乡进行秘密调查，要斩草除根，多亏有人暗中报信给他，他花了大价钱才免去杀身之祸，勉强保住团长的职位。

如今看到阎锡山兵败如山倒，连太原都落入敌手，和日军交手两个多月，晋绥军竟只剩下两三万人，按李冠军的估计，这次阎锡山八成是回天无力，这个几十年来的不倒翁恐怕是要树倒猢狲散了，不如趁早另谋出路，趁阎锡山元气大伤的时候另攀高枝。

他已经和陈诚派来的人取得联络，单等日军进攻晋南的时候，他就带着队伍趁乱进入中条山，然后找机会向中央军靠拢，凭着和陈诚的关系，日后不愁没有升官发财的机会。可正在这个节骨眼上，偏偏有董天知和戎子和两个人跟自己作对，你说恼人不恼人。

李冠军掰着手指头，在心中又把自己的力量掂算一遍。团附刘宝堂、一营长王焕章、二营长孙瑞琨，这几个兄弟都是自己人，三营附杨致祥也是自家兄弟，只是这三营长王子玉……这个王子玉最近怎么老是躲躲闪闪的？找机会还要探探他的态度。

已是寒冬时节，晋南的寒风凛冽刺骨。

曲沃大营盘军营里，董天知和戎子和正在议事，忽然听见门口有说话声。抬头看去，见三个年轻人站在门口，为了谁先进门的事，正在小声推让着。

董天知起身热情地把他们迎进门来，笑容满面地说："说曹操，曹操到。我和政委正在念叨你们呢！"说着话，提起茶瓶给每人倒上一杯水，递到手里。

三个青年一边抱着茶缸暖手，一边各自找地方坐下。

三个青年都是共产党员。董天知一脸笑意看着他们，问道："你们三个人最近都辛苦了。工作进展得怎么样了？谁先说？"

"我先说。"一个中等身材、相貌端正的青年朝着那两个人做个鬼脸，开口说道，"董主任，按照您的安排，我们政治工作干部下乡宣传抗日救亡，推行减租减息，进行反霸除奸，群众可欢迎了。这不，我刚从夏县回来，老百姓到咱队伍上告状，说他们县的税务局长贪污受贿，您让我带人去查。一查不要紧，发现这个局长果真是个坏了良心的狗官，民愤很大。可是县长大人不仅不敢管，反而从中包庇，沆瀣一气。我们就按照您事先的吩咐，除恶务尽，把这两个坏蛋一网打尽。召开的群众大会，那可真是人山人海。老百姓受惯了他们的欺负，一直忍气吞声，一看我们决死队为民做主，都高兴得拍手称快！那场面……"

董天知满面笑容看着他。说话的这个青年叫李柽，军政训练班毕业后到决死三总队十二中队担任指导员，最近刚刚加入共产党，敢作敢为，雷厉风行，董天知对他很是欣赏。

"然后呢？"董天知笑眯眯地问道。

李柽还沉浸在当时的场景中，听到董天知问话，才接着往下说："老百姓强烈要求，罢免这两个狗官的职务，把他俩轰出夏县。我们就按照民意，把这两个狗官赶走了，派我们决死队一个工作员代理县长职务。老百姓围着我们，说我们决死队是青天大老爷，很多年轻人都嚷嚷着要参加决死队。董主任，我们决死队这下子可是声威大振！"

董天知满意地点点头。李柽的话说完了，朝着那两个青年一眨眼，低下头咕噜咕噜喝起水来。

董天知看着那个叫杨绍曾的青年问："绍曾，大益成纱厂和雍裕纱厂的情况怎么样？"

杨绍曾刚喝了一口热水，嘴里哈着热气说道："两个纱厂距离我们三大队驻地不远。我们组织了两个宣传队，每天都去向工人做抗日救亡宣传。刚开始的时候，两个纱厂的老板和经理千方百计阻挠，说啥也不让我们进门，我们就跟他们进行说理斗争，寸步不让。他们被我们质问得哑口无言，不得不同意我们召开了声势浩大的抗日救亡大会。王子玉大队长代表决死队也出席了大会，积极支持工人兄弟的爱国行动。经我们工作队的宣传鼓动，现在工人们都行动起来了。大家抗日救亡的热情很是高涨，心也很齐，工人同志们还建立了自己的组织，要和我们决死队并肩携手，共同抗日救亡，战斗到底。另外，工人同志们还准备建立秘密党支部，把抗战的力量进一步团结起来，跟日本鬼子干！"

董天知握着拳头在胸前一挥："就是要这样。把所有抗战的力量全都动员起来，看日本鬼子能横行到几时！动员群众、动员工人的工作还要继续开展，加快进度。最近接到上级指示，要我们立即在晋南建立抗日根据地。鬼子可能马上就要对晋南发动大规模的进攻，不管将来出现什么样的情况，我们牺盟会会员决不过黄河，共产党决不过黄河！"

随着董天知拳头有力的挥动，几个青年脸上的表情凝重起来。

董天知停下话语，转向赵若襄："若襄，刚才绍曾提到王子玉，最近王子玉的情况怎么样？"

赵若襄是三大队秘密党支部的负责人。按照董天知的安排，他还担负着团结、影响、争取三大队大队长王子玉这个阎锡山派来的旧军官的艰巨任务。赵若襄看着董天知，说道："这段时间，我一直在有意识地接近王子玉，和王子玉几乎是形影不离，也逐渐发展到了无话不谈的地步。王子玉虽然是旧军人，但思想进步，也喜欢和我们政工人员接近。他还带头把自己的校官武装带换成与普通士兵一样的窄皮带，和普通战士打成一片。但是最近几天，王子玉却明显心事重重，而且和我谈起话来，也常常欲言又止，吞吞吐吐，在我再三追问之下，王子玉说了这么一件事情。"

几个人听了赵若襄的口气，都不约而同抬起头来，把目光集中到赵若襄脸上。赵若襄接着说道："李冠军最近鬼鬼祟祟，私下拉拢煽动几个大队长说是要投中央军，还托人找到王子玉，试探王子玉的态度，见王子玉态度模棱两可，来人还威胁王子玉说，如果胆敢泄露出去，小心性命。"

屋子里的空气瞬间紧张起来。董天知浑身一激灵："投中央军？这可不是个小事情。王子玉还说了什么？"

赵若襄摇摇头。

　　董天知看着戎子和，两个人都警觉起来。董天知又看看赵若襄，叮嘱道：
"这件事情非同小可，一定要注意保密，千万不能打草惊蛇。"

　　董天知戴上军帽，把手枪往腰间一插，对戎子和说："子和，我马上去找
王子玉谈谈！"戎子和点点头。

　　董天知正要出门，一个年轻战士气喘吁吁闯了进来，刚要开口说话，见屋
里人多，又伸伸脖子把嘴边的话咽了回去。董天知朝着李柽他们几个使个眼
色，几个人起身离去。

　　年轻战士叫李思源，也是新近发展的党员。董天知见他神色慌张，知道一
定是有什么重要的事，又返身回到屋内坐下，朝着李思源摆摆手，微笑着说：
"来来来，思源，不要慌，先坐下，有什么事情慢慢说。"

　　李思源稳稳心神，说道："董主任，戎政委，总队长要造反！"

　　董天知和戎子和不约而同地把目光集中在李思源的脸上。李思源喘着粗气
接着说道："我和李冠军的一个马弁是同乡，他这个马弁把我拉到没人的地
方，亲口告诉我的。说李冠军已经布置好了，要把咱们的队伍拉进中条山，投
靠中央军！实在不行，就是去当土匪也不再跟着阎司令长官干了！我这个同乡
不知道我是党员，私下里告诉我，是要我早作准备，以免事到临头惊慌失措。
董主任，咱们怎么办？"李思源神色焦灼地看着董天知。

　　董天知略一思索，问道："思源，你这个同乡叫什么名字？现在在哪里？"

　　"叫狗则，他现在正在警卫连闷头睡觉。"李思源回答。

　　"子和，事不宜迟。我看这样，你马上到李冠军那里稳住他。我现在就派
人把李冠军的这个马弁秘密抓来，赶紧审讯！"

　　"好！"戎子和答应一声，匆匆出门去了。

　　董天知对着李思源一阵吩咐，李思源点点头，躲进窑洞里间去了。

　　"登山！登贵！"随着董天知一声喊，警卫员燕登山和安登贵一齐跨进门
来。董天知吩咐两人："快去，把狗则给我抓来！"

　　"是！"燕登山和安登贵一转身，脚下生风一般走了。不大一会儿，两人
押着睡得迷迷瞪瞪的狗则进了门，把他往董天知面前一推。

　　狗则一看这阵势，脚脖子一软，坐在了地上。

　　董天知朝着燕登山和安登贵一摆手，两个人退出门外，一左一右守着
窑门。

　　董天知目光凌厉地逼视着狗则："狗则，你要实话实说。你可知道咱队伍
上的纪律，欺瞒长官该是什么样的罪，你心里清楚。说，李冠军造反的事情，
到底是怎么回事？"

　　一个小小的马弁哪里见过这样的阵势，慌得浑身如同筛糠一般，半天说不

出一句囫囵话。

"狗则，聚众造反，不管是谁，都是杀头的罪过。如果你能实话实说，也算是将功赎罪，如果你要是跟着他们一条道走到黑，可没有人能救得了你。"董天知目光如炬逼视着狗则，说完这句话，他朝着里间叫了声，"思源！"

李思源跨出门来。狗则一惊，立时蔫了："董主任，我说……"

退到临汾的阎锡山心情十分沮丧。恰在这时他又收到一封戎子和发来的电报："阎司令长官：近日接报，决死三总队总队长李冠军密谋率队投奔中央军，已被我等查证属实。幸我等发现及时，尚未酿成祸端。请司令长官下令免去李冠军总队长职务，建议由忠实同志王子玉接任。"

阎锡山多疑，终其一生最痛恨的事情莫过于背叛。尤其是现在，晋绥军旧军几乎全军覆没，决死队就是阎锡山的救命稻草，阎锡山正倾注全力要发展扩大决死队，恰在这个时候冒出这样的事情来，阎锡山恨得牙花子都要撮出火来。

阎锡山怒气冲冲地叫来梁化之："敦厚，立即给戎子和、董天知发报，着即免去李冠军的总队长职务，由王子玉接替！还有，立即把李冠军押到临汾来，我倒要看看这个小猢狲脑后有几块反骨，到底是想在我阎老西面前要什么花样！"

电报很快发到三总队。董天知和戎子和雷厉风行，立即把阎锡山的电报对李冠军当面宣读。

李冠军脸色惨白，如雷轰顶。他知道阎锡山的霹雳手段，同乡李生达的前车之鉴立马浮现在他眼前。在阎锡山的命令面前，诚惶诚恐的他不敢有丝毫不满，只是唯唯诺诺地表示："马上交接，马上交接。"

李冠军住的是曲沃城中一处财主的宅院，这家财主已经变卖家产南下逃亡去了。回到住处的李冠军如同一只笼中困兽，烦躁不安。

就这样束手就擒？李冠军仰天长叹，我这一世英名就这样轻易毁掉？我这大好前程就这样一朝断送？我我我……不甘心哪！李冠军急得团团转。

不，决不能就这样任人宰割。要我交出兵权，绝没有那么容易！我要跟你们来个鱼死网破！

李冠军叫过几个马弁来一阵吩咐，几个马弁出了院门，分头行动去了。

夜幕之中，几个黑影躲躲闪闪，趑进李冠军的住处，原来是刘宝堂、王焕章、孙瑞琨、杨致祥几个难兄难弟先后来到。

李冠军瞪着血红的眼睛，咬牙切齿地说道："弟兄们，董天知、戎子和，欺人太甚！这支队伍本来就是老子的队伍，他们才来几天，就骑在老子头上拉屎拉尿，要把老子扫地出门。不给他们点儿颜色看看，他们就不知道马王爷头上三只眼。老子要让他们见识见识我李冠军的手段，我李冠军可不是那么好惹的！"

刘宝堂冲着几个人摆摆手，幽幽地说："我们几个可都是喝血弟兄，当年我们可都对关帝爷发过毒誓，有福同享，有难同当。再说，这些年来，我们跟着大哥，谁都没少落好处，如今眼看着大哥有难，可不能见死不救。"

几个人纷纷点头："那是，那是。"

王焕章是个二杆子脾气，摘下军帽往桌子上一摔，啪地一拍胸脯："大哥，二哥，啰唆那么多干啥呀，痛快点儿说，要弟兄们咋整就是了！"

刘宝堂看看李冠军："大哥，你就直说吧！"

李冠军站起身来一脚踏在椅子上，从腰间拔出大眼盒子对着天花板，杀气腾腾地说："阎老西不要我们，爷爷还不伺候他了呢！董天知、戎子和要我卷铺盖走人，老子要先取了他们俩的脑袋！弟兄们，反了！"

王焕章也站起身来，把腰间的手枪拍得啪啪响："他阎老西当年不也是趁着天下大乱，靠一帮弟兄起的家吗？如今日本人马上就要打过来，也是个天下大乱，凭什么我们弟兄就不能立个山头，红火几年？胡尿弄，出朝廷，谁敢说我们弟兄就不能整出个大场面来？这些年老子冲锋陷阵，还不尽是提着脑袋给别人卖命？活着一口军粮，死了一张草席，凭什么爷爷们就不能享受个荣华富贵？！"

孙瑞琨心眼多，他没有跟着起哄，而是看着李冠军和刘宝堂说："大哥，二哥，一声反了，说出来容易。我们总得有个详细的计划，要不然……"孙瑞琨一边说一边摇着头。

"四弟，你怕了？"王焕章吊起三角眼看着孙瑞琨。

杨致祥站起身来，看着王焕章说道："三哥，四哥可不是那种走路摸屁股的人。我倒是赞同四哥的话，要起事事先没有个详细的计划可不成！"

"大哥，四弟、五弟说的有道理。这个事是得好好筹划筹划。"刘宝堂心中也犯了寻思，抬头看着李冠军。

李冠军一屁股坐了下来，嘿嘿一笑："大哥我不傻，我李某人早已经成竹在胸，就等着弟兄们一起动手。"李冠军把手中的大眼盒子重新插回腰间的枪匣子里，那几个人也围着李冠军聚拢过来，他小声说道，"我早就留了个心眼。前几天从临汾领回来的军需五万大洋，我已经交代樊军需暂时存放在曲沃城茂昌源当铺里，起事后咱们弟兄几个每人先分几千大洋，咱也过过阔绰日子，省得每天提心吊胆地靠着吃空饷养家糊口。还有，几个心腹兄弟我都早已经安排到附近几个县的抗日自卫队里，只等我们枪声一响，他们就群起响应，又会拉来不少人马。到那时候，咱们就打起抗日第一军的旗号，由我自任军长，宝堂，你任副军长。一大队改编为第一游击支队，焕章，你就是一支队司令！二大队改编为第二游击支队，瑞琨，你当司令！至于三大队嘛，到时候就是第三游击支队，王子玉不识抬举，致祥，这个司令就由你这个三大队队附来当！……弟兄们有福同享，有难同当。"

"有福同享，有难同当！"刘宝堂几个人一听既能升官又能发财，不约而同随声附和起来。

刘宝堂像是突然想起什么事似的，一拍大腿说道："对了！大哥，还有，放在曲沃中学仓库里准备扩军用的那批枪支弹药怎么办？"

李冠军不慌不忙点起一支烟，深深吸了一口，然后吐出一个烟圈，慢悠悠说道："慌什么？我自有安排。"

"那，那董天知和戎子和他们怎么办？"孙瑞琨担心地问道。

"统统干掉！"李冠军目露凶光，噗的一口把嘴里的烟雾吐出来，"明天一早就动手。瑞琨，你的队伍住在曲沃大营盘，董天知、戎子和带着政治部那帮人今晚都住在孝母巷棉花店里，离你的队伍最近，解决他们俩的任务就交给你。还有，"李冠军指着王焕章、孙瑞琨和杨致祥，"你们三个还要秘密行动，神不知鬼不觉把各自队伍里的政工人员统统给我抓起来，对于那些不听话的，当场……"李冠军说到这里，有意停顿一下，待所有人把目光集中到他的脸上，他把牙齿一咬，抬起右手猛地往下一砍，做了一个杀头的手势。

杨致祥听到这里，插话问道："大哥，只是那王子玉……"

李冠军把手一挥："你不必多虑。这小子和我们不是一条道上的人，最近总是不跟我照面。我给他来个调虎离山，明天一大早以交接工作为由把他调到大营盘，等他前脚离开队伍，你后脚就开始行动。"

听李冠军这样安排，杨致祥频频点头，放下心来。

李冠军的目光朝着众人的脸上扫视一遍："你们几个马上返回各自驻地，以我的枪声为号，等大营盘枪声一响，按计划行动！"

"大哥，放心！"几个人朝着李冠军拱拱手，趁着夜色悄悄离去。

已经是深夜时分，一匹快马到了三大队驻地。王子玉带着赵若襄刚刚查哨回营，就见李冠军的马弁在营门口匆匆下马，给他送来一封信。

王子玉展信一看，是李冠军的笔迹。

　　子玉弟：明早于曲沃大营盘交接军务，望弟务必前来，兄早早恭候。

　　　　　　　　　　　　　　　　　　　　　　　　　　冠军字

看了来信，王子玉心中隐隐有些不安，他把信递给身旁满脸疑惑的赵若襄。

赵若襄看了信，心中浮起一种不祥的预感。

两人匆匆进了王子玉的卧室。王子玉满腹狐疑地说："若襄，从阎司令长官来电解除李冠军职务开始，李冠军就一直躲着我，不肯交接。怎么现在深更半夜地差人送信来？他这葫芦里究竟装的什么药？"

赵若襄低头把信又仔仔细细看了好几遍，皱着眉头对王子玉说："大队长，夜半来信，绝非好事。李冠军必是有什么见不得人的勾当。"

王子玉若有所思地连连点头，但他猜不透这背后到底会有什么文章。

窗外起了寒风。听着这呼啸的风声，王子玉想起一个人来。嗨，要是天知此刻在他身边该有多好！虽然董天知年龄比他小个十岁上下，但通过几次接触，他心中对这个热情洋溢的政治主任就是有着一种说不清楚的亲近感。尤其是前几天的一次交谈，对他触动很大。天知虽然年轻，但从他嘴里讲出那些救国救民的道理，却叫人心里信服。回想自己从军这么多年，在晋绥军里从士兵一直熬到营长，跟着阎锡山出兵湖南，进攻张作霖，中原混战，江西围剿，阻挠红军东征……这都打的什么仗！尽是参加军阀混战，为军阀卖命，自相残杀窝里斗。再不能这样下去了，就像天知说的，咱当兵的是要保家卫国的啊，国难当头的时候，不打鬼子要咱干啥！还有天知的学识见解，对国家前途命运的分析，每次听了总是叫人心明眼亮；遇到那些疑难的问题，天知的分析总是一针见血，叫人听了心里亮堂，叫人打心底里佩服。

想到这里，他不由自主地喃喃一句："若襄，要是董主任在这里就好了！"

这句话倒是提醒了赵若襄。他想起来董主任曾叮嘱过他，最近队伍里是多事之秋，要他注意观察，有什么异常情况要及时向他反映。想到这里，他站起身来："大队长，不行，我得去曲沃大营盘一趟，把这个反常情况向董主任报告。"

这大半夜的，月黑风高，危机四伏，王子玉有些不放心地看着赵若襄说："太晚了，还是我去。"

赵若襄摇摇头："你不能去。你的目标太大，你一旦离开，队伍出现紧急情况怎么办？"

倒也是。王子玉心念一动，突然想起一件事来，刚刚查哨的时候从哨兵那里得知杨致祥乘夜出营，一直未归，他知道这个杨致祥是李冠军的拜把子兄弟，素来跟李冠军一个鼻孔出气，难道……王子玉倒吸一口冷气，他突然起身，对赵若襄说："若襄，你等一会儿，我去门口一趟。"

过不多时，王子玉回来了，对赵若襄说："杨致祥乘夜私自外出，这会儿刚刚回营，他会不会是去见李冠军了？"

赵若襄心中一惊："这绝不是巧合。我看，咱得先下手为强。我现在就快马去向董主任报告，你安排人密切监视杨致祥，一旦有什么风吹草动，先把他抓起来。"

"好！"王子玉点点头，把赵若襄送出营外，目送赵若襄纵马而去，急急回到屋里。

赵若襄策马进城，把情况向董天知做了汇报。

听了赵若襄的话，联想起最近一段时间李冠军的种种反常迹象，董天知心里暗暗一惊。事不宜迟，他吩咐赵若襄立即通知戎子和和杨献珍，叫他们赶快布置模范队和学生队这些可靠力量，加强政治部和随营学校的武装警戒，自己带上警卫员燕登山和安登贵向着三大队去了。

出了曲沃城西门，三匹快马朝新绛方向一路飞奔。虽然是寒风扑面，董天知却急出一头汗来。他要尽快赶到三大队亲审杨致祥，只有从他这里打开突破口，才能知道这其中究竟隐藏着什么样的阴谋，才能有的放矢。

三大队军营里，王子玉刚刚接到警卫员的报告——杨致祥跑了。

原来，这杨致祥做贼心虚。回营之后的他和衣躺在床上，翻来覆去睡不着。他害怕露了马脚，就灭了灯蹑手蹑脚走到窗帘后面，挑起窗帘一角躲在暗中观察。借着军营里暗淡的灯光，先是见王子玉到营房门口查问，紧接着见赵若襄拉马出营，再后来就见王子玉的两个警卫员匆匆朝他的房间走来，躲在暗处向他这里观察。糟了，一定是事情败露了！杨致祥顾不得许多，在黑暗中摸索着把手枪插在腰间，悄无声息地跳出窗外，越墙跑了。

董天知下马进营，问王子玉："杨致祥呢？"

王子玉懊丧地一拍大腿："跑了。"

董天知又问："就跑了他一个人吗？"

王子玉低着头说："嗯。"

董天知略一思忖，说道："子玉，现在情况不明。天马上就要亮了，我怕政委他们吃亏，集合队伍，咱们马上带队到曲沃城。"

王子玉起身要去传令，董天知一抬手拉住他："慢着！子玉，大队人马行动太慢，我怕李冠军见不到你会提前动手。不如将计就计给他来一个单刀赴会，你快马先行一步，到曲沃大营盘稳住李冠军，争取时间。我带三大队随后赶到，再说，大营盘现在只有二大队一个大队的兵力，况且李冠军已经被免职，二大队的弟兄们不见得会跟他走。"

眼看天色将亮，想想也没有其他什么好办法，再说杨致祥从王子玉眼皮子底下溜了，王子玉也有戴罪立功的意思，看着董天知信任的眼神，王子玉胸脯一挺："董主任，放心吧。我这就去！"

王子玉带上警卫员，打马走了。

天色不亮，李冠军带着马弁匆匆出了西城门，来到大营盘。

进了大营盘，他心急火燎地召集手下安排布置。关闭营门，加派岗哨，把睡梦之中的政工人员集中在一间空房里看管起来，然后端坐大帐，静等王子玉的到来。

他要最后一次争取王子玉。如果王子玉俯首帖耳，拱手交出三大队，一切都好商量。如果王子玉不识好歹，不知进退，我李冠军今天就要你好看！

天色微明，王子玉来到大营盘。远远望去，见营盘门口杀气腾腾，除了军营大门两边的哨兵均是双岗之外，还有大约一个排的士兵如临大敌一般分列道路两旁，长枪在手，刺刀林立。

王子玉翻身下马，进了军营。随行的两个警卫员也要进门，哨兵把枪一横，把他们挡在门外。

见王子玉如约到来，李冠军松了一口气，皮笑肉不笑地迎上前去，故作轻松地拍拍王子玉的肩膀："子玉兄弟，辛苦了。来来来，屋里请。"

"哪里哪里，总队长客气了，客气了！"王子玉一边客套，一边进屋落座。

"哎呀，子玉老弟，董天知和戎子和逼人太甚！我本不想和他们翻脸，大家都和和气气的，井水不犯河水，可……可他们不识好歹，他们竟煽动咱司令长官要把我扫地出门，要断了我后半辈子的生路。既然他们不仁，就莫怪我不义。你说说像我这把年纪，这兵荒马乱的年月，我辛辛苦苦拉起一支队伍容易吗？就这样拱手交给他们？……"

李冠军一边喋喋不休诉说着，一边用目光在王子玉脸上探寻着，观察着王子玉的表情。

王子玉面色坦然。他想起董天知交代的话，坐直了身子看着李冠军说："大哥，军人以服从命令为天职。你也知道兄弟向来是个痛快人，在军务交接之前，你还是兄弟的长官。有什么事请尽管吩咐，兄弟绝无二话！"

李冠军心中一喜，但转念一想又生出一些疑问来：这小子该不会是拿好听话来蒙我的吧？想到这里，李冠军用半是试探半是埋怨的口气说："那你老弟为啥这一阵子就像耗子躲猫一样，老是躲着不见我？"

王子玉路上早已想好了对策，不假思索地说："啧！大哥，免了你的职务让我来接替，这不是让兄弟我落个不仁不义的名声吗？你说说咱兄弟见了面咋说？让别人说我王子玉不够兄弟，猴急着把大哥赶下来我做总队长？以后我还咋在队伍里混？我不能落下这样的名声！"

说的倒也在理。李冠军听了王子玉的话，放下大半个心来，忍不住埋怨起来："虽说兄弟说的是这个理，但你我相处多年，大哥到了难处，你咋也不说帮大哥拿个主意？"

说到相处多年，这倒是实情。从一九三〇年参加中原大战开始，在旧军队里，王子玉一直是李冠军的下属，跟着他从班长、排长、连长、营长一路走来，直到部队改编为决死三总队，李冠军担任总队长，王子玉担任三大队大队长。但王子玉和李冠军骨子里就不是一路人，王子玉对李冠军飞扬跋扈的军阀作风早就心存不满，对李冠军克扣军饷吃空饷的行为也很是看不惯，只是因为他生性内敛，没有表露出来而已。

王子玉假戏真做，他低下头去："大哥说到这里，这倒是兄弟我的不是。"接着他长叹一声，"唉！大哥，兄弟我心里也是苦闷得很，像这样下去，咱今后的路可咋走呀！"

李冠军一看火候差不多了，开口说道："昨天我让人捎信给你，你一直没个态度。实话告诉你吧，我已经跟中央军联系好了，此处不留爷，自有留爷处，咱们一块儿投中央军去！"

王子玉猛一抬头，故作惊慌地说道："大哥，这可是杀头的事情！"

李冠军哼的一声冷笑："怎么？你害怕了？自古以来，亏本的买卖无人做，杀头的生意有人干。当年我们阎司令长官一标人马太原起兵，树起旗帜反了大清，干的不也是杀头的生意？名利危中来，富贵险中求，我决心已定，干还是不干，你现在就给个痛快话！"说到这里，李冠军瞪起眼睛逼视着王子玉。

王子玉心中着急。他挠挠头皮，不知道大队人马是否到来，只得硬着头皮和李冠军继续周旋。想到这里，王子玉一语双关地说："既然大哥决心已定，兄弟我也不是怕事的人。十几年的枪林弹雨都过来了，兄弟这条命也是从阎王爷那里捡回来的，有什么敢干不敢干的！"

这就对了。李冠军正要说话，忽听门外传来一声断喝："不准动！"

怎么回事？李冠军和王子玉同时起身，快步走出门外，只见李冠军的马弁正用黑洞洞的枪口对着赵若襄的胸膛，两人怒目相视。

赵若襄怎么这个时候出现在这里？王子玉心里一惊，急忙上前一步压下马弁的枪口，连声说道："兄弟兄弟，误会误会，他是来找我的。"

赵若襄真的是来找王子玉的。就在王子玉压下马弁枪口，横身在两人中间的时候，赵若襄对着王子玉的耳朵悄声说道："董主任到了。"

终于来了。王子玉心中一块石头落地，他眉毛一扬朝赵若襄递过去一个眼色。赵若襄会意，趁李冠军和马弁愣神的机会，转身离去。

李冠军和王子玉又进了屋内。

不大一会儿，从大门口踉踉跄跄跑来一个人，冲着李冠军喊道："长官，大事不好，我们被包围了!"

"你说什么?"李冠军脸色大变，挥舞着手中的大眼盒子高叫，"快，快，快冲出去!"

李冠军刚刚冲出窑门，就见两匹高头大马已经到了跟前，其中一匹马上端坐的正是董天知。往门口一看，早先派出的岗哨也都统统被缴了枪，耷拉着脑袋站在墙边。就连李冠军的窑门口，也早已被董天知带来的战士围了个严严实实。

大势已去。看着一排黑洞洞的枪口，李冠军眼前一黑，手里的短枪当啷一声掉在脚下。就在李冠军身边的王子玉用脚轻轻一挑，那把短枪从地上飞起，王子玉一把抄在手里。

董天知翻身下马，朝着身后一摆手，威严地喝道："把李冠军给我押下去!"几个战士立即冲上前去，把李冠军和他的几个马弁捆了个结结实实。

王子玉迎上前来，董天知紧紧握着他的手说："子玉，你立了大功!"然后指着同来的那位军人，对王子玉说道，"这位是阎司令长官派来的新军指挥部韩栋才参谋长。阎司令长官接到我们发去的电报，派韩参谋长从临汾火速赶来，要把李冠军押到临汾受审。"

王子玉脚后跟一磕，朝着韩栋才敬了个礼。

董天知拍拍王子玉的肩膀："子玉，传令集合，韩参谋长还要在大会上宣布对你的任命!"

王子玉胸脯一挺："是!"

三、阎锡山召见

临汾城外西北方向不远，有一个叫作土门的小镇。

小镇北面的半山腰里，靠山新建了一排排整齐的窑洞。这是阎锡山亲选的地址，从太原退到临汾的第二战区司令长官部就驻扎在这里。之所以把司令长官部选在这里，阎锡山是看中了这里进可以攻，退可以守。这里是个山口，面向临汾城，背靠吕梁山，门前就是一条大路，往南不远就是临汾。大道通衢，往来方便，进退自如，一旦有事，只要派兵守住这个山口，司令长官部也可以顺着这条山路退到蒲县，迅速消失在苍茫的吕梁山中。

太原落入敌手，山西的工业基础丧失殆尽，晋绥军旧军部队也差不多打光了，部属们在日军凌厉的进攻之下星落四散，下落不明。山西大好河山眼看就要全部陷入敌手，这个时候的阎锡山心情好不沮丧。

直到年底他才基本弄清晋绥军旧部的下落，加上日军占领太原之后兵疲力竭需要暂作休整，所以没有立即南下，阎锡山这才有了一个难得的喘息机会，心情也略略好转。阎锡山抓紧时间把晋绥军残破的部队进行重新整编，在晋西各县又招募了不少新兵，但满打满算晋绥军人马也不足五万之数。与此同时，决死队却异军突起，短短四五个月时间由刚成立时的四个总队扩编成四个纵队，成了一支不可忽视的军事力量。

阎锡山心里明白，日军南下是迟早的事。阎锡山是靠枪杆子起家的军阀，他深知枪杆子对于军阀来说就是命根子，如何才能在这乱世之中保住自己的一方天地？就在这片荒凉的山坡上，阎锡山对山西和自己的前途都作了重新考虑。

决死队在他心中的分量越来越重。如何才能把决死队牢牢掌握在自己手中，成了这段时间阎锡山朝思暮想的一件事情。

就在这个时候，阎锡山依为股肱的心腹爱将杨爱源匆匆上山，来见阎锡山。杨爱源是前几天奉了阎锡山的旨意，到决死三纵队与戎子和、董天知研究军政干部配备问题，刚刚从曲沃返回临汾，来向阎锡山复命的。

在晋绥军中，杨爱源向来以为人忠厚、谨遵职守著称，跟随阎锡山二十多年来始终鞍前马后，忠心耿耿，因此深得阎锡山信赖与倚重。杨爱源说道："钧座，星如这次奉命到曲沃安排人事，总的来说还算顺利。从临汾出发的时候，按照钧座安排，我带了新任的纵队长陈光斗和参谋长颜天明到曲沃，他们两人现在已经就职理事。至于各级军事人员，也都是按照钧座的意思安排的。"

凝神静听杨爱源讲完，阎锡山满意地点点头，若有所思地问道："戎子和和董天知他们几个人有没有什么不同意见？"

杨爱源道："其他人倒没什么。只是董天知提了几个人的名单，说是过去在杂牌军里带过兵打过仗，但我觉得这几个人我们不了解底细，还是谨慎些好，所以就没有同意任用他们。"

阎锡山又点点头，赞许地说："好。星如，你做得对。目前我们用人的原则就是疑人不用，要用就用我们信得过的可靠之人。"说到这里，阎锡山看了杨爱源一眼，摩挲着嘴唇上花白的短髭，"星如，你是我们晋绥军中公认的练兵专家。回想我们晋绥军建军以来，哪一次我们晋绥军出师不利伤了元气，不都是你忍辱负重训练新兵，我们才起死回生，渡过难关吗？这次我们晋绥军从天镇、大同到忻口、太原，连遭重创，元气大伤。日本人又对我晋南虎视眈眈，咱们的新军指挥部已经成立，你这个总指挥可要替我看好这个摊子。一来确保决死队掌握在我们手里，二来尽快把决死队训练成精兵，保住我们晋南的半壁河山。星如，你看怎么样？"

"承蒙钧座信任，星如一定全力效命！"杨爱源起身答道。

阎锡山满意地点点头，摆摆手示意杨爱源坐下，又道："决死三纵队刚刚经历了李冠军叛乱事件，最近尤其要多加关注。我平生最恨部下背叛，这个李冠军图谋反叛，其罪当诛，我本想亲自审他，哪知道刚把他押到临汾，他就畏罪自杀，这事也算是不了自了了。你在曲沃期间，还了解到什么情况没有？"

杨爱源答道："关于李冠军，在这国难当头的时候竟敢聚众叛乱，三纵队上上下下皆曰该杀。曲沃事件的处理，董天知倒是立下不小的功劳。"

阎锡山点点头："董天知年纪轻轻，能够临危不乱，指挥若定，倒是一个将才。"

"只是……"杨爱源欲言又止。

"只是什么？"阎锡山生性多疑，他警觉地问道。

"只是董天知的有些做法，也引来不少非议。"杨爱源说道。

"哦？"阎锡山眉梢一扬。

"几个士绅向我反映，说董天知派出的工作组到大益成纱厂和雍裕纱厂煽动工人和老板作对，还派人到周边县里减租减息，搞共产党那一套……"

听了杨爱源的话，阎锡山沉吟片刻，说道："星如，你赶紧派人把这些事情调查清楚，然后以我的名义叫董天知带上有关的几个人，到土门来见我！"

一九三八年元旦刚过，刚刚组建的决死三纵队各种事情千头万绪，董天知忙得不可开交。

接到阎锡山要他带杨绍曾、赵若襄和李柽速到临汾的电报，董天知心里暗暗一惊。这几个人可都是秘密的共产党员啊，怎么阎锡山召见单单就点了这几个人呢？会不会与秘密组建的决死三纵队军政委员会有关？前几天，中共山西省委军事部长黄骅曾秘密来过三纵队，除了带来上级要求三纵队在晋南建立根据地的指示之外，还指导建立了以董天知为书记的决死三纵队军政委员会，要求加强党对部队的领导。难道是这件事走漏了风声？

虽然不知道阎锡山葫芦里装的是什么药，但董天知到底不敢怠慢，带上这几个人纵马来到土门。

阎锡山客客气气地把几个人迎进窑洞。董天知和阎锡山打过多次交道，因此和阎锡山颇为熟悉，其他几个人却都是第一次和阎锡山见面，不免有些紧张。

阎锡山问过董天知这几个人的情况，身子往椅背上一靠，意味深长地朝着几个人脸上扫了一圈。他左手端着下巴，右手下意识地轻轻敲着桌子，笑眯眯地说道："哦——我看你们都还年轻，年轻人涉世不深，遇事可要多想一想，以免上了别人的当。"

见阎锡山话里并没有多少恶意，董天知这才放下心来。又看看同来的几个年轻人个个低头不语，董天知笑着说道："阎司令长官尽管放心，我们都是抱了跟着司令长官抗战到底的决心，绝无他意。如果有哪些地方做得不对，也请司令长官明示，只要对抗战有利，我们一定改！"

阎锡山一直对董天知颇为欣赏，本来已经想好了要对他们训斥几句，但一看董天知直率坦诚的态度，再加上董天知在处理李冠军事件中刚刚立了大功，他禁不住呵呵笑了几下。

阎锡山对着李桎他们几个摆摆手，示意他们几个先退下，他要单独跟董天知谈谈。

待几个人走出窑洞，阎锡山依然是满脸笑容地对董天知说："天知，我一向欣赏你的才干。还记得我们刚刚见面的时候，你提到组建新军队，抵抗日本侵略的那个建议吗？"

董天知点点头。

阎锡山感慨地说："那个建议颇有见地，留给我的印象很深。而且你还说要组建的应该是一支有思想、有信念的队伍，是一支老百姓自愿参加的队伍。我们现在的决死队，不就是这样一支新军队吗？"

董天知答道："天知当时不过是有感而发。司令长官从善如流，才是真正的难能可贵。"

"哎……你可不是有感而发，我看你对我写的《军国主义谭》有很深的领悟，我很欣赏你的独立见解。咱们晋绥军的部队里，如果能多一些像你这样的人才就好了！"阎锡山赞赏地说道。

"我们晋绥军需要的就是你这样的人才！"阎锡山起身往前走了几步，拍拍董天知的肩膀，"天知，好好干，家里有什么困难尽管说，生活上有什么困难尽管说，你前途远大！"

原来，阎锡山这次召见董天知意在拉拢收买。董天知心中暗笑，也乐得将计就计，起身说道："司令长官尽管放心，只要是跟着司令长官抗日救国，天知粉身碎骨，在所不辞！"

阎锡山用欣赏的目光看着董天知，频频点头。

四、古逻阻击战

一九三八年春节前后，所有关心中国命运的人，都不约而同地把目光投向临汾这个晋南重镇。

此时的临汾已经成了山西的临时省会，第二战区和山西省党政军民各机构大多撤退到这里。这里不仅是阎锡山第二战区司令长官部的驻地，刚刚晋升为第二战区副司令长官的卫立煌所率领的第十四集团军司令部也移驻临汾，朱德率领的八路军总部也驻扎在临汾东北方向不远的洪洞县马牧村。

蒋介石把目光投向了这里。一月中旬，蒋介石在河南洛阳召开第一、第二战区将领会议，严令阎锡山和卫立煌所属的二战区部队不得退过黄河，还要求阎锡山马上制订作战计划，反攻太原。

毛泽东也把目光投向这里。他担心一旦临汾有失，不仅仅延安将受到日军的直接威胁，更重要的是日军占领晋南之后，严重威胁西安、重庆等中国腹心地区，那将会牵动中国的抗日大局。

阎锡山更不愿意失去临汾。失去临汾的阎锡山将到哪里立足？阎锡山心里清楚，八路军可以无后方作战，晋绥军可没有这个本事。一旦失去临汾这个依托，他阎锡山就只有避入吕梁山中。吕梁山中地贫人稀，交通不便，晋绥军兵员怎么补充？粮草怎么供给？

在种种猜测和担忧之中，一九三八年的春节平静地度过，只不过这暂时的平静让人心中不安。

其实，这平静之中正酝酿着一场更大的风暴。

为了占领晋南地区，把中国军队消灭在黄河以北，日军华北方面军早在蒋介石召开洛阳军事会议之前，就已经向驻太原的第一军下达了攻占山西省南部并予以确保的命令。参战部队除了第一军所辖第十四师团和第二十师团之外，又把第二军所辖一〇八师团和方面军直辖的第十六师团、第一〇九师团临时配属给第一军，还调来第四飞行团配合作战。

春节刚过，日军突然动作，从北、东两个方向向晋南发动多路进攻。最先发起进攻的是日军驻扎在太谷的第二十师团，大军沿同蒲铁路南下，卫立煌率中央军在韩信岭一带设防阻击。大战正酣，日军出其不意，另派第一〇九师团从太原沿孝义、交口南下，绕道攻击卫立煌中央军西侧背。阎锡山看出日军企图，速调晋绥军第十九军、第三十五军、第六十一军北上，在交口、隰县一带抵挡第一〇九师团，他还亲赴隰县大麦郊督阵。就在这时，阎锡山接报，又有一路日军从河北邯郸出发，攻占晋东南重镇长治后，沿屯留至临汾的公路兼程急进，马不停蹄，扑向临汾。

这是要抄阎锡山和卫立煌的后路。日军来势凶猛，阎锡山慌了手脚，下令决死三纵队立即北上，保卫临汾。

接到阎锡山电令，董天知和戎子和立即赶到临汾，和临汾警备司令彭毓斌共商保卫临汾的作战计划。

临汾警备司令部里，彭毓斌急得团团转。见董天知和戎子和赶到，彭毓斌急急忙忙说道："你们总算是来了！日军已经占了长治，沿着临屯公路向西推进的速度很快，眼看着就要兵临临汾城下。阎长官要我们死守临汾，怎么办？"

董天知问道："守城兵力总共有多少？"

彭毓斌答道："除了你们决死三纵队，还有我手下的四〇四团和一个炮兵营。"

董天知摇摇头："这些兵力不足以守住临汾。再说，死守孤城历来都是兵家大忌。"

彭毓斌彷徨无计，叹口气说道："可……可这是阎长官亲口下的死命令！"

董天知看看戎子和："子和，我看有必要提醒阎长官，目前情况下被动防守不是上策。依我看，倒不如分兵一部沿临屯公路东进，找一处险要的山口设伏，主动迎敌。"

戎子和也有同感。董天知继续说道："这一路日军兵锋正锐，我们出其不意迎头痛击，一定能顿挫敌锋，延缓鬼子西进速度，这样就能争取时间，有利于我们撤出临汾城里的各种战备物资和老百姓。鬼子纵然能得到临汾，也不过是空城一座。"

戎子和看看彭毓斌："彭司令，天知的意见有道理。"

彭毓斌两手一摊："两位老弟，我也知道你们说的有道理，可是阎长官的命令……"

董天知明白了彭毓斌的意思，对他说："彭司令，接通阎长官的电话，我来跟他讲。"

电话那头的阎锡山听了董天知的话，同意了董天知和戎子和的意见。

出了临汾警备司令部，董天知和戎子和来到临汾火车站。

夜色已深，临汾城内却是躁动不安，四处弥漫着大战来临前的紧张气氛。昏暗的灯光下，大街小巷人来人往，行人都是脚步匆匆，人心惶惶。从晋北、晋中和晋东南一带逃难而来的百姓蓬头垢面，流落街头。刺骨寒风之中，有的躺卧在别人家的房檐下，有的蜷缩在黑暗的墙角，还有的一家老小衣不蔽体，找一处避风的地方围拢在一起互相取暖。这些百姓脸上露出惶惶不安的神情，两眼空洞地注视着眼前的一切，他们不知道自己的明天将会怎样。

当董天知和戎子和身着军服经过的时候，看到他们臂章上醒目的"决三"字样，人们似乎看到了希望，得到了安慰，人群中投过来敬慕和信赖的目光，这目光又跟随着两人的背影远去。

董天知感受到了这目光中的信任，更感受到了一个中国军人的责任。

临汾火车站，一列运兵车正在缓缓停靠。这是决死三纵队的先头部队九总队。九总队从安邑出发，因为距离临汾最远，所以乘坐火车前来，七、八两个总队驻扎在曲沃和翼城，距离较近，采用徒步行军，应该会晚些时候到达。

九总队集结完毕，战士们就在临汾火车站的站台上，列队高唱《义勇军进行曲》：

> 起来！
> 不愿做奴隶的人们！
> 把我们的血肉，
> 筑成我们新的长城！
> 中华民族到了最危险的时候，
> 每个人被迫着发出最后的吼声！
> 起来！起来！起来！
> 我们万众一心，
> 冒着敌人的炮火，前进，
> 冒着敌人的炮火，前进！
> 前进！前进！进！

这雄壮的歌声从每个战士的心底发出，汇聚成一股震撼人心的力量，如同山呼海啸一般，打破了夜空的宁静。

董天知走到队前，歌声停了下来。董天知挥动手臂，动情地说："同志们，刚才经过临汾城的时候，我看到到处都是流落街头的百姓。他们是我们的乡亲、我们的姊妹、我们的爹娘，是这片土地的主人。可是，鬼子的铁蹄让他们无家可归、四处流浪。中华民族真真切切已经到了最危险的时候，而我们军人的天职就是保家卫国，国家有难，这是我们军人尽责的时候！我知道，大家都盼望着上阵杀敌的那一天，此刻，就在此刻，日本鬼子正在向我们的家乡发动疯狂的进攻，一路鬼子已经沿着临屯公路向临汾开过来。我们都是中华民族的血性男儿，我们要主动出击，我们就是要冒着敌人的炮火，迎着鬼子的枪口，向前，向前，再向前！"

九总队每个战士都配有一把大刀，此刻在路灯的照耀下，战士们背后的大刀发出凛凛寒光。一阵寒风吹过锋利的刀锋，仿佛听得到大刀隐隐发出铮铮的响声。董天知走到队伍跟前，拍拍战士们的肩膀，拍拍战士背后的大刀，大声说道："同志们，我们每人都有一把大刀，战士就是为了疆场而生，大刀就是为了杀敌而造，就让我们高高举起手中的大刀，向鬼子们的头上砍去！"

董天知话音刚落，士气高昂的战士们又爆发出一阵震天动地的歌声：

大刀向鬼子们的头上砍去!

全国爱国的同胞们!

抗战的一天来到了,

抗战的一天来到了!

前面有工农的子弟兵,

后面有全国的老百姓,

咱们军民团结勇敢前进,

看准那敌人。

把他消灭,

把他消灭,

冲啊,大刀向鬼子们的头上砍去……

歌声稍停,九总队总队长赵世铃和政治主任任映仑来到董天知面前受领任务。董天知对两人说道:"指挥部决定:七总队承担临汾城防任务,九总队到洪洞古逻一带伏击鬼子,八总队是古逻伏击战的预备队。"说到这里,董天知的目光从赵世铃和任映仑脸上扫过,"这可是我们三纵队成立以来的第一仗。这是一场硬仗,要确保首战必胜。这一仗一定要打得漂亮,打得坚决果断,让鬼子尝尝决死队铁拳的厉害。现在就派出一支侦察分队,沿临屯公路向东,侦察敌情。"

董天知话音刚落,任映仑朝着不远处一指,笑着说道:"董主任,就派一中队指导员王肯先去吧,一下火车他就积极请战!"

董天知顺着任映仑手指的方向望过去,王肯先跑步上前,对着董天知就是一个敬礼,说道:"战士们都等不及了,请首长下命令吧!"

董天知知道任映仑和王肯先都是秘密的共产党员,看王肯先求战心切,他笑着说道:"到底是叫肯先,凡事肯为人先、敢为人先!好,这个任务就交给你们一中队。"

早春的临汾朔风刺骨,寒气袭人。天色微明,王肯先带着一个小队出了临汾北城门,沿着临屯公路急匆匆向东赶去。

临屯公路两侧,远处山影朦胧,近处枯树悄立,不时有淡青色的炊烟从山间农舍里袅袅升起。王肯先带着小分队无心观看两旁的风景,只是用警惕的目光搜索着一切可疑的动静,时不时停下脚步,侧耳谛听四周的声音。

山路拐弯的地方有一家小饭铺。这家饭铺大门紧锁,主人已经逃走,茅草庵下的石桌石凳也都蒙了一层厚厚的灰尘。王肯先他们刚刚坐下吃了几口干粮，就听前方突然传来一阵嗒嗒的马蹄声。

"准备战斗！"王肯先把手一挥，战士们噌地起身，提着枪三步并作两步奔到路边，隐没在一人来深的枯草丛中，哗啦哗啦拉起枪栓。

马蹄声越来越近，王肯先从草丛中望去，原来是一个身穿灰色八路军军服的青年军人。

是八路军！看到臂章上醒目的"八路"两个字，王肯先松了一口气，从草丛中站起身来。

来人已经注意到了这一小队略显稚嫩的战士，到了草丛跟前，他勒住战马，纵身一跃跳下马来。王肯先迎上前去，自我介绍说："我是决死队指导员，带一个小队按照上级命令到前方侦察敌情。"

来人笑着走到跟前，指着王肯先左臂上的臂章，操着一口浓浓的东北口音爽快地说道："我已经知道了。你们是决死三纵队的。我是八路军朱德总司令的秘书，我叫周桓。"

周桓一边说话，一边从口袋里掏出一封信递给王肯先："这是朱总司令写给阎长官的亲笔信。鬼子先头部队已经到了良马、府城一带，朱总司令要我把这个紧急情况尽快通报阎长官。"

王肯先看过信件，把信件交还给周桓。周桓把信件重新叠好装进口袋，对王肯先说："朱总司令率领八路军总部要到太行山区。昨天在安泽县的三不管岭和鬼子遭遇，我们就地打了一次伏击。原本鬼子沿着临屯路推进的速度很快，遭到八路军伏击之后，胆战心惊，速度放慢了下来，现在前进的速度很慢，估计还在府城一带。"

王肯先早就听说过朱总司令的威名，听周桓讲朱总司令就在附近，兴奋地问道："朱总司令现在在哪里？"

周桓已经飞身上马，知道王肯先是担心朱总司令的安全，哈哈一笑说："不用担心。鬼子做梦都不会想到，朱总司令就在路南山那边，马上就走。"周桓说完，马鞭一挥，纵马朝临汾方向飞奔而去。

王肯先目送周桓远去，继续上路向东搜索去了。

周桓除了给阎锡山送信之外，还肩负着朱总司令交代的另外一个秘密任务。他进了临汾城，找到董天知。

董天知见了周桓，喜出望外。周桓悄声告诉董天知："总司令知道你们决死三纵队的情况，也很了解你的情况。总司令让我告诉你，在几天前的一次会议上，阎锡山对山西战场重新做了划分，朱总司令担任东路军总指挥，你们和决死一纵队都归朱总司令指挥。"

"太好了!"董天知兴奋地说道。

董天知兴奋的情绪也感染了周桓。周桓笑着说:"总司令还让我告诉你,决死三纵队目前最重要的任务是在晋南开辟敌后抗日根据地,尽快站稳脚跟,进行持久抗战。面对强敌,决死队现在要避免跟鬼子硬碰硬,不然决死队要吃亏。"

董天知连连点头:"我们也是这样想的。这下子有了总司令的明确指示,我们更有底气了。阎锡山最初交给我们的任务是死守临汾,我们接到北方局的指示,我党的态度是不赞成死守临汾,因此我们向阎锡山做了工作,阎锡山已经同意。目前的作战方案是在洪洞古逻一带伏击敌人,掩护临汾军民向安全地区撤退。"

周桓点点头,他收起脸上的笑容说道:"还有最重要的一件事情,总司令要我亲口布置给你。目前卫立煌在韩信岭已经支持不住,日军眼看要突破中央军的防线。卫立煌预感到临汾马上也要失守,想到要送给我们八路军一个顺水人情。"

"什么顺水人情?"董天知问道。

"卫立煌的十四集团军在临汾城里有一个秘密军火库。他的队伍目前全都集中在韩信岭前线,在日军占领临汾之前,他已经来不及把这批军火运走。他手下有的将领主张在日军进城的时候把军火库炸掉,卫立煌舍不得,但又不愿意让这批军火落入日本人手里。他和朱总司令交情不错,就想到了八路军。"

"这批军火要给八路军?"董天知睁大了眼睛。

"正是。"周桓说道,"朱总司令也是刚刚接到卫立煌的口信。卫立煌害怕蒋介石知道,没敢发电报,更不敢电话通知,派了专人从韩信岭骑马追上八路军总部,告诉朱总司令。卫立煌可真是为我们八路军解了燃眉之急。且不说我们八路军进入山西之后连续作战的损耗,就拿我们新参军的战士来说,好多现在还都是徒手新兵。眼前八路军总部特务团新扩招的一个新兵营,正在赶往八路军总部途中,每个战士手中的武器也仅仅只有一枚手榴弹。"

董天知听了,急忙问道:"守城的就是我们三纵队的部队。需要我们怎么做?"

周桓说道:"这批弹药量很大。需要几百辆大车来运,目前总司令已经安排八路军后勤部的谢胜坤同志,正在通过我们地下党组织人员和马车进城抢运。准备好以后他会来找你,到时候你派人协助装运,护送出城。"

董天知点点头:"我们保证完成任务!"

周桓最后又叮嘱道:"朱总司令再三交代,你一定要把握好装运时机,确保万无一失。不能太早，也不能太晚。太早了，阎锡山的耳目还在临汾城里，一旦阎锡山听到风声，对卫立煌、对八路军、对决死队都不利。太晚了，日军一旦包围临汾，我们这批军火就有可能运不出去了。"

董天知斩钉截铁地说："好！请你转告朱总司令，请总司令放心，我一定把这件事情办好！"

送走周桓，董天知立即找来模范队队长崔晋山和指导员张维翰，要他们留在临汾城原地待命，随时听调。

夜空繁星闪烁，四野万籁无声。九总队趁着夜幕出了临汾城，长长的行军队伍就像一条蜿蜒的巨龙，急匆匆向着古逻村赶去。

古逻地处洪洞和古县交界的一处高地。曲折蜿蜒的临屯公路从山中穿过，无论是从东边的古县镇西行，还是从西边的曲亭镇东来，这里都是一路上坡，只要占领了这个制高点，无论敌人从哪个方向过来，都只能仰攻。况且，这个路段的南边是陡峭的山坡，北边是深深的壕沟，沟深坡陡，道路狭窄，的确是一处理想的伏击地点。

董天知和戎子和在大队人马出发之前就已经出发，他们要赶在队伍到达之前，勘察好地形。

部队在夜幕掩护之下悄然进入预设阵地，战士们借着星光挥动铁锹，紧张地挖掘战壕，构筑工事，很快就在这段峡谷两侧的山坡上布置了一个严严实实的口袋阵。

到了中午时分，从古县方向传来几声稀疏的枪声。

"叭勾！""叭勾！"三八大盖的枪声在寂静的山谷里传来回响，这是鬼子在进行火力侦察。

枪声越来越近。趴在战壕里的战士们目不转睛朝着大路上望去，日军先头部队终于出现了。

原来，当天一大早这队日军就从古县出发，走了几十里路也没有发现中国军队，认为这一带平安无事，就放松了警惕，大摇大摆开进了伏击圈。

战士们紧扣扳机，等待着指挥部一声令下。

"打！"几乎是一瞬间，山谷两侧枪炮齐发，山谷里硝烟弥漫。

遭到突然袭击，毫无防备的鬼子齐刷刷倒下一大片。倒在地上的鬼子，有的已经一命归天，有的鬼哭狼嚎，爬着逃命。没有倒下的鬼子东奔西窜，乱作一团。

经过好一阵混乱，鬼子这才稳住阵脚，找到隐蔽的地方，开始向决死队反击。刚开始，日军架起大炮，朝着决死队阵地一阵猛轰，无奈因为距离阵地太近，隆隆的大炮都打到决死队阵地后面很远的地方。就连鬼子手中引以为豪的歪把子机枪，因为是从低处往高处打，子弹也被高高的掩体挡住了去路。

鬼子又生一计，先用机枪一阵猛扫，掩护小股部队向决死队阵地冲过去。决死队战士看得真切，单等鬼子靠近阵地前沿，进入有效射程，这才突然一阵扫射，打得鬼子人仰马翻，骨碌碌向着山坡下滚去。

鬼子一波一波进攻，决死队一波一波反击，山坡上留下多具鬼子的尸体。

夜幕降临。鬼子的增援部队已经赶到，并且兵分数路从决死队背后包抄过来。

决死队伏击敌人、迟滞敌人推进的目的已经达到。撤！董天知一声令下，决死队翻过南山，消失在茫茫大山之中。

刚刚撤出战场，张维翰骑着一匹快马来到董天知跟前："董主任，谢胜坤同志已经准备好了，请你赶快回城！"

董天知拨转马头，和张维翰一前一后，纵马向临汾城奔去。

临汾已经成了一座空城。谢胜坤带着四五百辆马车，焦急地等在军火库门外。

董天知指挥模范队战士打开军火库大门，把武器弹药迅速装上马车，眼看着马车一辆接一辆从西城门出城，消失在吕梁山苍茫的夜色之中。

董天知和谢胜坤脸上露出轻松的表情，相视一笑。"谢谢你，天知同志！"谢胜坤紧紧握着董天知的手，用浓重的江西口音说道。

"胜坤同志，一家人不说两家话！"董天知拍拍谢胜坤的肩膀，笑着说道。

第四章　驻马太岳（1938）

一、挺进敌后

天色大亮，临汾城外不时传来稀疏的枪声。模范队刚刚集合完毕，安登贵气喘吁吁地从东城门方向跑过来："首长，鬼子已经到了东城门了！"

撤！董天知大手一挥。

听听南城门方向没有动静，董天知率领模范队奔向南城门。出城之后顺着一条偏僻小路，直奔东南方向的太岳山去了。

部队预定的集结地，七总队是沁水县王寨村，八总队是翼城县磨里峪，九总队是沁水县张马村。这一带正是中条山和太岳山交界之处，山峦起伏，树高林密，进可攻退可守，是个适合打游击的好地方。

董天知心中挂念刚刚经历了古逻战斗的九总队，部署模范队暂作休整后到翼城一带集结，带着警卫员燕登山和安登贵向沁水县张马村飞马而去。

刚到九总队驻地，远远就看见村口有几个人在迎接。其中一个身穿八路军服的青年军人不时踮起脚尖，手搭凉棚朝着董天知进村的小路张望。

到了跟前，董天知翻身下马。这个与董天知年纪相仿的青年八路迎上前来，对着董天知敬了一个军礼，自我介绍说："我叫刘文华，彭总的秘书。"

董天知把马缰绳递给跟在身后的燕登山，热情地迎了上去，竖起大拇指夸赞道："早就听说你的大名了！留学德国刚刚归来就投笔从戎，参加八路军来到晋东南抗日前线！"

刘文华用力把拳头一握，说道："国家有难，匹夫有责。人人都有责任与民族敌人血战到底！"

村中空地上，九总队战士们正在操练二人对刺。随着一阵阵"杀！""杀！""杀！"的吼声，只见战士们两人一组，你来我往，手中的木枪上格下挡，左突右刺。见战士们士气高昂，董天知脸上露出笑容。

董天知正要问刘文华此番来意，刘文华说道："我这次前来，是奉了彭总的指示。彭总得知你要到九总队来，就派我到九总队等你，请你前去面授机宜。"

"太好了！彭总现在在哪里？"董天知担心彭总的安危，急切地问道。

"沁水梅子沟。"刘文华看出董天知担心的表情，笑着说道，"彭总很安全。八路军总部和北方局兵分两路离开洪洞马牧村，朱、彭两位老总各率一部人马，沿着沁河河谷两岸的山崖险地，一南一北两路并行向敌后挺进。彭总一路上不顾个人安危，沿途拜访退入山中的友军部队，鼓励他们坚定抗日信心。"

董天知心中默算，梅子沟距离张马村大约七十里山路。他对刘文华说："那好，我们现在就出发！"

燕登山和安登贵拉着马缰，一直跟在身后不远处。董天知和刘文华翻身上马，勒转马头，两腿一夹马肚，驾的一声出村去了。

梅子沟在沁水县城西北方向大约十里的地方。梅子沟后山一家老农的破草房里，支着一张简易的行军床，彭德怀坐在床沿上，面前一个老式竹藤箱子的箱盖上摊开着一张五万分之一军用地图，他正俯身在地图上圈圈点点。听到门外的马蹄声，他放下手中的铅笔，走出门外。

"天知！"

"彭总！"

董天知跳下马背，疾步走到彭德怀面前，两脚一并啪的一个敬礼。

彭德怀握着董天知的手，使劲摇了两下，笑呵呵说道："来，屋里谈。"

刚刚坐下，彭总就用手指点着军用地图上刚刚用铅笔圈住的"古逻"这个地名，对董天知说："古逻一仗打得好嘛！"

董天知谦虚地说："这是决死三纵队组建以来打的第一仗。战前朱总司令派周桓同志专门告诫我们，千万不能和日军硬碰硬，要运用游击战术。"

彭德怀点点头："这一仗游击战术运用得好。运用伏击战术进行阻击，隐蔽设伏，突然袭击，出其不意，攻其不备，干脆利落！"

董天知向彭德怀汇报了决死三纵队下一步的作战设想，彭德怀一边用心听着，一边频频点头。

"天知，"彭德怀听董天知讲完，用手中的铅笔指着地图上标注的"韩信岭"说，"卫立煌指挥的中央军在韩信岭已经苦战十天。日军故技重演，仍然和几个月前的忻口战役一样，从中国军队左翼来了个大迂回，中央军阵线已经动摇。"

说到这里，彭德怀抬眼看着董天知。董天知已经会意，他目光盯着地图上的太岳、中条两条山脉对彭德怀说道："中央军的溃兵马上就会涌入太南、中条这一带。"

"对！日军也会随之而来。"彭德怀点点头，表情凝重，"八路军总部马上要到太行去，带领一二九师建立太行山抗日根据地。一一五师已经一分为二，一部到五台山建立抗日根据地，一部在吕梁山南部建立抗日根据地。一二〇师要在晋西北建立抗日根据地。"彭德怀用手指点点地图上太岳南部一带，"在太岳南部地区，我们能依靠的力量只有你，只有你决死三纵队。"

彭德怀意味深长地注视着董天知。董天知感觉到了肩上这副担子的分量，他抬头望着彭德怀。和彭老总四目交会的一瞬间，董天知看到了彭老总那满怀期待的眼神。

彭德怀接着说道："岳南目前只有决死三纵队。国民党溃兵南下，日军南下，都会直接危害岳南人民。"彭德怀的手指又指点着地图上"晋城"和"济源"两地说，"我们的南边，土肥原师团也在抄我们的后路。八路军已经得到可靠情报，土肥原师团兵分两路，北路沿焦作、晋城杀过来，前锋已经越过晋城；南路沿沁阳、济源杀过来，前锋已经越过济源。你们要早做准备。"

董天知频频点头："看来，决死三纵队的布防一定要合理。"

"对。"彭德怀顺着地图上沁河和曲高公路两条线指给董天知，"重点是控制好这两条线。沁河沿线是我们的生命线，这一带山高林密，沟壑纵横，利于我而不利于敌；曲高公路是敌人的生命线，便于日军快速机动，便于日军粮草运输，利于敌而不利于我。"

董天知看着彭德怀说道："只要控制了这两条线，我们就进可攻，退可守。一旦发现有利战机，部队迅速前出到曲高公路沿线，突然袭击运动中的敌人；一旦时机于我不利，部队立即后退到沁河沿线大山之中，另觅战机。"

彭德怀拍拍董天知的肩膀："就是这个道理。和日军相比，我们的本钱很小，所以一定要吃准敌情，把握战机，不打则已，打则必胜。"

董天知点点头："只有这样，才能消灭敌人，壮大自己。"

　　彭总的目光离开地图，看着董天知说："沁水是晋南的山门。沁水位于太岳山、太行山、中条山的三角会合处，游击战的回旋余地非常大，地理位置非常重要。另外，日军初犯晋南，地理情况不熟，别看鬼子来势凶猛，其实并不可怕。我们要看到日军的长处，更要看到日军的弱点。我给他总结了一条，叫作'来了一窝蜂，走了后方空'。这是我们的地利。此外，我们还有人和。敌人一路烧杀，老百姓深受其害，这个时候我们一定要发动群众，依靠群众，做老百姓的主心骨，带领老百姓跟鬼子斗！"

　　董天知点点头："彭总说的对。我们纵队所到之处，我都以牺盟会的名义给每个县的自卫队派进一些干部，派进去的都是党员和进步分子，就是要掌握领导权，带领老百姓打鬼子！"

　　彭德怀说："力量要进一步加强。阎锡山老谋深算，一定也会往自卫队中掺沙子，派自己的人和我们争夺领导权。我们派去的干部一定要可靠，既要掌握枪杆子，又要广泛发动群众，一方面壮大自卫队，另一方面要真正起到骨干作用，带领自卫队开展游击战、袭扰战和麻雀战，声东击西，各个击破，在群众中树立威信。"

　　"决死队还有一个重要任务。"彭德怀若有所思，"中央军退入岳南地区之后，决死队一定要坚持抗日统一战线，积极配合他们对日作战，既要和他们团结对敌、并肩作战，又要影响和牵制他们，以防其中的投降势力抬头。"说到这里，彭德怀的视线又回到地图上，"天知，你们纵队三个总队的驻地现在在哪里？"

　　董天知把三个总队的驻扎位置指给彭德怀，彭德怀一边在地图上一一做上标记，一边说道："七、九两个总队都在沁水县境内，土肥原部队的前锋石黑支队马上就到沁水县城，七总队距离县城最近，要赶在日军到来之前，保护我们的抗日力量，尽快掩护抗日救亡团体安全转移。"

　　"我看可以掩护抗日救亡团体转移到上沃泉一带。"董天知指着地图说。

　　彭德怀点点头："可以。另外，九总队要抓紧整训。一旦日军占领沁水县城，要随时准备和友军协同作战，寻机歼敌。"

　　董天知点头称是。

　　"八总队驻地选得很好。"彭德怀指着磨里峪说，"这里既可以控制曲高公路，又可以威胁同蒲线，一旦日军占领绛县、曲沃、翼城，我军背靠大山，进可攻，退可守。"彭德怀看着董天知，"也要尽快通知他们，掩护三个县的抗日政府和自卫队向山中转移。"

　　"是！"

　　和彭总一番长谈，董天知心中豁然开朗。到了分手时刻，董天知把一个久藏心中的想法说了出来："彭总，我们纵队急缺政治坚定又懂军事的可靠干部，能不能从八路军总部给我们派去一些？"

决死队中的军事干部全都是阎锡山派去的旧军官。彭德怀理解董天知的心情，他略一思忖，将门外的刘文华喊过来，郑重其事地说道："文华，天知言之有理。我舍不得你离开我，但三纵队才刚刚组建两个多月，戴的又是阎锡山的帽子，部队情况复杂，党的力量薄弱，我们的力量急需加强。你现在就收拾行装，跟天知走。"

共产党员理所当然应该随时听从党的召唤。刘文华虽然不舍，但他了解彭德怀性情坦荡，做事果断，两脚一磕向彭德怀敬了一个礼："彭总，文华服从命令，保证完成任务！"

刘文华收拾行装去了。

彭德怀把目光从刘文华的背影上收回来，对董天知说："随后我再给你们派去一些八路军干部。决死队一定要坚定抗战信心，"彭德怀深邃的目光又向远处的群山望去，"回去后告诉决死队的同志们，我们八路军要与华北人民同生共死，不把鬼子彻底消灭，坚决不过黄河！"

董天知心中热乎乎的："宁在山西牺牲，不到他乡流亡。彭总，不把日本鬼子彻底消灭，决死队也坚决不过黄河！"

待刘文华背着行装走到跟前，董天知纵身上马，和刘文华辞别彭总，驾的一声，打马而去。

七总队驻地王寨村距离梅子沟不远。董天知和刘文华来到七总队，总队长王子玉正带领战士们进行大刀劈杀训练。

王子玉曾参加过冯玉祥的抗日同盟军，深知西北军大刀片在和日本鬼子拼刺刀时的威力，也深谙西北军的独门刀法"破锋八刀"，因此他对大刀片情有独钟，在他所带的部队里人手一把大刀，战士们每天都要练习劈杀。

练兵场是一块石夯夯过的平地，一千多名战士手握大刀整齐列队，场面蔚为壮观。

"迎面大劈破锋刀！掉手横挥使拦腰！顺风势成扫秋叶！横扫千军敌难逃！跨步挑撩似雷奔！连环提柳下斜削！左右防护凭快取！移步换形突刺刀！"随着王子玉的一声声口令，战士们手中的大刀劈砍挑杀，闪闪发光的大刀上下翻飞，队伍里发出排山倒海的喊声，加上一千多双脚踏在地面发出的响声，周围的大地都在随之震动。

看到董天知，王子玉命令部队继续操练，他收刀出列，把手中的大刀往警卫员手里一扔，跑步来到董天知面前。

"哈！总队长也是总教官！"董天知笑着迎上前去。

王子玉擦了一把脸上的汗珠，答道："杀敌要有杀敌的本领。要想消灭敌人，必须强过敌人！"

董天知满意地点点头，向王子玉问道："部队训练情况怎么样？"

王子玉又擦了一把脸上的汗，说道："大家训练很刻苦，战斗力提升也很快。"

一大队大队长卢正维和政治指导员刘炎也来到董天知面前。卢正维和刘炎都是太原军政训练班的学员，是董天知的学生，也都是秘密共产党员。董天知对他们说："沿着临屯公路西进的那一路鬼子已经占领临汾。从天井关打过来的日军十四师团石黑联队，推进速度也很快，已经占领阳城一带，马上就到沁水。"说到这里，董天知看着王子玉，"子玉，立即调派一个大队，掩护沁水城里的抗日救亡团体撤到上沃泉地区，先避敌锋芒，再寻找战机。"

董天知话音刚落，卢正维和刘炎便同时跨上一步请战："首长，把这个任务交给我们一大队吧！"

王子玉也朝董天知点点头。董天知大手一挥："好！时间紧迫，你们现在就动员部队，准备出发。"

卢正维和刘炎正要转身离去，董天知又说："慢！还有一个任务。"董天知本想把这个任务单独向他俩交代，又一想王子玉虽然是阎锡山派来的旧军官，但已经向他多次表达了加入中国共产党的迫切愿望，在曲沃兵变中他的表现也可圈可点，应当对这样的同志表示适当的信任，因此就当着王子玉的面吩咐卢正维和刘炎，"沁水县人民武装自卫队随你们一同行动。这个自卫队是我们决死队派人组织起来的，现在已经发展到一百多号人，五六十杆枪，已经初具规模。里面还有不少我们八路军华北军政干部学校派去的党员同志。阎锡山看到了这块肥肉，前不久派了自己的心腹王殿臣和郭士杰去担任正副队长，把我们任命的队长鲍熙珩同志改任政治指导员，把我们任命的副队长吴殿甲同志排挤出了自卫队。鲍熙珩现在已经被王殿臣和郭士杰架空，兵权旁落，处境艰难。你们和鲍熙珩都是太原军政训练班的学员，相互熟识，他们现在就驻扎在县城，你们先秘密接触鲍熙珩，和自卫队一同撤到上沃泉。然后和中共沁水临时工委书记师小帆同志一起，协助鲍熙珩同志发动士兵进行民主选举，目的是把王殿臣和郭士杰赶出去，把自卫队的领导权夺回来。"

"是！"卢正维和刘炎转身离去。

董天知又对王子玉说："子玉，还要从七总队调出一个人。"

"董主任，只要对抗日救国有利，调谁都行！"王子玉心中敬佩共产党抗日坚决，一心靠拢党组织，因此对董天知言听计从。

"我想把三大队政治指导员杨绍曾同志派到贺家庄。那里的老百姓自发成立了抗日游击队，游击队员有农民，有学生，还有不少从韩信岭前线溃散下来的国民党和晋绥军士兵，游击队员推举了晋绥军退伍旧军官李其昌担任游击队长。李其昌倒是有爱国热情，也有一定的军事指挥能力，但是治军无方，游击队军纪涣散，尤其叫人担心的是那些从前线下来的溃兵，时不时还有一些扰民行为，我怕这些人一粒老鼠屎坏了一锅汤。要把能力强的同志派进去，尽快把游击队掌握起来，一则尽快提高他们的政治军事素质，抓紧改造，二则防止扰民。"

董天知言之有理，王子玉暗暗佩服。

"给他们一个决死三纵队游击二支队的番号，由杨绍曾同志担任政治主任。必须把这支游击队置于我们领导之下，然后把游击队调防到纵队驻地附近杨村进行整训。鬼子马上就要打过来了，游击队要尽快作好战斗准备。"董天知胸有成竹。

王子玉连连点头。董天知翻身上马，对王子玉说："事不宜迟，子玉，我们现在就到三大队，找杨绍曾同志！"

离开三大队，董天知和刘文华奔翼城而去。

日军占领临汾的消息传到翼城，翼城县城人心惶惶。县衙大院里，阎锡山任命的翼城县长张青樾此刻惊慌失措，六神无主，虽然正是隆冬季节，他的额头上却急出了一层细密的汗珠。县衙大院空空荡荡，只有几个亲信脚步匆匆地穿梭在前庭后院，正在收拾金银细软和公文用具。张青樾手里紧紧握着县政府的大印，神情紧张，手足无措，一会儿把大印藏在贴身衣袋里，一会儿又不放心地拿出来，在手中摩挲半晌，塞进装满衣服的小包袱里。

日军大军压境，张青樾这是要弃职逃跑。

这一幕被翼城县人民武装自卫队队长王彦才看到，他急匆匆赶到位于翼城北关的益生昌棉花店。

益生昌棉花店是中共翼城县委的地下活动机关。这里是一座临街独院，中共翼城县委书记阎紫琴之所以选择这里，一来是因为翼城是晋南产棉大县，只要价格公道，一定会生意兴隆，便于为地下党组织筹措活动经费；二来这里一天到晚门庭若市，买卖棉花的农民进进出出，地下党员前来联络、请示、汇报工作，混在人群之中不显山不露水。此外，还有一个方便之处，那就是上级党组织来人，经常扮作采购棉花的买卖人，大大方方与阎紫琴接头而不会让人怀疑。

董天知和曲沃特委书记李哲人都在这里。李哲人还兼任决死三纵队军政委员会委员和政治部宣传科长，他召集中共翼城县委书记阎紫琴和党员骨干李丙辰、贾启允，就是要专门听取董天知传达彭德怀同志关于开辟敌后抗日根据地的安排部署。

王彦才把张青樾准备弃职逃跑的事情一讲，贾启允腾地站了起来，一把抓起帽子戴在头上，对董天知说："这是要当逃兵。大敌当前，擅离职守，董主任，我和彦才带几个自卫队员去把他抓回来！"贾启允是牺盟总会任命的翼城县公道团团长和自卫队政治主任，刚刚上任一个多月。张青樾这个顽固县长对翼城县抗日救亡工作多方掣肘，贾启允早已愤恨不已。

前不久，贾启允在发动群众、动员群众，准备上山打游击的时候，听说县衙仓库里还存有不少粮食，眼看日军就要南下，为了不让这些粮食被日军夺去，他和担任翼城牺盟特派员的李丙辰商量，决定开仓放粮。因为时间紧急，贾启允动员百姓牵着毛驴赶着牛车抢运，一部分粮食运到山里曹公村去，充作翼城抗日自卫队的军粮，一部分粮食由参加抢运的群众拉到自己家中去分散隐蔽。不管运到哪里，总比放在县城被日军抢去好。哪知道张青樾却向阎锡山发去电报告状，说贾启允聚众闹事，强抢公粮，要求对贾启允撤职拿办。这下可好，还没等到阎锡山的回电，他自己倒要弃职逃跑了！

董天知清楚这些事。当时他还特意让阎紫琴转告贾启允，万一阎锡山追查，由决死队出面应付，就说是为决死三纵队筹集军粮，采用的是藏粮于民的方式。看到贾启允要去追张青樾，董天知知道他是心中憋着一口气，于是冷静地抬手示意贾启允坐下。

他比贾启允想得更远。他看着贾启允说："追是要去追，但不是现在，也不能是你带自卫队去。"说到这里，董天知把头转向王彦才，"你派人盯着张青樾，待他出城之后，注意，一定要待他出城之后，再通知县公安局长赵非，由他带领公安局的马队去追。"看在场的几个人有些疑惑不解，董天知颇有深意地说，"赵非也是我们的同志。张青樾这事见不得人，他是想人不知鬼不觉悄悄溜走，但我们偏偏要让这件事大白于天下。告诉赵非，去追的时候切记八个字：放枪追赶，切勿捉回。声势造得越大越好，让全县人民都知道，张青樾这个顽固县长被日军吓跑了。"

"是！"王彦才转身离去。董天知目送王彦才出门，这才转过身来对大家说道："旧政权必须改造。抗日战争是长期的战争，要在战争中坚持下去并且最终取得胜利，没有我们自己的根据地不行。远的不说，单说眼下决死队和八路军的粮草供给，就是一个大问题。兵马未动，粮草先行。张青樾畏敌弃职，私自逃跑，正好给了我们一个好机会。"董天知看着李丙辰，"立即成立抗日县政府。丙辰同志，你来担任翼城抗日县政府县长，一定要牢牢掌握住政权。"

　　李丙辰原任翼城牺盟特派员，董天知又把目光转向贾启允："丙辰同志牺盟特派员的职务由你接任。自卫队要扩大为游击支队，你仍然兼任政治主任。一方面迅速招兵买马扩大力量，另一方面立即作好掩护抗日团体撤往山中的准备。"

　　李丙辰和贾启允对视一眼，又一同望着董天知，认真地点点头。

　　董天知取出随身背囊中携带的军用地图，铺在面前的桌子上，把目光转向阎紫琴："紫琴，战争形势一天比一天紧张。日军川岸师团和苫米地旅团已经会师临汾，马上就会沿同蒲路南下，从西边和北边向我们压过来。土肥原师团也兵分两路，石黑联队从阳城、晋城方向，酒井旅团从垣曲、闻喜方向向我们包抄过来。现在民大四分校的千余名学生、曲沃牺盟中心区领导机构和决死三纵队一部都云集翼城县城，这不是长久之计。你是翼城本地人，熟悉翼城情况，下一步我们到哪里建立根据地，请你好好为我们做一个参谋和向导。"

　　董天知对阎紫琴特别信任。阎紫琴不仅是有着十几年党龄的老党员，还是牺盟会会员，虽然比董天知年长几岁，但他十分敬重董天知这个牺盟会的重要领导人。他经常向身边的进步青年介绍薄一波和董天知在太原组织牺盟会抗日救国的事迹，并且发动许多有志青年加入牺盟会。一九三七年初，阎紫琴又参加了山西牺盟总会在太原举办的军政训练班，和董天知颇为熟悉。一九三七年四月，根据牺盟总会的指示，阎紫琴又动员翼城县一百多名优秀青年报考山西国民兵军官教导团，为日后成立的山西青年抗敌决死队输送了一批生力军。最近一段时间，阎紫琴也一直在思考这个问题，早已经胸有成竹，他用手指点着桌上的地图说道："有两个地方可做考虑。一个是县城东北方向的青城、山交一带，这里地处太岳与浮山、沁水交界地带，地势险要，易守难攻；一个是县城东南方向的曹公、堡子一带，这里与沁水、绛县、垣曲交界，地处中条山和王屋山交会处，山高路险，进退自如。这两个地方自古以来都是晋南兵家必争之地。"

　　听了阎紫琴一席话，董天知频频点头："言之有理。青城、山交一带背后有太岳山深山老林做依托，曹公、堡子一带背后有大河山做依托，都是下山可攻、上山可守的地方，有着广阔的机动回旋余地，适合游击战。"

　　董天知和李哲人离开益生昌棉花店，来到位于木牌坊南路的基督教堂。这里是董天知和戎子和、杨献珍的临时办公地点。董天知把刚才会议的情况向戎子和和杨献珍一讲，两个人一致赞同。

　　部队立即行动。八总队驻地磨里峪不变，控制日军从翼城、曲沃、侯马和绛县进山的要道，纵队指挥机关、民大四分校和曲沃牺盟中心区领导机关立即向曹公村转移。

到了曹公村，李哲人接到中共中央北方局军委书记、晋豫边军政委员会书记朱瑞通知，马不停蹄赶赴阳城县横河镇下寺坪参加中共晋豫特委筹建去了。董天知找来民大四分校教员崔斗臣："斗臣同志，纵队决定从民大四分校抽调四十个学生，成立大河山抗日根据地民运工作队，由你担任队长。"崔斗臣曾参加过北伐军，是晋南著名的进步人士，与嘉寄尘、张吉辰并称"晋南三臣"，一九三四年创办运城菁华中学并担任校长，掩护中共地下党组织活动，前不久带了二十多个青年学生投身抗日来到决死三纵队，胸中正怀着满腔的报国热情，这下可有了用武之地。听了董天知的话，他毫不犹豫地答道："请首长放心，保证完成任务！"

董天知信任地点点头："你是晋南人，工作起来天时地利人和。这四十个学生的抗日热情很高，你马上带队出发，深入大河山各个村庄宣传抗日救亡的道理，发展牺盟会组织，组织抗日自卫队，发动选举青年进步分子担任村长，把大河山建成我们稳固的后方根据地。"

送走崔斗臣，董天知来到位于村北元帅祠的模范队驻地。

模范队其实是决死三纵队的教导队。二百多名队员都是董天知精挑细选来的，都是军政素质好、文化程度高，又富有爱国热情的热血青年。目的是培养和储备干部，准备经过集中培训后到部队基层去。对这个模范队，董天知特别重视，时时带在身边，加以悉心教育，寄希望于他们将来到部队基层后能够发挥骨干作用。

模范队接受了到青城、山交一带开辟抗日根据地的任务。第二天一大早队伍立即出发，沿着山间小道朝青城、山交方向急行军。

中午时分，空中突然传来一阵飞机的嗡嗡声。

原来是几架日军轰炸机发现了这支穿行在山间的队伍。"隐蔽！隐蔽！快隐蔽！"模范队队长崔晋山和政治指导员张维翰见势不妙，挥着手大声喊起来。

刚刚成立的模范队还没有来得及进行防空袭训练。日军飞机怪叫着轮番从空中俯冲下来，对着这支队伍就是一阵狂轰滥炸。爆炸声震耳欲聋，山谷间硝烟弥漫。有的战士因躲避不及而当场牺牲，有的战士负了伤。死难的战友需要安置，负伤的战友需要抢救，可是正在行军途中的这支队伍既没有担架，也没有药品，更没有急救所需的各种用具。

战争的残酷突然就以血腥的方式呈现在眼前。崔晋山带领一部分战士把重伤员背到附近一个叫石口子的村庄里安置，张维翰带领一部分战士就地掩埋牺牲的战友。

董天知得知模范队遭到敌机轰炸的消息，快马加鞭来到石口子。

眼下当务之急是抢救伤员。二百多人的队伍当场牺牲的有十八人，轻重伤员各有十来个。因为是轻装行军，模范队没有担架、没有医生、没有医药，伤员躺在百姓家临时拆下的门板上，战士们正忙着用衣服撕成的布条为伤员包扎，崔晋山和张维翰急得团团转。

见董天知到来，崔晋山和张维翰急忙围了过来。

董天知面色凝重。他俯身查看伤员的伤情，一边安慰伤员，一边在焦急地等待着什么。

正在这时，随着一阵急促的马蹄声，董天知的警卫员安登贵跑进门来："报告！八路军医生到了！"

众人喜出望外。原来，董天知在赶往石口子的途中，听老乡讲山交村刚刚驻扎了一队八路军，他当机立断，派警卫员安登贵快马向八路军求援。

驻扎山交村的正是八路军总部。朱德总司令听说决死队遭到日军飞机轰炸，立即命令总部野战医院派出急救人员，急行军赶赴石口子村。

董天知见到八路军扛着担架、背着急救箱匆匆来到，悬着的心这才放了下来。

时间就是生命。八路军医务人员赶到模范队驻地，顾不上疲劳和饥饿，立即投入紧张的抢救工作中。几个小时过去了，轻伤员都已经进行了包扎，十几个重伤员要运往八路军总部野战医院继续进行治疗。

董天知和战士们一起抬担架，翻山越岭来到八路军总部野战医院。朱总司令担心决死队战士的伤情，带着周桓早早等候在野战医院门口，随行的八路军战士见到担架，急忙过来帮忙。等到把伤员们安置好，已经到了深夜。

朱总司令有些担心地问董天知："天知，部队情绪怎么样？"

董天知心情沉重地说："总司令，模范队初出茅庐，突然遭到敌机轰炸，伤亡又这么严重，不少战士士气低落。"

朱总司令摆摆手说："这也难怪。决死队刚刚组建，战士们都是初上战场，情绪有些波动也是正常的。过两天抽个时间，我去看看同志们。走，天知，现在先到我那里，咱们好好谈一谈。"

八路军总部设在村民赵家岐家的四合院里，当地人称赵家大院。朱总司令就住在正北靠东的一孔土窑洞内。

董天知和朱总司令一边交谈，一边走进窑洞。周桓已经提前点亮了麻油灯，房间里温暖亮堂。

朱总司令看看董天知，说道："天知，八路军要谢谢你呀。"

董天知知道朱总司令指的是帮助八路军从临汾城里抢运弹药的事，忙说："总司令，作为共产党员，为八路军做这点儿事那还不是理所应当的。我们恨

135

不得把自己手中的枪和子弹都给八路军送去呢!"

朱总司令欣赏地看着董天知:"天知,你们戴着阎锡山的帽子,代表我们党拉住阎锡山一起抗战,不容易啊。和阎锡山这种一眨眼就是一个点子的人物打交道,你们既要掌握原则,也需要多动脑子,有许多问题要随机应变、灵活处理。"

董天知频频点头。

朱总司令接着说:"当前我们首要的任务,是打破日军这次大规模的晋南作战。日军设想得很好,他们希望和我们硬碰硬,速战速决,以为从不同的方向,调动几个师团大军压境,就能把我们中国军队压缩到黄河转弯那个地方,集中兵力把中国军队消灭在靠近风陵渡的那个小角角里面。鬼子这是自以为聪明,把我们当成他们手中的牵线木偶了,其实我们哪里会听从他们的调遣。我们就要反其道而行之,迎着鬼子进攻的方向,找准缝隙跳到敌人背后去,等鬼子到了黄河边上,就会发现他们是徒劳无功。同时,他们也不敢轻易过河。为什么?因为我们大量的中国军队就在他们背后,他们有后顾之忧,怕我们在他们背后捅刀子,他们怎么办?他们只有退回来。"

听朱总司令把战场形势分析得这么透彻,董天知心明眼亮,越发听得津津有味。

夜已经深了,窗外传来阵阵山风的呼啸,但朱总司令毫无倦意:"因为临汾等重要城镇相继失陷,阎锡山已经逃到了黄河西岸,现在的阎锡山首鼠两端,坐卧不宁,对坚持敌后抗战缺乏信心。所以,决死队要发挥格外重要的作用,坚定山西民众的抗战信心。"

董天知心领神会,迫不及待地问道:"总司令,决死队目前还没有站稳阵脚,我们也有些手忙脚乱。总司令能不能给我们一些具体的指点?"

朱总司令宽厚地笑了笑,说道:"你们下一步工作的重点,就是要建立牢固的抗日根据地。这一点是至关重要的。红军从无到有,从弱小到壮大,最关键的一点就是每到一地,都特别重视建立根据地的作用。你们一定要牢牢记住这一点。当前就是把山西的民众发动起来、武装起来,开展广泛的游击战争,使敌人疲于奔命。还要充分利用你们戴阎锡山帽子的优势,派我们的人去掌握地方政权,改造地方政权,壮大我们抗日战争的基础。要想发展壮大抗日的力量,要特别注意军队和人民的关系。游击战争离开人民是不行的,人民不支持你,你就寸步难行。"

听了朱总司令一席话,董天知的心里亮堂了许多。

辞别朱总司令之后,董天知又拜见了住在李家大院的八路军政治部主任任弼时和副参谋长左权,连夜赶回决死队驻地。

一路上寒风扑面，他的心里却是温暖的。

二、收复沁水

入夜时分，曹公村村北元帅祠北厢房。墙上张贴着一幅大大的军用地图，董天知一手端着昏黄的麻油灯，一手握着铅笔，正聚精会神地在地图上查看着。

"报告！"董天知循声望去，见纵队特务连长蔺克站在门口。蔺克是追随董天知从荥阳奔赴抗日战场的家乡子弟，胆大心细，身手矫健，深得董天知信任。

"快进来！"董天知放下手中的麻油灯，招呼蔺克进门。

蔺克一身当地百姓装束，虽然是隆冬时节，却满头大汗。他解下头上的粗布头巾，一边擦着汗一边端起桌上的茶缸，咕咚咕咚喝了几大口，用粗布头巾一抹嘴说道："我刚刚随着出城的人混出沁水城。鬼子的兵力部署都已经侦察清楚了。沁水城没有南门，只有东、西、北三个城门，鬼子在三个城门都加派了岗哨，对来往行人严加盘查。还有，鬼子占领沁水后马上拼凑了维持会和商会，汉奸赵丙炎和尚九功认贼作父，投靠了鬼子，一个充当了维持会会长，一个充当了商会会长。这两个汉奸觍颜事敌，为虎作伥，一面忙着为鬼子维持秩序和征集粮草，一面派出爪牙四处打探我抗日团体的去向。"

"鬼子的兵力有多少？"董天知问道。

"一个联队，联队长是石黑贞藏。石黑联队的兵员大多是城市流氓和无业者，抱着发财的心理来到中国，这些家伙心黑手狠不择手段，再加上这一路上没有遇到过像样的抵抗，气焰嚣张得很。"

敌锋正锐，要避敌锋芒。听了蔺克的汇报，董天知说道："马上派人通知卢正维和刘炎，密切注意县城日军的动向。"

"是！"蔺克答应一声，把手中的粗布头巾往头上一系，转身出门，消失在夜幕之中。

卢正维和刘炎率领七总队一大队掩护沁水县党政机关和抗日群众团体，已经转移到沁水县城西南四十里外密林深处的一个偏僻山村——上沃泉。

沁水县党政机关分散住在上沃泉村民家中，各抗日团体住在上沃泉村周围的几个小山庄里。

大队部驻扎在上沃泉村南关帝庙。关帝庙坐落在沃泉河滩南岸的悬崖高处，三面环山，一面靠岩，庙里有一座三层阁楼，登楼望去，四周山梁沟壑尽收眼底，尤其是往沁水县城方向的马头槐、地园岭和将军腰一带，更是一览无余。这里是一个天然的军事瞭望台。

得到蔺克派人送来的消息，卢正维和刘炎立即召开紧急会议。中共沁水临时工委书记师小帆和复任沁水县人民武装自卫队队长的鲍熙珩，也急匆匆来到关帝庙。

见鲍熙珩进门，刘炎问道："自卫队同志们情绪怎么样？"

"抗日热情很高！"鲍熙珩看着已经落座的师小帆，师小帆还有一个身份，那就是沁水县牺盟特派员，"多亏小帆同志的周密部署。小帆同志以牺盟会名义派进去的三个党员同志，我安排他们分别担任了三个中队的政治工作员，这三个同志发挥了骨干作用，发动自卫队里的党员和积极分子，把散布不抵抗政策的王殿臣和郭士杰赶出了自卫队。这两个家伙已经夹着尾巴逃跑了，自卫队领导权重新回到我们手中。"

师小帆谦虚地一笑，看着卢正维和刘炎说道："要感谢决死队。没有决死队做后盾，阎锡山这两个心腹不会就这么俯首帖耳，乖乖地把已经吃到嘴里的肥肉吐出来。"

几人坐定，卢正维说道："纵队送来情报，鬼子眼下正四处打探我们的行踪。我们的当务之急，是要防止日军的突然袭击，决死队、自卫队既要提高警惕，又要加强战前训练。"

刘炎接过卢正维的话，目光转向鲍熙珩说道："尤其是自卫队。经历了这一场风波，要尽快稳定军心。我们也要加强侦察工作，准备派侦察排长孙洪同志带两名侦察员潜入县城，随时侦察鬼子的动向。"

第二天，天不亮，孙洪就带着两个侦察员出发了。

孙洪他们三人化装成卖山货的小商贩，把短枪藏在挑子里，一人一个山货挑子出了上沃泉村。出村后，三个人沿着村北小路斜插将军庙，再顺着山梁向东翻过将军岭，来到吉家村南对面的山坡上。孙洪刚要放下担子歇息，突然发现沟底的吉家村火光四起，紧接着便是鸡鸣狗叫，哭声一片。

不好，有情况！

孙洪把肩上的挑子往地上一扔，纵身跃上旁边一棵大树，噌噌几下爬到树顶，朝吉家村望去。

果然是鬼子！借着房屋燃烧的熊熊火光能看得一清二楚，最前面是一队骑兵，后边是大队人马，看样子是要偷袭上沃泉！

孙洪急忙跳下大树，对两个侦察员说："糟了！鬼子要来偷袭我们。你们两个火速回去报信儿，我在这里把鬼子引开。"

两个侦察员把手枪往腰里一插，放下肩上的山货挑子，顺着来路向上沃泉飞奔。

上沃泉还沉浸在一片寂静之中。

两名侦察员急匆匆来到关帝庙。被敲门声惊醒的刘炎和卢正维出门一看，只见这两个侦察员身上的衣服已经被树枝和荆棘剐成了布条条，脸上手上尽是血道子，鲜血和汗水流到了一起也顾不上擦，两人气喘吁吁地报告："鬼子要偷袭上沃泉！鬼子已经到了吉家村，在吉家村杀人抢粮烧房子，然后沿着石窑沟向我们扑来。大队长，指导员，情况紧急！"

"孙洪呢？"卢正维和刘炎几乎同时问道。

"孙排长一个人留在将军腰监视日军。"

刘炎立即下令："紧急集合！"

气氛骤然紧张起来。一阵急促的哨声划破黎明前的夜空，在山谷中回荡。不大一会儿工夫，一大队和自卫队在沃泉河滩集合完毕。

鲍熙珩来到刘炎和卢正维面前。刘炎命令："熙珩同志，你带自卫队兵分两路，火速占领村前、村后两处高地，防止鬼子包围村子，掩护抗日团体向后山转移。"鲍熙珩答应一声，带领自卫队出发了。

刘炎大手一挥，接着命令道："兵分三路，目标抢占将军腰主峰！卢大队长带一中队为左路，我带二中队为中路，三中队为右路，分别沿着小西沟、宋家沟、老东沟跑步前进，马上出发！"

决死队三路人马火速前进，向着将军腰高地冲去。

将军腰在上沃泉东北方向，距离上沃泉十几里，四周山峰层峦起伏，宛如众星捧月。

孙洪已经跟鬼子接上了火。援军还没有一点儿消息，鬼子已经冲到了将军腰北山坡下，孙洪为了争取时间，隐身在一片松树林中，待鬼子靠近后打一枪换一个地方。

鬼子指挥官鸠田是只老狐狸。他从枪声中判断出对方是单枪匹马，因此并不恋战，而是派出几个鬼子朝枪声方向搜索，其余鬼子在汉奸景来运带领下马不停蹄，沿着山间小道直冲将军腰，占据有利地形。

天色已亮。带领二中队率先赶到将军腰南山坡下的刘炎发现鬼子已经占领制高点，决死队只有仰攻。将军腰南坡山高坡陡，战场形势对决死队十分不利。

已经占领制高点的鬼子，待决死队冲到半山腰突然开火。二中队被压制在一道土坎下面，鬼子的机枪如暴雨般扫射过来，战士们被压得抬不起头。正在这时，卢正维带领一中队赶到，看到刘炎他们处境危险，卢正维带领一中队从左侧树林里快速前插，突然向敌人发起攻击，把鬼子的火力吸引过去。

鬼子的炮弹一发接着一发在山坡上爆炸，阵地上尘土飞扬，沙石横飞。刘炎命令二中队留下一部分兵力原地牵制敌人，趁着炸弹爆炸的烟雾，他瞅准机会，对身旁的突击队长张富华一挥手："富华，带突击队跟我上！"话音未落，刘炎已经一个箭步冲了出去。张富华紧随其后，二十多个战士组成的突击队冲进硝烟之中，从右侧向敌后迂回。

山顶的鬼子发现了突击队的动向，密集的子弹扫射过来，打得山坡上沙石飞溅。战士们纷纷卧倒，就地还击。沙尘飞扬之中，刘炎突然发现对面山坡西岭头上隐约出现一队人影，他定睛一看，冲在最前边的是鲍熙珩，原来是鲍熙珩率领自卫队前来增援，看来他们掩护抗日政府转移的任务已经完成。刘炎心中踏实了。远处石窑沟后坡上也传来一阵激烈的枪声，那准是三中队已经到达，抄了鬼子的后路。

战场形势瞬间反转。鬼子已经陷入决死队的包围之中。被困在将军腰孤峰上的鬼子发现四面被围，陷入慌乱。刘炎朝着突击队员一摆手，突击队员们鱼跃而起，连续几个翻滚，藏身一处崖下。见突击队员已经作好准备，刘炎果断下令："上刺刀！"看着突击队员们动作敏捷地上了刺刀，刘炎又用坚毅的眼神向同志们扫视一遍，怒吼一声，"出击！"

突击队员迅速出击，冒着枪林弹雨，冲入敌阵白刃肉搏。鬼子的炮火失去了威力，霎时阵脚大乱，鸠田挥舞指挥刀，声嘶力竭地叫喊："顶住！顶住！"

"吹冲锋号！"卢正维一声令下，激昂高亢的冲锋号声骤然响起。"冲啊！杀呀！"决死队、自卫队从四面八方冲上将军腰山顶。鸠田还在垂死挣扎，挥刀砍死身边两个鬼子，用带血的指挥刀逼着手下向决死队反扑。鬼子把鸠田围在中间，集中火力向决死队开火，轻重机枪吐着火舌，密集的子弹从决死队战士的头顶嗖嗖飞过。

刘炎一直冲锋在前。混战之中，鬼子机枪一梭子子弹向他飞来，刘炎胸部中弹，他大吼一声："杀鬼子，救中国！……"而后倒在阵地上，热血染红了脚下这片土地，染红了将军腰山峰上刚刚破土而出的片片嫩芽。

"指导员！指导员！"卢正维冲过来，抱起刘炎大声呼喊，但刘炎再也听不到了，刘炎就在战友的怀里停止了呼吸。卢正维这个钢铁汉子忍不住双眼模糊，滚烫的泪珠滴在刘炎的脸上。

卢正维放下刘炎，大吼一声："为指导员报仇！"

"为指导员报仇！杀鬼子，救中国！……"战士们齐声怒吼，挺起刺刀，排山倒海一般冲入敌阵。

"杀鬼子，救中国！……"将军腰草石震动，山鸣谷应，如山呼海啸，如天崩地裂。

鸠田眼见大势已去，双股栗栗，肝胆俱碎，他脚步踉跄地夺过身边一匹战马，带着残兵败卒冲下溜沙崖，沿着来路落荒而逃，一路逃回沁水县城日军司令部。

见鸠田如此狼狈，联队长石黑贞藏眉头紧锁，怒容满面，抬手照着鸠田脸上左右开弓就是两个大嘴巴子，一边打一边不停地骂着："八嘎！八嘎！"鸠田如同站在枯树枝上的一只秃鹫，双手下垂，立正仰头，不住地说："哈伊！哈伊！"

短短几天时间，鸠田已经连续两次出师不利，铩羽而归。几天前鸠田带领日军在装甲车掩护下进犯高平关，在老坟沟一带被中国军队十七师截击，伤亡惨重。这一次石黑贞藏把偷袭沁水县抗日政府的任务交给鸠田，原本是想让鸠田借此打个翻身仗，重振军威，没想到又是大败而回。石黑贞藏吹胡子瞪眼睛把鸠田臭骂一顿，鸠田也只有低眉顺眼，俯首听训。

"决死队，决死队……"石黑贞藏如同一只疯狗，嘴里嘟嘟囔囔念叨着，背着手焦躁不安地来回踱步。这是他第一次和决死队交手，原以为决死队不是什么正规军，在日军面前不是望风而逃就是不堪一击，没想到却是这么一个强硬的对手！

石黑贞藏突然停下脚步，双眼死死盯着躲在鸠田身后的汉奸景来运，朝着他一勾手指头说道："你的，过来，过来！"

景来运是维持会会长赵丙炎的心腹，鬼子这次偷袭本是景来运给日军送的情报，又是他给带的路，见日军损兵折将，石黑贞藏雷霆震怒，景来运生怕大祸临头，一直躲在鸠田身后不敢吱声。这下见石黑贞藏要他答话，他战战兢兢地向前走了一步，双膝一软差点儿跪下，哭丧着脸说道："太君太君，我我我，我是顺民，大大的顺民！"

石黑贞藏满脸鄙夷的神情，撇着嘴，用手在眼前挥了挥，仿佛要驱散眼前污浊的空气，不耐烦地问道："你说，决死队的头儿，谁的干活？"

听石黑贞藏的问话不是怪罪自己，景来运长出一口气，又上前一步点头哈腰赔着小心答道："太君，决死队里有共产党！他们的头儿叫董天知——董天知！"好不容易有了转移石黑贞藏注意力的机会，又可以在鬼子面前证明自己的价值，景来运在提到董天知的时候，不由得加重了语气。

董天知，董天知……石黑贞藏摩挲着仁丹胡子，目露凶光。

听到鬼子偷袭上沃泉的消息，董天知立即率领特务连接应。

董天知带领队伍抄一条近道，从曹公村经张马、上阁翻山越岭赶往上沃泉，到了尖山一带和师小帆相遇，得知鲍熙珩率自卫队掩护抗日县政府转移到安全地带后，已经返回将军腰战场。

远处传来将军腰战场激烈的枪声。董天知担心一大队和自卫队的安危，毕竟他们都是第一次和鬼子交手。想到这里，董天知下令："加速前进！"

队伍赶到将军腰山下，战斗已经结束。远远望见战士们扛着战利品走来，董天知松了一口气，但看到卢正维和孙洪抬着一副担架下山，心中又是一紧。

"刘炎牺牲了！"卢正维见到董天知，把肩膀上的担架交给蔺克，哽咽着说。

什么？刘炎牺牲了！董天知心中一沉。他快步走到担架旁，揭开盖在刘炎脸上的粗布头巾，见刘炎早已停止了呼吸，但手中还紧紧握着大眼盒子，怒目圆睁，仿佛喷射着怒火。董天知眼里含着泪，从刘炎手中轻轻取下那把还留有他体温的大眼盒子，插进自己腰间的皮带里，然后抬起手慢慢地、慢慢地合上刘炎的双眼。

战士们都围拢过来，他们屏着呼吸，泪眼模糊地看着董天知的一举一动。董天知取下自己的军帽，双手轻轻地用帽子盖住刘炎的脸庞，缓缓抬起右手，向着刘炎的遗体敬了一个军礼。

战士们已经抑制不住自己的情感，高举着手中的刀枪，不约而同地怒吼起来："杀鬼子！救中国！杀鬼子！救中国！……"

将军腰山头上的硝烟还没有完全散去，空气中仍然弥漫着焦土的味道，愤怒的吼声在这硝烟弥漫的山谷间回荡着，回荡着。

"五月的鲜花，开遍了原野，鲜花遮盖着志士的鲜血。为了挽救这垂危的民族，我们正顽强地抗战不歇……"不知是谁起的头，战士们用低沉的声音唱起了这首《五月的鲜花》。一个个年轻的声音纷纷汇入，歌声越来越高亢，越来越雄壮，战士们要用这来自心灵深处的歌声，表达自己对英雄的怀念。这歌声又仿佛脚下这条清澈的沃泉河，她由来自高山、来自旷野、来自密林、来自幽谷的一条条溪流汇聚而成，尽管要经历千回百折，但终究汇聚成一股不可阻挡的力量，流入浍河，汇入汾河，涌入黄河，奔向大海。

这吼声、这歌声，发自肺腑，震撼灵魂，摇动山河，直上云霄。

离开将军腰，董天知策马来到九总队。九总队总队长赵世铃、政治主任任映仑和几个大队长围拢过来。

任映仑把手中拿着的几封"请战书"递给董天知，说道："首长，听到刘炎同志牺牲的消息，战士们纷纷请战。"

董天知把手中的"请战书"浏览一遍，目光转向赵世铃。赵世铃说道："这几天我们派人对沁水城敌情进行了多次侦察。接连遭到两次打击，小鬼子惶惶不安，终日闭城不出。沁水城只有东、西、北三座城门，石黑怕决死队攻城，强迫老百姓把西城门和北城门的城门洞用石块堵死，东城门也用石块堵了一半，只留下一扇门出入。我看，这就是鬼子兵力不足，心虚的表现。"

是啊，鬼子占领沁水县城之后，留下少数兵力据守县城，大部兵力继续向西开进。鬼子留守县城的兵力不足，这一点董天知心中也很清楚，沁水县城虽然不大，城墙却很完整坚固，决死队缺乏攻坚装备，要想攻打进去也并非易事。董天知转念又一想，如果要是不打，任凭小鬼子在决死队眼皮底下烧杀抢掠，这老百姓的日子可怎么过？想到这里，董天知心中一紧，他手中的马鞭狠狠地抽在身边一棵老榆树的树身上，口气坚定地说道："打！把鬼子打出沁水！"

董天知把手中的"请战书"放进口袋里，对赵世铃说："进行战前动员，攻打沁水城！告诉战士们，鬼子这次占领晋南，做的是让中国人民屈服的美梦。他们希望通过占领晋南，向西威胁西安，向南威胁武汉，压迫国民政府投降。对于鬼子来说，要确保占领晋南，运输补给至关重要，鬼子无论从长治、高平还是从晋城、阳城向运城、曲沃、风陵渡一带运送补给，沁水都是必经之地，我们要收复沁水，掐断鬼子的运输补给线！"

董天知话音刚落，三大队大队长万向荣就上前一步，向董天知敬了一个军礼，抢先说道："首长，把攻城任务交给我们三大队吧！"三大队副大队长杨立本也走上前来："首长，我们三大队保证完成任务！"

董天知用信任的目光看着万向荣和杨立本："从三个大队中各抽调力量最强的一个中队组成奋勇大队，由向荣同志担任奋勇大队大队长，立本同志担任副大队长！"

"是！"万向荣和杨立本异口同声答道。

董天知对赵世铃说道："赵总队长，这次攻城战斗由你担任总指挥。今天晚上就突袭县城，出敌不意，攻敌不备。立即进行战斗准备！"

"是！"赵世铃答道。

日暮时分，奋勇大队三百多名决死队员整装待发。夕阳之下，战士刀枪林立，寒风之中，军旗猎猎作响，董天知站在队前作了简短的战前动员，然后大手一挥："出发！"

奋勇大队趁着夜幕沿着山间小道，急行军来到沁水城东北不远处碧峰山半山腰一个叫柿园的小山村。

沁水城城南、城北、城西三面横着三道山岭，沁水城就坐落在城北碧峰山的山脚下，站在碧峰山上看去，整个县城一览无余。

此时月光下的沁水城已经进入梦乡。奋勇大队乘着月色，顺石圪坨沟、柴树凹、庄河沟、杨圪垯，到达北城墙外的天齐庙。沁水城横在眼前，赵世铃对奋勇大队的三个中队进行了攻城部署：一中队兵分两路，分别占领城东、城西两处山口，阻击可能来自东西两个方向的援敌；二中队由北城墙、三中队由东城墙爬城进攻；二中队抽出两个班兵力，负责把守由县署通往西城外龙脊口上的地道口，以防鬼子由此逃逸。

凌晨两点，红色信号弹腾空而起，总攻打响。

二中队中队长牛志远一马当先，率先蹚过梅河冰冷的河水，指挥队员在北门左侧架起云梯。云梯刚一架好，牛志远就一个箭步冲了上去，噌噌噌噌手脚并用向上攀爬。就在他即将登上城墙的时候，城墙上巡逻的鬼子哨兵发现了动静，朝着云梯扔过来一个手榴弹。只听轰的一声，手榴弹就在牛志远身旁爆炸，一块弹皮把牛志远的脸部擦伤，牛志远顿时血流满面。云梯也被手榴弹炸断，多亏牛志远眼疾手快，就在云梯被炸断的一瞬间，他一手扒住墙头上突出的砖块，另一只手抽出身后的大刀，朝着城墙上的铁丝网狠狠砍去，一道寒光闪过，铁丝网断开一个长长的口子。牛志远飞身跳上城墙，抡起大刀直扑鬼子哨兵。鬼子哨兵看到一个血人飞身近前，一愣神的工夫，只听一阵风声，牛志远手起刀落，鬼子哨兵身首分离。

手榴弹的爆炸声惊醒了睡梦中的石黑贞藏。这个曾在进攻石家庄时夺得头功，双手沾满中国人民鲜血的刽子手立即调集兵力，朝着枪声响起的地方猛扑过去。

云梯很快又架了起来，牛志远夺过鬼子哨兵的三八大盖，掩护决死队员翻越北城墙。跳下北城墙的决死队战士，端起长枪冲向鬼子，砰砰啪啪一阵激烈的枪声过后，冲向北城墙的鬼子被打得退了回去。

狡猾的石黑马上改变战术，指挥退回来的鬼子分散开来，躲在暗处，从侧背向决死队员进行突然袭击。

这下子鬼子熟悉城内地形的长处得以发挥，对城内情况不熟悉的决死队员不断中枪倒地。

东城墙上也出现了决死队员的身影，那是三中队攻进城来了。只见决死队员搭成人梯，跃下城墙，端起长枪，挥舞着大刀向鬼子冲过去。又是一阵短兵相接，双方互有伤亡。

东城门口有一处哨所，哨所里的鬼子躲在暗处，向决死队员施放冷枪。由于事先并没有侦察清楚城内鬼子的布防情况，加上年轻的决死队战士没有夜间攻城的实战经验，冲进城内的战士们突然发现失去了目标，只好在街道上盲目搜寻，而躲在暗处的鬼子却屡屡杀伤攻入城内的决死队员。

激战三个多小时，决死队员伤亡越来越大。眼看着天马上就要亮了，形势对攻进城里的决死队员愈加不利，战士们纷纷后撤。

打光子弹的决死队员退上城墙，找不到梯子的就从城墙上纵身跃下。

　　那些在战斗中身负重伤，无法撤出城外的决死队员，依然屹立在硝烟之中，阻击面前的敌人，掩护战友撤退。子弹已经打光了，有的拉响手榴弹冲向敌人，与鬼子同归于尽；有的端起刺刀与鬼子肉搏，直到最终倒下；有的手撕牙咬，拼命与鬼子战斗，直到最后牺牲。

　　城墙下，最后剩下七名负伤的决死队员。他们打光了最后一颗子弹，被日军俘虏。

　　石黑贞藏亲自劝降，七名视死如归的勇士断然拒绝。恼羞成怒的石黑贞藏下令："统统的，死啦死啦的！"

　　面对鬼子的枪口，七名勇士面无惧色，一个个高呼："打倒日本帝国主义！""誓死不做亡国奴！"在满天的朝霞之中，他们以最壮烈的方式为祖国献出了自己的生命。

　　就连杀人如麻的石黑贞藏都对眼前这一幕感到震惊。也许是勇士们气吞山河的气概让石黑贞藏害怕，也许是手上沾满中国人的鲜血让他内心不安，也许是勇士们宁死不屈的精神让他充满钦敬……石黑贞藏把七位勇士埋葬在沁水城外一处高地上，恭恭敬敬竖上一块木牌——"支那勇士之墓"，只是，无人知道石黑贞藏那一刻心中真实的感受。

　　勇士的血不能白流。这一次战斗中，总共六十一名英勇的决死队战士血洒疆场。董天知对这些年轻的战士都很熟悉，有的是共产党员，有的是牺盟会会员，有的是刚刚入伍的学生，他的眼前不断浮现出这些年轻战士的画面：年轻英俊的杨松则、憨厚朴实的韩贵则、活泼好动的李金山、个性耿直的郝和尚、喜欢唱歌的尤祥云、性格开朗的孙震廷、沉默寡言的侯北顺……他为这些战士的牺牲而惋惜，但他更为决死队有这样的英雄而骄傲。英雄们为了祖国和人民血洒疆场，实现了为国家战到最后一道壕沟，为民族流尽最后一滴血的誓言。

　　想到这些，董天知的拳头攥得紧紧的。他对任映仑说道："鬼子最近一定会有所动作，我们要继续寻找战机，为牺牲的同志们报仇！马上派人对翼城和阳城方向的鬼子进行侦察，把前来救援的鬼子消灭掉，把盘踞在沁水城的鬼子赶出去！"

　　沁水城里，石黑贞藏害怕再次受到决死队攻击，无奈之下，在一个月黑风高之夜弃城而逃，逃到翼城去了。

　　决死队收复沁水县城，抓获为虎作伥的汉奸赵丙炎、尚九功和景来运，押回上沃泉召开群众大会公审，而后在刘炎烈士的墓前执行枪决。

三、转战翼城

日军占领同蒲路，切断了决死三纵队与阎锡山的联系，阎锡山退避到吉县黄河岸边，自顾不暇，决死三纵队的粮弹供应渠道也被切断。

鬼子占领翼城县城后，翼城县各抗日团体也都撤到了曹公村。贾启允来向董天知汇报工作，董天知对贾启允说："启允同志，我正好也要找你。目前中央军第十师、第八十三师、第八十五师都退到了沁水、翼城一带山区，粮草供给困难，我们决死队兵员也在大量增加，同样面临粮草不继的难题。战士们不能饿着肚子打仗。你带上翼城县牺盟会的干部和翼城自卫大队下山打游击，一方面为部队征集粮草，另一方面扩大游击队。"

"是！董主任。"贾启允点点头。董天知接着说道："筹集粮草的时候不能忘了抗日友军，也要为中央军筹集一部分粮草。"

看到贾启允脸上不解的神情，董天知说道："中央军在山西没有群众基础，他们又一贯不善于也不愿意发动群众，如果我们不帮他们筹集粮食，怕他们要去老百姓家里抢粮。"

贾启允已经听说过几起这样的事，只是没有找到解决的办法。听董天知这样一说，他连连点头。

贾启允和几个牺盟会干部带领翼城自卫队下山去了。

说是翼城自卫队，其实只有百十人，而且大多是收容来的散兵游勇，成分复杂。贾启允在日军占领翼城之后把自卫大队拉上山，本来计划在山中对刚刚组建起来的自卫大队进行整顿，但眼下筹粮任务迫在眉睫，整顿自卫大队的事只好暂时放一放。

队伍顺着西沟下山，到了前山已是黄昏时分，贾启允决定就在附近的陈家村宿营。

谁也没想到，晚饭过后，自卫队几个班长带领一个班的战士突然包围了贾启允他们几个牺盟会干部的院子，没等贾启允他们反应过来，这帮人就冲进了院子里。

贾启允他们屋里亮着灯，几个人正在研究明天的行动计划。为首的是两个班长，一个绰号"铁头"，一个绰号"老末"，两人一脚踹开房门，端着长枪冲进屋里。

贾启允他们也顺手抄起家伙，咔咔两下子弹上膛，黑洞洞的枪口对着来人，屋里气氛顿时紧张起来。

铁头和老末本来准备杀掉贾启允他们几个人，带队投奔土匪，看到贾启允他们黑洞洞的枪口，毕竟是做贼心虚，竟一时愣在那里。

贾启允厉声喝道："铁头，老末，放下武器！你们要干什么？"

僵持片刻，铁头开口说道："特派员，实不相瞒，我们弟兄几个已经商量好了，要拉上队伍上山落草。"

贾启允看窗外人影晃动，知道外边还有埋伏，灵机一动说道："我们下山为的是打日本鬼子。你们愿去我们一同去，你们不愿去我们也不勉强，去留两便，你们何必如此！"

老末看了铁头一眼，说道："特派员，我们本来也不愿意刀兵相见，只是害怕你们几个拦住不让我们走，我们才出此下策。"

贾启允一看形势有所缓和，趁势说道："强扭的瓜不甜。对于弟兄们的去留，我们几个人决不勉强，但我要忠告你们一句，不打鬼子可以，千万不能祸害老百姓。"

铁头急于离开，不想过多纠缠，瓮声瓮气地说道："你们走你们的阳关道，我们走我们的独木桥。只要你们不干涉我们离开就行，至于我们下一步干什么，你们就不要管了。"

铁头说完，递给老末一个眼色，两人端着枪一步步退出房门，呼哨一声，带着人马走了。

这可怎么办？

本来是要下山扩大队伍筹集粮草，怎料想还没有走出山口，队伍就散了，只剩下他们几个光杆司令。这该如何是好？贾启允他们几个犯了难。

此地不可久留。害怕铁头他们再杀个回马枪，贾启允他们几个立即动身，背上仅剩的十几斤小米，翻过山梁，来到一座土地庙中。

早春的山中寒风凛冽，四处漏风的土地庙根本无法遮风避寒，但这深更半夜又能到哪里去呢？贾启允他们几个连一条被褥也没有。好在天无绝人之路，就在贾启允他们几个四顾茫然的时候，突然发现土地庙旁有个麦草垛，冻得瑟瑟发抖的几个人顾不了那么多了，钻进麦草垛里过了一晚。

队伍散了再拉，没有粮草想尽一切办法也要完成任务。第二天一早，贾启允他们起身下山。

山下是个叫作小庙的村庄。贾启允他们几个走进村去，看到村口墙上贴着一张县政府的布告，贾启允突然有了一个主意。

原来，翼城县的县长张青樾在日军逼近翼城的时候，携带着县印和公款逃得无影无踪。山区百姓民风淳朴，对牺盟会知之甚少，但对县政府这颗"官印"却是奉如圭臬。贾启允揭下这张布告，找来一块青田玉，比葫芦画瓢刻了一方翼城县政府的"官印"，随即挂出一张通告，宣布翼城县抗日人民政府成立。

老百姓听说抗日人民政府为决死队征粮，主动把粮食往这里送。听说抗日人民政府要组建游击队，热血青年也纷纷前来投奔。

贾启允动员群众把征集来的军粮送到曹公村四圣宫大院，董天知很满意。听说李丙辰和赵非在下山组织群众转移的时候和日军遭遇，至今下落不明，董天知有些担心，问贾启允："有丙辰和赵非同志的消息吗？"

贾启允正在指挥群众卸粮，他停下手中的活计，叹了口气，心情沉痛地说道："丙辰和赵非组织群众转移，到浍史村口和一队鬼子迎面遭遇。赵非同志当场牺牲，我已经派人掩埋了赵非同志的遗体。丙辰同志胸部中弹，被鬼子抓到县城去了。"

"丙辰同志被关押在什么地方？"董天知问道。

"还没有查清楚。"贾启允摇摇头。

董天知转身对跟在身旁的警卫排长谢绍安说："去把何仰天同志找来。"

何仰天来了。他年纪四十左右，一副地地道道的当地农民打扮，头缠白羊肚毛巾，手里握着一个大大的旱烟袋。何仰天是纵队敌工科长，朝鲜人，是一个经验丰富的职业革命家，既能说一口流利的汉语，又能说一口流利的日语。常年的敌工工作经历，练就了他沉稳老练、处变不惊的性格，他经常深入龙潭虎穴侦察敌情，思维缜密，胆大心细，是董天知的得力助手。

见董天知找他，他知道准是又有什么新任务了。果然，董天知一见何仰天，就说："老何，你抓紧时间到翼城一趟，查清楚李丙辰同志被关押在什么地方，准备营救。"

董天知和何仰天正说着话，王彦才急匆匆来了。一见董天知，王彦才就焦急地说："董主任，查到老李同志的下落了，他被关押在鬼子宪兵队。鬼子抓住老李以后，老李没有暴露自己的身份，一口咬定自己是一个伙夫，所以并没有引起鬼子的特别注意。"

"老李同志伤势怎么样？"董天知急切地问道。

"暂时没有生命危险，只是不断吐血，身体非常虚弱。"王彦才说道。

何仰天把烟袋锅里的烟灰朝身旁那棵古槐上猛地一磕："要赶快营救！宪兵队这伙鬼子没有人性，他们几乎每隔一天就要从牢房里拉出一个抗日分子，让东洋狼狗活生生撕咬。"

是啊，要赶快营救！董天知眉头紧锁，他飞速思考着各种营救方案。正在这时，一个年近五十的中年男人风风火火进了门。

"老张！"何仰天快步迎了上去，来人是何仰天发展的秘密交通员张士达。张士达的家就在翼城城南二曲村东北角的半山腰上，是个单门独户。老张的家隐蔽僻静，前不着村，后不靠店，门前一条小路直通村中，门后一道深沟直通大山。这里是个理想的秘密情报站，也是何仰天进山出山的一个落脚点。

"老何！"老张忠厚老实，没有多余的话，走到何仰天跟前，从怀里摸出一个火柴盒，递到何仰天手里。何仰天熟练地打开火柴盒从里面取出一个小纸条，展开一看，脸上登时现出笑容，对董天知说："有办法了！"说完把手中的纸条往董天知手上一递。

董天知接过纸条一看，先前紧锁的眉头一下子舒展开了，对何仰天和谢绍安说："你们俩跟我一起去，带上警卫排，立即出发！"

曲沃通往翼城的公路上，两辆鬼子军车正向东疾驶。

车上装载的是曲沃日军补给给石黑贞藏的军火。过了一个叫作桥坡的村庄就是翼城西关，押运军火的日军小队长小林次郎少尉轻轻舒了一口气。

桥坡村外是一段上坡路，军车的速度慢了下来。拐过一个弯，小林次郎抬头望去，前面一队日军拦住了去路。只见道路正中间站着一个身材高大的日军中佐，面容严肃，目光冷峻，高筒马靴擦得锃亮，双手戴着白手套把手中的军刀往大路正中间一杵，一副一夫当关万夫莫开的傲慢表情。

"下车接受检查！统统地下车接受检查！"中佐面色冷峻，不苟言笑，倒是他身旁的一位少佐盛气凌人，语气蛮横地吆喝道。

一个急刹车，军车停了下来。小林次郎看了看自己的军衔，心中矮了半截，拉开车门下车走了过去。还没等他走到跟前，那位少佐就又上前一步，用手指点着趴在车头上的机枪手和押车士兵，以不容置疑的口气命令道："你！你们！统统地下车！"

小林次郎心中疑惑地说道："我们是……"

少佐傲慢地抬起手，不耐烦地打断他的话："知道你们是小林恒·大佐的部下。最近决死队活动猖獗，常常假扮大日本皇军偷袭我们，石黑联队长有令，所有进城人员统统地接受检查！"

小林次郎知道石黑联队的编成地是水户，少佐又操着一口纯正地道的水户口音，看来是石黑联队长的部下无疑。小林次郎转身对着押解军车的士兵摆摆手："下车，接受检查！"

两辆军车上总共也就十几个鬼子，一个个跳了下来列成一队。少佐走上前去，站在队前把手一伸："证件！"

就在鬼子们低头从口袋里取出证件的一刹那，少佐身后挺着刺刀的士兵一拥而上，小林次郎还没有反应过来，前胸已经结结实实挨了一刺刀，只见他嗷的一声，两眼一鼓，扑通倒地，一命呜呼。有几个鬼子转身想逃，身后也是明晃晃的刺刀，寒光闪过，也到阎王爷那里报到去了。

"快！打扫战场！""少佐"一挥手，一口纯正的水户口音变成了中国话，原来这个"少佐"正是何仰天。那些身穿日军军服的决死队员背起鬼子的长枪，抬着鬼子的尸体消失在路边的树林里。

"十三号，走！上车！"何仰天对着"中佐"一笑。原来，这个"中佐"正是董天知，"十三号"是董天知在决死队中的代号。

董天知对着何仰天竖起大拇指，他转身登上第一辆汽车，坐进驾驶室里。何仰天坐在驾驶员位置上，熟练地发动汽车，朝着西关开去。

谢绍安带着留下的一个班决死队员上了第二辆车，紧紧跟随在第一辆车后面。第二辆车的司机叫纪忠，纵队敌工科副科长，是一个在日本留学归国参加抗战的大学生，不仅日语流利，而且驾驶技术一流，是董天知为了这次行动专门点的将。

两辆军车一前一后开进翼城县城，径直开进宪兵队，宪兵队长栗原正雄中尉急忙前来迎接。

见一队士兵簇拥着面色冷峻的"中佐"走来，栗原正雄两脚一并，啪的一个敬礼："中佐阁下！""中佐"面容严肃地抬手还礼。旁边的"少佐"上前一步对栗原正雄说道："奉香月清司中将阁下的命令，我们要从你们宪兵队带走几个'共党'要犯！""少佐"一边说着，一边把证件递了过去。

栗原正雄双手恭恭敬敬地接过证件，看过以后又双手奉还，连声说道："哈伊！哈伊！"

看过栗原正雄拿来的花名册，"中佐"点了几个名字，"少佐"对栗原正雄吩咐道："就是这几个人，快快地带来！"栗原正雄不敢怠慢，把几个人从牢房押了出来。

李丙辰伤重不能行走，是被两个日本鬼子架着胳膊拖出来的。李丙辰到了跟前，抬眼一看是董天知，他强忍着心中的狂喜，装作有气无力的样子低垂着头。董天知身旁的几个决死队员想上前搀扶，被董天知用眼色制止。

董天知朝着军车的方向一摆手。"押上车！"何仰天对着栗原正雄说道。

"哈伊！"栗原正雄身子一挺答应一声，鬼子把李丙辰他们几个人押到车前，扔上军车。两辆军车一加油门出了宪兵队，一路畅通无阻出了翼城县城，向着中条山深处开去。

两车军火被劫，又在眼皮子底下放走了"共党"要犯，石黑贞藏恼羞成怒，把栗原正雄找来臭骂一顿。

翼城县城东南方向横卧着一道不高的山岭，这道山岭的名字叫翔山。翔山形如羽翼，展翅欲飞，翼城因此得名。翔山山顶有一座土地庙，扼守县城通往中条山区的交通要道。石黑贞藏决定在这里修建碉堡，既可以切断山后决死队与平川地区的联系通道，又可以随时监视决死队的一举一动，做进山扫荡决死队的桥头堡。

董天知得知这一消息，派蔺克和侦察排长刘振海化装侦察。

鬼子驱赶着抓来的一百多个壮丁来到土地庙，蔺克和刘振海也混入支差的人群中。土地庙坐北朝南，孤零零地坐落在翔山山顶，庙门口一棵千年古槐婆娑成荫，树下一条羊肠小道，往西通往平川村镇和翼城县城，往东通往中条山中。

蔺克和刘振海夹在支差的人群中，一边往土地庙里运送青石条，一边留心观察。一个、两个、三个……蔺克在心中默数着，一共有二十五个鬼子。一个短粗矮胖的鬼子像是指挥官，腰里挎着指挥刀，手里握着短枪，嘴里不停"八格牙路""死啦死啦"地咒骂着，驱赶着人们卖力干活儿。另外二十多个鬼子端的是清一色上了刺刀的三八大盖，散开在四周把土地庙团团围住。最让人眼馋的是鬼子的两挺歪把子机枪，在距离土地庙稍远的地方，把着通往东西两个方向的路口，每挺歪把子机枪旁边趴着两个鬼子。

看着这三八大盖和歪把子机枪，蔺克心里别提有多痒痒。

鬼子驱使着抓来的壮丁，先是在土地庙四周挖了一圈深宽各约丈许的壕沟，然后又在壕沟外围架上一道两米多高、密密麻麻的铁丝网。蔺克一边干活儿一边暗暗祈祷：老天爷，夜幕快点儿降临吧！

曹公村里，董天知也在盼望着夜幕快点儿降临。卢正维带着从一大队挑选出来的突击队，一人一杆长枪、一把大刀，早已整装待发，作好了出发准备。

终于等到夜幕降临。出发！董天知一声令下，和卢正维带领全副武装的战士们沿着山路，向着土地庙快速前进。

夜幕漆黑，山风飒飒，战士们屏声敛息，衔枚疾走，只能听得到山间小道上沙沙的脚步声。夜半时分，队伍来到了土地庙前。

董天知和战士们隐蔽在草丛中。远远望去，鬼子哨楼上的探照灯忽明忽暗，在向四周窥探。

蔺克在哪里？董天知低声吩咐卢正维："发信号！""咕——咕！咕——咕！咕——咕！"卢正维学了三声猫头鹰的叫声。

听到猫头鹰的叫声，蔺克心中暗喜：来了！随后用三声同样的叫声回应。

蔺克藏在土地庙旁的壕沟里。趁着鬼子探照灯明灭的间隙，蔺克纵身一跃爬出壕沟，匍匐着钻出铁丝网，来到了董天知身边。

"你们可算是来了！"蔺克抑制住内心的激动，向董天知汇报说，"鬼子都住在大殿里。抓来的民夫都锁在东厢房里，刘振海和他们在一起。鬼子很狡猾，除了哨楼上的哨兵以外，庙门口的大树上还架了一挺机枪，埋伏了一个机枪手。"

黑暗中，董天知拍拍蔺克的肩头，压低声音对蔺克和卢正维说："正维，命令战士们不要开枪，隐蔽接敌，快速包围土地庙。蔺克，孙洪和你同时行动，孙洪负责干掉哨兵，你负责干掉隐蔽在树上的机枪手，然后打开庙门。"

"是！"蔺克压低声音答道，随即和孙洪分头行动去了。

战士们悄悄包围了土地庙。

蔺克手握匕首悄无声息摸到树下，听到树上鼾声大起，他把匕首噙在嘴里，三下两下就到了鬼子背后，只见寒光一闪，睡梦中的鬼子机枪手一命归西。孙洪也不示弱，他闪转腾挪，几个箭步就来到了哨楼下，嗖的一声扔出手中的套马绳，鬼子哨兵只觉眼前一黑，那套马绳已经准确地套在哨兵脖子上，没等哨兵作出反应，孙洪猛一用力，那哨兵一个倒栽葱从哨楼上摔了下来。孙洪一脚踏在鬼子哨兵胸前，顺势拔出短刀朝他脖子上一抹，那鬼子哨兵没有来得及哼一声就一命呜呼。

神不知鬼不觉，蔺克和孙洪双双得手。

尖刀排一人手里握着一把寒光闪闪的大刀，已经悄然来到蔺克和孙洪身旁，蔺克悄悄打开庙门，对着身后的尖刀排一挥手："上！"孙洪带领尖刀排战士们悄无声息地鱼贯而入，进庙之后直扑大殿。大殿大门敞开，鬼子们一个个睡在地上，步枪整整齐齐挂在墙上。蔺克端起刚刚夺下的机枪守住庙门，孙洪带尖刀排闪身进到大殿里，他眼疾手快扑向另外一挺机枪，其他战士挥起大刀，三下五除二，砍瓜切菜一般把这群迷迷瞪瞪的鬼子兵一个个送到阎王那里报到去了。

不费一枪一弹，鬼子彻底报销。战士们喜滋滋地摘下鬼子挂在墙上的三八大盖挎在肩上。打扫战场的时候，蔺克突然一惊：不对！只有二十四具尸体，怎么少了一个？蔺克努力回忆，白天清点的时候明明有二十五个鬼子！哪里出了差错？蔺克脑子里灵光一闪，突然意识到原来是少了一个鬼子指挥官！蔺克放下手中的机枪，抄起一杆上了刺刀的三八大盖，瞪大眼睛警惕地四处搜索，突然，他听到神像后面传出一阵窸窸窣窣的声音。他一个箭步跨过去，探头一看，果然有一个肥胖的鬼子军官正躲在神像后面瑟瑟发抖。

你小子也有今天！蔺克咒骂一句，扑哧一声一刺刀结果了这个鬼子的性命。

听到外面的动静，东厢房里一阵骚动。混在壮丁之中的刘振海低声说道："乡亲们不要怕，是决死队救咱们来了！乡亲们都听我指挥。"

大殿里的鬼子全部解决，蔺克打开东厢房的房门，被鬼子抓来的乡亲们争先恐后涌了出来。

董天知已经来到大院空地上，他对大家说道："乡亲们，不要怕，我们是决死队。愿意跟我们一块儿打鬼子的，现在就跟我们走！不愿意跟我们走的，可以回家！"

"愿意！愿意！"人群里发出一阵欢呼，大家扛着铁锹、镢头兴高采烈地加入决死队的队伍里。

太阳出来了，翔山沐浴在美丽的朝霞中，决死队员和乡亲们扛着缴获的战利品向根据地走去。

时令已是春夏之交，中条山中下起雨来，淅淅沥沥。

董天知在曹公祠廊檐下焦急地踱步，他似乎在等待着什么。何仰天这次已经出去好几天了，到现在也没有把情报传递回来，不知道翼城日军下一步的行动计划，董天知心中不免有些着急。从得到的情报来看，最近鬼子一直从曲沃往翼城增兵，这是要干什么？难道是鬼子要有突然行动？

"卖煤油的来喽——买洋火的来——"何仰天一口地道的翼城方言吆喝着，手里摇着拨浪鼓，腰里别着那个大烟袋，肩膀上担着货郎挑子，一走三晃地在翼城县城里走街串巷。

"卖煤油的来喽——买洋火的来——"何仰天一边走一边警觉地四处观察，到了伪军警备队门口，他有意识地放下挑子停了下来。一个伪军从警备队走了出来，拿起一盒火柴，对何仰天低声耳语几句，然后转身走了。何仰天机警地朝着四周一看，见没人注意他，又不慌不忙地挑起担子，转身吆喝着朝城外走去。出了南城门，何仰天脚下生风，一路南行，把肩上的货郎挑子往老张家的窑洞里一放，沿着山后小路进山去了。

"老何，你可回来了！"见何仰天进门，董天知连忙迎了上去。

何仰天浑身上下被雨淋得透湿。他抹了一把脸上的雨水，来不及换下衣服，就对董天知说道："不出所料，鬼子果然有大行动！"

原来，鬼子增兵翼城是想对决死队来一个突然袭击。决死队最近连连出击，不仅仅是翼城里的鬼子，就连坐镇临汾的鬼子第二十师团师团长川岸文三郎都雷霆震怒，派汉奸四处打探决死队驻地，这次增兵翼城就是要突然袭击，彻底拔掉决死队这颗钉子。

"川岸文三郎的胃口倒是不小！"听了何仰天的话，董天知一拳砸在桌子上，桌上的搪瓷茶缸蹦起老高，白开水都溅了出来，"老何，朋友来了有好酒，敌人来了有猎枪。鬼子妄想突然袭击消灭我们，我们也要以其人之道还治其人之身。"董天知一边说着，一边用手指蘸着水在桌子上画了个简易地图，

"从翼城县城通往根据地总共有三条路。一条是从吴寨村，经大坪、高家、程家杀过来，一条是从二曲、老虎角直奔杨家村、石家村，还有一条路就是绕道大交、续鲁峪，从我们的背后包抄过来。"

"对。鬼子的计划也正是从这三条路同时出击，三路围攻决死队。"何仰天点点头。

董天知眼睛一直盯着桌子上他用手指头勾画出的三条路，突然眼睛一亮，手指头朝着其中一条线重重一点："老何，跳出去，在这里打伏击！"

何仰天知道董天知手指头指点的地方是一个叫作"大交"的村庄，他和董天知曾经去那一带实地侦察过，那里确实是个打伏击的好地方。

董天知用衣袖把桌子上的水渍一抹，摊开地图铺了上去，他和何仰天又俯下身去认真查看起来。过了一会儿，董天知直起身子对何仰天说："老何，就在这里设伏。走，现在就去实地勘察。"

雨还在下着。何仰天站起身来跟在董天知身后出了门，两人牵过战马，冒雨出发。

大交村北有一块高地，当地人叫作"脊上"。高地正中有一道深沟，浍水由北向南从沟底流过。浍水东岸是一条大路，从两边高地上望去，浍水和大路尽收眼底。沟沿上尽是一望无际的麦田，麦苗已经长出一尺多高。

这里正好可以布置一个口袋阵。

接到董天知命令，八总队跳出鬼子预定的包围圈，趁着夜色急行军赶到"脊上"，连夜抢修工事。

天色蒙蒙亮的时候，雨停了。八总队三个大队都埋伏在战壕里，作好了战斗准备。一夜的焦急等待，战士们早已经摩拳擦掌。

一大队负责打头，二大队负责断后，三大队负责主攻。董天知和三大队大队长李荫汉带领两个中队埋伏在路东战壕里，大队指导员李桱带领一个中队埋伏在河西战壕里，战士们都在焦急地等待着县城方向的消息。

来了！远处终于传来一阵马蹄声。鸠田骑在马上嘚嘚前行，长长的队伍跟在身后，他一心想的是如何包抄决死队后路，压根儿没想到决死队此刻就在他的眼皮底下。

正是麦苗抽穗时节，一阵微风吹过，送来一阵麦苗的清香，鸠田做梦也想不到这层层的麦浪之下，一个个黑洞洞的枪口已经瞄准鬼子。

鬼子已经全部进入伏击圈。"打！"董天知一声令下，抬手一枪把鸠田击落马下。霎时间阵地上枪声大作，鬼子人仰马翻。鸠田并未毙命，他只是腿上受伤跌落马下，他拖着一条伤腿躲在马后，挥舞着指挥刀，嘴里高声叫着："开炮！开炮！"

鬼子手忙脚乱地从马背上卸下几门小钢炮，"嗵嗵嗵"，朝着大路两旁的阵地上就是一阵炮击，两边阵地上沙石横飞，烟尘弥漫。董天知冲李荫汉一摆手："老李，把杨长顺找来！"

一个年纪十七八岁的战士，手里提着三八大盖，猫着腰顺着战壕跑到董天知身旁："报告首长，杨长顺前来报到！"

杨长顺是决死队公认的神枪手。杨长顺手里这杆三八大盖还是上次在土地庙缴获的战利品，董天知特意配给他一把。董天知把手中的望远镜往杨长顺手里一递："看到了吗？前面这个举着指挥刀的鬼子！"杨长顺接过望远镜一瞄："看到了！趴在一匹马后面！"董天知点点头："干掉他！"

"是！"杨长顺答应一声，手中的长枪往前一顺，扑倒在战壕边上。杨长顺瞄准鸠田，一扣扳机，叭的一声脆响，就见鸠田双手一扬仰面栽倒，手中的指挥刀也扔出去老远。两旁的鬼子一看鸠田死了，又疯狂地放了一阵小钢炮。战壕前后再一次硝烟弥漫，刺鼻的浓烟蔓延在阵地上，炙热的弹片、石块、土块纷纷从空中落下，不时砸在战士们的身上。

炮声停了下来。鬼子开始了散兵冲锋，呜哩哇啦地号叫着逼近阵地前沿，又一个鬼子军官呀呀地号叫着，举着亮闪闪的战刀在后边督阵，鬼子兵端着上了刺刀的三八大盖，向着决死队阵地扑过来。为了掩护鬼子冲锋，鬼子身后的重机枪也吼叫起来，子弹倾泻在决死队阵地上，地面爆起一阵阵弹幕，子弹横飞，压得人抬不起头。决死队的两挺捷克轻机枪也不示弱，同时开火，与鬼子机枪对射，拼命想要压倒对方的火力。但鬼子那挺重机枪的火力更加猛烈，很快决死队的两挺轻机枪就没了声音。

鬼子这挺重机枪威胁太大。董天知朝着鬼子阵地上吐着火舌的重机枪一指，对着杨长顺吼道："杨长顺，干掉鬼子机枪手！"

"是！"杨长顺子弹上膛，凝神静气，叭的一声，一枪就把鬼子那个重机枪射手干趴下了。鬼子副射手扑上去操起重机枪，还没等他扣动扳机，杨长顺啪的又是一枪，副射手一头栽倒在机枪上。鬼子的弹药手也上了，只见他一把推开副射手的尸体，一只手刚刚摸到重机枪，杨长顺一扣扳机，照头一枪，又是一枪毙命。

鬼子的重机枪哑了。

"转移！"看杨长顺一枪一个正打得过瘾，董天知知道鬼子的注意力已经集中到这里，他一把推开杨长顺，自己也顺势几个翻滚离开了刚才的位置。果然，鬼子正在寻找这个百发百中的神枪手，董天知和杨长顺刚刚离开刚才的位置，鬼子的几发炮弹就飞了过来，轰隆轰隆，土石飞溅。

好险！

趁着鬼子重机枪变成了哑巴，决死队发起一阵猛烈的反击，阵地上枪声大作，鬼子冲锋受挫，在阵前又丢下不少尸体，活着的也连滚带爬退了回去，阵地上枪声渐渐稀落下来。

"出击！"鬼子阵脚已乱，董天知果断下令。阵地上响起了冲锋号，决死队员装上刺刀跃出战壕，与鬼子展开肉搏，战士们三人一个战斗小组围了上去，呐喊着，怒骂着，恨不得将鬼子撕成碎片。鬼子两人一伙，背靠背，屁股对屁股，抖动着三八大盖"呀呀"怪叫着与决死队展开搏杀。

"大刀队，上！"大刀队是这次战斗的预备队，听到董天知一声令下，李荫汉唰的一声从背后抽出大刀，大吼一声"跟我来"，纵身跃出战壕，带领大刀队冲入敌阵。几十把大刀左削右砍，上下翻飞，鬼子兵又倒下一片。对面阵地上，李柽也带领战士们蹚过浍水河冲入敌阵。李柽他们直奔鬼子的几个炮手，只见战士们手起刀落，鬼子炮手人头落地，几门小钢炮成了决死队的战利品。

战场打扫完毕，硝烟渐渐散去，战士们肩扛缴获的战利品，抬着负伤的战友向山中撤退。

远处一匹黑色战马飞奔而来。董天知抬头一看，是蔺克！到了董天知跟前，蔺克跳下马背，急匆匆地报告："首长，电报！"

董天知接过电报一看，脸色一凛，对李荫汉说："老李，通知部队，抄小路急行军立即赶往桥坡！"李荫汉答应一声去了。

何仰天赶了上来，董天知已经拨转马头，对他说道："八十三师乘鬼子进山扫荡后方空虚，直捣鬼子的老巢翼城县城，他们派了两个团包围县城，现在正在激战中。曲沃日军派了二十辆军车携带弹药前去增援，正准备从曲沃县城出发。八十三师围城，我们打援，这是天赐良机！"

何仰天一提马缰到了董天知身旁："二十辆军车！看来鬼子这次是下了血本。"

兵贵神速。董天知点点头："这样的机会我们正求之不得。二十辆军车，每辆车还只有三个鬼子押运。现在我们要用双腿和鬼子的汽车轮子比速度。"

李荫汉和李柽带着大部队赶了上来。"快快快！快快快！"李荫汉一个劲儿催促着队伍。

"驾！"董天知一夹马肚子，纵马向前奔去。

到了桥坡，部队刚刚进入阵地，一阵隆隆的汽车声就响了起来。

县城方向枪声激烈，汽车上的鬼子一心想早点儿赶到，压根儿就没想到道路两旁茂密的树林中埋有伏兵。

二十辆军车全部进入伏击圈。战士们屏着呼吸，都在等待着命令。

"打！"董天知一声令下，树林里枪炮齐鸣，鬼子瞬间被打蒙了。一阵手榴弹甩过去，前后几辆军车都趴了窝，鬼子车队前进不得，后退不得。押车的鬼子举枪还击，但一个个都是决死队现成的靶子。一阵激烈的枪声过后，押车的鬼子死伤大半。没死的鬼子依靠汽车做掩护，向四周盲目开枪，不大一会儿工夫，也都被消灭得干干净净。

只用了二十分钟，押运的鬼子全部见了阎王。战士们冲上前去，扛起弹药消失在密林中。汽车带不走，一顿手榴弹甩过去，随着轰隆轰隆的爆炸声，汽车燃起熊熊大火。

决死队撤离了战场，但并没有远走。董天知兵分两路，一部分战士把缴获的枪支弹药运回后方，另一部分战士就在附近村庄原地休整。等到了午夜时分，决死队又趁着夜色神不知鬼不觉回到了阵地上。董天知的判断是：翼城的鬼子并没有解围，曲沃的鬼子还会派援兵增援，鬼子一贯骄横狂妄，绝对不会想到决死队如此胆大包天，竟敢在同一个地方再次伏击鬼子。

决死队已经作好战斗准备。

天色微明时分，公路上人马杂沓，果然有一队人马由西向东开过来了。

"中央军！"李荫汉用手一指，低声对董天知说。

难道真的是友军？董天知心中有些疑惑，他已经注意到这队人马穿的是中央军军服，但总觉得哪里有些不对劲。定睛一看，果然看出破绽来了：这队人马肩上扛的是清一色的三八大盖，行军姿态也跟中国军队明显不同。

这是鬼子的援兵！再狡猾的狐狸也逃不过猎人的眼睛。

鬼子的尖兵首先进入阵地，他们看着路边已经烧成残骸的汽车心有余悸，朝着两边密林中就是一阵扫射。

这是鬼子的火力侦察。枪声过后，密林中鸦雀无声。

鬼子尖兵朝着身后摆摆手，大队人马进入伏击阵地。

"打！"随着董天知一声枪响，阵地上一串串火舌扑向鬼子。由于鬼子在这里挨过伏击，所以这队鬼子特别小心，行军的队伍拉得很长。后边的鬼子一看前头接上了火，吓得胆战心惊，有的竟然一枪没放，转身就跑。

激烈的枪声过后，进入伏击圈的鬼子见了阎王，后面的鬼子落荒而逃。

负责县城方向敌情侦察的蔺克派人前来报告：八十三师部队已经攻入县城，石黑贞藏带着少数残兵从西关突围，原本想与这一路鬼子会合，一听桥坡方向激烈的枪声，吓得一路向南，绕道北梁壁向着曲沃跑了。

继沁水之后，翼城也回到了中国人民手中。

四、夜袭方城堡

贾启允带领翼城百姓又给决死队送军粮来了。

见了董天知，贾启允急急忙忙走上前来说道："董主任，被几个坏分子煽动拉走的县自卫队又回来了。"

董天知忙问："他们现在在哪里？"

"就在我们抗日县政府驻地小庙村附近活动，住在小庙村后一条叫老王沟的深沟里。"贾启允接着说，"他们离开我们根据地之后打家劫舍，干了不少坏事，如同老鼠过街，人人喊打。这不，实在混不下去了，听说我们根据地打开了局面，就又回来找我们来了。"

对贾启允所说的情况，董天知也有所耳闻。只是前一段时间忙于对日军作战，还没有腾出手来处理这件事情，既然现在他们不请自到，正好是个天赐良机。

董天知找来李荫汉和李柽："带上三大队，今天晚上跟我一起行动，突袭老王沟。"

等到天黑，董天知带领三大队迅速出动，借着夜幕的掩护神不知鬼不觉包围了老王沟。

"我们是决死队，缴枪不杀！"这百十号人正在睡梦之中，稀里糊涂被缴了枪，押送到董天知面前。

董天知往队前一站，厉声喝道："把铁头和老末给我押上来！"李荫汉和李柽一人一个，把被五花大绑的铁头和老末押到了董天知跟前。李荫汉和李柽从铁头和老末背后抬脚把他们俩踹倒，铁头和老末扑通一声跪倒在地。

"你们两个可知罪？"董天知手指两人，厉声问道。铁头和老末本就是晋绥军里的两个兵痞，随着溃军混入自卫队，只知道有奶就是娘，不懂得什么救国救民的道理，面对董天知的问话，反而仰起脖子装出一副满不在乎的样子。

"好！你们不说我来说。"董天知指着铁头和老末，愤怒地说道，"我们的队伍本是为了抗击日寇，保家卫国。我们吃的是百姓的粮，穿的是百姓的衣。老百姓自己舍不得吃的口粮让我们吃，老百姓自己舍不得穿的衣服让我们穿，他们是为了什么？为的是盼着我们打鬼子，救中国！大敌当前，乡亲们水深火热，你们两个不打鬼子不说，竟然拉走队伍去祸害百姓、为非作歹！你们的行径和汉奸、和日本鬼子又有什么两样？！"

铁头和老末还是一副死猪不怕开水烫的样子，自卫队里的其他人却都低下了头。董天知又把目光转向大家："铁头和老末的罪恶我们早已经掌握得一清二楚。我知道，那些打家劫舍、祸害百姓的勾当是这两个坏家伙的主意。首恶必办！对于他们两个，我们决不轻饶。但是你们可千万不能再糊涂了，我们都是老百姓的子弟，怎么能干出祸害老百姓的事情呢？大敌当前，有骨气的中国人应该在战场上冲锋陷阵，应该拿起枪跟日本鬼子拼命！"

听了董天知的话，人群中传出了轻轻的啜泣声，有的抽噎着说："董主任，我们该死，我们该死！"有的哭出了声："董主任，我们知错了，我们知错了！"

董天知看着铁头和老末，一字一句地说道："铁头和老末为非作歹，罪孽深重，拉出去，就地正法！"

李荫汉和李桎带着几个决死队员走过来，架起铁头和老末的胳膊就走。不大一会儿，远处黑暗中传来两声沉闷的枪响。

董天知对着已经被缴了械的自卫队员说："铁头和老末罪有应得。其他人从现在开始，进行全面整顿。翼城县自卫队这块牌子被你们糟蹋得已经臭了大街，从现在开始，我给你们这支队伍改个名字，叫翼城县游击队。我任命：由我们的抗日县长李丙辰同志担任游击队长，由我们的牺盟特派员贾启允同志担任政治主任！"

李丙辰的伤已经好得差不多了，他和贾启允来到队前，刚要开口讲话，队伍里一个十五六岁的小伙子径直跑到董天知面前说："董主任，我叫小虎，我知道鬼子的军火库在哪里！"

原来，小虎跟着铁头和老末四处流窜的时候，无意之中却发现了鬼子的秘密军火库。不过，因为铁头和老末根本无意抗日，所以小虎也就没敢说出来。

什么？董天知眼前一亮。他最近派出了几路侦察员，四处侦察日军的军火库，至今没有查到消息。鬼子这个秘密军火库不仅源源不断为晋南日军提供军火补给，而且为风陵渡日军提供的远程炮弹也来自这里。鬼子占领风陵渡以后，在那里建立了炮兵阵地，不断地向黄河南岸炮击，不仅把潼关县城炸得墙倒屋塌，而且每天炮击陇海铁路，陇海铁路已经不能通车。这个军火库可是中国军队的心腹大患。

董天知高兴地拍拍小虎的肩膀："好小子！小虎，快告诉我，鬼子的军火库在哪里？"

小虎扑闪着大眼睛，压低声音说道："在方城堡！"

方城堡？董天知心里默算一下，从方城堡到八总队驻地磨里峪有百十里地，完全可以出其不意给鬼子来一个长途奔袭。董天知叫过何仰天和蔺克："老何，蔺克，你们两个带着小虎立即赶赴方城堡，要把鬼子的军火库侦察清楚，越快越好！"

何仰天和蔺克带着小虎连夜出发。

小虎说的没错，方城堡果然有日军的秘密军火库。

方城堡是侯马城西不远一个隐蔽的小寨。这个小寨建在一处三面悬崖的峭壁上，只有一个朝南的寨门，四周各有三百多米的寨墙，原是当地百姓为了防匪而建，因此寨墙高大坚固。日本鬼子看中了这里，竟然在一个夜间突然包围方城堡，寨里的十几户居民全部被秘密杀害，里里外外都站上了日本鬼子的岗哨，因此里面的秘密也就不为外人知晓。

小虎知道方城堡是日军的秘密军火库，但对军火库里面的情形并不清楚。

怎么办？方城堡南门附近视野开阔，一条大路向东直通侯马，要想靠近侦察谈何容易。好在南门对面是一片荒芜的农田，长了半人高的蒿草。何仰天和蔺克打扮成当地百姓，隐蔽在蒿草里仔细观察。

南门口有鬼子的岗哨，寨墙上也有哨兵扛着枪不停地游动巡逻，从不时传来的犬吠声中可以感觉到军火库里应该有不少鬼子的军犬。军火库内外危险重重，杀机四伏，要想弄清鬼子军火库里的情况，必须想办法进入军火库。

正在何仰天和蔺克一筹莫展的时候，突然传来一阵汽车马达声。两人循声望去，几辆鬼子的军车由东向西从远处开了过来，军车上黄色的帆布篷盖得严严实实，看样子是运送军火来了。军车在南门口停了下来，门口的哨兵登车检查后，朝着大门一摆手，几辆军车鱼贯而入。

鬼子的军车从哪里来？侯马车站！"有办法了！"何仰天拉起蔺克，两人猫着腰离开那片蒿草地，何仰天边走边对蔺克说，"我们在侯马车站有内线，走，到侯马车站去，到那里想办法！"

第二天，何仰天和蔺克穿上日军军装，扛着三八大盖出现在侯马车站的站台上。看到正在装运军火的军车，两人大大方方走了过去，和押车的鬼子打了个招呼，纵身跳上鬼子军车，朝着方城堡军火库开去。

何仰天一口流利纯正的日语，和押车的两个鬼子一路上聊得热火朝天。

只是蔺克心中一直暗暗叫苦。万一哪个鬼子问他一句话，他可是只会说一句蹩脚日语"缴枪不杀"呀！这可怎么办？偏偏在这当口儿，一个鬼子朝着他呜哩哇啦问了起来。蔺克正在着急，何仰天倒是不慌不忙地对那个鬼子说道："你不用问他。他呀，被大炮震聋了耳朵，是个聋子！"

蔺克听不懂日语，但从何仰天连说带比画的手势里已经明白了何仰天的意思，只好心中一阵苦笑，赶紧连连点头。

汽车一路颠簸来到方城堡，查验放行，直入寨门。何仰天和蔺克怀里抱着枪，大大咧咧地坐在军车上。从哨兵和军车司机的对话里，何仰天已经把军火库里的情况听了个大概。

这个军火库囤积了供应日军整个二十师团的作战物资。不仅有武器弹药，还有汽油燃料、军用被装、医疗物资，最近几天运送的就是远程炮弹，马上就要送往风陵渡，用来炮击黄河南岸。

军车开到一个大仓库门口停了下来，一个小队的鬼子已经等在这里，准备装卸。看来这个军火库戒备森严，连车辆装卸用的都是日本兵。何仰天和蔺克也随着押车的鬼子下了车，估计把这几车炮弹卸完还需要点儿时间，何仰天朝同车押运的两个鬼子摆摆手，若无其事地说道："我们的，小便的干活！"说完便带着蔺克大摇大摆离开了。

何仰天和蔺克机警地四处观察着。一堆一堆的汽油桶高高垒起，露天堆放着。还有一些物资也是露天堆放，但用大大的帆布篷遮盖得严严实实。武器弹药和被服分别存放在十几个大仓库里，库门紧锁。两人特别留意鬼子的营房，鬼子的营房原是老百姓的民房，从营房的面积看，驻扎在这里的鬼子应该不会超过百人。

两人一路观察，来到了一排犬舍跟前。犬舍里关了十几条恶狗，一见生人靠近就不停狂吠。

训犬的鬼子听到犬吠声走了出来，何仰天大大咧咧迎上去，说："喂，我们的小便的干活，小便的在哪里的干活？"

这个鬼子朝着犬舍附近一个隐蔽的角落一指，转身喝住军犬。何仰天和蔺克朝厕所走了过去。

很快，何仰天和蔺克又转回到军车旁边。军车上的炮弹已经入库，何仰天和蔺克大摇大摆上了车，两个人坐在车厢角落里装作打盹儿的样子，晃晃荡荡又回到了侯马车站。

军火库里的情况侦察清楚了。何仰天和蔺克带着小虎，马不停蹄赶回磨里峪。董天知早已经等候着他们了，一见面，何仰天和蔺克就迫不及待地把军火库里的情况向董天知做了汇报。

立即行动！连夜奔袭！董天知召集八总队三个大队的大队长和政治指导员布置了作战任务，等到夜幕降临，部队紧急集合，轻装出发。

鬼子做梦也想不到，就在这沉沉暗夜里，一场百里奔袭的大戏已经拉开帷幕。

鸦雀无声的队伍摸黑在山道上急速行进，路面高低不平，不时有人被路石绊得跌跌撞撞，但没有一个人掉队，大家紧紧盯着前面战友胳膊上扎的白毛巾，一步不落，只是偶尔能听到几句短促的声音："跟上，跟上！"

董天知走在队伍的最前面。黑沉沉的夜幕下，从战士们沙沙的脚步声和急促的呼吸声中，他能感受到战士们急切杀敌的心情。他的心情也同样澎湃起伏。从七七事变至今已经十个月的时间，抗战形势发生了急剧的变化，日本鬼子已经饮马黄河，他们靠的是什么？靠的是飞机大炮！八路军阳明堡一战，鬼子的飞机一个多月不能肆虐，决死队今晚奇袭方城堡，也要让鬼子风陵渡的大炮变成哑巴！现在山西已经变成了敌后，虽然决死队暂时无法从阎锡山那里获得武器弹药的补给，但决死队归在东路军朱老总、彭老总指挥之下，这不正是他日思夜想、求之不得的嘛！他想起了彭老总"八路军永远不过黄河"那句话！他想起了彭老总说这句话的时候，那坚定的眼神和掷地有声的语气，他在黑暗之中攥紧了拳头，心中也暗暗重复着自己在彭老总面前说过的那句话："决死队也永远不过黄河！"虽然现在是漆黑的长夜，但他坚信中国一定有一个光明的明天！为了祖国的胜利，他要带领决死队，勇敢地去战斗！

一路急行军，战士们很快将黑漆漆的群山甩在了身后，将近四更时分，队伍到了方城堡。

天上电闪雷鸣，突然下起了大雨。正好！好像老天爷也有意要帮决死队一把，沙沙的雨声正好掩盖了战士们的脚步声，部队快速把军火库包围起来，围得铁桶一般。军火库里的鬼子哪里能提防这百里外的奇袭，正在温暖的被窝里做着美梦，就连军犬也在这个电闪雷鸣的夜晚没有了声息。

蔺克已经把鬼子的电话线剪断了，待会儿战斗开始，鬼子要想求救都来不及。小虎已经准备好了炸药包，他的任务是战斗一开始就冲进去把鬼子的犬舍炸掉，防止鬼子的军犬恶狗伤人。

倾盆大雨之中，董天知伏在南门口外那片蒿草地里仔细观察。寨墙上有两个鬼子哨兵，一个固定哨，一个游动哨。固定哨的位置就在寨门上，打着探照灯来回地巡视，游动哨肩扛长枪在寨墙上来回游动。

董天知叫蔺克过来一阵吩咐，蔺克答应一声去了。大雨如注，在探照灯明灭的间隙，蔺克借着雷声和雨声的掩护，时而匍匐，时而奔跑，很快便来到了寨门口。趁着一个炸雷响起的一瞬间，他背靠寨墙把手中的长绳嗖的一声扔了上去。这里是蔺克白天早已经观察好的地方，扔出的绳套准确地套在墙头一根突出的铁柱上。蔺克暗暗一用力把绳头拉紧了，在沙沙的雨声中，他抓住绳子一纵身，三两下上了寨墙。蔺克机警地朝固定哨望去，见这个身着雨衣的哨兵丝毫没有觉察，他拔出匕首攥在手中，猫腰摸到固定哨身后，突然一个箭步跨上去，从身后一把搂住哨兵的脖子，嗖的一声，寒光一闪，双手正扶着探照灯的鬼子哨兵没来得及发出一声哼哼就软绵绵地倒了下去。

蔺克迅速捡起鬼子哨兵的长枪挎在肩上，趁着一阵炸雷响起，一脚把鬼子尸体蹬下寨墙，然后双手把着探照灯转动起来。那个鬼子游动哨从寨墙另一端转身走了过来，等他走到蔺克近前，蔺克猛一转身，以迅雷不及掩耳之势，照准鬼子咽喉就是夺命一刀。只听唰的一声，鬼子被一刀毙命。

探照灯三明三暗——蔺克得手了！董天知大手一挥，谢绍安和小虎也飞身到了寨门下，两人一前一后，攀着绳子爬上寨墙，不大一会儿工夫，寨门打开了。

攻击开始！战士们端着枪冲进寨门，按照事先的分工杀了进去。小虎扛着炸药包冲在最前面，他直扑犬舍，把手中的炸药包扔了过去，轰隆一声巨响，把十几条恶犬炸上了天。刹那间，鬼子的营房里响起了剧烈的爆炸声，轰隆！轰隆！轰隆！那是决死队手榴弹的爆炸声，有的鬼子还在睡梦中，有的刚刚醒来，有的还没穿好衣服，有的还没摸到枪，有的刚刚冲到门口，就在阵阵剧烈的爆炸声和枪声中见了阎王。

仓库门被砸开了。武器、弹药、被服、罐头，一千多名战士冲进仓库，肩扛、手提、怀抱，凡是能拿得动的拿起就走。整箱整箱的武器弹药，一个人扛不动的就两个人抬，两个人抬不动的就放在马背上驮走……等队伍撤得差不多了，蔺克和谢绍安把那些带不走的物资统统浇上汽油，一阵手榴弹甩过去，随着一阵轰隆轰隆的爆炸声，军火库里燃起熊熊大火，汽油桶燃烧后爆炸的火团直冲云霄，照亮夜空。

咔嚓！咔嚓！仿佛是为了给决死队壮壮声威，军火库爆炸的同时，天上的炸雷也一直响个不停。

第二天一早，侯马城里的鬼子才得到消息。等他们赶到方城堡，大雨早已经停了，眼前看到的是一个熊熊燃烧后的火场。

五、同蒲线上的战斗

负责看守方城堡军火库的是小林恒一的部队，军火库被决死队偷袭，一夜之间夷为平地，日军第二十师团断绝了军火供应。师团长川岸文三郎又惊又惧，惊的是决死队如此胆大包天，惧的是这一次损失如此惨重，害怕顶头上司第一军司令官香月清司兴师问罪。

川岸文三郎心中更多的是愤怒。他立即下令师团司令部从临汾迁到距离侯马不远的曲沃，他要亲自坐镇，讨伐决死队。川岸文三郎到了曲沃喘息未定，就带着参谋长杵村久藏怒气冲冲地来到侯马。

第七十八联队司令部里，川岸文三郎雷霆震怒，大声叱骂，联队长小林恒一面色惶遽，肃立恭听。

川岸文三郎暴跳如雷，指着小林恒一的鼻子骂道："蠢猪！饭桶！我的军火，我的方城堡，我的炮弹，哪里去了?! 哪里去了?! 嗯——！"小林恒一低着头，嗫嚅无言。川岸文三郎啪的一声把桌子一拍，"沁水城的丢掉，董天知的干活！翼城的丢掉，董天知的干活！方城堡的丢掉，还是董天知的干活！董天知！董天知！董天知！"川岸文三郎仿佛一头受伤的困兽，两眼血红，青筋暴露，咬牙切齿地喊着董天知的名字，"快快地，快快地贴出悬赏通告，抓到董天知，无论死的活的，统统赏大洋两万，统统赏大洋两万！"站在一旁的杵村久藏忙不迭地点头："将军阁下，立即悬赏，立即悬赏，我马上就办，马上就办！"

川岸文三郎上前一步，抓住小林恒一的衣领，两眼瞪得溜圆，仿佛一口要把小林恒一吃掉，声嘶力竭地喊道："你的，告诉我，告诉我，董天知的在哪里？董天知的在哪里？"

董天知就在侯马，就在川岸文三郎的眼皮子底下。

由于军火库被炸，加上中国军队为了配合徐州会战，齐心协力对二十师团开展反攻，川岸文三郎不得不收缩兵力，撤出风陵渡、蒲州、平陆，重点守备运城、闻喜、曲沃、侯马这几个同蒲线南段的要点。鬼子战线收缩是因为兵力不足，军火库被炸更是雪上加霜，鬼子一定得尽快想办法补给。目前曲高公路已经被决死队切断，鬼子能利用的补给线只有同蒲铁路，董天知决定在同蒲铁路上做文章。

此刻，乔装打扮的董天知和何仰天、蔺克就大模大样坐在侯马车站的"构内食堂"里。这家"构内食堂"是日本人开办的，专供驻侯马车站的日本军政人员和铁路职工用餐，日本人又把它叫作"构内小古道"。"构内小古道"由日本人冈本志直和冈本雄次两兄弟合伙开办，何仰天按照董天知的指示，化名英山内二，以日军华北方面军特务员的身份同冈本两兄弟早就有了交往，因为何仰天见多识广、风趣幽默而且出手大方，冈本两兄弟也早就把这位"英山君"引为知己。

何仰天的华北方面军特务员身份又是怎么回事？原来，随着日军在中国占领区的扩大，日本陆军省为了加强对占领区的控制，在日本全国范围内招募了一百名华北方面军特约联络员，由华北方面军特务部部长根本博直接领导，散布在华北各地明察暗访，搜集情报。何仰天既熟悉日军战地情况，又熟悉日本国情，加上能说一口流利的日语，便按照董天知的指示化名英山内二混迹其中，以华北方面军特约联络员的身份获取了不少有用的情报。

正是午餐时间，"构内小古道"里人来人往，座无虚席。董天知和何仰天、蔺克坐在一张靠窗的餐桌边，点了几个下酒菜，要了两瓶好酒。冈本雄次见"英山君"来了，特来作陪。

冈本雄次落座，何仰天指着富商打扮的董天知和随从打扮的蔺克向他介绍说："我的两个中国朋友，生意人。"

董天知摘下礼帽，对着冈本雄次微微点点头。

冈本雄次是个胸无城府的浪荡公子，刚一坐下就眉飞色舞地打开了话匣子："嗨！英山君，最近侯马城里可热闹了！决死队炸了方城堡军火库，川岸将军大发雷霆，下令要捉拿董天知，踏平决死队呢！这不，侯马城里城外到处贴的都是悬赏通告，赏金两万大洋呢！"

董天知不紧不慢夹了一口菜放在嘴里，呵呵一笑说道："两万大洋可不是个小数目，冈本君要是遇到了董天知，可千万不要把他放跑了哟！"

何仰天也随声附和："冈本君，这可是个发财机会呢！"

冈本雄次嘴一撇，两手一摊："我倒是想发这个大财，可是我哪能知道这决死队的头头在哪儿！"

何仰天给冈本雄次倒上一杯酒，接门说道："说的也是。不过话说回来，这董天知要真的让你遇到了，你想抓到他，他手里的枪还不一定答应呢！"说到这里，几个人哈哈大笑，何仰天话题一转，"嗨，冈本君，最近军火库被炸，二十师团军火告急，听说这几天又要从临汾运来不少军火，你的食堂又要忙活一阵子了！"

冈本雄次呷了一口酒："可不是！这不，明天晚上又要来一趟军列，半夜时候还得准备一顿饭送上军车呢！"

明天晚上？半夜？董天知眉毛微微一挑，看看坐在身旁的蔺克，蔺克眼睛一眨，不动声色记下了这个时间。何仰天也端起酒杯抿了一口酒，装作漫不经心的样子问道："那你得准备多少个人的饭呀？你一个食堂哪能忙得过来！"

冈本雄次又呷了一口酒，一抹嘴唇轻松地答道："不多不多，只有三十几个人，我已经接到通知到时候准备三十几个人的饭菜。"

"哦，人数倒是不多。不过，冈本君倒是也可以小小地赚上一笔了！"何仰天若无其事地说道。

押车的只有三十多个人，看来这趟军列不是运兵，应该是运送军火无疑。何仰天不动声色地和冈本雄次又周旋一阵，几人就要告辞。

食堂里一个年轻堂倌跑了过来，殷勤地抢在几个人的前面挑起了门帘。就在何仰天跨出大门的一瞬间，这个堂倌朝何仰天递过去一个眼神，然后迅速地往何仰天手里塞了一盒火柴，何仰天会意，把火柴盒紧紧握在手中，装作漫不经心的样子顺手放在口袋里。

董天知几人离开侯马车站。侯马大街上果然处处张贴着印有董天知画像的悬赏通告，但是驻足观看的行人寥寥，蔺克好奇走上前去看了看，揭下一张走了过来。董天知把悬赏通告拿在手里，仔细端详一番，笑着对何仰天和蔺克说："听说这董天知英俊得很哪，唉！这张画像把他画得这么丑！要是让董天知本人看到了，人家得有多伤心！"说完这句话，董天知随手把这张悬赏通告丢在地上。

何仰天和蔺克对视一眼，哧哧笑了起来。

到了无人之处，何仰天从口袋里取出火柴盒，抽出火柴盒里的一张纸条，递给董天知。董天知展开一看，只见纸条上写着：明天夜晚，军火进站，开往运城，午夜出发。

董天知几人匆匆出城，跨上马飞奔磨里峪。

第二天将近午夜，一列军车开进侯马车站。

正是立夏前后，晚上的空气还有些寒意，而车厢里面就温暖多了。暖和的车厢里，押运的鬼子大都怀里抱着长枪在打盹儿，少数几个没有打盹儿的，也是在有一搭没一搭地聊着天。谁也没有注意，黑沉沉的夜幕下正有十几双眼睛在紧紧地盯着这列军车。

嘀！嘀！嘀！火车进站前照例要减速。趁着火车速度渐渐放缓的时候，十几个黑影矫捷如猿，身轻如燕，轻登巧纵，悄无声息地飞身上了军列的车顶。军列缓缓停靠在站台边上，司机坐在车上等着，司炉下车加煤加水。押运车厢的车门也打开了，冈本雄次带着人把热腾腾的饭菜送到车厢门口。

就在这时，只听嗖嗖嗖几声，黑暗中几个手榴弹从车顶飞进押运车厢，随后就是轰隆轰隆几声惊天动地的爆炸。车顶上又有一颗手榴弹飞向站台，引爆了站台上摞在一起的汽油桶，汽油桶发出咣咣咣一阵剧烈的爆炸声，刹那间火光冲天而起。

"快下车！快下车！"押车鬼子的指挥官惊慌失措地吆喝起来。没死的鬼子慌忙扔掉手中的饭盒，抓起长枪，争先恐后地涌出车厢，跳上站台。这些鬼子跌跌撞撞涌上站台，却晕头转向一时找不到攻击目标，只好砰砰啪啪朝着四周的黑暗之处盲目放起枪来。

下车加水的火车司炉吓得魂飞魄散，他也顾不上拔去往火车上加水的水管，三步并作两步转身跳上车逃命，刚刚跳上火车头却猛然发现眼前出现一个黑洞洞的枪口，一个年轻而又威严的中国军人一把把他拽了过去。定睛一看才发现，火车司机早已经被另一个中国军人控制，后腰也被一支黑洞洞的短枪顶着。

"开车！"其中一个中国军人用不可抗拒的语气低沉冷静地命令道。

押运的鬼子还趴在站台上向着四周放枪，火车却已经缓缓开动。这下鬼子们更加摸不着头脑，惊慌失措地连声喊道："停车！停车！……"哪知道火车不仅没有停下来，反而速度越来越快，轰隆轰隆呼啸着离开站台，冲进无边的黑夜之中向南开去。

几个鬼子朝着火车追了过来，早被趴在车顶上的决死队员瞅个正着，随着砰砰几声枪响，这几个鬼子像撂倒的谷个子一般扑通扑通栽倒在站台上。

火车头里，拿枪顶着火车司机和司炉的中国军人是蔺克和谢绍安。

军列很快出了侯马城，过了侯马南门外铁路大桥，朝着侯马城南隘口村方向开去。

董天知带着八总队就埋伏在这里。隘口村古称"铁刹关"，坐落在紫金山向西延伸的高坡上，东靠崇山峻岭，西临深沟险崖，果真是一个一夫当关万夫莫开的"隘口"，同蒲铁路从村中南北穿行而过，是伏击同蒲线鬼子军列的绝佳地方。

军列快到隘口村，蔺克举起手中蒙了一层红绸的手电筒在空中画了三个圆圈，很快就得到了亮起的红色信号灯的回应。蔺克向司机下令："停车！"军列在隘口村外停了下来。埋伏在铁路两侧的战士们涌向军列，冲入车厢，车厢里满满的尽是弹药、粮食、药品、罐头、饼干，战士们扛起就走，向着紫金山中，向着根据地奔去。

蔺克把火车司机、司炉带到董天知面前。两个人惊恐不安，不知道迎接他们的将会是什么样的命运。董天知问了两个人的情况，拍拍他们的肩膀说："你们不用怕，咱们都是中国人。决死队是抗日的队伍，只要愿意抗日，咱们就是自己人！"

两个人长舒了一口气，脸色也缓和下来。董天知又说道："你们听说过同蒲铁路工人自卫队吗？他们可清一色都是我们铁路工人弟兄，这支铁工队也到了我们根据地。"

两人中年长的是火车司机，他拉着董天知的手说："长官！我们早就听说铁工队了。我们也是中国人，我们也想加入铁工队打鬼子，但是我们找不到他们哪！这下可好了！再说，我们捅了这么大娄子，要是被小鬼子抓到，小鬼子还能饶了我们？我们不投奔抗日队伍又能到哪里去呢！"

董天知看着蔺克，笑着说："带着他们俩回根据地，我亲自把他们送到铁工队。下次我们再袭击鬼子的军列，就可以带上我们自己的火车司机了！"

董天知话音刚落，就听侯马南城门方向传来一阵轰隆隆的爆炸声，这剧烈的爆炸声在寂静的夜里传得很远。

董天知知道，那是他派出的刘德山排已经完成了炸毁侯马铁路大桥的任务。

刘德山带领一个排，早早地就埋伏在侯马铁路大桥附近。他们的任务是待蔺克把军列开过之后炸毁铁路桥，一来是为了防止鬼子的铁甲车沿着铁路线追击过来，二来是为了截断侯马、运城两地鬼子的运输线。

二排的炸桥任务完成得很好，但是在向山中撤退的时候却遇到了麻烦。

他们撤退到紫金山下金沙村时，天色已经大亮。部队正在吃早饭，一个老乡急匆匆跑来报告："乔山底东堡韩百万的管家苗子是个汉奸，把咱决死队来到金沙的消息报告给侯马城里的日本鬼子了！"刘德山一听，立即命令部队紧急集合，把三个班的正副班长召集起来商量对策。几个班长有的主张马上转移，有的主张利用金沙村的有利地形给鬼子一个迎头痛击。

刘德山一言不发，眉头紧锁，他一边听着大家的发言，一边在心中思考着。他想起了在战前部署的时候，他向董天知主任争取战斗任务，为了把炸桥任务争取到手，他拍着胸脯向董主任保证："首长，把任务交给我们二排吧，我保证坚决完成任务！"董天知笑着对刘德山说："德山，独立带领一个排执行任务，有可能遇到各种情况，你作好准备了吗？"刘德山害怕快要到手的任务再被别人抢走，抢先一步站到董天知的面前，再次把胸脯拍得咚咚响："董主任放心，您平时给我们讲的那些打鬼子的战术，我都记在心里了，我们二排早就作好准备了，您就放心吧！"董天知这才把任务交给了二排。现在遇到的突发情况，不正是考验二排的时候吗？况且，金沙村北临浍河，南依紫金山，东有富家沟，西有马皮沟，村子四周寨墙高筑，南北寨门还有高高的寨门楼，是个易守难攻的好地方。

刘德山心里痒痒。这么好的地形，不跟鬼子干一场，实在有些不甘心。他一咬牙一跺脚，拿定了主意：打！如果不战而逃，老百姓怎么看待决死队？如果不战而逃，小鬼子进了村还不知道要把老百姓祸害成什么样子！

正在这个时候，北门楼上的哨兵跑了过来，气喘吁吁地报告："排长，鬼子他奶奶的已经出了河对面的香邑村，马上就要过来了，咱们到底是打还是不打？"

刘德山眉毛一拧，斩钉截铁地吐出一个字："打！"刘德山叫过身旁两个战士。"马玉田！""到！""你马上去通知村长，赶快动员老乡向南山转移！""是！""杨长明！""到！""你马上去向董主任报告，请求支援！""是！"马玉田和杨长明跑步执行任务去了。

刘德山召集三个班长，对各班战斗任务进行了划分："四班负责西寨墙，班长朱玉田带领半个班战士占领村西南马皮沟沟沿，准备阻击从土地庙方向来犯的鬼子；副班长徐志英带领半个班战士占领村西北马皮沟沟口，阻击从乔山底东堡来犯的鬼子。五班、六班埋伏在村北及富家沟口高地，居高临下，控制对面河谷，集中火力伏击从河对面香邑村方向来犯的鬼子！"

分派已定，各班按照刘德山部署迅速行动，刚刚跑步进入阵地，鬼子已经在香邑村南浍河河岸上架起了山炮，向着金沙村就是一阵猛烈的炮击。密集的炮弹呼啸而来，铺天盖地落在村子里，落在河滩上和两面的山谷里，一时间，金沙村内外硝烟弥漫，尘土飞扬。

炮击过后，鬼子中队长大野昌夫挥舞着东洋刀号叫着，驱赶着三四百个日伪军端着枪，挑着膏药旗，一窝蜂似的顺着河滩向金沙村扑过来。

刘德山俯身观察着。等鬼子到了五班、六班阵地跟前，他突然起身，猛喝一声："打！"霎时间，机枪、步枪一齐开火，阵地上枪声大作，手榴弹也嗖嗖地飞出阵地，落入敌群，在敌群中炸开了花。河滩里、半坡上鬼子乱作一团，留下一片尸体纷纷后退。

大野昌夫看到鬼子纷纷后退，气得脸色铁青，手中的指挥刀指向北寨门，哇哇大叫："冲锋！冲锋！"

鬼子稳住阵脚，准备展开下一次冲锋。刘德山喊道："五班长！你带两个战士留下掩护，其余同志跟我撤到村子里！"五班长王忠信扑向机枪阵地，大吼一声："王春元！刘保全！你们两个跟我留下，其他同志跟着排长撤退，快走！"刘保全是机枪手，王春元是弹药手，王忠信到了跟前，一把拉开刘保全，把自己手中的长枪往他手里一塞，握住了机枪枪柄。王春元已经压上了满满两梭子弹，刘保全也把步枪压上子弹，把身上的几颗手榴弹盖子揭开，一字排开放在面前，准备和鬼子拼命。

大约过了半袋烟工夫，鬼子的第二次进攻开始了。"嗖嗖嗖"，子弹飞蝗一般铺天盖地朝阵地飞过来，一颗子弹擦着王忠信头皮掠过，鲜血立即顺着脸颊流了下来。王春元叫了一声："班长，你受伤了！"王忠信擦了一把脸上的血迹，骂道："狗日的小鬼子，来吧！老子死不了，老子命硬，能克死阎王爷，命大着呢！"等鬼子越来越近，王忠信咬紧牙关，突然扣动扳机转动枪管向着鬼子猛烈扫射，机枪的枪身剧烈跳动着，子弹呼啸着扑向鬼子。刘保全也抄起手榴弹向着敌群中砸去。阵地前的半坡上，鬼子又丢下七八具尸体退了回去。

敌人又一次被打退了，排长他们也已经安全撤到村子里。"撤！"王忠信一挥手，把机枪往肩上一扛，带着刘保全和王春元撤进北门，上了北寨墙。这里是刘德山组织的第二道防线。

刘德山带领五班、六班战士在北寨墙上严阵以待，但奇怪的是当面的鬼子撤退后却一直按兵不动。

原来，大野昌夫是在耍花招。他在正面佯攻的同时，悄悄派出另一队鬼子绕道马皮沟，从决死队侧后摸了上来。哪知道这一队鬼子一出沟口，正好撞在四班的枪口上，埋伏在马皮沟沟口、沟沿高地上的四班战士居高临下，猛烈开火。一阵激战之后鬼子稍稍后退，但立即又组织起猛烈的反扑，就连河滩上鬼子的山炮也调转炮口，朝着马皮沟决死队阵地猛轰。

机枪手韩长林冒着敌人的炮火，向着冲锋过来的鬼子猛烈扫射，机枪嗒嗒嗒嗒吐着火舌，把愤怒的子弹倾泻到敌群中。韩长林咬着牙，操着机枪正打得痛快，冷不防从鬼子阵地上飞来一颗子弹，韩长林中弹牺牲。四班长朱玉田一看机枪手阵亡，猫腰飞奔过来，抱起机枪继续扫射，鬼子的一发炮弹飞过来，朱玉田也受了重伤。机枪哑了，鬼子又蜂拥冲了上来，趴在战壕里的张来福端起冲锋枪突然开火，一阵猛烈的扫射，又把鬼子压了下去。张来福一看鬼子退了回去，顺着战壕猫腰来到朱玉田身边，背起浑身是血的朱玉田从西门撤进村子。

掩护着张来福后撤的副班长徐志英，见张来福和班长已经平安撤到村子里，冲上去抱起机枪，带着四班战士也撤进西门，上了西寨墙。

鬼子的援兵来了。刘德山从寨门楼上远远望去，见一队鬼子骑兵已经开到香邑村口。鬼子骑兵队长和大野昌夫嘀咕一阵，带着骑兵策马向着河滩飞奔过来。

来吧，狗日的！今天就让这群狗崽子尝尝爷爷手中钢枪的厉害！刘德山杀得兴起，捋起衣袖举着手中的盒子枪，一只脚踏在寨墙上。

正在危急时刻，蔺克和杨长明骑着马赶到了。蔺克翻身下马，飞奔登上北寨门，对刘德山说："十三号命令，不要硬拼！赶快带着队伍往四眼沟撤！"

原来，接到杨长明报告，董天知带领八总队火速前来救援，利用村南四眼沟的有利地形已经设好了埋伏。

撤？撤！刘德山不情愿地下达了撤退的命令。

五班、六班下了北寨墙，冲向南寨门。蔺克和刘德山冲在队伍最前头，一小队鬼子从西寨门冲了进来，在村中十字街口和五班、六班相遇，蔺克端起冲锋枪，嗒嗒嗒对准鬼子就是一梭子，冲在前面的鬼子缩了回去，刘德山也向鬼子甩过去一颗手榴弹，轰隆一声巨响，鬼子纷纷躲避。借着烟尘的掩护，战士们跟在蔺克和刘德山身后，冲过十字街口。

刚到南寨门下，蔺克就见徐志英背着重伤的朱玉田跑了过来，身后还跟着三个十三四岁的小孩儿，看来这几个小孩儿刚才没来得及撤出村子。徐志英气喘吁吁，三个小孩儿张皇四顾，蔺克停下脚步对徐志英说："不要慌，你们先撤，我掩护！"

徐志英和三个小孩儿出了南寨门，蔺克闪身隐蔽在南寨门门洞里，待到追击的鬼子一露头，蔺克手一扬，嗖地甩过去一颗手榴弹，随着轰的一声巨响，把鬼子炸了个血肉横飞。停了一会儿，追击的鬼子又露出头来，蔺克又是一颗手榴弹甩了过去，轰的又是一声响，刚刚露头的鬼子又缩了回去。

看徐志英他们已经走远，蔺克正要撤走，突然一抬头看见自己的大黑马就在不远处等着自己，蔺克心中一热，大黑马呀大黑马，你真是我的生死兄弟！蔺克飞奔几步来到大黑马身旁，纵身一跃上了马背，他俯身马背上，两腿用力一夹马肚子，那马兴奋地嘶鸣一声，腾空跃起，载着蔺克一溜烟儿出了南寨门，向着四眼沟奔去。

看到蔺克飞马过来，董天知松了口气。蔺克到了董天知身边，抬手擦去额头上的汗水说道："鬼子马上就要过来了！"董天知对着蔺克竖起大拇指，取下身上的水壶递了过去。蔺克的嗓子正渴得冒烟，他接过水壶一仰脖子咕咚咕咚喝了几口水。

大野昌夫进了村，几个鬼子跑了过来，指着村南四眼沟方向："决死队的跑了！"

"跑了？追！给我追！快快地给我追！"大野昌夫一阵咆哮。鬼子骑兵打头，步兵随后，浩浩荡荡朝四眼沟奔了过来。

董天知在望远镜里看得一清二楚。

四眼沟南北走向，沟深坡陡，一条大道沿着沟底由北向南通向紫金山中，深沟两侧是茂密的荆棘杂草，正好适合部队隐蔽。大野昌夫一心想着追击决死队，根本没有想到四眼沟两侧会有伏兵。

鬼子骑兵进了四眼沟，朝着两侧高地就是一阵扫射，这是鬼子在进行火力侦察。两侧高地上被打断的树枝簌簌落下，然后是一片静寂。大野昌夫在骑兵之后跟进，他进了四眼沟，发现决死队突然没了踪影，心中正在疑惑，就听头顶传来一声喊，紧接着就是枪声大作，手榴弹也从头顶纷纷落下，咣咣咣在敌群中炸开了花。

中了决死队的埋伏！大野昌夫脑袋一蒙，心里一慌，拨转马头向后逃去。前边的骑兵毫无防备，不少鬼子一命呜呼，跌落马下。有的鬼子受了伤，一只脚还挂在马镫上，被受惊的战马拖着向后跑去。霎时沟底鬼子人马杂沓，乱作一团，在决死队的枪声和手榴弹爆炸声中鬼哭狼嚎，死伤一片。

大野昌夫逃到沟口才稳住阵脚，他收拢退回的残兵准备反扑。决死队阵地上，枪声也暂时停歇，卫生员冲上阵地，用担架把牺牲的战士和重伤员抬下去，为负伤的战士包扎伤口。战士们都很清楚，这一阵短暂的平静之后，将会迎来一场更加残酷激烈的战斗。

果然，鬼子的炮兵赶到了。几门山炮架在沟北土地庙高地上，对着四眼沟两侧决死队阵地就是一阵猛轰。

必须打掉鬼子的炮兵阵地！董天知朝着李柽招招手，李柽提枪猫腰来到董天知面前，董天知抬手朝着土地庙高地一指："李柽，你带一个排从土地庙背后绕过去，拔掉这颗钉子！"

"是！"李柽带人沿着鸭儿岭飞奔过去。土地庙建在一面断崖上，李柽他们到了土地庙背后，攀着绳索爬上断崖冲了过去。鬼子炮兵正一门心思炮击决死队阵地，对背后断崖方向压根儿没有防备，李柽带着决死队员猛扑过去，冲入鬼子炮兵阵地就是一阵拼杀，鬼子的炮兵抵挡不住，死的死，逃的逃，鬼子的山炮哑了。

大野昌夫困兽犹斗，举起指挥刀朝着决死队阵地一指，歇斯底里地号叫起来："冲锋！冲锋！"鬼子残兵端着枪，举着太阳旗，从沟口西侧坡度较缓的地方，向着决死队阵地冲了上来。

那里是一大队的阵地。看鬼子来势汹汹，董天知派李荫汉和蔺克各带一个中队前去增援。眼看着鬼子就要冲到阵地跟前，李荫汉和蔺克援兵赶到，一大队士气大增，决死队居高临下，一阵密集的枪声过后，冲到半坡的鬼子丢下一片尸体退了下去，鬼子的冲锋被打退了。

李柽从土地庙方向朝着鬼子背后包抄过来。直到背后突然响起激烈的枪声，大野昌夫才发现自己四面被围，已然成了瓮中之鳖。

大野昌夫还想垂死挣扎，他举起指挥刀准备再次组织进攻，李柽端起刚刚从鬼子手里缴获的歪把子机枪，一扣扳机，对着大野昌夫突突突突就是一梭子。大野昌夫的身体被打得摇摇晃晃，转了几个圈后重重地摔倒在地，口吐鲜血，一命呜呼。

鬼子死伤大半，大势已去。决死队的包围圈越缩越小，鬼子残兵仍在负隅顽抗，又是一阵密集的枪声，手榴弹也嗖嗖嗖飞入敌群。

轰隆轰隆的爆炸声过后，鬼子残兵见阎王去了。

蔺克把从村子里带出来的三个小孩儿带到董天知面前。董天知把手里的大眼盒子往腰里一插，弯下腰摸摸三个小孩儿的头说道："鬼子被消灭了。孩子们，你们可以回家了！"

三个小孩儿像商量好了似的，抬头看着董天知，一齐摇摇头。董天知问道："怎么？不回家了？"

三个小孩儿中年龄稍大的那个开口说话了："我们往哪里走？我们都已经没有家了，我们要跟着决死队打鬼子！"

蔺克走了过来，把三个孩子揽在怀里，叹了口气对董天知说："刚才我都问清楚了。这三个孩子都已经无家可归，他们的父母都死在了鬼子手里，村庄也都成了一片废墟。他们不是这个村子的，本来是来这个村子投靠亲戚的，还没找到亲戚家，鬼子就打过来了。"

三个孩子听蔺克一说，都吧嗒吧嗒掉下眼泪来。董天知心情沉重起来，他深深叹了口气，弯下腰去用手抚摸着三个孩子的脸。多可爱的孩子，竟然都成了孤儿，决死队要是不带走他们，他们能往哪里去？日本鬼子今天扫荡，明天扫荡，如果手里没有枪杆子，他们能活下去吗？

蔺克接着说道："他们的村子叫北河湾村。前几天鬼子扫荡，全村人结伴逃难来到村南大山洞。这个山洞很大，全村二百多口子人都藏了进去。可谁知道这个山洞被狗日的鬼子发现了，鬼子没有人性，堵住山洞口，把赤手空拳的老百姓拉出来，用刀砍，用刺刀刺，用枪杀，把山洞里的百姓全都杀掉了。鬼子一边杀人，一边哈哈大笑。他们三个小孩儿是被父母慌乱之中塞进树洞里，这才捡了一条命。他们听到看到了鬼子杀人的全过程，唉！全村人死得精光，就剩下了这三个小孩儿……"说到这里，三个小孩儿早已经泣不成声，就连蔺克也悲愤地哭出声来。

听蔺克说着，围拢在董天知身边的战士们想起了自己的父母亲人，想起了自己家亲人的惨死，没等蔺克说完，早已经是哭声一片。

董天知站起身来，拍拍三个小孩儿的头，一个一个擦干他们的眼泪，对蔺克说："把他们三个都带上。明天，我亲自把他们送到随营学校。从今天起，决死队就是他们的家！"

董天知站在身边一块石头上，看看身边的战士们，大声说道："都把眼泪给我擦干！男儿有泪不轻弹。靠眼泪消灭不了鬼子。日本鬼子不怕眼泪，"他从一个战士手中拿过一杆枪来，高高地举过头顶，"日本鬼子怕的是这个！"说到这里，董天知扣响扳机，"啪啪啪"三声枪响，枪声在四眼沟回荡着，他又用手中的枪朝着沟底鬼子的尸体一指，"只要我们团结起来，只要我们握紧手中的钢枪，瞧，这就是日本鬼子的下场！"

战士们的哭声停止了。

片刻的安静之后，人群中爆发出一阵山呼海啸般的声音："打鬼子，救中国！""打鬼子，救中国！"

六、巩固根据地

纵队随营学校和纵队司令部都在曹公村。董天知兼任随营学校的军政委员会书记，最近因为战事繁忙，学校的事情多是教务主任杨献珍在主持。

董天知带着三个小孩儿来到随营学校。刚刚跨进校门，热情的学员们就把董天知围了起来。

"首长，我们要求武装起来，到敌占区去打鬼子！"

"首长，赶快给我们发枪吧！我们要上战场，我们要跟鬼子拼命！"

杨献珍笑着走了过来。董天知指指带来的三个小孩儿，对杨献珍说："杨大哥，我又给你带来了三个小战士！"杨献珍已经听说了三个小孩儿的事情，高兴地说："我们的队伍又壮大了。要不了多长时间，他们都会成为威武雄壮的抗日战士！"杨献珍又俯下身子对这三个小孩儿说，"快去一人领上一身合身的军装吧！"三个小孩儿蹦蹦跳跳地走了。

学员们又围拢过来，杨献珍对董天知说："天知，最近一段时间学员们热情很高，纷纷要求上前线。你看看，这一见到你，就又嚷嚷开了！"

董天知也被学员们的热情所感染，他满面笑容地说："同学们，你们为国家为民族献身的热情十分可贵。我今天来，就是要跟杨主任商量这件事情，你们就等着好消息吧。"

人群让出一条道来，董天知和杨献珍并肩朝着简陋的办公室走去。

办公室里，还有几个人等在那里。这几个人都是随营学校的军事教官，见董天知进门，他们纷纷上前和他打招呼。

董天知指着他们几个，笑着说："你们几个人可都是我们决死队的宝贝。现在终于到了宝剑出鞘、猛虎下山的时候了。"

董天知看着其中一个年纪三十出头、相貌俊秀的青年说："雷震同志，委屈你了。本来我把你从八路军要来，是想让你挑一副重担子的，可是阎锡山那一关通不过，他最害怕南方口音的人哪，就怕我们用了红军干部。所以我们要避避风头，只好委屈你暂时做了随营学校的游击教官。"

雷震在几个人中年龄最长，他操着一口湖南口音，大大咧咧地说："那也是有得办法的事情！不过，首长，现在阎老西退到秋林去了，该我们几个大展拳脚了吧？"

雷震的话音刚落，坐在一旁的赖林芝开了口："首长，这双使惯了长枪短枪的手，拿了几个月教鞭，硬是不习惯哟！"说到这里，赖林芝又用肩膀顶顶坐在他身旁的贾定基，"定基，你说呢？"

贾定基点点头，看了董天知一眼："那当然喽。"

赖林芝和贾定基年纪相仿，都是二十出头的年纪，又都是福建人，两个人说起话来一唱一和。

坐在杨献珍身旁的胡正平也开了口，他看看董天知和杨献珍，说："董主任，杨主任，这小鬼子就在咱眼皮底下，我们这几个都是参加过长征的老兵，眼睁睁看着鬼子横行却没有仗打，这滋味可不好受啊！"

一直没有开口的刘明也插上一句，说道："正平说的对，急得我手都痒痒!"刘明一边说,一边把两手搓个不停,逗得大家哄堂大笑。

难得有这样的好气氛。董天知心情格外舒畅。今天在座的几个教官都是共产党员,而且都是参加过长征的老红军,别看这几个人年纪不大,可都已经是身经百战的红军指挥员了。雷震在长征之前就已经是红军团长,赖林芝、贾定基、胡正平和刘明也都是红军的营长、连长。

听了大家一席话,董天知颇有感慨地说:"我理解大家的心情。军人生来为打仗,何况现在又是国家危难民族存亡的关头。作为一个共产党员,我们更应该挺身而出,到人民最需要我们的地方去,到打击日寇的最前线去!"董天知看了杨献珍一眼,"我和杨主任已经商量好了,我们随营学校立即组建两支游击队。其中一支名字叫游击一支队,由雷震同志担任支队长,下属两个中队,赖林芝和贾定基同志分别担任一中队、二中队中队长。"

雷震、赖林芝和贾定基站起身来,唰的一个敬礼。雷震神情严肃地对着董天知说:"请首长放心,我们一定把游击一支队带成一支特别能战斗的队伍!"

董天知的目光从雷震、赖林芝和贾定基三个人的脸上一一扫过去,信任地对着三个人点点头。

董天知把目光转向胡正平:"正平同志,纵队模范队是我们从新入伍的战士中挑选出来的种子,再加上我们刚刚从翼城新招的战士,组成游击四支队,由你担任支队长。"

胡正平看到董天知信任的目光,认真地说道:"请首长放心!"

董天知站起身来,拍拍刘明的肩膀:"刘明同志,要交给你一个更为艰巨的任务。"

刘明也从座位上站起身来。董天知接着说道:"我们的地下党从临汾带领二百多个铁路工人,成立了同蒲铁路工人自卫队。他们辗转来到我们根据地,迫切要求在我们决死队的带领下,一起抗日打鬼子。工人自卫队里党的力量比较强,但是缺乏军事干部,需要会打仗的同志去指挥。纵队决定由你和刘建明同志到那里去,牢牢掌握这支武装,在打击鬼子的过程中,不断壮大自己。"

"保证完成任务!"刘明迎着董天知的目光,胸脯一挺,声音响亮地说。

"刘明同志,这支队伍的战斗力相对弱一些,你们的活动区域尽量靠近雷震同志的游击一支队,必要的时候,你们和游击一支队由雷震同志统一指挥。"董天知看看刘明,又看看雷震。

"是!"刘明和雷震异口同声响亮地回答。

"刘建明同志怎么没来?"董天知探寻的目光看着杨献珍。

杨献珍答道:"建明同志正带领学员队进行游击战术演练,应该马上就到。"

话音刚落,只听门口传来一声:"报告!"满头大汗的刘建明推门而入。

刘建明这是刚刚结束战术演练，匆匆赶来。董天知摆手示意刘建明坐下，又看看大家，说："同志们，我希望这几支游击队在你们带领下能快速成长，快速扩大，迅速成长为我们根据地的骨干力量！今天我们这个会议之后，你们就带领队伍，到曲沃、翼城、新绛、闻喜、夏县这些敌占区，开展广泛的游击战争。把我们红军的拿手好戏充分运用到抗日的战场上，让鬼子尝尝咱们的厉害。战争环境也是培养军事骨干的最好战场，你们要带领学员们在战争中增长才干！"

听了董天知的话，雷震他们一个个摩拳擦掌，恨不得现在就带着游击队插翅飞到鬼子面前，杀个痛快。

晋南的春天已经接近尾声，中条山中却处处春意盎然。

一大早，寂静的山间小道上响起一阵急促的马蹄声。三匹战马沿着山路飞奔，不多时来到曹公村，径直到了政治部所在的一处大院落。

董天知听见马蹄声近，已经站在院中等候。三个人下了马，跟在董天知身后急匆匆进了屋里。

这三个人分别是牺盟会委派的夏县县长李涛、牺盟会夏县中心区特派员王竞成和牺盟会晋南交通站站长关复东。三个人都是牺盟会特派员培训班的学生，董天知都曾给他们上过课，跟他们有师生之谊。

看到他们急匆匆的步伐和脸上凝重的表情，董天知知道准是有什么重要的事情。

关复东首先开了口："董主任，我这次从汾西前来，带来牛荫冠同志交给的一个秘密任务。"在决死队开始组建以后，原来牺盟会的主要领导包括董天知在内，大都把精力投入新军创建中，因此薄一波经请示胡服同志，把牺盟会的日常工作交牛荫冠负责。

董天知问道："什么秘密任务？"

关复东说道："有个叫李石庵的，原本是红军某部一个连队指导员，后来在一次战斗中被俘叛变，成了军统特务。前一段时间他在文水县杀了我们游击队中的几个共产党员，我们把他抓起来正准备枪决，他却逃跑了。最近，我们刚刚发现他逃到了晋南一带。我从汾西出发的时候，牛荫冠同志特意吩咐，到了晋南以后找你和李涛、竞成同志一块儿研究，设法尽快除掉他。"

听了关复东的话，董天知点点头。李石庵这个人他知道。李石庵本来就是一个兵痞无赖，离开红军队伍后，他曾经一度混入决死一纵队，在部队中挑拨是非，制造分裂，破坏团结，被薄一波发现后，他逃离部队到了文水县，托人向阎锡山活动了一个文水县县长。文水沦陷后，李石庵吞并文水县抗日游击队，自任大队长，但他却不事抗日，企图拥兵自重。此人阴险毒辣，独断专行，经常找借口残杀和活埋游击队中的共产党员。

原来，他逃到了晋南！董天知问关复东："李石庵现在藏身哪里？"

关复东答道："发现李石庵杀害游击队中的共产党员，程子华和南汉宸同志派谭公强到文水县抗日游击队，要夺回我党对游击队的领导权，李石庵却准备对谭公强同志暗下毒手。程子华和南汉宸同志派人把李石庵抓了起来，他却趁看守不备溜走了。现在他逃到晋南投靠了阎锡山的第七专署专员关民权，关民权正急于扩充实力，就委任他做了个河东八县游击总指挥。"

董天知轻蔑地一笑："哼！来头不小，还河东八县游击总指挥！关民权第七专署的河东八县，不就是我们决死三纵队的抗日根据地吗？"

董天知把脸转向李涛："李石庵这个河东八县游击总指挥，准备怎么个搞法？"

李涛说道："关民权很赏识李石庵。李石庵把他的指挥部就设在夏县，目前正在网罗党羽，扩充队伍，准备把我们发展起来的游击队都编并进去，归他领导。"

砰的一声，董天知一拳砸在桌子上："口气不小！我们发展起来的抗日武装，拱手交给他？简直是痴人说梦！"

李涛的脸上也是愤愤不平的神色："李石庵还扬言，等拉起队伍来，就要向共产党报'一箭之仇'！"

董天知斩钉截铁地说："那好，那我们就给他来个先下手为强！"

牺盟会夏县中心区特派员王竟成是个女同志。这个从大上海来到山西的女将，工作起来大胆泼辣，巾帼不让须眉。早在培训班里，她和来自北平的纪毓秀就赫赫有名。在一九三七年初，牺盟会组织成立抗日救亡先锋队，董天知担任总队长，王竟成和纪毓秀两员女将都曾在董天知手下工作过，因此王竟成和董天知颇为熟悉。在她心目中，董天知这个年轻英俊的首长还是她革命的导师，她内心深处对董天知有着一种朴素的信赖和莫名的崇拜。

王竟成听了大家一番话，也开口说道："李石庵作恶多端，多行不义，我们早该除掉这个祸害。但是他目前手里掌握了一部分武装，恐怕我们还不能动硬，得想一个万全的计策才行。"

"竟成说的有道理。"董天知看看李涛，"李石庵心中有鬼，处处提防着我们。这件事我们直接出面，恐怕会打草惊蛇。李涛，你对李石庵的情况比较了解，依你看，哪里比较容易找到突破口？"

李涛思索片刻，说："七专署还有一个保安司令，叫段捷三。这个段捷三虽说是七专署保安司令，但不归专员关民权指挥。段捷三和关民权两人之间也是矛盾重重，互相倾轧。我跟段捷三有些交情，曾听他发过牢骚，说关民权招揽李石庵，并且委以河东八县游击总指挥是对他的有意冷落，段捷三心中愤愤不平。目前段捷三对李石庵采取的是冷眼旁观的态度，虽然面子上还说得过去，但是貌合神离。"

董天知心中默筹片刻，说道："可以借段捷三摆个鸿门宴，除掉李石庵。"

李涛点点头："除掉李石庵，也是段捷三求之不得的事情。凭我和段捷三的交情，请他出面设个鸿门宴应该不成问题。"

王竞成心思细密，问道："杀了李石庵，对关民权怎么交代？"

可不是。董天知皱眉沉思。

关复东说道："关民权委任李石庵做河东八县游击总指挥，事先并没有向阎锡山报告。他这擅自委官也是一个不小的过错，抓住关民权这个把柄，谅他也不敢说什么。"

董天知点点头："这倒也是。而且更要命的是他瞒着阎锡山委任的竟然是一个军统特务，阎锡山最不能容忍的就是他的手下暗中和国民党拉拉扯扯。到时候阎锡山追究起来，恐怕关民权最先要做的事情，就是极力撇清和李石庵的关系。"

董天知心中除掉李石庵的方案已经成熟，他说道："你们三个人一起去拜访段捷三。到保安司令部以后，李涛同志私下把关复东'特派大员'的身份告诉段捷三，就说是奉了阎长官和牺盟会的命令，要除掉李石庵。然后由段捷三出面宴请李石庵，就在席间动手！"

李涛问道："董主任，方案很好，可是我们手里没兵，到时候打起来，我们可怎么办？"

董天知呵呵一笑："早替你们考虑好了。"董天知朝着门外一摆手，蔺克跨进门来。

董天知对蔺克说："你带特务连，随他们一起去执行任务。"

蔺克两脚一并就是一个敬礼："是！"

董天知吩咐蔺克："估计李石庵会带警卫人员。到了保安司令部，你听从李涛同志指挥，一旦动手，要坚决果断，干脆利索！"

蔺克胸脯一挺："是！"

董天知拍拍蔺克的肩膀："去吧！我等着你们的好消息！"

段捷三是个粗人，听了李涛他们几个人的来意，心想：借刀杀人，除掉对手，何乐而不为？胸脯一拍，满口答应，当下便给李石庵送去一张请帖。

接到段捷三接风洗尘的大红请帖，李石庵心中暗喜，眼下正是招兵买马的时候，当然需要跟保安司令这个地头蛇搞好关系，再加上省里来了特派大员，要当面传达阎长官的密令，就连专员关民权也要参加，去，一定得去，他喜滋滋地带上骑兵班，一溜烟儿来到位于夏县大庙村的保安司令部。

保安司令部张灯结彩，一派热闹气氛。

一进门，蔺克就把李石庵带来的骑兵班让进一处偏房。屋里有一帮弟兄们已经入席，单单空出一张八仙桌，是为李石庵的骑兵班设的专席。

关民权和段捷三在主厅就座，李涛陪着两人说话，见李石庵跨进房门，几人起身迎接。

李石庵刚刚落座，就见王竟成陪着关复东有说有笑进了大门。关复东大模大样，一副钦差大臣的派头，和大家一一见过之后，稳稳坐在主客的位置。

酒宴开始。美酒佳肴，觥筹交错，大家谈笑风生，兴致颇高。

蔺克执掌酒壶，殷勤地围着圆桌，不停地为客人们斟酒。大家渐渐都有了一些酒意，李涛站起身来，摆摆手说道："诸位，诸位，下面请关特派员传达阎司令长官密令！"众人鸦雀无声。

关复东缓缓起身，对着大家扫视一周，突然啪的一掌拍在桌子上，一声断喝："李石庵！"

这一声断喝隐含杀机，如平地一声惊雷，李石庵大惊失色。看关复东来者不善，李石庵刚要去掏腰间的手枪，却感到脑门子一阵冰凉，原来是早就站在他身后的蔺克，手中乌黑的枪口已经顶在了他的脑门儿上。李石庵的身子像触了电一样僵在那里。

"把手举起来！"蔺克威严地下令。李石庵战战兢兢举起双手，蔺克拔出李石庵腰间的手枪握在自己手中。

关复东冷眼看着李石庵："阎司令长官令：查军统特务李石庵，私设河东八县游击总指挥部拥兵自重，残害百姓，鱼肉乡里。立予逮捕，就地处决！"

李石庵冷汗如雨，抖如筛糠。蔺克朝着门外一摆手，几个决死队战士冲进门来，把李石庵五花大绑。

事出意外。看到眼前这一幕，关民权也僵在那里，他战战兢兢，双股栗栗。关复东口气缓和下来，对关民权说："关专员，李石庵是军统特务，罪行累累，恶迹昭著，阎司令长官早就想杀他，你怎么胆敢任用这样的人呢？"

关民权脸色蜡白，鸡子啄米一般连连点头："是是是，关某有眼无珠，有眼无珠……"

王竟成也站起身来，拿出一张写好的布告，铺在关民权面前的餐桌上，用手一指："关专员，处决李石庵的布告已经写好，请你签上自己的名字吧！"说着把手中的毛笔递给关民权。

关民权抖抖索索在布告上签上了自己的名字。

蔺克让人把李石庵押了下去，对李涛说："董主任有令，我还要赶到李石庵的部队里，告诉大家，李石庵的罪恶完全由他一人承担，绝不牵连他人。其他人员愿去者去，愿留者留，留下的人员统统带回去，编入决死三纵队！"

说罢，蔺克带着特务连纵马去了。

决死队不断发展壮大，几千人的队伍，既要吃粮，还要穿衣。决死队不能总是向老百姓伸手，要有自己的服装厂。

说干就干，董天知找来地下党员翟步血，要他立即筹建服装厂。

翟步血回到家乡临汾县，很快就通过临汾县农民救国会动员了一百多个裁缝，赶着马车，拉着牲口，自带机具走了七天七夜，翻山越岭来到根据地。听说乡亲们到了根据地，董天知把乡亲们安排到崔家疙瘩村住下，纵队服装厂就建在这里。

崔家疙瘩村很小，只有两户人家，但这两家的房东都很热情，听说是为抗日打鬼子的决死队做军装，不仅腾出了自家的窑洞，还和大家一起动手重新挖窑洞，很快一个颇具规模的服装厂就建成了。

之所以把纵队服装厂设在这里，是因为崔家疙瘩一带是产棉区，这里十里八乡的乡亲们家家户户都有人会纺线织布。

董天知给服装厂派来了驮骡，专供服装厂领粮运物，还给在服装厂做工的乡亲们每人每天发三钱盐、四钱油、五分菜金，吃粮和决死队战士一个标准，乡亲们都十分高兴。

过了不长时间，第一批军用被服、鞋袜生产出来了，乡亲们兴奋地拿着样品向董天知报喜。

战士们终于可以穿上自己生产的服装了，这对于持久抗战的队伍是何等重要！董天知高兴地来到服装厂，兴奋地抚摸着崭新的鞋袜、服装，乡亲们纷纷围拢过来，说道："首长，这是我们自己生产的服装，您给起个牌子名吧！"

董天知拍拍这些服装，意味深长地说："乡亲们，这些鞋袜服装是为咱抗日的队伍做的，我看就叫'抗战'牌吧！"

七、再战同蒲线

截断鬼子同蒲运输线的战斗一直在进行着。八总队主要负责破袭侯马至运城之间，七总队主要负责破袭临汾至侯马之间。董天知带领八总队在同蒲线接连打了几仗，鬼子从侯马到运城间的铁路运输已经瘫痪，七总队不甘落后，也一直在寻找战机。

董天知来到了七总队。七总队驻地附近还驻扎着中央军八十三师四九七团，董天知决定和四九七团联手，再给川岸文三郎狠狠一击。

董天知快马来到四九七团驻地南庄。四九七团团长梅展翼早已听说董天知的威名，得知董天知前来拜访，赶忙快步出迎。

梅展翼知道董天知是少将军衔，一见董天知就说："早想拜访董将军而没有机会，今日一见，果然名不虚传，青年才俊，年轻有为呀！"梅展翼是黄埔四期毕业，虽然只是个上校团长，但在抗日战场上也是屡建功勋，董天知对梅展翼也很敬重："梅团长过奖。上次翼城之战，决死队之所以能两次打援成功，多亏了老兄的围城之功！"

梅展翼对决死队和八十三师之间的这次成功合作也是记忆犹新："我要感谢贵军。翼城之战我们四九七团负责攻打西门，要不是董将军两次桥坡设伏，两次消灭日本鬼子从曲沃派出的援军，小鬼子往我四九七团背后插上一刀，也够我四九七团难受的！"

董天知点点头："兄弟同心，其利断金。小鬼子就怕中国军队团结起来。我这次来，是想和贵军再来一次联手合作，让川岸老鬼子再尝尝中国军队的厉害！"

"我也正有此意。"梅展翼说道，"我们已经接到卫副司令长官的命令，在同蒲路沿线继续向日军展开攻势行动。这不，我们正在考虑如何下手。"

董天知说道："我们决死队也接到了东路军朱德总指挥的命令，和友军积极配合，主动出击，在同蒲线展开破袭战，牵制、消灭山西日军，支援徐州战场。川岸文三郎一个师团的兵力，摆在从太谷到蒲州一千里的铁路线上，顾得了头顾不了尾，必然是处处挨打。前几天我们决死队在侯马附近打了几仗，打得川岸文三郎头疼不已，这次我们想与贵军合作，在临汾附近再打一仗，打断川岸文三郎这只癞皮狗的脊梁骨。"

董天知走到挂在墙上的作战地图旁，指着地图上标注的"史村车站"对梅展翼说："我看咱们可以在这里做做文章。我们已经侦察过了，史村车站最近囤积了不少鬼子的军用物资，准备南运曲沃，接济侯马、曲沃、运城一带的鬼子。这可是一块肥肉。车站上有两个中队的日军守卫，别看人数不多，却配备了不少重武器，还加高加固了车站围墙。我们决死队攻坚能力不行，这两个凭险固守的日军中队我们啃不动。是不是把这块肥肉让给贵军？中央军的攻坚能力可是顶呱呱的。还是上一次的老战术，你们攻城，我们打援。等你们战斗打响，我们在这里，"董天知用手指指地图上"丁村"这个地名，"同时把丁村铁路桥炸掉。这样临汾的鬼子要想增援史村就只能走公路，然后我们在鬼子的必经之路赵曲一带设伏，把增援的鬼子干掉，这样既解了你的后顾之忧，又实现了歼灭鬼子的目标。怎么样?"

听了董天知的战术分析,梅展翼对眼前这个青年将领刮目相看。梅展翼可是地地道道的黄埔四期,和林彪是同班同学,对于作战那可是科班出身,听了董天知的分析也不由得暗暗佩服。其实最近梅展翼早已经瞄上了史村车站,也派出了侦察兵对这里进行侦察,得到的侦察情报和董天知所讲一致。想到这里,梅展翼也走到挂图跟前,对董天知说:"董将军,不瞒您说,我最近也盯上了史村车站,唯一担心的就是怕鬼子从临汾出兵夹击我们。如果有决死队相助,我们就没有了后顾之忧。说干就干!董将军所讲正合我意,就按董将军讲的,我们分头行动!"

董天知和梅展翼的手握在了一起,两人几乎同时说出一句话:"兄弟同心,其利断金!"

经过一番紧锣密鼓的战前准备,四九七团攻击史村车站的战斗打响了。就在同一时间,董天知带领七总队炸毁了丁村大桥。

川岸文三郎接到报告,果然如董天知所料,派出一队三百多人的援兵从临汾出发,急急忙忙沿着公路向史村车站赶去。

这一路鬼子到了赵曲,就进入了决死队的伏击圈。决死队早已经在两侧高地上构筑阵地,伪装设伏,等鬼子进了伏击圈,决死队居高临下,猛烈开火,打得鬼子鬼哭狼嚎,死伤枕藉。

这路鬼子援兵被阻击在赵曲,前进不得,后退不得,等好不容易冲出决死队的包围圈,攻占史村车站的四九七团早已经击溃守敌,把鬼子的军用物资席卷一空,远走高飞。

消息传到曲沃,川岸文三郎气得要发疯。决死队在侯马、曲沃连连出击,逼得川岸把师团司令部都搬到曲沃,要找董天知算账,哪知道这老账没算又添新账,按下葫芦浮起瓢,董天知从眼皮子底下消失了,却又出现在川岸文三郎背后,炸毁丁村桥,伏击小鬼子,搞得川岸文三郎是首尾难顾、焦头烂额。自从军火库被袭、军车被截、侯马桥被炸到现在,第二十师团是弹药缺乏、粮草不继,川岸文三郎四处被袭、困坐愁城,战线已经一缩再缩,部下人心惶惶、士气低落,上司香月清司又责骂问罪,把川岸文三郎骂得狗血喷头。这可怎么办?这可怎么办?侯马桥被炸、丁村桥被炸,沿南同蒲铁路驻扎的二十师团被截成三段,处处被袭,处处告急。

眼下最要命的还是粮草军火,最要紧的还是打通交通线。铁路线被截断,只好从公路线上想办法。川岸文三郎思来想去想到了一个主意,打通太原到风陵渡这条太风公路运输线!为了确保军用物资运输的畅通,沿途增派日军骑兵巡逻队。川岸文三郎主意已定,召来骑兵联队联队长藤田茂速速安排。藤田茂这个骑兵联队只有不到两千人马，要在近千里的公路线上巡逻，注定捉襟见肘，但是为解燃眉之急，也只好如此了。

打蛇打七寸。带领八总队在曹公村整训的董天知也在密切注视着川岸文三郎的动向。距离川岸文三郎的老巢不远，在曲沃县城城北西许村，就有一个鬼子的骑兵巡逻队。这里是川岸文三郎的卧榻之畔，藤田茂精挑细选了一个骑兵中队驻扎，这一队日军兵强马壮，弹药充足，担负着鬼子二十师团司令部驻地曲沃向北直到蒙城一带公路运输线的巡逻任务。这里就是川岸文三郎的七寸。董天知紧紧盯住了这个骑兵巡逻队，经过周密考虑，就选定这里向川岸文三郎开刀！

听说有仗要打，李荫汉和李桱请战来了。

董天知兼任八总队的政治主任，因此对这个总队的军政建设关注尤多，对李荫汉和李桱两个人都很欣赏。作为三大队的大队长和政治指导员，两个人的抗日热情都很高，在战场上也都是身先士卒，奋勇杀敌。李荫汉虽然是阎锡山派来的大队长，但抗日坚决，作战勇敢，和地下党员李桱之间配合也很默契。三大队还是八总队的主力部队，最近几次作战都承担了主攻任务，而且作风勇猛，多有斩获，董天知对三大队也多有倚重。

李荫汉内心对董天知十分敬佩，也知道董天知信任他，因此见了董天知便快人快语地说道："首长，我们三大队请战，把打西许据点的任务交给我们吧！"

董天知笑了："我正有此意。三大队能打硬仗，又经过了多次战斗考验，这次战斗就由三大队承担主攻。"主攻任务到手，又听到董天知夸奖，李荫汉挠挠头，不好意思地笑了。李桱走上前来，对董天知说："首长，我们已经派人侦察清楚了，鬼子这个巡逻队白天巡逻，夜晚缩在据点不敢动，一个夜袭就能把这群王八蛋包了饺子！"

董天知点点头："就用夜袭。纵队也派人侦察过了。鬼子骑兵机动灵活，但是到了晚上把马拴在马厩里，这些优势可就荡然无存了。西许据点这颗钉子必须拔掉。这里地处曲沃中心地带，又是太风公路和高安官道的交会点，军事价值巨大。鬼子占了能保证公路运输畅通，我们占了能卡住小鬼子的喉咙！"

"自打小鬼子驻扎在这里，西许村方圆左近的老百姓都被鬼子祸害苦了。首长，什么时候动手？"李荫汉急不可耐地问道。

董天知摆摆手："不可轻敌。这次战斗要周密计划。"董天知走到墙上的挂图旁，指着地图说，"据点就在大路边，鬼子南北两个方向曲沃、蒙城的援兵都能快速到达。因此，除了你们三大队承担主攻外，一大队、二大队也要参战。一大队埋伏在蒙城附近，二大队埋伏在曲沃城北门外苏村、席村一带，分别担负阻击鬼子北、南两个方向援兵的任务。"

李荫汉和李桎盯着地图，凝神静听。董天知接着说道："西许村寨墙坚固，没有北门，只有东门、西门和南门。鬼子据点就设在村子西门内不远的裕宏源烟房内。"说到这里，董天知抬头看着李荫汉问，"裕宏源烟房内部的情况侦察清楚了吗？"

李荫汉一边说一边比画："侦察清楚了。裕宏源烟房是一个坐北朝南的两进院落。以前，前院是工人们抽烟筋、扎捆、刨丝、配料和包装的制烟车间，后院两排宽大的库房，分别是原料库和成品库。如今，前院的房子成了鬼子的兵营，后院除了做马厩外，还堆放了大量的饲料和麦草。"

看来李荫汉对据点内部的情况已经了然于胸。董天知沉吟片刻，对李荫汉和李桎说："明天晚上行动。你们的三个中队分别控制三个寨门。另外，在全总队范围内挑选精兵强将组成奋勇队，由奋勇队打头阵。"李荫汉和李桎迎着董天知信任的目光，两脚一并："是！"

第二天傍晚阴云密布。天刚擦黑，曹公村突然响起一阵紧急集合号声。

部队紧急集合。董天知走到队前高台上，只见他大手用力一挥，大声说道："同志们，我们今天晚上要给鬼子来一个突然袭击，目标就是西许鬼子骑兵巡逻队！"董天知的话铿锵有力，广场上队伍整齐，鸦雀无声。

董天知有意停顿一下，接着说道："同志们，从鬼子占领曲沃至今，也不过短短两个多月，仅仅在西许村周边的几个村庄，就杀了我们二百多人，烧了我们五百多间房。这笔账，我们都记得一清二楚。大家都还记得前不久的'神泉村惨案'吗？"

"记得！"队伍里发出愤怒的喊声。

董天知接着说："是啊，每个中国人都不能忘记。神泉村和西许村仅仅隔着一条大路。鬼子为了修建据点，把西许村里的老百姓都赶了出来。这还不算，又冲进相邻的神泉村烧杀抢掠，制造无人区，对手无寸铁的老百姓刀砍枪刺，见人就杀，到处血迹斑斑，尸体累累。鬼子走后我们幸存的老乡哭天喊地，掩埋了死者后纷纷外逃。现在这个村子已经成了无人村，房前屋后尽是一人多高的蒿草。这就是鬼子到处宣扬的'王道乐土'，就是鬼子到处宣扬的'东亚共荣'！"

"血债血还！血债血还！"战士们举起手中的钢枪，高喊着。

董天知有力地挥动紧握的拳头，再次提高了声音："是的。同志们，欠下的债总是要还的。我们今天晚上就要让小鬼子血债血还！出发！"

山风阵阵吹来，但战士们心中热血沸腾。曲沃地下党派来的向导畅德娃也来了，他和董天知并排走在队伍的最前头。畅德娃就是西许村人，他被鬼子骑兵巡逻队抓去喂过马，他边走边向董天知介绍着村里村外的地形、道路和鬼子的兵力部署情况。

为了便于夜间识别，战士们左臂都扎上了白毛巾。队伍沿着弯弯曲曲的续鲁河岸，朝西北方向快速挺进。

夜深了，山路两旁一片漆黑，队伍穿过一个个村庄，很快就把群山远远地甩在身后。到了平川地带，沿途偶尔能看见远处微弱的灯火，偶尔也会传来几声汪汪汪的狗叫，似乎在提醒战士们要提高警惕。

多么静谧的夜晚。董天知想起了家乡的夜晚，想起了家乡的亲人，想起了慈爱的父母。不知道父母身体可好，不知道双亲是不是也在思念战场上的儿子。哪个父母不希望儿女床前尽孝？哪个父母不希望子孙绕膝承欢？但是敬爱的父母双亲，请你们原谅儿子不能床前尽孝吧！国土沦丧，大敌当前，作为热血男儿，儿子只有走上抗日的战场！此刻，全中国还有千千万万个热血男儿和你们的儿子一样，为了拯救这个国家，为了我们的子孙后代不被奴役，为了千千万万个父老乡亲能过上安稳的日子，正在奔赴杀敌的战场。

远处传来几声沉闷的枪声，听得出那是自卫队、游击队在袭扰敌人。这枪声也把董天知的思绪拉回到眼前。眼下已经是四更时分，向导畅德娃小声提醒董天知：“首长，西许村就要到了。”

通讯员送来消息，担负阻击任务的一大队、二大队也已经到达指定位置。

李荫汉和李桎从队伍后面赶了上来。指挥部设在神泉村东门外一座破庙里，这里和西许村一路之隔，庙门正对着西许村的西寨门。这座破庙的院墙已经坍塌，董天知和李荫汉、李桎从院墙缺口处进入庙院，拨开一人高的蒿草，走进破庙的大殿里。提前到达神泉村侦察情况的谢绍安已经等在这里，他向董天知报告：“据点里鬼子的情况一切正常，目空一切的小鬼子根本没有料到决死队会来偷袭，竟然连巡逻哨都没有设置。”

正中下怀。战士们悄无声息地隐伏在神泉村中的蒿草里。

几个中队长也都赶到了指挥部，蔺克掌起一盏马灯站在董天知身旁。昏暗的灯光下，董天知下达命令：“一中队控制东门，二中队控制南门，三中队控制西门。立即出发！”三个中队长答应一声，带人去了。

从整个八总队精挑细选出来的奋勇队三十个精兵强将，在队长郝凯带领下，全副武装站在董天知面前。战士们的脸色因为兴奋而涨得通红，个个摩拳擦掌，跃跃欲试。董天知的目光从大家脸上扫过，又一个个检查了大家的装备，然后回到队前，满意地点点头：“同志们，你们是我们砸向鬼子的铁拳头。今天晚上能不能把据点里的鬼子全部消灭，就看你们的了！出发！”

西许村笼罩在黑沉沉的夜幕之中，在树梢上筑了巢的猫头鹰发现动静，偶尔发出一声瘆人的怪叫。在畅德娃的带领下，郝凯带着奋勇队绕过敌人设置的陷阱，轻轻剪断寨墙下的铁丝网，搭成人梯翻过了西寨门附近的寨墙，然后轻手轻脚地打开西寨门。西寨门外，三中队的战士早已经握枪在手，焦急地等待着，大门一开，战士们迫不及待地提着枪，猫着腰鱼贯而入，留下一个班把守西寨门，其余战士跟在奋勇队身后摸到了裕宏源烟房的大门前。

郝凯隐身黑暗之中看过去。裕宏源烟房高大的门楼下悬挂着两盏明亮的汽灯，可以清楚地看到门口只有一个个头儿不高的哨兵，这个哨兵怀里抱着长枪，正靠在门框上打盹儿。

"杨炳敬！张得功！"郝凯轻声一唤，两个十八九岁的小战士猫腰到了郝凯身后。郝凯朝鬼子哨兵一指："摸哨！"杨炳敬和张得功把手里的长枪背在身后，抽出短刀握在手中，两人一前一后，迅如疾风，时隐时现，闪转腾挪，悄无声息地向着鬼子哨兵摸过去。到了哨兵跟前，那哨兵依然毫无觉察，张得功一个箭步飞上前去，右臂一弯夹住鬼子哨兵的脑袋，鬼子哨兵还在懵懂之间，已经被张得功脚下一绊摔在地上。这一摔势大力沉，迅如闪电，鬼子哨兵的脑袋砰的一声砸在地上，张得功右臂猛一用力，只听"咔嚓"一声鬼子的脖颈已经被生生拧断，这个鬼子哨兵就这样在睡梦之中见了阎王。张得功把鬼子哨兵软绵绵的尸体往地上一放，捡起哨兵的长枪往肩膀上一挎，和杨炳敬一起搬开大门口的铁栅栏。

见张得功和杨炳敬得手，郝凯一挥手："上！"奋勇队战士旋风一般扑入院内，分头把住前院房间的门窗，把手中的手榴弹从窗外砸了进去。霎时间，喊杀声、枪声、爆炸声、惨叫声响成一片，后院的战马也受了惊，在马厩里惊慌嘶鸣。

三中队战士一部分守住大门，一部分爬上房顶。那些没死的鬼子有的冲出房门企图夺路而逃，有的躲在门窗后边向外射击，埋伏在房顶上的决死队员一阵扫射，企图挣扎顽抗的小鬼子统统报销。

战士们冲进马厩，解下缰绳准备把几十匹东洋马牵走，谁知道这些战马都是经过严格训练的，一看不是它的主人，无论是战士们用马鞭抽，还是用枪托打，甚至用刺刀戳，就是不肯往外走。随后冲进来的李荫汉一看这种情况，害怕时间耽误久了，曲沃城里的鬼子听到枪声前来增援，那可就糟了！既然不跟我们走，那也不能再留给鬼子！李荫汉心一横："奶奶的，既然牵不走，也不能留给鬼子，手榴弹伺候，统统炸死！"

战士们松开手中的马缰绳退出马厩，几十颗手榴弹嗖嗖嗖扔了进去，随着轰隆轰隆一阵巨响，这些东洋马也追随它们的主人上天堂去了。

战斗结束，决死队无一伤亡。黎明前的夜幕仍然是漆黑一片，董天知带着战士们迅速撤离战场，隐没在群山之中。

太阳升起来了。战士们肩上扛着战利品，满怀着胜利的喜悦，早已经忘记了长途跋涉的疲劳，不知是谁起了个头，大家齐声唱起了《游击队之歌》：

> 我们都是神枪手，每一颗子弹消灭一个敌人，我们都是飞行军，哪怕那山高水又深。在那密密的树林里，到处都安排同志们的宿营地，在那高高的山岗上，有我们无数的好兄弟……我们生长在这里，每一寸土地都是我们自己的，无论谁要强占去，我们就和他拼到底！

董天知难得有这样的好心情，也跟着战士们哼唱起来。他心中想道：是啊，我们生长在这里，每一寸土地都是我们自己的，无论谁要强占去，我们就和他拼到底！

八、浴血秦岗

连续两个月的阴雨连绵之后，天空终于放晴。

从翼城县曹公村通往长治方向的盘山道上，传来一阵清脆的马蹄声。只见两匹战马在曲折蜿蜒的山道上并辔前行，后边不远处，还有一个骑兵排的警卫战士，全副武装，随行护卫。

董天知和戎子和骑在马上，边走边谈。

董天知抬头看看远处，对戎子和说："子和同志，此去长治路途遥遥，中间还要经过鬼子占领区，路上可要多加小心。"

戎子和回头看看身后的警卫战士，笑着说："有警卫排这些神枪手保护，你尽管放心就是了。我到长治兼任第五专署的专员，正是咱们求之不得的事情。这样咱们不仅有了军权，还掌握了政权，咱们决死三纵队的军需供应再也不用发愁了！"

董天知抬手指指自己的头发："可不是！几个月来，纵队几千人在敌后频繁作战，单单是战士们的吃穿问题，都要把我们的头发愁白了！"

戎子和接口说道："还有弹药。这一段时间我们弹药消耗也很大。"戎子和像是突然想起什么事情一样，把脸转向董天知，"天知，到战区司令部请领弹药的事情安排好了没有？"

董天知点点头说："已经通知杨绍曾到纵队来。杨绍曾被派到游击二支队以后，这一段时间工作很有起色。这次要领一百万发子弹和十六万颗手榴弹，这可不是个小数目，而且路途遥远，中间还要经过几道日军封锁线，必须慎之又慎，这件事我要当面给他安排。估计杨绍曾今天该到了。"

戎子和抬头看着董天知："天知，我到长治之后，前方的事情就要你多费心了。"

董天知爽快地说："那是自然。从鬼子出兵晋南到现在，我们的游击队已经是遍地开花，搞得鬼子日夜不安。鬼子二十师团一个师团的兵力想要守住同蒲铁路南段，我看不是那么容易。"

戎子和笑着连连点头："天知，这两个月来，我们的三个主力团配合友军在同蒲路南段频频出击，鬼子二十师团可真是焦头烂额。"

董天知说："是啊。现在二十师团的兵力进一步收缩，龟缩在新绛、侯马和曲沃三座城中。新绛和侯马的日军处于卫立煌三个师的包围之中，曲沃日军也在我们七、八两个总队的包围之中，可惜的是我们没有攻坚作战的能力。"

戎子和面有忧色："天知，现在徐州会战已经结束，鬼子有可能往山西战场增加兵力，增援二十师团。"

董天知点点头："我也是这么判断。所以，我准备马上到前线去，我们要作好迎击鬼子援军的准备。"

戎子和连连点头。说话间两人已经到了路口，戎子和勒住马头，朝着董天知挥挥手说："天知，不用远送了。我们这就出发。"

看着戎子和一路远去，董天知勒转马头。

安登贵骑着马到了跟前："首长，杨绍曾同志来了。"

"走！"董天知松开缰绳，双腿一夹马肚子，朝着纵队部快马赶去。

杨绍曾已经等在纵队部。见了董天知，杨绍曾起身一个敬礼："董主任，游击二支队政治主任杨绍曾奉命前来报到！"

董天知指指旁边一张凳子，呵呵一笑："快坐下，咱们坐下谈。"

董天知为杨绍曾倒了一杯水，递到他手里："绍曾，这次派你执行一个重要任务。"董天知起身走到挂在墙上的地图跟前，用手一指，"派你带一个加强连，到黄河岸边的吉县去领回一批弹药。"

杨绍曾一口水没有咽下，差点儿呛了，他用手一抹嘴唇，连忙问道："首长，这批弹药总共有多少？"

"一百万发子弹，十六万颗手榴弹。"董天知严肃地说。

杨绍曾放下手中的茶缸，掐指算算这批弹药足足一百多吨，抬头问道："那……那得多少人马去运呀？"

董天知说道："这次是个大规模的行动。"说到这里，董天知又转过身去指点着地图说，"而且，这次还要穿越日军占领的南同蒲铁路、太风公路和汾河这三道封锁线。"

这三条防线上鬼子的防范都非常严密，就连平常我们的作战部队穿越都相当不容易，何况……杨绍曾心里有些发怵："首长，我从来没有组织过这么大规模的行动，这万一——"

董天知笑着对杨绍曾说："不用怕。运送弹药的驮骡和民工都已经准备好了。到了吉县，你只需要拿着公文找吉县县长狄景襄就行了。"董天知压低声音说道，"狄县长是地下党员，我们的同志。"

杨绍曾如释重负："请首长放心，保证完成任务！"

刚刚送走杨绍曾，电台译电员张亦良送来一份密电："首长，八总队来电！"

电报上只有一行字：侦察员报告，临汾日军将向我发起进攻。

董天知系上武装带，把大眼盒子往腰里一插："登山，登贵，走，八总队！"两个警卫员牵来战马，董天知飞身上马，驾！朝着曲沃方向飞奔而去。

八总队驻扎在曲沃城东，总队部设在秦岗村一座大庙里。

一到八总队，总队长白英杰就把最近收集到的情报向董天知做了汇报。

为了解救被围困在新绛、侯马和曲沃的日军，日军华北方面军果然从河南新乡急调第四混成旅团入驻临汾，新任第二十师团师团长牛岛实常也随着第四混成旅团到了临汾，他立即派出其中三个大队大约三千兵力，由旅团长河村董亲自督率，从临汾出发气势汹汹朝着秦岗一带扑讨来。

决死队面临的是一场恶仗。

打！一定要重创这一路鬼子，打出决死队的威风来！董天知决心已定。

秦岗一带北临滏河，南靠浍水，中间是一道凸起的绵岭。绵岭自古以来就是曲沃的天然屏障，这一道山岭正好处于两条大道的交会处，不论是从临汾南下，还是从晋城西来，都要经过这一处咽喉要道，这里向来都是兵家必争之地。

卫立煌也派来一个加强营，和决死队协同作战。

董天知听完汇报，对白英杰说道："立即召集各大队长、政治指导员，加上加强营营长，跟我查看地形！"

董天知登上绵岭，沿听城、西常、周庄、县册、羊舍、西海、东海一线，查看了山岭上绵延二十里地的地形和工事，回到指挥所，开始进行战斗部署。

他走到挂在墙上的作战地图跟前，指着地图说道："七中队和曲沃人民抗日自卫队第二大队承担一线警戒。七中队中队长刘树茂率队承担左路警戒，分散部署于滏河以北的下坞、山下、南闻喜、杨庄、修义、吉祥和曲村一线。"说到这里，董天知目光转向曲沃人民抗日自卫队第二大队大队长王清川和教导员武之城，"曲沃人民抗日自卫队第二大队都是本地人，熟悉地形，承担右路警戒，部署于主阵地右侧的杨谈、上陈、下陈、北赵、天马一线，任务是查明敌情，进行袭扰。你们就好比一块胶皮糖，一旦接敌就要死死缠住敌人，边打边撤，迫使敌人及早展开，诱敌进入我伏击区域。

"二大队大队长靳福忠，率队布防于绵岭上的听城、史村、西常、县册、周庄一线，利用工事，居高临下阻击敌人。三大队大队长李荫汉，率队布防于秦岗村西、村北阵地。加强营布防于秦岗村寨堡内，依托寨墙布置防线。一大队作为预备队，在樊店和秦岗之间待命。"

战斗部署完毕，董天知问道："各战斗单位对自己的战斗任务，明白没有？"众人齐声答道："明白了！"

"那好，回去立即进行战前准备！"董天知部署已定，带上警卫员到各大队查看去了。

三大队政治指导员李桎从后面赶了上来。几个人刚刚走到二大队营房，就听院子里面传来一阵喝彩声："大花脸，来一个！""大花脸，来一个！"

"走，看看去！"董天知说道。

院中空地上，战士们正在忙着擦拭武器，清查弹药。战士们有的把子弹带上的子弹一粒一粒卸下来，擦得铮明瓦亮，然后又小心翼翼地插进子弹带里；有的把步枪拆解开来，用油布、通条把一个个零件反复擦拭，然后重新组装好。

空地中间，一个身材结实、皮肤黝黑的年轻战士眯着眼睛，手握通条在擦枪管，一边擦一边嘴里嘟囔着："正忙着呢，不唱不唱！"看来，这位就是战士们口中的大花脸了。

"大花脸，来一个！""大花脸，来一个！"战士们不肯放过他，齐声叫道。

架不住战友们的热情，大花脸放下手中的通条，站起身来清清嗓子，拉开架势吼了起来：

> 敌阵前杨元帅为国捐躯，不由得年迈人珠泪淋淋，
> 杨家将保社稷忠心耿耿，数十年东西战南来北征，
> 立下了汗马功劳，老汉我听得明来记得清，
> 佘太君继夫志再探绝岭，我也要表一表报国之心，
> 抖一抖精神我把路引，悬崖上有栈道直捣敌营……

大花脸唱的是蒲剧《杨门女将》，杨家将同仇敌忾上阵杀敌的故事正合大家心意，一曲唱完，大家齐声叫好。

大花脸刚刚收起架势，一转身看见董天知站在院门口，不好意思地挠挠头皮，叫了一声："董主任！"战士们也都纷纷起身。

董天知跨进院门，带头鼓起掌来，笑容满面地看着大家说：“唱得好！唱出了杨家将的将门豪气，唱出了咱中国人的英雄气概，也唱出了咱决死队的决心和勇气！”

战士们见董天知进门，纷纷围拢过来，这个说：“首长，我们早就盼着上阵杀敌这一天了！”那个讲：“董主任，这是咱八总队第一次打大仗，这下子可让小鬼子尝尝咱们决死队的厉害！”

董天知握起拳头，在空中用力一挥：“这一仗，你们二大队担负的是主攻任务，一定要作好充分准备，让鬼子尝尝咱们决死队铁拳头的滋味！”

听了董天知的话，战士们群情激昂。

离开二大队，董天知又到一大队、三大队走了一圈，刚刚回到大庙门口，就见一匹高头大马迎面奔了过来。

马背上是一个年纪不到二十的小伙子，个子不高，脸蛋红扑扑的，因为腿短，骑在马背上两只脚还够不着马镫，所以只好俯身马背上，两手紧紧抱着马脖子。看见董天知站在庙门口，他的战马放慢了脚步，只见他有点儿不好意思地翻身下马，牵着马走了过来。

到了董天知跟前，他端端正正敬了一个军礼：“首长好！”

董天知笑着问站在身边的李柽：“这位是……”

没等李柽答话，燕登山走了上来，指着来人对董天知说：“首长，这是我弟弟——燕登甲。”

怪不得和燕登山长得那么像！只是个头儿低了不少。董天知看着他手中牵着的大洋马，想起一件事来，指着大洋马问道：“登甲，这就是你前不久从鬼子手里夺回的大洋马？”

燕登甲羞涩地点点头。李柽指指燕登甲，笑着对董天知说道：“首长，小燕子去年就入了党，现在还是咱们的武工队长呢。别看小燕子个头儿小，可是个眼明心亮、胆大心细的小伙子！”

董天知以探寻的目光看着李柽。

李柽接着说道：“就拿这大洋马来说吧。那次小燕子从鬼子手里一下子缴获了两匹呢！”说到这里，李柽看着燕登甲，“小燕子，还是你来说吧！”

燕登甲红着脸说：“前不久的一天，我带着两个武工队员，换上便衣，腰里挎着手枪，怀里揣着手榴弹，到曲沃城外侦察敌情。当我们快到曲沃城东南不远一个叫交里桥的地方时，见一个老乡慌慌张张迎面跑过来，上气不接下气地对我们说：‘你们可不敢再往前边走了，从曲沃城出来几个鬼子，已经到了交里桥了！’我赶忙问他：‘几个鬼子？’他伸开一个手掌，给我比画说是五个。我们武工队正要寻找消灭敌人的机会，我一听只有五个鬼子，高兴得一蹦三尺高。我们几个一商量，决定试试身手，我们拔出手枪，对老乡说：'我们是决死队的，走，你前边带路，打鬼子去！'老乡见我们有枪和手榴弹，胆子也大了起来，就带着我们绕小路到了交里桥村东面的一道寨墙下。指着寨墙悄声告诉我们说：'几个鬼子就在墙那边。'"

安登贵听得入神，凑上来问道："燕子哥，小鬼子在墙那边干啥？"

燕登甲笑了，抬手一拍安登贵的脑袋："看把你急的！"安登贵朝着燕登甲一吐舌头，燕登甲接着说道，"我的个子低，就让一个高个儿队员踩着老乡的肩膀，爬到墙头上去看。看过之后，他小声告诉我，说墙那边一棵大树下边摆了一张大方桌，大方桌上满是酒菜，离桌子不远的另一棵树上拴着两匹大洋马，马鞍上还拴着几只刚刚抓来的老母鸡。一个老乡在应付敌人，鬼子翻译和这五个鬼子正围着桌子在狼吞虎咽。"

安登贵急得拽拽燕登甲的衣角："燕子哥，你赶快说说是怎么缴获这两匹大洋马的吧！"

燕登甲白了安登贵一眼，接着说道："我们在墙这边揭开手榴弹后盖，一拉导火索，隔着墙照着鬼子连续扔了几颗手榴弹，听到轰轰的爆炸声，我们搭着人梯就从墙头翻了过去。可是到了墙那边一看，鬼子和翻译都不见了，就剩下两匹战马拴在树上。我冲上前去解下两匹战马，拉着战马刚要走，钻到被炸坏的桌子下的老乡爬了出来，说他是这个村子的村长，几个日军和翻译都受了伤，已经逃走了，只剩一个不能走的，拿着枪藏进旁边一个窑洞里了。"

安登贵急得连连甩手："燕子哥，赶快抓俘虏呀！"

燕登甲咧嘴一笑："我也是这么想的，我转身就朝着窑洞奔过去，还没到窑洞口，就听啪的一声枪响，一颗子弹擦着我头皮飞了过去。妈呀，我这才想起来，差点儿忘了，这个鬼子手里有枪！而且他藏在暗处，我们几个在明处。我怕我们几个吃亏，一挥手，我们拉起战马就出了村子。"

燕登山笑了起来："然后把鞋子都给跑丢了，是吗？"

见哥哥揭了他的短，燕登甲不好意思地笑了笑："可不是！我跳上马背就跑，可惜我腿短，脚够不着马镫，所以跑了一段把鞋子也跑丢了。不过，我们几个到了根据地村子里，老乡们一听说我们缴获鬼子两匹马，可高兴了。见我光着脚，几个老乡七嘴八舌问起来，我就一五一十给乡亲们说了，老乡们给我们拿来几双新鞋，硬往我们怀里塞，非要我们带上。"燕登甲低头一指脚上的新布鞋，"瞧，这一双就是！"

大家朝着燕登甲脚上一看，想象着他光脚骑在马背上的狼狈样，都哈哈大笑起来。

董天知一边听一边在仔细观察着燕登甲，他看燕登甲胆大心细又聪明机灵，抬手拍拍燕登甲的肩膀，笑着说："小燕子，愿意到纵队政治部来吗？"

燕登甲喜出望外，啪的一个立正，抬手向董天知敬了一个军礼："首长，我……当然愿意！"

董天知笑着说道："等打完这一仗，你就到纵队政治部报到。"

燕登甲两脚一并，又是一个敬礼："是！"

八总队趁着夜幕进入伏击阵地。等了一夜，又等了一个上午，没有见到鬼子的影子。

时令已是小暑前后，气温骤然升高，过了中午时分，阵地上酷热难耐。雨后的大地被太阳一烤，就像是一个巨大的蒸笼，阵地上蒸腾起来的热气，都被阳光晒成了一道道弯曲的线条，白花花的，直晃眼。

战士们身上都要晒出油来，心中不停地咒骂着：这该死的小鬼子，怎么还不来！

七中队中队长刘树茂和指导员庞惠润就埋伏在下坞村北一道干涸的河沟边。河沟边上长满了茂密的蒿草，战士们就隐身在这一人多高的蒿草里，警惕地注视着对岸。

鬼子终于出现了。一部尖兵朝着七中队的阵地冲过来。

三百米，一百米，五十米……刘树茂一声令下："打！"战士们早就铆足了一股劲，听到中队长一声令下，阵地上枪声骤起，子弹像冰雹一般扫向鬼子。猛烈的射击打得鬼子猝不及防，冲在前面的纷纷倒下，剩下的鬼子连连后退。

日军大队人马赶到，重整队形，黑压压一片朝着七中队压了过来。

交叉掩护，边打边撤，七中队已经成功地吸引了敌人，他们步步为营，佯装败退，一步一步把鬼子引入伏击阵地。

另一路鬼子也发现了曲沃人民抗日自卫队第二大队的阵地，自卫队同样采用边打边撤的战术，把鬼子引向伏击阵地的右侧方向。

从中午直到日落时分，鬼子才越过横亘在绵岭脚下的滏河，到了绵岭脚下。

沉沉的夜幕之下，望着眼前深不可测的绵岭防线，河村董没敢轻举妄动，他命令日军在绵岭下滏河南岸扎下营盘。

第二天拂晓时分，河村董调来十几门大炮，在滏河北岸一字排开，对着绵岭上的决死队阵地就是一阵猛轰。炮弹呼啸着落在决死队阵地上，巨大的爆炸声地动山摇，炸起的碎石土块四处纷飞，不少决死队战士都被埋在了土里。等炮击停止的时候，战士们才拍拍身上的尘土从土堆里钻了出来。

指挥所里，董天知密切关注着前线的一举一动。炮声一停，他知道鬼子的集团冲锋马上就要开始了。电话摇到二大队阵地，董天知命令二大队大队长靳福忠："鬼子马上要组织冲锋，告诉战士们，杀敌的机会到了，报仇的机会到了！"

靳福忠在电话那头直着嗓子喊道："十三号放心，人在阵地在！"

董天知刚要说话，只听电话那头一声轰隆的巨响，电话线断了。

二大队的工事大多都被日军的炮火摧毁。阵地上弥漫着滚滚硝烟，把黎明时分的天空都遮蔽住了。但是，决死队战士没有后退半步，他们揩干脸上的血迹，吐出嘴里的碎土，借着弹坑的掩护向着鬼子开火。

双方展开激战。鬼子一次次冲到阵地跟前，又一次次被决死队打退回去。半山坡上，到处都是鬼子的尸体，空气中飘散着鬼子尸体焦臭的味道。

短暂的平静过后，鬼子又一次号叫着冲了上来。

四中队阵地上，中队长已经牺牲，指导员张沛源代理指挥。张沛源透过硝烟，看到一队鬼子猫着腰端着长枪已经冲到了四中队的阵地跟前，他大声叫着："机枪！机枪！机枪扫射！"连喊几声，机枪阵地上却没有任何动静。

糟了！张沛源心中一沉。他几个翻滚到了机枪阵地，扑到机枪旁边，正要发火，却发现机枪手和供弹手都倒在机枪旁边，已经牺牲。张沛源来不及多想，赶紧操起机枪咬着牙扣动扳机。嗒嗒嗒嗒！嗒嗒嗒嗒！机枪吐着火舌扫向鬼子，冲到跟前的鬼子纷纷倒在阵前。嗒嗒嗒嗒！嗒嗒嗒嗒！又是一阵机枪的怒吼，又一拨鬼子倒在山坡上，尸体顺着山梁滑了下去。

分队长张问高和大花脸都负了伤，他们爬到张沛源身旁，张问高一把从张沛源手中夺过机枪："指导员，你去指挥战斗，机枪交给我和大花脸！"大花脸腹部受了伤，鲜血正汩汩地往外流，他已经成了一个血人。只见他用牙一咬，嚓地撕下一块衣服条，把腹部的伤口缠了几下，一把把张沛源推了过去："指导员，这里交给我们，你放心！"说完，他把腰间仅剩的一颗手榴弹取下来，放在机枪旁边。

鬼子又一次冲了上来。"老张！大花脸！"张沛源喊了两声，取出自己腰间的几颗手榴弹也放在大花脸眼前。"指导员，你快走！"大花脸一把把张沛源推开，扣响扳机，嗒嗒嗒嗒！机枪又朝着鬼子怒吼起来。

张沛源接连几个翻滚，滚进旁边的战壕里，清查一下人数，已经有二十多个战友牺牲在阵地上。"为英雄们报仇！"他大喊一声，组织战友们展开猛烈的反击。

轰！又一发炮弹落到阵地上，机枪哑了！张沛源朝着机枪阵地看过去，张问高已经牺牲，大花脸举起最后一个手榴弹，摇摇晃晃地站了起来，拼尽最后一丝力气，朝着冲到跟前的几个鬼子猛扑过去，轰！手榴弹爆炸了，大花脸和几个鬼子同归于尽。

"大花脸！"张沛源呼喊着，端起长枪冲出战壕，朝着敌群冲过去。战士们一看，也纷纷跃出战壕，高喊着"为大花脸报仇"，挺着刺刀冲向敌人。

鬼子的攻势又一次被击退。

就这样，战斗从黎明打到中午，鬼子硬是没能前进一步。

中午时分，曲沃城里的日军一看援军到了，出了东城门，从绵岭的背后杀了过来，他们要多路夹击决死队。

这股日军也有千余，同样携带十几门大炮，先是排开炮阵，对着绵岭阵地一阵猛烈炮击，然后兵分两路，从西、南两个方向向绵岭阵地侧背猛扑过来。南边的一路日军很快占领了绵岭南坡的史村，西路日军也从听城方向攻到决死队阵前。

二大队陷入鬼子三面夹击。

北面阵地上枪炮渐歇，西面阵地上杀声又起。听城村西面的缓坡上，鬼子端着刺刀蜂拥而上，到了阵前，被决死队猛烈的扫射打退下来。一次、两次、三次，鬼子的三次冲锋过后，决死队的子弹、手榴弹已基本打光了。

怎么办？拼刺刀！硝烟四起的战场上，白花花的太阳照得阵前一片惨白。唰！唰！唰！决死队战士纷纷上了刺刀，亮闪闪的刺刀在阳光下发出耀眼的光芒。

鬼子也端着刺刀逼了上来。

"杀！"随着一阵惊天动地的怒吼，战士们跃出战壕，潮水一般扑向敌人。西阵地上已经没有了枪炮的响声，人们只能听到刺刀捅进身体时发出沉闷的"扑哧、扑哧"的声音，一阵短兵相接的肉搏过后，阵前尸横遍野。

指挥部里，董天知得知鬼子正在猛攻西阵地，找来三大队指导员李柽："李柽，带一个加强连，立即增援西阵地！"

"是！"李柽大吼一声，大手一挥，带着队伍冲出秦岗村，向西而去。

西阵地上，鬼子又一次冲到阵前，双方展开新一轮的白刃战。双方的刺刀你来我往，刺刀刀刃相撞发出刺耳的响声，在激烈的混战中，六中队分队长郝凯一枪刺中当面的鬼子，却被另一个鬼子从背后偷袭。这个曾经在偷袭鬼子西许据点的战斗中立下汗马功劳的奋勇队队长，壮烈牺牲在阵地上。

战士张靠山奋不顾身，一连挑了四个鬼子，却被第五个鬼子刺中大腿，他扑通一声倒在地上，却咬着牙顺势抽出背后的大刀，用尽浑身力气向前一抡，把面前的鬼子砍倒在地，然后"啊"的一声拔出扎在大腿里的刺刀，起身抡起大刀一瘸一拐再次冲入敌阵……

眼看阵地就要失守，李柽带队赶到。冲啊！杀呀！李柽一马当先，庞惠润、王忠民、韩立三紧随其后，前来增援的决死队战士就像一堵人墙向着鬼子压过来。正在拼刺刀的鬼子一看决死队援兵赶到，乱了阵脚，蜂拥而退。

直到夜幕降临，北阵地、西阵地依然在决死队手中。

战局陷入僵持之中。双方都在调整部署，都在调整喘息，都在寻找对方的弱点，要给对方致命一击。

第三天就在这可怕的僵持之中过去了。

决死队三面受敌，二大队伤亡严重，防线必须收缩。董天知命令二大队于第三天午夜时分，乘着夜色的掩护，把阵地迅速收缩到秦岗村北大约三里地的张范村。二大队撤下绵岭高地，从指挥部补充了大批弹药，到张范村连夜构筑工事，筑成新的防线。

三大队在秦岗村外，以秦岗村为中心构筑环形工事，中央军配属的加强营仍然固守秦岗村。

第四天的黎明来了。

又是拂晓时分，鬼子的炮兵首先展开轰击，隆隆的炮声震天动地，爆炸的火光把黎明前的夜空染得血红。

天光大亮，炮声刚刚停止，天空中出现了鬼子的飞机。

三架轰炸机怪叫着轮番俯冲，对决死队阵地进行轰炸扫射。几个波次的进攻过后，阵地上早已烟雾弥漫，村子里房倒屋塌，寨墙被炸开了一个个巨大的口子，阵地上也燃起了熊熊大火。

鬼子的飞机还在肆无忌惮地从空中向下俯冲，呼啸着从决死队头顶掠过，突突突的机枪子弹打得阵地上泥土四溅。

他娘的！干掉鬼子飞机！我让你个龟儿子猖狂！眼看着鬼子飞机猖狂肆虐，董天知忍不住两眼冒火，他向三个大队下令，组织所有机枪进行对空射击。

又一架飞机怪叫着俯冲下来。冒着密集的弹雨，决死队几个机枪阵地都作好了射击准备。就在这架敌机投下炸弹准备仰头升起的时候，决死队阵地上所有的机枪一齐怒吼，啪啪啪啪的子弹如飞蝗一般朝着飞机密集射去。鬼子飞机知道决死队没有高射炮，压根儿就没有防备，冷不防却被机枪击中，只见这架正在拉升的飞机突然剧烈地颤抖，拖着黑烟朝着吉庄河滩里一头栽了下去！

"打中了！打中了！"决死队阵地上爆发出一阵欢呼。另外两架敌机见势不妙，再也没敢向下俯冲，赶快飞走了。

鬼子地面部队的集团冲锋开始了。

鬼子的集团冲锋分为两路。一路从北向南冲向张范村二大队阵地，另一路从西向东冲向秦岗村三大队阵地。

冲向张范村的鬼子到了阵地前二三十米，决死队战士才突然开火。手榴弹嗖嗖飞入敌群，步枪、机枪一齐吼叫，刚刚进行了弹药补充的二大队子弹充足，士气高涨，就连受了伤的战士们也是裹伤再战，越战越勇，鬼子的冲锋连连受挫。

冲向秦岗村的鬼子也是蜂拥而上。双方火力都很猛烈，阵前打得泥土翻飞，沙石飞溅，战场上硝烟弥漫，一片火海。决死队先是步枪、机枪一阵扫射，打退了鬼子第一波冲锋，接着是手榴弹一阵猛甩，又把鬼子的第二波冲锋打退。三大队子弹打完了，部队已经伤亡过半。鬼子弹药充足，又一次猛扑过来。眼看鬼子冲到阵前，大队长李荫汉大叫一声，跳出战壕，亮起刺刀冲向敌阵。一阵血肉横飞之后，鬼子一颗子弹射中李荫汉头部，李荫汉踉跄几步，壮烈殉国。李柽见大队长牺牲，挺身而出，高喊一声："上刺刀！"只听阵地上一阵金属碰撞的叮当声响，幸存的战士们全部亮起刺刀。"为大队长报仇！冲啊！"随着李柽一声喊，战士们跃出战壕，端起明晃晃的刺刀，排山倒海一般怒吼着扑向敌人。阵地上展开白刃格斗，战士们手脚并用，刺刀捅，枪把抡，大刀砍，鬼子又倒下一大片，活着的连滚带爬败下阵去。

空前激烈的战斗从清晨持续到下午。

下午四点，鬼子终于把三大队阵地撕开一角，冲进秦岗村。中央军加强营和预备队一大队也投入巷战，秦岗村里一场混战杀得天昏地暗。

直到天黑，秦岗村南部大半个村子还在决死队手里。

董天知一直坚守在大庙里。

一个小小的秦岗村久攻不下，坐镇临汾的日军第二十师团新任师团长牛岛实常恼羞成怒，他亲率一路援军，杀气腾腾向秦岗村扑过来。

这就是日军常用的钳形战术。几天的阻击已经对日军造成重大杀伤，到了撤出战场的时候了。正在这时，董天知又接到侦察员报告：东面又有一路日军机械化部队赶来救援，而且已经过了沁水，距离秦岗村只有不到一天的路程。

一旦这两路日军援军到达，已经精疲力竭的决死队将陷入重围。董天知果断下令："撤！"

夜半时分，决死队突然和日军脱离接触，撤离战场。三大队打头，一大队断后，二大队和伤病员夹在中间，指挥部也撤出大庙，跟随大队人马撤出秦岗，过了浍河向着山中撤退。

牛岛实常赶到秦岗村的时候，决死队早已经远走高飞。

这一仗，刚刚接任二十师团师团长的牛岛实常就领教了董天知的厉害。

九、俘虏的故事

"首长，八总队活捉了两个鬼子俘虏！"自从秦岗战役以后，燕登甲就由八总队调到了纵队政治部，他手里拿着一封电报，兴冲冲来向董天知报告。

"哦？在哪里抓到的？"董天知正在安排第二批派往八路军总部学习游击战术的人员名单，他停下手中工作，起身问道。

"翼城西南不远的符册村！"燕登甲高兴得手舞足蹈。

"太好了，这可是我们纵队第一次活捉日本鬼子！"接过电报看了，董天知一摆手，"走！到八总队看看！"

燕登山牵来战马。董天知在前，燕登山、燕登甲弟兄两个紧随其后，从纵队部驻地曹公村沿着西沟向八总队驻地南常村赶去。

南常村在翼城县城东南方向大约二十里的地方，位于翔山的西南脚下，因为村子大，人口多，这里号称"河东第一村"。南常村背靠的翔山，正如传说中的大鹏展翅一般，中间主峰高耸，两翼山岭绵延，群山环抱着开阔平坦的翼城盆地。南常村东，山高林密，有两条深深的沟壑直通大山深处，八总队驻扎这里，正是看中了这里可进可退的地理优势。

南常村四周有一道高达十五米的坚固寨墙，而且民风淳朴，庙宇众多，部队驻扎在这里很是方便。也正因为这里常有抗日部队驻扎，南常村成了鬼子的眼中钉，自从鬼子占领晋南以来，已经对南常村进行了三次扫荡。鬼子惨无人道的烧杀抢夺，造成无辜百姓多人死伤，房屋庙宇也大多毁于战火。

八总队政治部位于村中西南角一座大庙里，被活捉的两个俘虏就关押在这里。

八总队新任政治主任纪忠把董天知迎进大庙。

董天知一进门，就高兴地问道："是哪位英雄俘虏了这两个鬼子？"

纪忠笑着指指人群中一个年轻小伙："张裕龙，快把你们抓俘虏的经过向十三号首长汇报！"

董天知往院中石凳上一坐，把手中的马鞭往面前的石桌上一放。张裕龙挠挠头从人群中走了过来，腼腆地往董天知面前一站。

董天知指指面前另一个石凳，朝着张裕龙招招手："来来来，坐下说。"

张裕龙把背后的长枪取下，抱在怀中，坐在董天知对面，红着脸说："首长，我们这次抓俘虏，叫作放羊拾柴火——捎带！"

　　董天知哈哈一笑："讲讲，怎么个放羊拾柴火？"

　　张裕龙指指身后几个战士："今天一大早，我带了两个班的战士到东下坪村去催运军粮，刚进村，就有两个老乡气喘吁吁地跑来对我说，有七个日本兵，正在符册村南门外的小庙前，钻进老乡的西瓜地里啃西瓜。我们几个人一合计，既然小鬼子撞在了我们枪口上，他们人数又不多，可决不能让他们给跑掉！我们跑步前进，老乡在前头带路，一会儿就从小路来到了符册村外的一块庄稼地边上。远远地就看见那伙儿日本兵砸开老乡的大西瓜，正在狼吞虎咽。"

　　"就像野猪进了西瓜地，拱得到处都是烂西瓜！"旁边一个战士气愤地说。

　　"对对，到处都是烂西瓜。"张裕龙接着说道，"我命令一班从东门进村，绕道登上村子的南门楼，想居高临下给鬼子来个突然袭击。我带二班隐蔽在西瓜地边的地坎下，准备等一班战士开枪后，两面夹击，把小鬼子一举全歼。谁知道，一班还没有登上南门楼，就被鬼子发觉了。鬼子慌忙扔掉手里的西瓜，端起枪朝着一班射击。

　　"就在这个时候，我带二班突然冒出土坎，对着鬼子就是一阵猛烈侧射，七个鬼子晕头转向，掉头向西逃跑，企图占领西边一块高地做掩护进行抵抗，哪知道我们一班又从村子西门冲出来，绕到他们背后开了枪。受到前后夹击的鬼子一下子乱了阵脚，慌乱中继续向西逃跑。我们分两路紧追不舍，一直追到西海村。鬼子一看我们追得近了，也兵分两路，两个鬼子爬上一个崖头向我们开火，另外五个鬼子躲进旁边的玉米地里。

　　"我们两枪就把崖头上的两个鬼子消灭了，还缴获两支三八大盖。"说到这里，张裕龙骄傲地指指一个战士肩上背着的两杆枪，"然后，我们照着玉米地里的几个鬼子就是一颗手榴弹，只听'轰'的一声响，又炸死一个鬼子。剩下的四个鬼子，其中两个跳下旁边的大沟，顺沟向南逃跑了。还有两个受了伤，钻进土崖下的一孔窑洞里负隅顽抗。我们也跳下土崖，把窑洞包围起来。我在八路军游击训练班刚刚受过训，就用日语向着窑洞里喊话：'缴枪不杀，优待俘虏。'可是这两个家伙还是不停地从窑洞里向外打冷枪。"

　　"那怎么办呀？"旁边一个战士忍不住问道。

　　"我们就给他来个'烟熏狐狸'！"张裕龙话一出口，战士们一阵哄堂大笑。

　　"真的！老乡教给我们的办法，可管用了。"张裕龙一本正经地接着说，"我们把成堆的麦秸塞进窑洞，放火烟熏。直到里面没动静了，这才把火扑灭，进窑洞一看，两个鬼子都被熏晕过去了！"

　　"然后就来了个瓮中捉鳖！"有一个战士插话说道。

　　"对，瓮中捉鳖。我们把两个鬼子拖出来，用水浇灭他们身上的火星。等他们清醒过来，我用学过的日语告诉他们，我们优待俘虏，可是这两个鬼子根本不信，一边用手在脖子上做着手势，一边连声狂叫：'我的死啦，死啦……'"张裕龙说到这里，一边学着鬼子抹脖子的动作，一边学着鬼子滑稽的腔调，引得战士们又是一阵哄堂大笑，"我们从老乡那里借来两块门板，要把两个鬼子抬回来，可他们死活不肯，接连几次从门板上往下滚。最后，我们只好解下绑腿，捆猪一样把他俩绑在门板上，这才抬了回来。"

听张裕龙说完，董天知也笑了，他问道："两个俘虏现在关押在哪里？"

"就在旁边这个房间里。"纪忠朝着大殿旁边的一个小屋一指。

"走，看看去！"董天知从石凳上起身，跟着纪忠和张裕龙走进小屋。

屋里地上放着两张门板，两个俘虏一个躺着，一个坐着。见董天知他们进屋，坐着的俘虏脸上露出惊恐的表情。

董天知见躺着的俘虏脸色蜡黄，俯身下去查看他的伤情，见他是腹部受了枪伤，抬头对纪忠说："他的伤势很严重，要赶快送医院治疗。"

几个战士进门，把这个俘虏抬到医院去了。

董天知看留下的这个俘虏伤在腿部，一边让人通知卫生员来为他包扎，一边问他："你叫什么名字？"

纪忠曾在日本留过学，精通日语，正好现场做起了翻译。

"吉田太郎！"这个俘虏两眼充满敌意，生硬地回答。

董天知并不介意，微笑着说道："吉田太郎先生，拿起武器你是敌人，放下武器就是朋友。这个道理你可知道？"

吉田太郎抬手向外一指，声嘶力竭地吼道："那为什么把三浦德三郎君拉出去，死啦死啦的？"

原来，吉田太郎是担心刚刚抬往医院救治的那个俘虏。董天知听了呵呵一笑："三浦德三郎？和你想象的恰恰相反，我们是把他送到医院进行救治。"

吉田太郎稍稍放下心来。

一个年轻的卫生员背着药箱进门，蹲下身子要给吉田太郎处理伤口。吉田太郎两眼一瞪，把卫生员一把推开，号叫着："我的死啦死啦的，我的死啦死啦的……"

卫生员踉跄后退两步，抬起头来委屈地看着董天知。

董天知看吉田太郎态度粗暴，上前一步对着吉田太郎厉声喝道："怎么？为一场侵略别国的战争去死很荣耀是吗？为一场错误的战争而殉命很光荣是吗？今天，我要告诉你的是，在我们中国人眼里，任何人为这场日本人发动的侵略战争而死，都轻如鸿毛！请你告诉我，日本人有什么权力在中国的土地上烧杀抢掠？日本人有什么权力随意剥夺中国人的生命？日本人有什么权力抢走中国的粮食矿藏？"

听了董天知连珠炮似的逼问，吉田太郎自知理屈，嘟着嘴气呼呼地低下头去。此刻的吉田太郎心乱如麻，他双手掩面，呜呜地哭了起来，一边哭一边痛苦地说："我做了最见不得人的俘虏，我的一生就这样完了！"

等吉田太郎呜呜地哭了一阵，情绪稍稍平复一些，董天知的口气也缓和下来，他说道："成为决死队的俘虏，或许没有你想象得那么糟糕。说不定，这对你来说会是一个错误的结束，更是一次新生的开端。"

董天知给卫生员递了个眼色，卫生员又走上前去，蹲下身查看吉田太郎腿上的伤情。这次吉田太郎没有拒绝。看卫生员小心地给他清创敷药，轻轻地给他缠上绷带，回想起亲自参与和亲眼见到的日军暴行，回想起自己刚才的粗暴，吉田太郎心中有了一些愧意。

董天知又问吉田太郎："你的家中还有什么人？"

看董天知没有恶意，吉田太郎抽着鼻子答道："家里有一个老母亲，有妻子和两个女儿。"

张裕龙递给董天知一张皱巴巴的照片。这是吉田太郎的全家福。照片上吉田太郎一家五口喜气洋洋，两个年幼的女儿天真活泼，身后是一片青青的草坪和满树灿烂的樱花。

看样子，吉田太郎把这张照片带在身上的时间已经不短了。董天知拿着照片仔细端详一阵，又把照片还给吉田太郎，嘴里说着："多幸福的一家五口，多可爱的两个孩子。"

吉田太郎双手接过照片，小心地放进贴身的衣袋里。董天知把这一切看在眼里，说道："日本在进行的是一场注定失败的战争。吉田太郎，你想过没有，你是在为谁而战？是在为日本的法西斯政权卖命！假如你战死在异国他乡，而且是为了侵略战争而死，你家中的老母亲，你的妻子和女儿，接到一个冰冷的骨灰盒，她们会多么伤心！"

是啊！这是为谁而战？这是为谁卖命？吉田太郎不敢想下去，他痛苦地闭上眼睛，掩住面孔的双手在不停地颤抖。

"日军所到之处，处处断壁残墙，死尸遍地，平民被杀戮，家园被摧毁，妇女被强奸，儿童失去父母，这样的'王道乐土'，这样的'东亚共荣'，是你真心希望的，是你忍心目睹的吗？这就是日本天皇所宣扬的'圣战'吗？"董天知进一步问道。

是啊，这就是日本天皇所宣扬的"圣战"吗？吉田太郎万念俱灰，痛苦地连声说道："不！不！"

卫生员把吉田太郎的伤口包扎好，吉田太郎感到伤口的疼痛减轻了许多。刚才董天知的一番话是他从来没有听过的道理，他为自己曾经的罪恶脸红，他更为日本军队犯下的罪行羞愧，他起身扑通一声跪倒在地，声泪俱下地说："董将军，我知道我们错了。我为大和民族的罪行而感到羞愧，我要为我的罪行赎罪，我要留在决死队，我要把我的经历告诉更多的日本士兵，让更多的人像我一样觉醒！"

听了吉田太郎真挚朴实的话，董天知满意地点点头，他把吉田太郎从地上扶起来，真诚地说："好！吉田太郎，中国有句老话，叫作知耻近乎勇。我欣赏你的勇气，你好好养伤，伤好以后我等着你和我们并肩作战的那一天！"

"一言为定？"

"一言为定！"

十、冲破封锁线

秦岗一战，决死队打了一场硬仗。这场硬仗打出了决死队的威风，但八总队人员伤亡和弹药消耗也不小，急需补充。

八总队撤到绛县续鲁峪休整，纵队部转移到浮山山交村。想起杨绍曾抢运弹药至今未归，董天知心中不禁担忧起来。

杨绍曾受领抢运弹药的任务后，连夜赶回游击二支队驻地浮山县杨村。

虽然在董天知面前拍了胸脯，杨绍曾心中依然忐忑不安。二战区长官司令部远在晋西吉县，去领弹药必须越过日军占领的南同蒲铁路、太风公路和汾河三道封锁线。这回抢运弹药人多动静大，不光有部队参与，还要动用上千名群众、几百头驮骡，这样规模大、持续时间长的军事行动，杨绍曾还从来没有组织过，路上万一被日军发现，遭到日军的围追堵截，不要说人员伤亡，就连辛辛苦苦领到的弹药，也会落入敌手。

责任重大。到了驻地，杨绍曾急忙来找支队长李其昌。李其昌正在擦枪，看杨绍曾步履匆匆，满脸焦急，他把手中的短枪插进枪套里，迎着杨绍曾问道："老杨，纵队交给我们什么战斗任务？"

杨绍曾皱着眉头说道："老李，要真是战斗任务那倒好了！这次纵队把远赴晋西抢运弹药的任务交给我们支队，要我们抓紧时间从咱们三个连中挑选作战经验丰富的战士，组成一个加强连去执行这个任务。这一路上路途遥远，危机四伏，我这心里没底。你说怎么办？"

李其昌说："老杨，纵队把这么重大的任务交给咱们，是对咱们的信任，也是对咱们这支新部队的一次锻炼。我看，就按照上级的安排赶快行动，立即组成加强连，由你和刘修堂带领，马上出发！"

刘修堂是从前线溃退下来的旧军官，刚刚加入游击队，他曾在晋绥军中当过营长，虽然有着浓厚的旧思想和旧作风，但他有着强烈的抗日爱国热情，为人豪爽义气、忠厚耿直，办事认真负责，加上参加过多次战斗，有着丰富的作战经验，杨绍曾对刘修堂很信任。一听李其昌这番话，杨绍曾心中踏实了一些："我马上找修堂，挑选人员，准备行动。"

杨绍曾和刘修堂从支队三个连中挑出一百多人组成加强连，决定夜间行动，在同蒲铁路张礼车站和赵曲镇之间突然穿插，快速越过鬼子的三道封锁线。

临行前杨绍曾做了战前动员，刘修堂又仔细检查了每一个战士的背包，队伍出发了。

正是夕阳西下的时候，杨绍曾和刘修堂骑着马，带领战士们翻山越岭，在暮色苍茫之中向西开进。太阳刚刚落山，部队到了铁路线。侦察员已经提前作好了侦察，战士们迅速行动，乘着夜色急行军穿过同蒲铁路，越过太风公路，又马不停蹄强渡汾河，一夜穿过鬼子三道封锁线，向着襄陵县古城镇进发。

部队当夜赶到古城镇。已经离开敌占区，大家松了一口气，休整一天一夜之后继续西行。又经过连续三天的翻山越岭，队伍来到乡宁县。乡宁县城遭受过日军的几轮轰炸，早已经成了一片废墟，到处残垣断壁，街上人烟稀少，战士们目睹眼前惨景，心中燃起仇恨的火焰。

又是两天的翻山越岭，队伍来到吉县县城。看天色尚早，杨绍曾让刘修堂安排部队宿营吃饭，自己带着警卫员直奔第二战区司令长官部驻地姚家畔。到了姚家畔，杨绍曾找到梁化之，梁化之详细询问了决死三纵队的情况，写了一封介绍信交给杨绍曾，要他去新军军械处办理手续。到了新军军械处，杨绍曾才知道，领取武器弹药要到黄河对岸陕西宜川的圪针滩军械库。

到圪针滩军械库还有好几天的路程，杨绍曾和刘修堂仔细研究了行动方案，然后带着公文去吉县县政府找到县长狄景襄。狄景襄一听是决死三纵队董天知派来的人，非常热情，马上组织了一千五百头驴骡和赶驴骡的民工。民工们抗战热情很高，自带干粮草料，赶着驴骡浩浩荡荡出发了。

几天后，黄河终于出现在面前。许多战士都是初次见到黄河，看到汹涌澎湃、奔流浩荡的母亲河，战士们仿佛感受到了中华民族勇往直前的力量，感受到了中华民族不可阻挡的气势，感受到了中国人民百折不挠、气势磅礴的精神。大家群情振奋，几天来的征途劳累登时烟消云散。

来到渡口，几个热情的船工告诉大家这个渡口叫小船窝渡口，对岸便是圪针滩。放眼望去，这个渡口河道狭窄，水流湍急，稍有闪失就会船毁人亡。几个船工听说战士们是从前线来到这里领取弹药，纷纷对这些抗日战场上的勇士竖起大拇指。杨绍曾带着警卫员渡河来到对岸，下船的时候对几个船工表示感谢，没想到这些船工爽朗地笑笑，说道："为了打鬼子尽点儿力，这是中国人的分内事。应该感谢的是你们，你们在前线跟小鬼子拼命，还不是为了我们老百姓？不把小鬼子赶走，我们老百姓咋会有好日子过呢！"

杨绍曾带领警卫员来到军械库，把手中的公函交给仓库主任。仓库主任看了之后说道："请跟我来吧。"他边走边问，"你们是从晋东南前线来的？"杨绍曾连连点头。仓库主任又问："你们带了多少人？"杨绍曾答道："一百多个战士，还有民工和一千五百头驴骡。"仓库主任带领杨绍曾来到一个仓库门口，打开大门指指里面说："这就是。抬走吧。"

杨绍曾站在仓库门口往里一看，我的天！仓库里的弹药堆积如山，战士、民工和驴骡都留在对岸，这堆得像小山一样的弹药如何抬得走？杨绍曾赶紧拉着仓库主任说："主任，我们的人和驴骡都在对岸，渡口只有几条小船，这么多人马根本过不了河，能不能请您帮忙想个办法？"仓库主任无奈地摇摇头："我们实在无能为力，仓库也没有摆渡的船，实在不行的话，你们到渡口找卫队试试吧。"

卫队是二战区承担渡口警卫任务的部队，只有一个连的兵力。杨绍曾问清连长的住址，连忙带上警卫员买了几瓶杏花村汾酒，来到连长家。一进门，就见连长正躺在椅子上，军帽盖在脸上闭目养神，听到杨绍曾他们进门的动静，这才起身让座。杨绍曾把手中的几瓶酒往桌上一放，向连长敬了一个军礼，直截了当地说："我们是决死队从晋东南前线前来领取弹药的。现在弹药已经批下来了，只是我们的人和牲口过不了河，因此特来恳请老兄帮助，想借贵连弟兄们之力，把弹药装上渡船。"人不亲礼亲。连长一看桌子上的几瓶上好汾酒，眼睛马上笑成了一条缝："决死队的弟兄，不用这么客气，不用这么客气，咱们都是一家人嘛，好说，好说。"

杨绍曾喜出望外，但又怕下边弟兄们出工不出力，就对连长说："老兄，我想请您给我一次给连里弟兄们讲话的机会，好让弟兄们理解前方将士缺乏弹药的困难。"

拿人手短，吃人嘴软。连长忙不迭说道："好好好，我马上集合队伍。"

队伍集合好了，杨绍曾站在队前高台上，亮开嗓子讲了决死三纵队战士在前方奋勇杀敌的事迹和作战期间遇到的种种困难。卫队连的士兵们听了精神大振，立刻行动起来，把一箱箱弹药扛到河边装船。对岸战士们负责把弹药卸下船，两边配合默契，不到半天工夫就把全部弹药运过黄河。

驴骡驮上弹药，队伍顺着来时的山路回返。返回的路程可比来时艰难多了。来时人轻马快，回时负重涉远。队伍艰难行进一个星期，才来到临汾西南的汾城县境内。队伍住在一个大村子里，弹药卸在一个财主家的大院子里，吉县的民工完成任务辞行回返。

　　前边不远就是鬼子的三道封锁线，这一次才是真正的考验。怎样才能顺利通过鬼子封锁线？杨绍曾和刘修堂正在焦急地商量对策，却偏偏又遇到连日大雨，汾河进入汛期。大雨一直下了五六天，好不容易等到大雨停了，可汾河的水位不但没有下降，反而继续上涨。杨绍曾和刘修堂如坐针毡。在这里停留的时间已经拖得够长了，万一走漏风声，被日军包了饺子那可怎么办？

　　必须尽快拿出办法。刘修堂对杨绍曾说："老杨，在这里停留的时间越长越危险。我回河东去，赶到纵队部向董主任汇报，请他再派一些部队来接应。那样即使日本鬼子发现了我们，我们也能抵挡一阵子。同时，还得寻求浮山县政府的支援，请他们再派运输队来帮助咱们。"

　　只能如此，杨绍曾派警卫员和一名水手跟随刘修堂一道渡河，向纵队部赶去。

　　董天知刚从纵队部驻地浮山县山交村动身，正在赶往沁水县古堆村的路上。

　　他是接到了朱德总司令的密令。从山交村到古堆村，最近的山路也要一百二三十里，董天知带着警卫员立即启程，一路向东沿着山间小道纵马奔驰。山路两旁沟深林密，山花盛开，但他没有心思欣赏这眼前的太岳山色，他在心中猜测，该不是又有什么大仗要打吧？眼前掠过青草树林和绿茵茵的玉米地、谷子地，眼下青纱帐起，正是杀敌的好时候。想到这里，他抑制不住心中的兴奋，驾的一声，两腿一夹马肚子，胯下战马一声嘶鸣，昂首振鬣向前飞驰。

　　朱德总司令带领左权副参谋长和少数通讯、警卫部队，秘密进驻太岳山中这个不知名的小村古堆，正是要亲自部署一场大战。

　　古堆村位于曲高公路北侧山谷里，这里山高谷深，一条清凌凌的小河——端氏河从村西流过。这里虽然地处偏僻，但是交通方便。古堆村是个长条形的村落，朱德的指挥部就设在村子正中的"同心号"里。"同心号"院面南背北，东、西、北三面各有一座土木结构的两层小楼，朱德和随行人员住在东楼，指挥部就设在东楼一楼。

　　"同心号"院南不远便是古堆村的南寨门，寨门外有一盘大石磨，距离石磨不远是一棵遮天蔽日的老槐树。

　　远远望见这棵老槐树，董天知心中油然生起一种熟悉的感觉。那粗壮的树干，那遒劲的树枝，那茂密的树叶，那洁白的槐花，和家乡荥阳自家院子里那棵老槐树那么相似。家中那棵古木参天的老槐树到了盛夏时节，也跟眼前这棵古槐一样绿荫如盖，树影婆娑，枝头的槐花弥散着清幽幽的香气，淡淡的清香沁人心脾。听父亲讲过，家中那棵老槐树是先辈从山西洪洞县老槐树下迁徙时特意带上的树种，为的是教育后人不忘故土，心怀家国。先辈定居荥阳后那棵老槐树的种子也在这里生根发芽，代代繁衍。为了纪念先人，董家还有一个祖辈相传的规矩，那就是称呼那棵古槐叫"槐树爷"。

到了老槐树下，董天知翻身下马。早已等候在寨门外的周桓迎了上来，两人寒暄几句，并肩进入南寨门，快步走进"同心号"。

指挥部正中间是一张八仙桌，桌上铺着作战地图，朱德总司令身穿洗得发白的灰色粗布单军服，紧紧束着腰带，手里握着铅笔，正俯身在地图前和左权研究作战方案。见周桓和董天知进门，朱德起身呵呵一笑，对董天知说："天知，八路军总部获得了一个极有价值的情报。"

董天知一听，来了精神："朱老总，是不是有大仗要打？"

朱德总司令含笑点点头。

原来，侯马、曲沃一带日军经过中国军队的长期围困和接连打击，早已缺弹少粮，晋南日寇的物资补给成为燃眉之急。晋南日军获得物资补给原有的两条线路都已经被中国军队掐断。一条是从北往南的同蒲铁路和太风公路，这条运输线两侧都已经成为抗日根据地；一条是经过太行太岳腹地的临屯公路和邯长大道，这条运输线路也已经被八路军控制。豫北日军要对晋南日军进行补给，被迫选择第三条线路，也是最危险的一条线路，那就是打通博晋公路和曲高公路，从豫北博爱县出发，沿天井关、晋城经阳城边界、沁水县城和翼城前往曲沃、侯马。前不久，曲沃、侯马激战正酣的时候，豫北日军就从博爱方向猛攻天井关，这一举动早已经引起八路军总部的注意。最近八路军截获情报，日军组织了一个庞大的运输队，从豫北沁阳、博爱一带出发，通过这条线路向晋南日军运送补给。

"担负这次运输任务的是日军第三兵站汽车队。"左权接过朱德总司令的话，"这个汽车队下辖日军兵站汽车第三十三、第三十五、第三十六、第三十八、第三十九五个中队，并临时指挥兵站汽车第八十一、第八十三两个中队。日军每个汽车中队有一百多人、五十辆载重卡车，为了尽快补给晋南日军，这一次日军第三兵站汽车队可谓是倾巢出动。日军为了保护这个庞大的运输队，专门派出第一〇八师团一〇五联队十川大队承担掩护任务。"

董天知掐指一算，说道："七个汽车中队七百多人、三百多辆载重卡车。十川大队是鬼子一〇八师团的精锐，四个步兵中队加上一个机关枪中队、一个炮兵小队，兵力也在一千三百人上下。两千多鬼子、三百多辆卡车的军用物资，这桌'菜'可够丰盛的。"

"所以，这次我们要作好充分的战前准备，来欢迎我们的'贵客'。"朱德用手中的铅笔指着地图说道，"这是一场恶仗，要争取把鬼子送上门来的弹药、物资全盘接收。要打好这场伏击战，最重要的是选择好伏击地点。总部已经决定：决死三纵队和八路军三四四旅、八路军晋豫边游击支队、中央军第十师联合作战，就在沁水和翼城交界的东坞岭一带山谷地带设伏，歼灭鬼子！"

说到这里，朱德抬起头来看着董天知，正好和董天知四目相交。董天知握紧拳头在胸前一顿，满怀信心地朝朱德点点头。

左权指着地图对董天知说道："中央军五二九旅已经在天井关、大口、小口一带和鬼子运输队接上了火，他们的任务是阻击迟滞敌人，以利于其他部队沿线设伏，待日军通过后从后蹑敌追击；八路军三四四旅在阳城县河头一带待机，控制沁河渡口，隐蔽渡河船只，等东来日军运输队进入沁水县境之后，截断日军后路，向东警戒打击从晋城、阳城方向可能的来援之敌；晋豫边游击支队由沁水县自卫队配合，在沁水县夫妻岭一带破路拆桥，并在这一带山谷两侧派出游击小组冷枪袭击以扰敌、疲敌，争取更多时间，以利于主力部队进入阵地布防；中央军第十师五十八、五十九两个团，在东坞岭东坡至固镇一线南北两侧山地设伏，负责南北夹击鬼子运输车队；决死三纵队在东坡以西至黄家崖、两河畔一带两侧山地设伏，负责迎面阻击敌人先头部队和阻击可能由翼城而来的西援之敌。"

左权话音刚落，朱总司令对董天知说："天知，决死三纵队和中央军五十八、五十九两个团是这次伏击战的主力。迎面阻击日军可是一场硬仗，一定要咬牙顶住。另外，还要注意和中央军之间的密切协同，歼灭鬼子这么庞大的运输车队，光靠我们的步枪、机枪和手榴弹可不行。前不久的町店战役，我们三四四旅伏击鬼子运输车队，打得就很苦，部队伤亡也大，其中一个重要原因，就是我们缺乏炮兵。这次要发挥他们中央军炮兵营的优势，有了重炮轰击，我们歼灭鬼子的把握就大了很多。"

董天知信心十足地说道："请朱老总放心，我们决死三纵队一定圆满完成任务！"

朱德满意地点点头："天知，一方面要抓紧进行战斗动员，作好战斗准备；另一方面要动员翼城、沁水两县群众拆桥破路，让鬼子一旦进入我们的伏击圈，就陷入天罗地网，上天无路，下地无门，我们给他来一个瓮中捉鳖。"

离开古堆村，董天知快马回到驻地进行战前部署，但一想起来部队的弹药补充，不禁又担心起来：这杨绍曾抢运的弹药究竟到了什么地方？该不会是遇到了什么危险吧？

董天知正在担心，刘修堂骑着马风尘仆仆赶到纵队部，把他们在汾河西岸遇阻的情况向董天知做了汇报。

董天知命王子玉带领七总队三大队，随刘修堂火速前去接应。

留在汾河西岸的杨绍曾也在积极想办法。刘修堂走后，杨绍曾找到当地乡政府，同当地乡政府商定，由他们动员当地群众把弹药运到河边，再挑选四十名擅长游泳的好水手，乘夜每人扛一箱弹药，六七个人并排携手游到对岸。

办法刚刚商定，侦察员回来报告，刘修堂已经带领浮山县政府派来的五百匹配有驮鞍的大骡子和一千多个民工前来接应。王子玉带领三大队也到了汾河东岸，承担警戒任务。

杨绍曾和战士们听了这些消息，个个精神振奋。运输队乘着夜色，利用人力泅渡，终于在天亮前把全部弹药运过汾河，装上骡背向东进发。

晓色朦胧，杨绍曾望着这支大队人马，浩浩荡荡，绵延数里，好不威风！但他心里更清楚，这里距离鬼子金殿镇据点只有十五里，距离日军屯有重兵的临汾城也只有二十多里，是非之地，不可久留，还是赶快离开这个危险之地为好。想到这里，他纵马来到运输队的最前头，催促大队人马加快速度。

天大亮了，太阳已经出山，朝霞映红了半边天空，这支队伍里却没人有心思去欣赏这些美景，大家只顾扬鞭催马，加速前行。

到了临汾县东南的杨村，看看已经把鬼子据点远远甩在身后，大家以为已经脱离险境，个个兴高采烈，松了一口气。一路赶来，早已经人困马乏，村里为运输队准备了热饭，准备了西瓜，大家有的吃饭，有的吃西瓜，都为这次胜利通过敌人的封锁线而倍感欣慰。

五百头驮骡摆满了整整一条大街。吃过饭的人们正在为牲口喂草料，杨村西北的狮子岭上突然响起枪声。

怎么回事？

不一会儿，侦察员气喘吁吁地向杨绍曾报告：鬼子兵分四路，每一路鬼子都赶着几十辆胶轮大车，向运输队合围过来。原来，鬼子对决死队这次运送弹药的行动非常清楚，他们已经封锁了汾河上的所有桥梁，但他们万万没有料到，决死队硬是没有通过桥梁，而是在暴涨的汾河水中，利用夜间把弹药泅渡运过汾河。待到他们发现时已经迟了，只好兵分几路向运输队追击合围过来。

情况万分危急，一刻也耽误不得。杨绍曾下令："队伍立即启程，向东面贺家庄转移。"运输队快马加鞭往贺家庄方向赶去，刚刚赶了一程，前方又传来消息：一路鬼子已经占领前方贺家庄。

杨绍曾心里咯噔一沉，叫过警卫员："命令部队，立即停止前进！"杨绍曾一面派出侦察员继续侦察，一面命令运输队立即掉头转向南山。王子玉也带领三大队战士火速赶到，他派出一个中队掩护运输队，指挥另外两个中队就地设伏承担断后任务。

运输队刚刚进了南山，另一路鬼子又从西边杀了过来。只不过他们没有决死队熟悉地形，运输队在山中三转两转，就把鬼子甩开了。

此时已是夜色苍茫，运输队借着夜幕消失在茫茫大山之中。经过一夜急行军，黎明时分到达纵队部。

纵队部里，董天知一夜未眠，他在焦急地等待着杨绍曾和王子玉的消息，看到运输队出现在眼前，他高兴地迎了上去。

"绍曾，子玉，你们辛苦了！"董天知看着杨绍曾和王子玉高兴地说。

王子玉指指身边一个小伙子，笑着对董天知说："首长，运输队在南山差点儿被一路鬼子追上，多亏金锁机灵，引开了鬼子！"

董天知朝金锁看去。金锁挠挠头，羞涩地说道："我们中队负责断后，眼看着鬼子从后面追上来了，正好到了一个岔路口。等运输队通过之后，我们中队就在岔路口就地设伏，我带一个班把鬼子引到另一条岔路上去了，带着鬼子在南山兜了一大圈，我们这才甩开鬼子赶上了大部队！"

十一、大战东西坞岭

七、八、九三个总队经过弹药补充后，兵强马壮，士气旺盛。

接到董天知电报，三个总队的总队长、政治主任和翼城县委书记阎紫琴、沁水县抗日政府县长宋筠齐聚纵队部。

董天知说道："秦岗一战，我们有损失，牛岛实常损失更大。我们在忙着补充弹药，扩大队伍，牛岛实常也没闲着。日军最近正忙着从豫北方向往临汾、曲沃调兵，为牛岛实常的第二十师团补充兵员和物资。最近日军有一个运输大队三百多辆汽车，载运大批军用物资，从晋城方向过来，沿曲高公路西进，马上就要经过我们这一带。东路军指挥部决定在东坞岭一带设伏，歼灭这一路鬼子。这个运输队规模太大，八路军三四四旅，晋豫边游击支队，中央军第十师五十八、五十九两个团和我们都要参战，国共合作，漂漂亮亮干他一仗！"

大家一听，兴奋得一边小声议论，一边摩拳擦掌。

董天知来到挂在墙上的地图前，指着沁水和翼城之间的两道山岭说："这里是东坞岭，这里是西坞岭，两道山岭岭高坡陡，岭下这条路是日军必经之路。这一段道路曲折狭窄，便于设伏。我们决死三纵队的任务是在东坞岭东坡以西至黄家崖、两河畔一带山谷两侧设伏，和中央军密切配合，伏击西进的鬼子运输队，阻击翼城增援之敌。"

说到这里，董天知扫视众人："各总队会后随我勘察地形，划分作战区域，然后立即动员部队，随时待命。"

阎紫琴和宋筹互相看了一眼，问道："董主任，我们的任务呢？"

董天知一笑说道："紫琴同志负责动员翼城群众，在东坞岭东坡以西路段进行破路；宋筹同志带领沁水县自卫队、牺盟会协助晋豫边游击支队拆毁辛家河上的两座桥，同时动员沁水群众在东坡以东路段进行破路。要让鬼子进了我们的伏击圈以后，寸步难行。"

说到这里，董天知看着宋筹，加重了语气："宋筹同志还有两个重要任务。一个是在鬼子进入伏击阵地前，带领自卫队扰敌、疲敌；另一个是尾随监视鬼子，一旦鬼子全部进入伏击圈，立刻用有线电话向我报告！"

"是！"宋筹答道。

董天知带领三个总队的总队长和政治主任实地勘察地形，有了一个重大发现。原来，曲高公路自东向西，上了东坞岭东坡以后并未一直西行，而是向南拐了一个大弯，先是一路下坡，而后勾头向北沿着西坞岭东侧一条深沟——岭沟又是一路上坡，直到上了西坞岭山顶，才又向西而去。这段七八里地的山路一直在谷底穿行，山路狭窄，蜿蜒曲折。

这里才是绝佳的伏击战场！董天知当机立断，改变原定作战部署：八、九两个总队沿东坞岭南坡和西坞岭东侧岭沟一线两侧设伏，自己亲率七总队在岭沟沟垴设立阻击阵地，只要牢牢扎紧这个口袋底，陷入重围后被迫一路仰攻的鬼子插翅难飞！

一九三八年七月二十五日，鬼子这支庞大的汽车运输队一路磕磕绊绊，到达阳城和沁水交界的大峪沟，前方辛家河上的两座小桥已被拆毁，日军只好停在公路上修桥。二十六日，日军过了辛家河上了夫妻岭，发现山路破坏严重，只好修一步走一步。到了晚上，南北山头上不断传来枪声，那是宋筹带领沁水县自卫队在打冷枪，鬼子提心吊胆，一夜不敢入睡，因为不熟悉地形，也不敢离开车队进行搜索。直到二十八日中午，鬼子汽车运输队才翻过小岭，来到沁水城外。沁水县城很小，城外只有东门外河滩一带比较宽敞，但也只能容纳二三十辆汽车，剩下的汽车只能一字长蛇摆在公路上，日军只好在公路两旁派出岗哨，总算勉强熬过一晚。二十九日早晨七点，担心夜长梦多的日军就从沁水县城动身西行，无奈这时风云突变，天降大雨，被破坏过的山路坑洼不平，泥泞不堪，直到日暮时分只前进了不到二十里地，只好就地宿营。三十日的情况更糟，天上仍然下着大雨，行进中的日军运输队不断遭到沁水县自卫队和晋豫边游击支队的冷枪袭扰，只好一路上打打停停，直到深夜才抵达固镇，一天行进不足五里地。三十一日，天虽放晴，但大雨过后的山洪暴发导致梅河泛滥，日军前进受阻。

董天知和中央军两个团都在密切注视着鬼子汽车运输队的一举一动。为了不打草惊蛇，决死三纵队和中央军两个团早在一个星期前就已经实行无线电静默，各参战部队也都匿迹销声，隐伏待机。

三十一日夜，战机来临。这天晚上夜幕漆黑，星月无光，各伏击部队神不知鬼不觉乘夜进入阵地，连夜构筑掩体。对于这一切，鬼子运输队浑然不觉。其实，日军第三兵站汽车队多次执行日军战场补给任务，具有丰富的战场经验，在行军途中特别重视提前进行周密的侦察、搜索、警戒，同时根据飞机侦察、谍报收集、当地村民的表现来综合判断情势。在一九三八年五月下旬土肥原部队进行"黄河渡河作战"期间，承担补给任务的就是这个运输队，在运输队通过长垣至陈留口公路时，发现当地村民神态异样，鬼子判断附近有中国军队设伏，其掩护部队立即散开投入战斗，掩护运输部队安全通过。只不过这一次，各参战部队的严密伪装和突然行动，骗过了这群老狐狸。

第二天天刚亮，鬼子的飞机又出动了，这是鬼子每天出发前例行的空中侦察。两架飞机在东坞岭、西坞岭上空来回盘旋，不时向着公路两侧的高地俯冲下来，擦着山头飞行一阵，又猛地一个拉升，跃上高空。此时正是盛夏时节，山林苍翠，草木葱茏，阵地上的战士们伪装严密，鬼子难以发现。其中一架飞机好像还不放心，再次俯冲下来，对着东西坞岭高地扣动扳机，子弹啾啾啾啾朝着阵地呼啸而来，溅起片片泥土，俯身战壕里的战士们却纹丝不动。

敌机侦察一阵，没有发现异常，拉高升空后嗡嗡怪叫着向东飞去。

天色大亮，东边的公路上尘土飞扬，鬼子运输队来了！

长长的汽车队一眼望不到尽头。随着马达的轰鸣，鬼子汽车一辆接一辆开进伏击圈。

鬼子毫无防备地朝着早已布好的口袋阵里钻。战士们强压着心中的兴奋，一边悄声数着汽车的数量，一边等待开火的时机。

董天知率领七总队，埋伏在岭沟沟垴正面和两侧山崖上。公路从沟底上来，正好在这里向西拐弯，这里也是这次伏击战的口袋底，居高临下向南望去，视野极佳。

鬼子的运输车队共有汽车三百六十五辆，分为两个梯团。进入决死三纵队伏击区域的是第一梯团，由兵站汽车第三十三、第三十六、第八十一、第八十三四个中队和护卫部队十川大队一部组成，梯团长是山下中雄大佐；进入中央军五十八团、五十九团伏击阵地的是第二梯团，由兵站汽车第三十五、第三十八、第三十九三个中队和十川大队另一部组成，梯团长是川口次郎中佐。

直到接近中午时分，运输车队两个梯团才全部进入伏击圈。

　　鬼子第一梯团阵前开路的是几辆装甲车。从七总队沟垴阵地上向南望去，"吱呀吱呀"爬坡上行的日军装甲车越来越近。突然，董天知面前的电话铃声响了，董天知一把抓起话筒，听筒里传来宋筠急促的声音："十三号首长，日军车队全部进入伏击圈！""好！"董天知啪的一声把电话一扣。

　　"啪！啪！啪！"三颗红色信号弹腾空而起，把天空染得一片血红。

　　位于南山姚家河的中央军炮兵营早已按捺不住，看到红色信号弹，立刻朝着鬼子运输队猛烈开炮，炮弹呼啸而来，首先击中鬼子运输队最前边的几辆装甲车，随着轰隆轰隆剧烈的爆炸声，这几辆耀武扬威的装甲车趴了窝。紧接着，炮弹落入鬼子运输队的后尾、中间，运输队最后边的装甲车和汽车也接连中弹，刹那间山谷里浓烟滚滚，火光冲天，鬼子人喊马嘶，乱作一团。

　　没死的鬼子从装甲车、汽车上纷纷跳了下来。鬼子第一梯团梯团长山下中雄就坐在第一辆装甲车里，第一辆装甲车被炮弹炸坏了履带，像趴窝乌龟一样趴在路中间。他跳下装甲车，抽出腰间那把刻着四颗星的战刀，挥刀指向七总队沟垴阵地，歇斯底里地狂叫："攻击！攻击！"

　　炮击停止了，两侧伏击阵地上枪声骤起。机枪、步枪、手枪子弹和手榴弹居高临下，狂风骤雨一般朝着鬼子飞过去，枪声、爆炸声震耳欲聋，硝烟尘土四处弥漫，东坞岭、西坞岭地动山摇。

　　二十里山谷变成了一个巨大的火场。到处都是轰隆轰隆的爆炸声，到处都是噼噼啪啪的枪声。无法前进的鬼子利用汽车轮胎和沟沟坎坎作为掩护，向着两侧中国军队阵地还击。

　　山下中雄哇哩哇啦地号叫着，指挥鬼子向着两侧中国军队阵地上猛冲，妄想杀开一条血路冲出去。蜂拥而上的鬼子端起三八大盖，跳上坡坎迎面向决死队冲过来。刚刚得到弹药补充的决死队弹药充足，"嗖嗖嗖嗖"一颗颗手榴弹飞入敌群，冲在前面的鬼子被炸得血肉横飞；"嗒嗒嗒嗒"一阵机枪扫射，跟在后面的鬼子又被机枪扫倒一片。没死的鬼子心惊胆战，犹如退潮一般退了下去。

　　接连几次冲锋都被打退，山下中雄只得收缩兵力，向后撤退，决定利用夜间强行突破中国军队的封锁。

　　夜幕降临，阵地上的枪声渐渐稀落下来。山下中雄藏身一处山坳，召来承担掩护任务的一〇五联队步兵第一大队大队长十川义支少佐："十川君，今夜必须突围，运输队的命运在此一举，大日本皇军的军威在此一举。你，亲自率队打前锋，杀出一条血路！"

　　十川义支明白运输队已经身陷绝境，若不乘夜突围，自己必将和运输队一起葬身异域。他两脚一磕，胸脯一挺："哈伊！大佐阁下。我大队虽然今天蒙受损失，但大部尚在，我立刻合兵一处，全力突围！"

山下中雄点点头："吆西！立刻传令，今夜十点开始行动，你的前面的开路！"

"哈伊！"十川义支答应一声，召集残部去了。

董天知早已料到鬼子这一招，立即派蔺克通知沿线设伏部队，密切注意鬼子动向，严防鬼子乘夜突围。

夜深人静。战场上不时传来几声冷枪。十川义支趁着夜色集结人马，集中所有的重武器，悄无声息摸到七总队阵地前沿。七总队阵地上静悄悄的，十川义支侧耳细听，只能听到一阵阵山风掠过树梢发出的沙沙声响，禁不住心中一阵狂喜。他要偷袭七总队，就在这里打开缺口，然后占领阵地，掩护大队人马突出重围。

十川义支高兴得太早了。这个夜晚月朗星稀，七总队阵地上一双双警惕的眼睛，正在紧盯着这一群在夜色中蠕动的黑影。战壕里，战士们早已经子弹上膛，面前摆满开了盖的晋造手榴弹，严阵以待。

鬼子已经进入射程。"打！"董天知一声令下。阵地上枪声骤起，鬼子猝不及防受到迎头痛击，决死队的手榴弹也嗖嗖飞入敌群，轰隆轰隆火光四起，鬼子伤亡惨重。十川义支眼看抵挡不住，只好下令撤退，鬼子蜂拥后退到沟底一个小村庄，十川义支才勉强稳住阵脚。走投无路的十川义支喘息片刻，又重整旗鼓攻了上去。

从深夜直到黎明，七总队连续打退鬼子五次进攻，山坡上鬼子尸横遍野，决死队阵地却始终固若金汤。十川义支不知什么时候在混战中丧了命，几个鬼子从阵前抢回十川义支的尸首，抬到了躲在一处山崖下的山下中雄面前，山下中雄苦苦等待的乘夜突围，也在残酷的事实面前化作了泡影。

困兽犹斗。山下中雄集结日军所有残存兵力，由他亲自指挥向着七总队阵地冲过来，他要拼死一搏。

打退十川义支大队以后，董天知知道鬼子不会善罢甘休，他利用短暂的战斗间隙，重新调整了战斗部署。几挺重机枪部署在阵地最前沿，形成交叉火力，严密封锁岭沟沟垴前的这个隘口。

刚刚部署就位，鬼子在山下中雄的指挥下又卷土重来，冲到了沟垴前的隘口处。决死队阵地上几挺重机枪同时吼叫起来，鬼子冲过来一批，倒下一批，又冲过来一批，又倒下一批。正在这时，空中传来轰隆轰隆的声音，原来是两架鬼子飞机前来助战。鬼子飞机先是对着决死队阵地一阵扫射，然后对着决死队阵地便是一阵狂轰滥炸。

对付鬼子飞机轰炸最有效的办法，便是与鬼子展开贴身战。董天知把号兵叫过来，下令："吹冲锋号！"

冲锋号响起来了。战士们跃出战壕,排山倒海一般扑向鬼子,与鬼子展开白刃肉搏。一看两军混战在一起,两架鬼子飞机在空中盘旋一阵,根本无法扫射轰炸,只好无奈地飞走了。

一阵白刃肉搏之后战斗结束,日军汽车运输队死伤惨重。

此时正是夕阳西下,战场上依然硝烟弥漫,战士们正在打扫战场。站在董天知身边的警卫员安登贵突然用手一指远处,对董天知说道:"首长你看,战马!"

董天知顺着安登贵手指的方向望过去,果然看见一辆卡车上运送的是几匹战马。这几匹战马清一色全是枣红色大洋马,高大威风,身上的毛色油光闪亮,蔺克正指挥特务连战士们把这几匹马从卡车上牵下来。

董天知对安登贵说:"去,让蔺克把这几匹马全给我牵过来!"

安登贵高兴得差点儿蹦起来:"首长,你的坐骑早该换换了!"

董天知看看安登贵,微笑不语。蔺克带了几个战士把几匹马全都牵了过来,董天知拍拍这一匹摸摸那一匹,爱不释手。

蔺克憋不住了,笑嘻嘻地问道:"首长,相中哪一匹了?"董天知不假思索地一挥手:"全都给我留下。"

"啊?这……"蔺克瞪大了眼睛,丈二和尚摸不着头脑。董天知呵呵一笑,对蔺克说道:"你这个傻小子!去,派几个战士,把这几匹马全都给朱总司令送去!"

蔺克恍然大悟,一拍自己的后脑勺答应道:"好嘞!"

十二、保卫浮山

东西坞岭大战以后,九总队转移到浮山县井家山一带山区建立抗日根据地。井家山位于太岳山南麓,向北可控制临屯公路,向西可出击同蒲铁路,九总队依托井家山频频打击敌人,很快就成了临汾日军的眼中钉。

董天知得到情报:牛岛实常要偷袭九总队。

事不宜迟,董天知马上赶到井家山,找来九总队总队长赵世铃和政治主任任映仑。董天知从口袋中取出情报,说道:"纵队接到情报,临汾日军将出动一个大队,带着机关枪、迫击炮等重武器,分三路袭击我井家山抗日根据地。看来,九总队前一阶段多次破击同蒲铁路的战斗,确实打到了牛岛实常的七寸。"

赵世铃连连点头:"是啊,董主任,最近一个时期,我们的重点就是破坏同浦线南段临汾至襄陵沿线的铁路。我们采用的战术多是夜袭,部队下山后隐蔽在铁路线附近的村庄，夜里带领群众破袭铁路。部队常常是晚上十点多钟出发，埋伏在准备破袭的铁路两端，掩护群众拔道钉、抽枕木、拉钢轨。等群众抬着钢轨、扛着枕木撤往山区之后，我们就地设伏，鬼子的火车一开过来准脱轨，我们的伏击队伍就开枪射击，不仅消灭了不少鬼子，还有不少缴获呢！"

任映仑也兴奋地说："前不久，我们刚刚伏击了鬼子一列火车，打死打伤二十多个鬼子，还缴获了许多枪支弹药。"

"所以，这次牛岛实常是下了决心要扫荡井家山，拔掉九总队这颗钉子。"董天知摊开桌上的地图，"我们正好可以将计就计，斩断牛岛实常伸向根据地的黑手！"

董天知俯身指着地图说道："鬼子计划兵分三路。一路，从张狼沟沿高家沟、白庙一线南路包抄；另一路，沿凤凰岭、圣王沟、孔家河一线中路穿插；还有一路，沿北坡、沙埝、赵家塝一线北路迂回。"

董天知直起身来，看着赵世铃和任映仑说道："九总队最近补充的新兵比较多，这次胃口不能太大。伤其十指不如断其一指，我看就集中兵力伏击其中一路，争取全歼。另外两路用少量兵力进行牵制，待主力完成任务后再迅速脱离战场，甩开鬼子。"

赵世铃和任映仑点头称是。

任映仑手指地图上的凤凰岭说道："董主任，鬼子的三条进攻路线，我看最适合设伏的就是凤凰岭、圣王沟这一路。鬼子过了凤凰岭，只有圣王沟沟底这一条道，而且这条路狭窄曲折，两侧山岭树林茂密，是最好的伏击战场。"

董天知看看赵世铃，赵世铃也连连点头。

董天知来的时候走的就是这条路，因此对这里的地形进行了详细侦察，他胸有成竹地拍板定案："就在圣王沟设伏，命令部队，立即行动！"

部队连夜构筑阵地，隐伏在圣王沟两旁的密林之中张网以待，单等鬼子自投罗网。

第二天上午半晌时候，凤凰岭西边大道上扬起高高的尘头，不大一会儿，一路鬼子果然到了凤凰岭下。

走在最前边的是一队骑兵，步兵紧随其后，看样子有二三百人，浩浩荡荡进了圣王沟。

到了圣王沟口，骑在马上的一个鬼子军官下令队伍停止前进。他举起望远镜扫视各个山头，没有发现什么可疑的地方，这才朝着身后的队伍一摆手，大队人马继续前进，就这样毫无防备地闯进了决死队的伏击圈。

等鬼子全部进入口袋阵，董天知一声令下，决死队阵地上的火力点同时猛烈开火，鬼子乱成一团。机枪声、步枪声、勇士们的喊杀声响彻云霄，掷弹筒、手榴弹的爆炸声震耳欲聋，敌人鬼哭狼嚎，倒下一片。

四个鬼子抬着一挺重机枪走在队伍中间，听到突然响起的枪声，这几个鬼子赶快抢占一处高地建立机枪阵地。还没等重机枪射手辨清方向，几个手榴弹从天而降，正好落在机枪阵地上，随着轰隆隆的爆炸声，几个鬼子稀里糊涂上了西天。

整个山谷里硝烟弥漫，鬼子尸横遍野，血肉飞溅。一阵激烈的枪炮声过后，活着的鬼子就像无头苍蝇四处乱撞，有的藏在沟坎石缝里负隅顽抗，有的钻进树林草丛中四散逃命。

"突击队，出击！"董天知一摆手，身旁的号手吹起了冲锋号，隐蔽在沟壑中的突击队员翻身跃起，挺起刺刀朝着四散逃命的鬼子追过去。勇士们杀声四起，就在谷底的草丛中、树林里和鬼子短兵相接，不大一会儿工夫，鬼子残兵也纷纷送命。

一个战士从鬼子身上拔出刺刀，扭头见几个鬼子的尸体堆里有个闪光的掷弹筒，他三步并作两步奔过去，伸手便要去拿。哪知这个掷弹筒在一个鬼子尸体的背上背着，这个战士正要解开鬼子尸体上的背带，只听"啊"的一声，这个鬼子腾地站起身来，转身就跑。原来这个鬼子是在装死。"哪里逃！"这个战士抬手砰砰就是两枪，鬼子扑通一声倒在地上，两腿一蹬咽了气。

战斗进行了一个多小时，等另外两路鬼子听到枪声赶来增援时，打扫完战场的决死队早已没了踪影。

十三、为民除害

打退鬼子对井家山根据地的偷袭，董天知回到纵队驻地翼城县曹公村。

刚要进村，就见特务连连长蔺克骑着马迎面而来。一见董天知，蔺克紧绷着的脸立刻松弛下来，远远地就朝董天知喊道："首长，您可回来了！我正要去找您呢！"

看蔺克一副急匆匆的样子，董天知心中猜测准是有什么重要的事情。待蔺克到了跟前，董天知勒马驻足，问道："发生了什么事？"

蔺克勒转马头，和董天知并肩走着，他凑近董天知小声说道："首长，雷震同志派了通讯员十万火急地赶来，说铁路工人自卫队被一伙不明身份的武装包围了！"

"哦？"董天知心中一惊，"送信的通讯员在哪里？"

"就在村头四圣宫大庙里。"蔺克一边回答，一边不由自主地两腿一夹马肚子。

董天知手中的马鞭一扬，胯下战马明白主人的意思，迈开四蹄跟在蔺克后面，一溜烟儿到了四圣宫大庙。

董天知在门口下马，把手中缰绳扔给燕登山，脚步匆匆进了门。

蔺克把一个年轻战士领到董天知面前："首长，这位是四喜子，雷震同志派来的通讯员。"

董天知打量着面前这个浑身上下汗水湿透的战士，解下腰里的毛巾递过去，问道："四喜子，怎么回事？"

四喜子接过毛巾擦了一把汗涔涔的脸，说道："首长，最近我们游击一支队和铁工队都在塔儿山一带活动。昨天晚上铁工队驻扎在塔儿山脚下的上甘泉村，半夜里不知从哪里冒出一股土匪队伍，包围了铁工队，口口声声要把铁工队强行收编。"

"强行收编？"董天知眉头一皱，"这支队伍有多少人马？"

"有五六百人。"四喜子答道。

五六百人？董天知倒吸一口凉气，人数可是铁工队的两三倍啊！想到这里，他问四喜子："雷震同志现在在哪里？"

四喜子答道："雷震同志已经带领游击一支队赶往上甘泉了。临出发前，他派我快马赶来向首长汇报。"

董天知略一思忖，对蔺克和四喜子说道："走，到八总队，带一个大队到上甘泉去。马上出发！"

"是！"蔺克和四喜子答应一声，出了门翻身上马。

董天知也大步出了四圣宫大庙，从燕登山手里接过马缰绳，纵身一跃上了马背。驾！他手中的马鞭一挥，胯下战马一溜烟儿出村去了。

李柽带着三大队，和董天知一起赶到上甘泉。

铁工队被这伙土匪包围在村子中，雷震带领游击一支队控制了进出村庄的南北两个山口，和土匪僵持着。

见董天知带领大队人马赶到，雷震松了一口气，问董天知："首长，打不打？"

董天知问道："这伙土匪的底细搞清楚没有？"

雷震袖子一撸，说道："搞清楚了。这伙土匪的首领叫张人杰，原是冯玉祥西北军的一个师长。据说还曾是冯玉祥模范连的'模范'兵，民国十九年冯阎倒蒋失败，张人杰带着几百个溃兵退入山西，盘踞在翼城一带，抓兵抢粮扩充了队伍，很快积聚了五六千人马东山再起。民国二十二年张人杰应方振武之邀参加'察哈尔抗日救国军'，张人杰还曾担任过'抗日救国军'第一军的军长。察哈尔抗战失败，张人杰的队伍再次溃散，他又退回到翼城扩充了队伍。前不久冯玉祥担任第六战区司令长官，张人杰奉调参加了津浦路沿线战斗，没想到和日本人一接触又是一溃千里。张人杰故技重演，第三次退入翼城，最近在翼城、沁水一带到处流窜，抓壮丁，抢粮食，老百姓深受其害。没想到他们胆子越来越大，竟敢对我们的队伍下手！”

董天知一听这伙人中有不少人是抓来的壮丁，对李柽说道：“命令三大队，配合游击一支队严密封锁所有出入口，断了这伙人的退路。”

李柽按照董天知的命令安排去了。董天知又对雷震说道：“雷震同志，不到万不得已，不要刀兵相见。如果能把他们争取过来，也是不小的抗日力量！派人告诉张人杰，我要亲自跟他谈判！”

四喜子从人群中站了出来，自告奋勇地说：“首长，我去！”说罢，一溜烟儿往村子里去了。

雷震看着董天知，摇摇头说道：“首长，你不能去。跟这个杀人不眨眼的土匪头子谈判，太危险！”

董天知胸有成竹：“张人杰已经陷入我们的包围之中，他会考虑这种利害关系。再说，铁工队的同志还在他的包围之中，一旦打起来，对铁工队也不利。”

正在说话期间，李柽带着一个头戴白羊肚毛巾的老人急急忙忙走了过来。董天知赶忙迎了上去，一边向老人家伸出双手，一边疑惑地向李柽问道：“这位老人家是……”

李柽笑道：“这位老人家就是这个村子的，知道张人杰的底细。”

老人家脸上是既害怕又愤恨的表情，他对董天知说道：“这伙人可是做了不少坏事，俺们早就盼着咱决死队来替百姓做主哇！”说到这里，老人家的眼睛湿润起来，他抬起袖头擦擦眼泪，接着说道，“他们原是跟着国民党二十九军从河北退过来的，二十九军前不久撤往河南去了，这伙人不知道啥原因赖着不走，反而收留了不少二十九军的溃兵留了下来。他们打着抗日的旗号，不打小日本，却尽干些欺压百姓的事情。”

董天知拉着老人坐到路旁的碾盘上，宽慰老人道：“老人家，我们决死队一定为咱老百姓做主。您能不能告诉我，他们都做了哪些欺压百姓的事情？”

老人家叹了口气：“自从他们到了俺们这一带，祸害得俺们不得安生。他们的粮饷、被服没有来源，就向俺们摊派勒索。今天要鞋袜，明天要粮食，不管俺们有没有吃的穿的，都得先给他们送去。送得稍微慢一点儿，他们不是枪托打就是马鞭子抽，俺们已经没有活路了！”

董天知脸上现出愤愤的表情，骂道：“这帮混蛋！”

老人家越说越气愤：“不仅如此，就连俺们老百姓冒着杀头的危险从鬼子占领下的盐池背回一些盐来，也得被他们夺去一半，还说是给他们缴的什么盐税。张人杰有个亲信便衣队，有十几个人，这十几个人可是坏透了，有的贩卖烟土，有的光天化日之下强奸村里的女娃子，决死队可要为俺们做主啊！"

老人家说着说着，起身就要给董天知跪下去。董天知赶忙起身，双手搀起老人家，连声说道："老人家，使不得，使不得！"

董天知话音刚落，四喜子步履匆匆地从村子里回来了。四喜子到了董天知跟前，一边擦汗一边说道："首长，张人杰见已经被我们包围，他同意跟我们谈判。"

董天知担心铁工队战士们的安危，问四喜子："铁工队的同志们怎么样？"

四喜子抬手朝着远处一指，调皮地笑了："首长，你看！"董天知抬头看去，见一队人马正从山后一条小路走过来，定睛一看，正是铁工队！董天知松了一口气。

四喜子说道："村里的百姓带路，铁工队从后沟一条隐蔽的小路撤了出来。"

刘明带着铁工队已经到了跟前，董天知问道："队伍有没有损失？"刘明高兴地说："多亏了老百姓，铁工队全部撤出，没有损失！"

雷震见铁工队已经突围出来，悬着的心终于放了下来。他对董天知说："首长，既然铁工队已经突出包围，还跟张人杰谈什么？他已经成了咱们的瓮中之鳖，打他个龟儿子！"

董天知摇摇头，说道："还是要谈。一来咱们说话要算数；二来张人杰的队伍里有不少二十九军的溃兵和抓来的壮丁，死心塌地跟着他作恶的毕竟是少数。能把大多数人争取到我们抗日队伍里来，既为百姓除害，又能壮大我们决死队的力量，一举两得，何乐不为？"

这倒也是，雷震不再言语。董天知对雷震说道："雷震同志，你指挥部队缩小包围圈，严密封锁，静等我的消息。"

"是！首长请放心。"雷震爽快地答应。

董天知又转过身去，对李柽和蔺克说道："你们俩跟我前去谈判。四喜子，带路！"

雷震有些不放心地说道："首长，就你们几个人是不是……"

董天知明白雷震的担心，呵呵一笑："放心！是去谈判，不是去拼刺刀。何况，还有你们做后盾。"董天知说完，大手一挥，带着李柽和蔺克，跟在四喜子身后，朝村子里走去。

张人杰的老巢扎在村中一座窑院里，窑院前面有一个宽大的打麦场。

张人杰站在窑院门口，远远望见董天知只带两三个人走过来，看看打麦场上自己的人马，心中暗暗松了一口气。

张人杰把董天知迎进窑院。董天知抬头望去，见窑院空地的正中间摆着一张八仙桌，桌上摆着几样点心，桌子四周是四条长凳。

张人杰一指八仙桌："请！"

董天知微微一笑："请！"

几人落座。

董天知端起桌上茶杯，抿了一口，笑着说道："听说张军长手下有不少是二十九军的弟兄？"

张人杰不知董天知问话的用意，强作笑容答道："正是。"

董天知把手中茶杯放回桌上，缓缓说道："那我们应该是抗日友军哪！"

张人杰连连点头："那是那是。"

董天知抬起头，手指着窑院崖头若隐若现的枪口，哈哈一笑："张军长，这可不是我们抗日友军的待客之道啊！"

张人杰顺着董天知的手势看过去，脸立刻涨得通红，自觉输理的他放开粗嗓子对着崖头吼道："妈的，谁让你们设的埋伏？都他妈给我滚下来！"

崖头上埋伏的都是张人杰的亲信便衣队的人，听到张人杰的斥骂，十几个人在崖头上站起身来，把手里的短枪插在腰间，耷拉着脑袋顺着梯子下到院子里。

张人杰朝着便衣队挥挥手。便衣队的人正要离开，董天知突然站起身来，喝道："慢着！"

随着董天知一声喊，蔺克一个箭步跨到张人杰身旁，左手闪电般一勾，勒住张人杰的脖子，右手里冰冷的枪口已经顶在他的太阳穴上。

李柽和四喜子也拔出枪来，闪身护住董天知。

张人杰吃惊地看着董天知："你，你，你……"

董天知看看语无伦次的张人杰，又看看惊疑不定的便衣队，以不容置疑的口气对张人杰说道："命令你的便衣队，缴枪不杀！"

蔺克手里的枪口照着张人杰的太阳穴猛地一捅，张人杰哎呀一声，浑身一个激灵，趔着身子手指便衣队喊叫："妈的，还愣什么？赶快缴枪！"

李柽和四喜子手里的枪口都对准便衣队。蔺克又高喊一声："不许动！统统举起手来，谁敢动老子一枪毙了他！"

便衣队的人一看这阵势都乖乖举起手来。李柽和四喜子一个箭步蹿上去，从身后把他们怀里的短枪抽出来，插在自己腰间，又把便衣队的人结结实实绑了起来。

趁着这个工夫，蔺克把一颗手榴弹往张人杰后腰带上一插，顺手把拉环往自己的小手指上一套，拦腰抱着张人杰，两人并肩站在一起。

董天知指指便衣队，对李桎说道："李桎，你和四喜子看好这些人。"又指着张人杰对蔺克说道，"把张人杰带到打麦场上，要他集合队伍，我要讲话！"

蔺克低声命令张人杰："走！胆敢不老实，老子一动手指头就把你送上西天！"

蔺克押着张人杰，董天知跟在后面，三个人出了窑院。

来到打麦场，三个人往空地上一站，蔺克对着张人杰耳语一声，只听张人杰颤声喊道："紧急集集集合！"

张人杰的队伍集合起来。

蔺克低语："架枪！"

张人杰高声喊道："架枪！"

蔺克又是一声低语："后退！"

张人杰跟着一声高喊："后退！"

看看队伍集合完毕，董天知又往前走了两步，站在队前高声说道："弟兄们，我知道你们中的许多人是二十九军的弟兄。二十九军的弟兄也许都还记得，去年七七事变爆发之前，我曾经带了山西各界代表组成的慰问团，到前线慰问你们。"

队伍中已经有人认出了董天知，有人点头，有人交头接耳："对对，当时我们在卢沟桥，慰问团还给我们唱歌、表演节目呢！"

董天知接着说道："那时候，我们为什么不怕辛苦，长途跋涉到北平前线慰问你们？因为你们的枪口对准的是日本人，你们的枪口对准的是我们民族的敌人！"董天知抬手一指张人杰，"可是今天，看看，你们都干了些什么？拦路劫道，敲诈勒索，奸污妇女，欺压百姓！这是抗日的队伍应该干的事情吗？我们为什么打鬼子？是为了我们的老百姓过上好日子，像这样不打鬼子专门祸害老百姓的队伍，天理不容！"

张人杰的头深深低了下去，队伍中也有人低下了头。

董天知的声音又提高了许多："张人杰和他的便衣队这些害群之马，已经被我们抓了起来，我们要把他们交给抗日政府，严加惩处。我知道，你们这些弟兄，都是要求抗日救国的爱国官兵，都是有良心和正义感的热血青年，从今天起，欢迎你们加入决死队，我们一起抗日救亡，保家卫国！"

董天知举起拳头在空中一挥，队伍里的气氛热烈起来。

雷震带着游击一支队也来到打麦场边上。董天知话音刚落，雷震就走上前去，高声喊道："听我的口令，全体都有，向右——转，齐步——走！"

决死队的队伍分别走在队伍的前后两头，把张人杰的队伍夹在中间，浩浩荡荡向前开去。

董天知和雷震骑在马上，走在队伍的最后面。

望着眼前浩浩荡荡的人马，董天知对雷震说道："雷震同志，铁工队力量太薄弱，单独活动能力还不行。这次也算是给我们提了个醒。依我看，不如趁着这次收编张人杰人马的机会，把我们的几支游击队整编成正规部队！阎锡山这段时间不允许我们决死队再扩充队伍，干脆，我们就用游击团的名义，把这几支游击队整编成游击十团，由你来当团长，怎么样？"

雷震高兴地说："行！"

驾！驾！董天知和雷震相视一笑，两人快马向前，赶上队伍。

十四、妙计杀敌

几支游击队整编组成了游击十团。根据地里像这样的游击队还有几支，该怎么办？董天知心中盘算开了。

董天知首先想到的是游击二支队。游击二支队活跃在临汾东南的贺家庄一带，前一段时间冲破鬼子几道封锁线，出色地完成了抢运弹药的任务，董天知对二支队政治主任杨绍曾的能力颇为欣赏。驻扎在安邑县的游击五支队，是日军占领运城后，由牺盟会动员运城盐池工人、盐警和农民组织起来的。翼城县还有两支抗日武装，分别是翼城游击二支队和翼城游击五支队。这几支游击队有一个共同点，那就是游击队长都是晋绥军的旧军官，虽然名义上都打着决死三纵队的旗号，但队伍里党的力量却十分薄弱，队伍成分也很复杂。把这几支队伍整编成游击十一团，利用整编的机会派进政工人员，加强党的力量，应该是当务之急。

董天知带上警卫员，匆匆来到贺家庄。

贺家庄位于纵队驻地和临汾城之间，村庄周围山岭环绕，是决死队侦察临汾城鬼子动向的桥头堡。

入夜时分，十村山山下一处农家小院里亮起灯火。接到通知的几位游击队长从翼城和安邑各自驻地赶来。窑洞里只有一盏麻油灯，显得有些昏暗，董天知正在主持会议，和大家一起商议整编的事。门外突然传来一阵马蹄声，紧接着就听见蔺克急匆匆的脚步声。

一进门，蔺克就迫不及待地向董天知报告："首长，鬼子要来偷袭我们。鬼子一个大队乘夜出了临汾城，前锋已经到了贾得村了！"

大家的目光都集中在蔺克的脸上。董天知问道："大约多少兵力？"

蔺克气喘吁吁地一边擦汗一边回答："七八百人，有步兵、骑兵，还有大炮。"

来者不善！几个游击队长也紧张起来，纷纷站起身来，取下挂在墙上的武装带束在腰间。

门帘啪嗒一响，和蔺克兵分两路前去侦察敌情的谢绍安也回来了，他急匆匆进门，对董天知说道："首长，我刚从贾得村侦察回来，鬼子到贾得村以后没有继续前进，而是在贾得村和贾住村住下了！"

"村里的老百姓呢？"董天知问道。

"全都跑光了。"

董天知朝着大家扫视一圈，冷静地说道："今天的会议就开到这里。大家立即返回部队，这几天带上各自的游击队到浮山山交一带集合，听候整编。"董天知又把目光转向杨绍曾，"我们几个留下。带两个游击小组跟鬼子周旋，找准机会教训教训鬼子！"

几个游击队长出门后，很快消失在夜幕之中。

"就带两个游击小组？"杨绍曾看着董天知，有些担心地问。

"对！我们不是去跟鬼子硬碰硬。最好能有几个枪法好的战士，另外，还要多准备几个煤油桶。"董天知看着杨绍曾，若有所思地说。

杨绍曾正要去安排，就听窑门外又传来一阵嗵嗵嗵的脚步声，紧接着一个高大的身影进了窑洞，亮起大嗓门儿说道："首长，我也留下！"

董天知抬头一看，是刘修堂。他伸出手去，用力一握刘修堂的大手，指着窑洞里一张长条凳子说："来，修堂同志，坐下说。"

刘修堂大大咧咧坐下，直通通说道："董主任，鬼子乘夜出了临汾城，在距离我们二十来里的地方住下，我判断鬼子是害怕过早惊动我们，准备后半夜再悄悄行动，突然袭击，拂晓之前包我们的饺子！"

刘修堂的判断和董天知一致，董天知笑着点点头。

"听说董主任要留下，我就猜是要去劫鬼子的营，我跟董主任一起去！"刘修堂快人快语。

董天知哈哈一笑，一拍刘修堂的肩膀："修堂，还真让你给说中了。鬼子来偷袭我们，我们就给他来一个反偷袭。他们万万想不到我们敢主动送上门来。这就叫出其不意。走，我们一起去！"

杨绍曾挑了三四个枪法好的战士，连同两个游击小组总共十几个人，在董天知带领下翻过十村山，急匆匆朝着贾得村和贾住村方向赶去。鬼子出城的七八百人分成两队，就住在这紧邻的两个村子里。

夜半时分，游击队员来到两村之间的乱坟岗，隐身在一人来深的蒿草之中。

　　鬼子在这两个村子都布了岗哨，朦胧的月光下，依稀能看见鬼子的哨兵在房顶上游弋。

　　董天知叫过杨绍曾和刘修堂，悄声对两个人说："绍曾，你带一个小组靠近贾住村，修堂和我带一个小组靠近贾得村，隐蔽接敌。注意带好煤油桶和鞭炮，听我的号令，一旦枪声响起，先把鬼子哨兵干掉，然后点燃煤油桶里的鞭炮，咱们今天晚上看一出狗咬狗的好戏！"

　　"好！"杨绍曾点点头，带着一个小组猫腰走了。

　　另一个小组由刘修堂带领，跟在董天知身后，拨开面前的蒿草，朝着贾得村悄悄接近。

　　鬼子哨兵已经进入步枪的射程。董天知蹲在一座坟头后面，叫过神枪手杨长顺，指指房顶上的哨兵，悄声问道："有把握吗？"

　　杨长顺取下肩头的三八大盖，趴在坟头上，悄悄拉开枪栓压上一颗子弹，对着移动的哨兵瞄了瞄，压低声音信心满满地对董天知说："首长，有！"

　　乱坟岗里静得可怕。一阵风吹过，刮得一人高的蒿草沙沙作响。

　　估摸着杨绍曾应该到了贾住村村头，董天知对杨长顺小声下令："开枪！"

　　杨长顺的枪口随着鬼子哨兵的脚步移动着，突然一扣扳机，只听一声清脆的枪响，鬼子哨兵从房顶上一头栽了下来。

　　贾住村方向也传来几声枪响。看来，杨绍曾他们也已经动手了。

　　驻扎在两个村里的鬼子骚动起来。不大一会儿，就见一队鬼子出了贾得村村口，朝着乱坟岗中的一条小路跑来。

　　游击小组的几支长枪依托着几个高大的坟头，子弹砰砰啪啪扫了过去，跑在最前面的几个鬼子齐刷刷倒了下去。后面的鬼子一见，一窝蜂退回村子里。

　　"点燃鞭炮！"董天知轻声下令。刘修堂嚓的一声划了一根火柴，把放在煤油桶里的鞭炮点燃。

　　贾得村里，鬼子指挥官结成平三中佐正准备指挥鬼子大队人马杀出村去，几个从村口退回的鬼子到了跟前，神色慌张地说："报告中佐，决死队封锁了村口！"

　　结成平三停下脚步。就在这时，村外传来一阵激烈的枪声，结成平三侧耳一听，果然是机枪的声音。再一听，是从贾住村方向传来的，难道决死队已经占领了贾住村？

　　想到这里，结成平三抽出指挥刀，朝着贾住村方向一指："大炮，快快的，贾住村的，开炮！"

　　轰！轰！轰！几发炮弹落到贾住村中，发出剧烈的爆炸声。

　　贾住村中的鬼子心惊肉跳。听着从贾得村方向传来密集的机枪声，又见炮弹嗖嗖地飞来，坏了坏了！一定是决死队占领了贾得村！

"开炮！开炮！贾得村的，开炮！"贾住村里的鬼子也慌里慌张支起大炮，朝着贾得村连发炮弹。

两个村里的鬼子互相打起炮来。董天知抬头望去，见头顶不时有炮弹嗖嗖地飞过，两个村子里的爆炸声都是一阵紧似一阵。

杨绍曾带着游击队员来跟董天知会合。眼看着两边的鬼子接上了火，听着煤油桶里的鞭炮声还在炸响，董天知大手一挥："撤！"

游击队员穿过乱坟岗，顺着来路消失在夜幕之中。直到进了山，还能听到身后传来炮弹剧烈的爆炸声，驻扎在两个村子里的鬼子还蒙在鼓里打得热闹呢！

秋雨连绵。

黄河东岸，壶口瀑布往北不远的吕梁山西侧，险峻的山梁上有一个不大的村庄。村中一处新建的窑洞里，临窗而坐的阎锡山放下手中看了一半的线装《宋史》，端起桌上的泥精壶，倒了一杯橘皮水。

橘皮的清香在窑洞中弥漫开来。最近阎锡山胃疼的老毛病又犯了，胃部总是隐隐作痛，因此便常常泡些健胃除湿的橘皮水来喝。阎锡山的眉头微微蹙着，只于在胃部反复摩挲，另一只手端起橘皮水呷了一口又放下，提起毛笔在铺开的宣纸上写下几行字：

> 固县闲来读宋史，权相制将困财资。
> 谁知金牌十二道，宋祚由斯也履危。

阎锡山所在的村庄，名字其实叫作古贤。一年来阎锡山迫于日军大兵压境，兵败如山倒，先失大同、天镇，继失忻口、太原，前不久又丢了晋南，被日军从临汾赶到吉县，局促一隅住在这个小村子里。这一段时间以来，阎锡山满脑子里想的，都是如何站定脚跟，稳固阵脚，因此，阎锡山总是下意识地把"古贤"两个字写作"固县"。

把手中的毛笔放回笔架，阎锡山在窑洞里踱起步。他心中把当前的国势和南宋做了一番比较。同是国土大片沦陷，同是面对敌人的凌厉攻势苦苦支撑，可是当今谁能像岳飞当年……想到这里，阎锡山轻轻摇摇头。他走到挂在墙上的地图前，目光死死盯着武汉。从六月份就开始的武汉大会战，中日双方打到现在依然战事胶着。阎锡山心中总隐隐有些预感——这一仗武汉保不住，武汉必陷于日军之手。阎锡山盯着地图，目光久久不能从武汉移开，他眉头紧锁，脑海中浮现出日军飞机在武汉上空俯冲投弹的情形，耳边也仿佛响起炸弹从天而降时发出的呼啸声。这一段时间以来，阎锡山密切关注着武汉战事的发展，随着战场态势的变化，他的心情也沉浮不定。

唉！一旦武汉失守，这接下来的仗该怎么打？到那时蒋委员长都自身难保，我阎锡山该何以自处？

想到这里，阎锡山的心情沮丧起来，他抬手挠挠头皮，深深叹了口气。

回想从抗战军兴到现在，一年多的时间里日本人、蒋介石、共产党和自己的实力消长，阎锡山一直紧蹙的眉头猛地一挑。这几家的势力各有消长。日本人步步紧逼，蒋介石节节后退，山西省几乎全境沦陷，自己也只能退到黄河边上偏安一隅。可是，这共产党的力量却在自己的眼皮子底下快速发展壮大，就连自己曾经倚为柱石的新军决死队，也越来越不保险，眼睁睁看着就要投到共产党的怀抱里去了！

其实，对决死队的动向，阎锡山早有察觉。从日本人占领晋南开始，阎锡山就留了一个心眼，对决死队预作防范，下令不得再以决死队的名义发展队伍，可是薄一波和董天知、韩钧他们却变了个花样，以游击团的名义又扩充了不少人马。眼看着决死队的兵力已经超过了晋绥军旧军，人员和武器还在不断增加。不得已，阎锡山在六月份把晋绥旧军的将领召集到古贤开了个会，劈头盖脸把晋绥旧军那些无能的将领骂了个狗血喷头。恨铁不成钢啊！

这决死队和晋绥军究竟有哪些不同？阎锡山掰着手指头，在心中默默盘算，暗暗把晋绥旧军和新军决死队做了一番比较。旧军军官对待士兵，惯常使用的是打骂教育和高压统治，而且军官们克扣军饷，贪污成风，士兵能和他们一心吗？所以一到单独行动，士兵们可不就开小差？想到这里，阎锡山叹了一口气，轻轻摇摇头。决死队可不是这样的。决死队的干部不搞特殊，而且注重政治思想工作，干部与士兵之间同甘共苦，融洽无间，士兵们愿意为他们卖命啊！最近阎锡山接到不少情报，都说旧军里那些开了小差的士兵，其实是跑到决死队里去了！

这样下去怎么行？再这样下去自己晋绥军这点儿老底子还不被决死队给掏空了？阎锡山急得连连甩手。阎锡山眉头紧锁，又一时无计，双手往后腰间的皮带里一插，又在窑洞里踱起步来。

阎锡山正在苦思冥想，侍卫长张逢吉轻轻推开窑门，向阎锡山请示："阎长官，梁化之求见。"

"快请他进来！"阎锡山回到办公桌旁坐下。

梁化之一进门，阎锡山就问道："化之，调陈光斗来吉县担任新军总指挥部副总指挥的事，办得怎么样了？"

梁化之扶一扶架在鼻梁上的近视镜，说道："我——我马上发电报通知陈光斗赴任。"

阎锡山眉头一皱："要抓紧。陈光斗是我们的人，通知他马上到任。他担任的决死三纵队纵队长和第五专署保安司令职务由颜天明接替。让陈光斗专心把新军决死队的事情办好，不可靠的人员该撤的撤，该换的换，不能眼睁睁看着决死队滑到八路军那边去。"

"是是是。只是……"梁化之顿了一下，声音也压低下来，"我担心决死队那些政工干部不配合咱们。"

说的倒是。决死队的薄一波、董天知、韩钧、戎子和……哪一个是省油的灯？阎锡山略一沉吟，说道："这样，你以召开'抗敌行政工作检讨会议'的名义发个通知，把各行政区的军政负责人都召集到吉县来，我要给决死队念念紧箍咒！"

"好。我马上就办。"梁化之连连点头。

"首长，戎政委来了！"

决死三纵队已经从浮山移驻到长治地区，董天知正在八总队驻地卢家庄整训部队，警卫员燕登山匆匆跑来报告。

董天知迎出门外。戎子和翻身下马。燕登山从戎子和手中接过马缰绳，跟在两人身后。

两人寒暄几句，戎子和从口袋里掏出两封电报交给董天知，苦笑一声说道："天知，阎老西又在琢磨咱决死队了！"

董天知低头看了电报，若有所思地问戎子和："子和，一封电报通知陈光斗到新军总指挥部任职，另一封电报通知咱们俩立即动身到吉县开会，一下子纵队三个主要领导都离开根据地，万一部队有点儿什么事情怎么办？"

戎子和面色狐疑地摇着头："我也是这样想的。只是，不知道这阎老西葫芦里装的到底是什么药。"

两人说话间已经走进屋内。董天知拿过桌上的搪瓷茶缸，倒了一杯水递到戎子和手里："子和，我总觉得这两封电报背后有文章。六月份的时候，阎老西把他晋绥军旧军中的骨干召集起来，就在古贤村开过一个秘密会议。我听说阎老西在会上严厉责骂了那些无能的旧军官，骂他们抗日无能又扩军无方，说这次秘密会议是给这些晋绥军旧军将领'开追悼会'。"说到这里，董天知眉头一皱，若有所思地看着戎子和，说话的声音也压低下来，"会上，阎老西还背着我们秘密研究了如何瓦解决死队充实他所谓的'正规军'的问题。"

戎子和双手把茶缸端在胸前，盯着茶缸上缭绕的雾气说道："我也听说了。看样子，如果说上一次古贤会议是'扶旧'的话，这一次古贤会议恐怕要'抑新'了。"

董天知点点头："所以我们两个人不能同时离开部队。我担心阎老西趁咱们俩都离开部队的时候，背后搞什么小动作。"

"对！"戎子和也点点头，"最近咱们的队伍又扩大了不少，刚刚组织起来的五专署保安司令部已经扩大到四个支队，部队还不是很稳定。再加上北方局军事部长朱瑞同志也到了长治，决定建立五专署党团，由我担任党团书记，健全五专署各级党的组织，这也需要投入巨大的精力。"

"子和，不如这样，你在家里坐镇，"董天知思索一阵说道，"我去参加这次会议，探探阎老西的虚实。另外，我还想把我们纵队的前哨剧团一同带去，宣传我们三纵队这一时期的战绩，扩大我们决死队的影响，警告晋绥军中那些顽固派不要轻举妄动。"

戎子和略一思索，说道："这是个办法。把游击十支队也带上，一路上要过好几道鬼子的封锁线，要确保剧团的安全。"戎子和把手中的搪瓷缸放到桌子上，脸上带着愤愤的表情说道，"还有，把我们的战斗故事也编成节目，省得那些躲到日本鬼子屁股后面的旧军老是攻击我们决死队，说什么'牺盟牺盟，盟而不牺；游击游击，游而不击'。"

"好！我这就到前哨剧团，和剧团的同志们准备出发，家里的事情就辛苦你了！"董天知站起身来说道。

"放心！"戎子和伸出手，和董天知的手紧紧握在一起。

> 风儿啊，你不要叫喊，
> 云儿啊，你不要躲闪，
> 黄河啊，你不要呜咽，
> 今晚，我在你面前哭诉我的仇和冤。
> 命运啊，这样苦，
> 生活啊，这样难，
> 鬼子啊，你竟是这样地没心肝！
> ……
> 黄河的水啊，你不要呜咽，
> 今晚我要投在你的怀中，
> 洗清我的千重愁来万重冤！
> 丈夫啊，在天边，
> 地下啊，再团圆，

你要想想妻子儿女死得这样惨，

你要替我把这笔血债清算！

你要替我把这笔血债清还！

……

一曲如泣如诉的《黄河怨》催人泪下。台上，前哨剧团的小演员唱得声泪俱下；台下，决死队的战士们听得义愤填膺。

演出结束后，董天知走上舞台。刚刚唱过《黄河怨》的秀秀，是前哨剧团里年龄最小的演员，她只有九岁，刚才唱歌的时候入戏太深，脸上还挂着明晃晃的泪道子。看见董天知朝她走过来，秀秀叫了一声："董主任！"张开双臂向董天知扑了过来。

董天知满面笑容地蹲下身子。秀秀到了跟前，依偎在董天知的怀里。董天知用手轻轻一点秀秀的鼻子说道："别看我们小丫头只有九岁，唱起歌来倒很有天赋，是个小童星哪！"

秀秀被董天知夸奖，破涕为笑。

秀秀是个孤儿，父母都惨死在日军的屠刀下，依偎在董天知怀里的秀秀感到一阵父亲般的温暖。董天知拍拍秀秀的头，站起身来，剧团里的十几个同志都围了过来，董天知对大家说·"咱们前哨剧团又有了新任务。"

剧团里的演员多是十几岁的孩子，二十岁刚刚出头的冯华已经是年龄较大的"老妈妈"了。刚才为战士们表演了一曲《乌克兰舞》的冯华，抬手擦掉脸上的汗珠，笑着问董天知："首长，什么任务？"

董天知的目光向着众人扫视一周，对大家说："阎锡山要在吉县召开会议，很可能是想借这次会议来限制我们决死队的发展。纵队决定派我们前哨剧团到吕梁山演出，宣传咱们决死队官兵的抗战事迹，表达我们决死队官兵的抗战决心，扩大咱们决死队的影响。"

"好！"小演员们爆发出一阵欢呼。能为决死队长脸的事情，谁不愿意干呢？

董天知拍拍几个小演员的头，对冯华说道："距离出发还有几天时间，要抓紧时间排练几个新节目。这一段时间，我们打了不少好仗，像秦岗阻击战、东西坞岭伏击战和狄村伏击战，还有奇袭樊店等，要动动脑子，把战士们浴血杀敌的故事搬上舞台，鼓舞抗日军民的士气。阎锡山想限制我们，我们要反其道而行之，把阎锡山的司令长官部变成宣传抗日的舞台！"

"行！"冯华说，"正好，最近我们正琢磨着把咱决死队夜袭沁水的战斗排练成节目呢！大家已经想好了名字，因为那天晚上我们打进沁水城的时候，月色很好，准备就叫《月亮上升》。"

董天知点点头："我看可以。那一仗我们牺牲了不少战士，战士们月夜杀敌，奋不顾身，我们不能忘记他们啊！"

听了董天知的话，懂事的小演员们马上收起脸上的笑容，神情严肃地点点头。

第五章　仗剑岳南（1938—1939）

一、战火中的爱情

董天知带着前哨剧团和游击十支队出发了。

吕梁山秋色正浓。在吕梁山中穿行几日，队伍来到吉县。

安排好部队宿营吃饭，董天知顾不上征途劳累，带上安登贵，快马来到阎锡山驻地古贤村东北不远的姚家畔。

牺盟总部驻扎在这里。董天知想尽快见到牛荫冠，了解阎锡山的动向。

听见董天知说话的声音，正在窑洞里写信的牛荫冠连忙放下手中的毛笔迎了出来，见站在面前的董天知满面风尘，笑着向董天知伸出手来："天知，一路辛苦！"

"还好！"董天知紧紧握住牛荫冠的手，"路上顺手端了小鬼子一个据点，小有收获呢！"

安登贵放马去了，董天知和牛荫冠进了窑洞。

刚刚坐下，牛荫冠就说："最近，阎老西对咱们牺盟会和决死队盯得很紧。咱们除掉李石庵之后，阎锡山手下一帮旧官僚找到阎锡山告状，说我们牺盟会滥杀无辜。阎锡山把我找去，要我给他说个明白。我把李石庵破坏抗战的事情和他的军统特务身份一说，阎锡山哑口无言，算是默认了。但他还是心有不甘，提出要把咱们牺盟会任命的夏县县长李涛同志换掉，口气很坚决。"

董天知用手中的马鞭鞭杆轻轻敲打着膝盖，沉吟片刻说道："李涛同志在河东一带威望很高。他拉起来的夏县游击支队力量也不小，有两千多人。杀了李石庵之后，我们俩商定，由决死三纵队下令成立河东八县游击总指挥部，李涛同志兼任总指挥，这样他们开展游击活动便有了一个合法的名义。阎锡山一心要换掉李涛，是不是他不愿意看到我们决死队力量壮大找的一个借口？"

牛荫冠点点头。

"看来，这件事我们要慎重对待。"董天知看看牛荫冠，"阎锡山既然决心已定，我们如果不把李涛同志换掉，一来怕会影响到统一战线，二来对李涛同志本人的安全也不利。万一阎锡山动了杀机，李涛同志可就危险了。"

"你的意思是，按照阎锡山的意见，把李涛同志换掉？"

"对！"董天知目光犀利，"和阎锡山的斗争，我们始终坚持以斗争求团结的原则，但方式方法要灵活。阎锡山要求把李涛同志换掉，但没有指定由谁去接替李涛同志的职务，我们就可以从这里做文章。就按阎老西的意思把李涛同志换掉，然后再派一个我们的同志去，这样岂不是一举两得？"

"好，这一招叫作换汤不换药。"牛荫冠手指着董天知笑了起来。

"天知，还有一件事要告诉你。"牛荫冠收起笑容，压低声音说，"纪毓秀同志也在姚家畔。"

"哦？"董天知疑惑地看着牛荫冠。太原分别以后，因为忙于战事，董天知已经有一年多时间没有见到纪毓秀了，只听说她参加了决死一纵队，在纵队政治部工作，还兼任了纵队的妇女工作队指导员，怎么会到了姚家畔呢？

牛荫冠站起身来说道："毓秀同志在决死一纵队工作很出色。部队到了沁县以后，她除了领导纵队的妇女工作队外，还兼任了牺盟上党中心区的区委委员，深入中心区各县开展群众工作，发动群众支援抗战，很有成效。前不久，毓秀同志因为保存有一本党内刊物，被阎锡山的爪牙告发。阎锡山把一波和我叫去，狠狠发了一通脾气，说毓秀是共产党，要我们严加处理。一波同志打了个圆场，说毓秀和我是清华大学同学，让我处理好这件事。当时梁化之也在场，阎锡山就让梁化之和我一同处理。说是一同处理，其实不过是阎锡山对我不放心，让梁化之监督我罢了。就这样，我只好把毓秀同志调离一纵队，调回牺盟总部担任组织部部长，我对阎锡山和梁化之讲，这样做是要把纪毓秀放在我身边，便于监督控制。这才算在阎锡山面前勉强交了差。"

原来是这样。董天知松了一口气。正在这时，门外传来一阵说话声，牛荫冠对董天知一笑，说道："说曹操，曹操到——纪毓秀来了。"

董天知和牛荫冠迎出窑门外。牛荫冠对着董天知一指："毓秀，你看谁来了！"

"天知！"纪毓秀一脸惊喜，疾步向董天知走过来。

"毓秀！"董天知的脸上写着笑意，下了台阶朝纪毓秀迎过去。

董天知打量着面前的纪毓秀。二十刚刚出头的年纪，齐耳短发，鼻梁上架着一副儒雅的圆框眼镜，镜片后面一双大眼睛水汪汪、亮晶晶，圆圆的脸庞上挂着灿烂的笑容，一身军装干净利索，浑身上下散发着蓬勃向上的青春气息。

"天知，你瘦了。"纪毓秀抬头看着董天知清瘦的脸庞说道。

"是啊。"董天知点点头又说，"自从小鬼子侵占晋南，三纵队已经打了大大小小一百五十多仗。我们是辛苦一些，可也让小鬼子吃了不少苦头。"

环顾四周，见牛荫冠不知什么时候已经没了踪影，董天知心中暗暗一笑，对纪毓秀说："毓秀，走，出去走走。"

纪毓秀嫣然一笑："好。你等我一会儿，我去去就来。"说完，纪毓秀匆匆出门去了。

待纪毓秀转回身来，两人一路说着话来到村外。

坐在山坡上向西放眼望去，两道山梁的缝隙里现出一段黄河，河水浩浩荡荡，如巨龙一般蜿蜒南下。对面山坡上一派秋草枯黄的景象，一阵秋风吹过来，满山秋草波浪一般起伏，金黄色的树叶也从高大的杨树上飘然而下。

无边落木萧萧下，不尽黄河滚滚来。纪毓秀见董天知正向着远处凝眸观望，她遥望对面山坡上一望无际的衰草，感慨道："上学的时候读《红楼梦》，记得林黛玉写过这么一首诗：秋花惨淡秋草黄，耿耿秋灯秋夜长。已觉秋窗秋不尽，那堪风雨助凄凉！"

秋色无深浅，深浅在人心。董天知了解纪毓秀的心情，正是在抗日战场上大展宏图的时候，却因为受到阎锡山的猜忌，不得不远离战场，还要处处受到阎锡山的监视掣肘，壮志难酬的纪毓秀，心中郁闷可想而知。

董天知见纪毓秀心中苦闷，开导她道："毓秀，不要只看眼前的秋声寒色。要知道，这些枯黄的秋草是在默默地撒下种子，积蓄力量。只要渡过了眼前的难关，待到明年春天，还不又是满山的鲜花烂漫？"

说的也是。纪毓秀的心情慢慢好了起来，她想起了南京的春天。纪毓秀从小在南京长大，每到春天，总喜欢到南京东郊的梅花山踏青赏梅。想起春天里梅花山上的景色，她向董天知问道："天知，你到过南京的梅花山吗？"

董天知见已经勾起纪毓秀对春天的回忆，自己的心情也随之好了起来，他微笑着摇摇头。

两人坐在一片枯黄柔软的草地上。纪毓秀伸手掐了一段干草嚼在嘴里，仰头看着天空，沉浸在回忆之中。她说道："一到春天，梅花山上简直就是梅花的海洋。几乎每一棵梅树上，都开满了密密层层的花。这繁花从树枝开到树梢，不留一点儿空隙，在阳光下就像是一座座喷花的飞泉。你很难想象，梅花竟会这样饱满，这样烂漫，这样奔放。想来也是，一个苦寒的冬天过后，春天里的梅花总是能把一冬天蕴藏的精神和力量，都尽情地释放出来！"

说到这里，纪毓秀收回目光，从军装口袋里取出一方小小的手帕。她脸色绯红地看着董天知，把董天知的手拉过来，把手帕小心地放在他的手心里。

董天知低头凝视着手帕。这手帕还带着纪毓秀的体温，柔柔的，暖暖的，这种温暖通过董天知的手心向着全身蔓延。他打开手帕端详，见手帕上绣着一枝梅花。遒劲干枯的梅枝上点缀着几簇鲜红的花蕾，虽然是雪压枝头，但两朵嫩黄色的梅花依然笑傲严冬，含苞初放。

见董天知抬起头来，纪毓秀双颊飞红，小声说道："这是我亲手给你绣的。"

董天知认真地点点头，深情地望着纪毓秀说："毓秀，感谢你对我的信任。"董天知站起身来，抬起头，脸色凝重地遥望着东南方向，"决死队将士们正在前方与鬼子激战，我随时会回到战场与鬼子拼杀，我已下定决心，为了中华民族的解放不惜流尽最后一滴血，不惧捐躯沙场，马革裹尸！"说到这里，董天知又把目光收回，看着纪毓秀，"别看小日本现在猖狂，想征服中国？只能是神经错乱者的痴心妄想！用不了多长时间，小日本就得从我们的国土上滚出去！等到我们战胜小日本，决死队的弟兄们，不，全中国的同胞们举杯同庆的时候，我要亲手为你穿上洁白的婚纱，我们俩手挽着手举行一场盛大的婚礼……"

纪毓秀的眼眸晶莹如水，手托下颌和董天知一起憧憬着未来。

不远处，黄河涛声清晰可闻，阵阵入耳，黄河——中华民族的母亲河，正以不可阻挡的气势排山倒海，磅礴向前。

二、暗流

从战火纷飞的前线来到吉县已经将近一个月时间。董天知十分繁忙。先是参加民族革命青年团第一次会议，在这次会议上董天知当选为"民青"总团部委员；后来便是参加阎锡山亲自主持的"抗敌行政工作检讨会议"，这个会议冗长拖沓，日复一日地开会、开会，还是开会。

尽管工作繁忙，董天知一刻也没有忘记宣传抗战，鼓舞第二战区军民的抗战斗志。按照他的安排，前哨剧团从进入吕梁山开始，就沿途刷标语、做宣传，晚上不管在哪个村子宿营，就在驻地因陋就简，扯起幕布演出抗战剧目。每当通过村镇时，董天知还特意嘱咐这些小决死队员整齐列队，昂首前进，高唱抗战歌曲。

第二战区军政机关大多驻在大宁、吉县一带，董天知把前哨剧团的行进路线特意选择在军民集中的村镇，一路走来一路演出。由于节目短小精悍、生动活泼，前哨剧团的演出一时间轰动四方，军民争相传颂，每场演出的观众都在千人以上。

前哨剧团人还没到阎锡山行营，一路美誉早已经传到阎锡山的耳朵里。等剧团一到古贤村，阎锡山就叫来梁化之，要他通知董天知，说要见见剧团的小演员们。

这可是个把统战工作做到阎锡山窑洞里的好机会！董天知来到剧团驻地，把这个消息告诉大家，小演员们大多只有十二三岁，对第二战区司令长官阎锡山只闻其名，未见其人，听说要受到阎锡山的接见，脸上都露出紧张和好奇的神情。

看看大家身上崭新又合体的军装，董天知满意地点点头，说道："你们的一举一动就是对决死队最好的宣传，就是对抗战军民最好的激励。到了阎司令长官那里，一定要精神饱满、士气旺盛，因为你们现在代表的不仅仅是你们自己，也不仅仅是前哨剧团，你们代表的是决死三纵队全体将士，一定要把决死队敢于战斗、不怕牺牲的精神面貌展现出来！还有更重要的一点，大家在前线都耳闻目睹了决死队英勇杀敌的事迹，到了阎司令长官那里，也要把这些勇士们可歌可泣的故事告诉他，告诉他我们决死三纵队的将士们决不会屈服于残暴的日本军队，我们不怕流血，不怕牺牲，直到彻底战胜小日本！"

前哨剧团的小演员们正愁不知道见了阎锡山说些什么，董天知一席话让每个人心头一亮。

第二天一早，前哨剧团的小演员们就列队来到阎锡山驻地。阎锡山住在村中半山腰一个独立的窑院里。窑院门前是一棵巨大的老槐树，浓荫蔽日。走进院里，迎面便是一排三孔相连的窑洞。

这天阎锡山兴致很高，早早起床在院子里散步，因为心情舒畅，就连最近经常发作的胃疼这个老毛病也一下子轻了许多。

远远看见这一队全副武装的小决死队员步伐整齐地走来，阎锡山不由得停下脚步，驻足观望。等到了近处一看，这些娃娃兵虽然满脸稚气，却严肃认真，阎锡山不由得面带笑容，连连点头。

副官律焕德已经把藤椅搬了出来，放在阎锡山身后，阎锡山一拂身穿的粗布长袍，就势坐在藤椅里。

孩子们在梁化之和董天知的带领下进到院子里，在阎锡山面前整齐列队。看着孩子们整齐的军容，阎锡山眼前一亮，不由得坐直了身子，笑着问道："你们这群娃娃兵里，谁的年龄最大？"

个头儿最高、站在排头位置的陈晓打了一个立正，抬手就是一个标准的敬礼，身子一挺答道："报告司令长官，我的年龄最大，今年十八岁！"

阎锡山呵呵一笑，接着问道："那，你们之中谁的年龄最小呢？"

站在排尾的秀秀眼眸一亮，胸膛一挺，高声答道："报告司令长官，我的年龄最小，今年九岁！"

阎锡山被这稚气的童声逗得哈哈大笑，两手一按藤椅扶手站了起来，走到秀秀面前，俯身问道："八九岁年纪，用古话来说也不过就是'垂髫'之年嘛，都已经参加抗日队伍了，有志气，有志气！我问你，你叫什么名字？"

秀秀小脸一扬："报告司令长官，我叫秀秀！"

阎锡山越发来了兴致，接着问道："你参加决死队多长时间了？"

秀秀不卑不亢："报告司令长官，我参加决死队一年了！"

"唔，好，好，好，"阎锡山直起身来，看着站在秀秀身旁的麦苗问道，"我再问问你，你有多大年纪？"

麦苗双脚一并敬了个军礼："报告司令长官，我今年十二岁！"

阎锡山笑眯眯地又问："唔，十二岁，也就是古人说的'总角'之年。你们这次到司令长官部，是干什么来了？"

麦苗应声答道："我们是来拜谒司令长官，向司令长官汇报来了！"

阎锡山连连点头："说得好，说得好。那我来问问你们，你们都学会了什么本事，会打枪放哨吗？"

"会！"小决死队员们齐声答道。

阎锡山指一指站在队伍中间的乔亚："来，你来说说。"

乔亚朗声答道："我们不仅会打枪放哨，还会演戏、会唱歌、会宣传、会写抗日标语……"

见阎锡山兴致颇高，大家也就不再拘束，你一言我一语讲起决死队里的战斗生活，直把阎锡山听得喜笑颜开。

阎锡山又把目光转向秀秀，有些不相信地问道："你年纪这么小，还是个乳臭未干的娃娃，他们说的这些，你也都会？你也都懂？"

秀秀听了，扑闪着水灵灵的大眼睛连连点头。未等秀秀开口，大家就七嘴八舌地说道："司令长官，别看秀秀年纪小，她可是样样不落人后！就拿我们这次行军来说，她和我们一样日行百里不掉队，从来不需要别人的帮助，而且每次演出，群众最喜欢的演员就是她呢！"

阎锡山乐不可支地说道："没想到，没想到。"说到这里，阎锡山吩咐站在一旁的律焕德，"焕德，通知长官部，给这些娃娃们拨发五百块银元，让他们买些演出用的道具。"

律焕德身子一挺答道："是！"

等董天知带着孩子们列队走出院子，阎锡山目送着孩子们远去的背影，对站在身边的梁化之说："化之，这董天知还真是有办法，就连这十几岁的娃娃都能跟着他打日本。你瞧瞧，这不到一年的时间，董天知居然就把这些孩子们训练得有模有样。看来，以后咱们也得学一学，多训练些少年先锋队哩！"

夜色已深，古贤村里一孔窑洞的窗口依然亮着灯光。

董天知有记日记的习惯。他从随身的背囊里取出自己亲手装订的日记本，这个日记本虽然粗糙，却是他的心爱之物，须臾不曾离身。他小心地把日记本摊开在桌子上，手握已饱蘸浓墨的细毛笔，却迟迟没有写下一个字，而是陷入了沉思。

他的目光瞥向桌子上一张最近出版的《扫荡报》，里面一篇污蔑决死队的通讯已经被他用毛笔圈了起来，尤其是其中那句指责决死队"游则有之，击则未也"的话，深深刺痛着他的心。

他把手中的毛笔放回砚台上，取过那张《扫荡报》端详起来。这《扫荡报》本是国民党军队的军报，蒋介石亲自掌握的舆论宣传工具，虽然最初的创刊宗旨是为了贯彻蒋介石的所谓"攘外必先安内，抗日必先剿匪"方针，为蒋介石的"剿匪反共"做宣传，但抗战开始以后也大有收敛，怎么现在这个时刻突然冒出这么一篇文章来呢？本来，按照国民政府的战时规定，报纸所载战讯一律不得出现部队番号，以保守军事秘密，为什么在宣传决死队战绩的时候，国民党的报纸统以"我军"称之，而现在却无视决死队在前线浴血奋战的事实，指名道姓指责决死队，意欲使决死队成为众矢之的呢？

现在可正是决定中华民族命运的武汉大会战大战正酣的时候。这场已经持续三个多月的大会战，时时刻刻都在牵动着每一个中国人的心。日本侵略者调动三十万精兵发动武汉会战，目的是要迅速攻占武汉，以迫使蒋介石政府屈服。中国方面也动员了百万大军，在武汉外围沿长江南北两岸与具有优势装备的日军浴血鏖战，目前正是战事胶着的时候，日军正在倾注全力进攻武汉，蒋介石向各战区连发两电，要求在敌后作战的中国军队积极开展游击战争。在这个节骨眼上抛出这么一篇文章，用心何其险恶！

不能任由那些别有用心的人肆意污蔑决死队。董天知把手中的《扫荡报》重重掷回桌上，站起身来。

窗外暗夜沉沉。正是夜半时分，远处黄河的涛声清晰可闻。黄河在怒吼，黄河在咆哮。怎么办？董天知凝神沉思片刻，突然眼前一亮，他想到了一个人——郭从周。郭从周是国民党中央通讯社的记者，前不久刚刚从武汉派驻第二战区，带领中央通讯社随军记者组专门报道山西的战地消息。董天知特别留意他的报道，知道他是一位富有爱国热忱而且仗义执言的记者。目前他也正好常驻古贤村，何不把他请来一叙，通过他把决死队将士抗击日寇的英勇事迹宣传出去，以正视听？何况，中央通讯社的影响力比《扫荡报》要大得多，它不单担负着为国内的报社、通讯社和广播电台提供社稿的任务，还与美国合众社、英国路透社、法国哈瓦斯社和德国海通社建立了稳定的联系，通过他们定期发布国际新闻，通过这个渠道，也可以把中国军民抗战的决心传递给全世界。

想到这里，董天知的心情稍稍平复了一些，轻轻吁了一口气。

第二天董天知就把郭从周请到住处，一一列举了决死三纵队半年多来转战晋东南，纵横数百里，足迹所至，血染山河的壮举。从古逻阻击战到夜袭沁水，从血战秦岗到东西坞岭伏击战，掐指一算，半年多来决死三纵队已与日寇进行了大小一百五十余战，毙敌三千有余，击溃三万余众，而自身也有近千的伤亡。说到动情处，董天知几度哽咽，就连坐在桌前记录的郭从周，也不时停下笔来，擦去脸上的泪水。

当天，郭从周就把整理好的《太行七勇士墓》、《秦岗战役》、《东坞岭大捷》等几篇反映决死队抗战事迹的通讯稿，通过随军记者组那台手摇发电的电台发回中央通讯社。写完这几篇通讯稿，郭从周仍觉得意犹未尽，他被新军决死队在敌后浴血奋战的精神所鼓舞，又提笔写下一篇题为《山西战局鸟瞰》的长篇报道，拿着稿件来到董天知住处。

董天知把郭从周迎进窑洞。郭从周把毛笔小楷端端正正誊写在专用稿纸上的文章递给董天知，董天知接过浏览一遍，看得出来这篇文章郭从周下了很大功夫。

郭从周从鼻梁上取下近视镜，一边哈着气用手擦着厚厚的镜片，一边对董天知真诚地说："天知兄率领决死队驰骋晋南、晋东南，许多战斗就是您亲自指挥的，对晋省战局了若指掌，还望天知兄多加指点。"

其实郭从周比董天知要大上四五岁，把董天知尊称为"天知兄"是出于尊重，董天知从郭从周的语气中听得出来他的诚意，因此只是微笑着点点头。

董天知坐在桌前，取过毛笔，蘸上墨，凝神看着稿子，不时对文章圈圈点点进行一些修改，一边修改一边对身旁的郭从周做些说明。

文章修改完成，董天知抬起头来，把稿子递给郭从周手里："从周兄，这篇文章可是大长抗日军民的士气，也不啻给那些污蔑决死队的造谣生事者一记响亮的耳光。"

郭从周点点头："全国的抗日军民都有权利知道真相，我准备把稿子立即发出。"

董天知略一思索，问道："发给中央通讯社吗？"

"是啊。"郭从周下意识地答道。

"除了发给中央通讯社之外，以中央社晋南通讯的名义也发给《新华日报》一份可好？"董天知微笑着，用商量的口气对郭从周说。

郭从周知道，《新华日报》是抗战开始以来蒋介石允许中国共产党在全国公开发行的唯一一份报纸，周恩来兼任董事长，传递的是中国共产党的声音。这篇文章能同时在国共双方的新闻机构发表，将对鼓舞全国抗战军民的斗志起到更大的激励作用，也更有利于在大后方对山西战局缺乏了解的情况下，把抗战新生力量新军决死队及牺盟会的抗战业绩介绍给全国人民。

看着董天知信任的目光，郭从周感觉得到肩上担子的分量，他认真地对董天知点点头说："天知兄，你放心，我回去就办。"

一九三八年冬天，吕梁山迎来了一场多年罕见的大雪，位于吉县小河畔的谭家大院被白茫茫的积雪覆盖着。

谭家大院由上院和下院两部分组成。阎锡山住在上院，秘书和随从住在下院。

谭家上院里，阎锡山一大早就起了床，双手插在棉裤后腰里——他沉思时不由自主的一个动作，低着头在窑洞里踱来踱去。

前几天朱德从延安返回晋东南前线，阎锡山派人专程赶到秋林迎候，又一路护送到吉县小河畔，安排住在和谭家大院一墙之隔的西窑院里。朱德到达小河畔的当晚，阎锡山就把他请到自己住的窑洞里，进行了长时间的交谈。从朱德的话语里，阎锡山听得出共产党还是一如既往地对取得抗日战争的胜利满怀信心。朱德鼓励阎锡山和晋绥军官兵坚持抗战。对朱德的话，阎锡山每每含笑点头，虽然他在刻意隐瞒内心的情绪，却总是在不经意间流露出那么一丝心不在焉。

阎锡山就是阎锡山，阎锡山心中另有盘算。

前段时间他接到国民政府军事委员会的密电，要他密赴西安，参加蒋介石亲自主持召开的秘密军事会议。这么多年以来，他和蒋介石一直明争暗斗，他虽然一时摸不清蒋介石葫芦里卖的是什么药，但他知道蒋介石这个老对手多年以来一直对他阎锡山不怀好意，蒋介石一刻也没有忘记过给阎锡山设局下套。年初开封军事会议上，蒋介石诱杀韩复榘的一幕，阎锡山至今记忆犹新。人心难测，人心难防。蒋介石这次西安会议保不齐又会生出什么幺蛾子。思来想去，阎锡山不能去，虽然西安近在咫尺。

阎锡山以前线战事紧张为由，派赵戴文代他参加秘密军事会议。赵戴文到了西安才知道，会议地点改为武功县，一列火车将齐集在西安的会议成员运往武功西北农学院。三天的会议结束后，赵戴文急急忙忙赶回吉县谭家大院。

谭家大院里里外外都被厚厚的积雪覆盖着。赵戴文住在谭家大院的下院，他进了院门，来不及回自己的房间，就急急忙忙向上院走去，阎锡山已经站在雪地里迎接他了。阎锡山知道这次会议不同一般，但他看到赵戴文脸上焦急的表情和手撩棉袍步履匆匆的样子，心中还是有些惊讶。

赵戴文进门落座，来不及寒暄就开口说道："百川，这次秘密会议非同小可。"

阎锡山一听赵戴文的口气，"哦"了一声，放下手中刚刚端起的茶杯，身子往前凑了凑："次陇，你慢慢讲。"这赵戴文比阎锡山年长十多岁，和阎锡山之间的关系无人能比。他之与阎锡山，既是僚属，也是辅弼，更是唯一可以推心置腹、坦诚相见的师友，和阎锡山相交三十多年来，两人一直形影相随。赵戴文和阎锡山是在日本留学期间相识的，可以说是莫逆之交。辛亥革命以后，赵一直是阎的高级幕僚和第二把手，在山西是唯一受到阎锡山发自内心敬重的官员。赵戴文为人公正廉洁，不爱财，不贪权，不营私，算得上正人君子，人望极高。赵戴文对阎锡山也确实是忠心辅佐，鞠躬尽瘁。一九二九年，阎锡山准备联合唐生智倒蒋，赵奉蒋命由监察院长任上回晋劝阻，获得成功。一九三〇年，他又反对阎发动中原大战，阎最后决定非战不可时，赵不再坚持己见，大哭而去。他虽然不同意阎锡山的决定，但还是委曲求全，遵从阎命到北平参加国民党中央党部扩大会议，筹办选阎为"国民政府主席"的事，结果阎锡山以失败而告终，赵戴文却不计前嫌，对阎锡山依然是不离不弃，态度恭谨，这使得阎锡山对他愈加敬重。这次赵戴文以七十二岁高龄，冒着严寒风雪，抱病代阎锡山参加秘密会议，足以看出阎锡山对赵戴文的信任和倚重。

赵戴文喘息稍定，加重语气说道："蒋委员长要对共产党八路军动手！这次武功会议极为秘密，长江以北各战区和西安行营师以上的军官都来了，就连远在宁夏的马鸿逵都赶来参加，却唯独不见八路军一个将领。"

"这当是老蒋有意为之。"阎锡山脱口而出。"正是。"赵戴文接着说道，"蒋委员长亲自主持，会议目的用蒋委员长的话来说，就是讨论抗日军事从第一阶段转入第二阶段这个过渡时期的任务。会议先是检讨了第一期抗战的得失，而后确定了第二期抗战的作战方针，蒋委员长在会上还宣布要合并军事委员会湘、桂、陕、甘各地行营，改设桂林、天水两行营，以统一指挥南北两战场各地区的作战。"

"对于第二期抗战，老蒋怎么说？"阎锡山问道。

赵戴文端起面前的茶杯呷了一口，放下茶杯说道："转守为攻。重新划分战区，调整兵力部署，以期转败为胜。蒋委员长还要求各战区整理军队，简化

成立第八战区并任命傅作义担任副司令长官兼绥远省主席，并在绥远设立副司令长官部，傅作义从此脱离阎锡山晋绥军阵营。傅作义的部队是晋绥军中最能打仗的部队，这次蒋介石把傅作义拉走，无异于剜掉一块阎锡山的心头肉，但碍于抗战大局，阎锡山又是有苦难言。第二件事是武功秘密军事会议召开期间，汪精卫趁蒋介石离开重庆之机密赴河内，随后发表"艳电"，声言要与日本合作。几乎与此同时，日军也对吉县发动军事打击，阎锡山知道，这是日本人要给他点儿颜色看看，希望用军事打击的手段让他走汪精卫的老路。阎锡山当然不会上日本人的圈套，但这两件事都促使阎锡山下定决心，要尽快解决新军问题。

晋绥军军官集训团立即开办。阎锡山原计划就在吉县举办，这下子因为日军的进攻，只好仓促下令集训团随第二战区司令长官部、山西省政府和各机关团体，转移到黄河对岸的陕西秋林。阎锡山选定的集训团团长是王靖国。之所以选定王靖国，是因为他对阎锡山唯命是从、忠心不二。把这个集训团的团长之职交给自己的心腹，阎锡山放心。阎锡山还要给这个集训团配一个教育长，他的目光盯住了董天知。

董天知的才干早被阎锡山看在眼里，他曾经向身边几个心腹吐露：像薄一波、董天知这样的人才如果能为我所用，那该有多好！他心中很清楚董天知的共产党员身份，但阎锡山就是阎锡山，他笃信自己有"高人之行"和"独知之虑"，见解不同于俗人。他根本不相信这个世界上有不为金钱、地位所动的人，他也根本不相信所谓的忠诚。阎锡山宦海沉浮几十年，翻云覆雨半辈子，什么样的人没见过？什么样的事没经过？见过的朝秦暮楚、倒戈投诚不计其数，见过的尔虞我诈、两面三刀万万千千。他相信共产党也不是铁板一块，只要下足功夫，共产党的人也能为我所用，他坚信只要巧使手段、细雨润物，董天知等终会入吾彀中，为我所用。阎锡山挂在嘴边的几句话就是"用人讲能力，不拘资格；任事说实效，不务虚位"，"得人事举，失人事败"，"有干部即有政权"，但他也深知"知人难，用人尤难"，认为"用人如御马，御之善可以行远，御之不善反能覆身"。在他眼里，董天知就是一匹难得的千里马，让董天知担任集训团的教育长，便是阎锡山向董天知伸出的一根橄榄枝。

哪知道董天知却不为所动。阎锡山安排梁化之前去试探，被董天知一口回绝。

董天知洞悉其奸。被阎锡山羁留身边，转眼已经过去四五个月。几个月来，董天知随阎锡山的第二战区司令长官部辗转吉县、秋林，先是被阎锡山派到阎锡山自兼校长的民族革命青年军官教导团担任教官，继而被派到第二战区司令长官部军官教导队担任政治指导员，现在又要让他担任军官集训团教育长。这军官集训团按照阎锡山的意思至少要开办一年时间，董天知已经察觉出阎锡山不怀好意，阎锡山不仅仅是在笼络自己，还想借此把他继续羁留在后方。前线战事正紧，日军对决死三纵队防区又发动了冬季攻势，而阎锡山却总是以各种名堂想把董天知留在身边，董天知思来想去，终于得出结论：阎锡山居心叵测。

得想办法离开，到前线去，到部队去！董天知主意已定，必须尽快脱离阎锡山的羁绊。但要想离开秋林，就要有一个合适的借口。找什么借口才好？董天知来到牺盟总会驻地下葫芦村找牛荫冠相商。

董天知见了牛荫冠，问道："荫冠，你看到阎老西的《元旦文告》没有？"

牛荫冠从桌子上拿起一篇文稿往董天知面前重重一放，叹了口气："看到了。这不，满篇的'反共'老调。"

董天知把这篇《元旦文告》拿在手中，愤然说道："昨天看了这篇文告，我这气就不打一处来。目前大敌当前，汪精卫叛国投敌，阎老西装聋作哑，不置一词，共产党深入敌后带领根据地人民打鬼子，反而被阎老西在《元旦文告》里大骂一通！真是一派胡言，这不是明目张胆地破坏统一战线吗？"

"岂止是破坏统一战线，这阎老西一贯两面三刀，"牛荫冠拿起另一篇文稿放在董天知面前，"这不，前几天我起草了一个声讨汉奸汪精卫的电稿呈送阎老西，向他说明对汪精卫这样的大汉奸，全国人民都在同声共讨，我们也应该表明态度，如不表明态度，全国人民会对我们二战区表示怀疑和失望。阎老西眼珠子滴溜溜一转，你猜他说什么，他说我阎锡山从来没有用个人名义反对过另外一个人——拒绝了。"

董天知略一思忖，说道："我看哪，这阎老西是在为自己日后投降日寇留后路。在阎锡山看来，我们牺盟会、新军和八路军在华北的积极抗战，已经成为他投降妥协的重大障碍，他要对我们动手了。前段时间日军六路围攻晋西南，日军前脚退兵，阎老西后脚就背着我们在五龙宫召开了一个秘密会议，只有他的少数几个心腹参加。在这个会上，阎老西堂而皇之地提出了七条所谓抗战决议。其中有两条，一条是'巩固抗日游击根据地'，另一条是'缩小敌区'，他是醉翁之意不在酒，他的真实用意是对付共产党、牺盟会和新军，是要让他的旧军巩固他们的占领区，打击和缩小我们牺盟会和新军建立起来的根据地。"

牛荫冠点点头："是啊，阎老西用心险恶，我们不得不防。"

"所以我必须离开这里，尽快回到前线，一方面打击日军的进攻，另一方面巩固我们的队伍，巩固我们的抗日根据地。目前，我们还不能公开和阎老西决裂，我要找一个合适的借口离开秋林。"董天知用探询的目光看着牛荫冠。

牛荫冠一拍脑门："天知，我这里倒是有一个好办法。"

董天知急于从阎锡山这里脱身，急忙问道："荫冠，有什么好办法？请快点儿讲。"

牛荫冠说："前不久，阎老西要求按照他提出的'创造三十万兵力的铁军'要求，把晋南二十多个县的人民武装自卫队分别合编为四个山西政治保卫支队，直属第二战区司令长官部管辖。其中你们决死三纵队根据地周边的翼城、浮山、沁水、阳城等几个县的自卫队，要合编为政卫四支队，你就以按阎老西要求整编队伍的理由回到前线，阎老西应该会答应！"

董天知高兴地说："对！一举两得！不仅整编了队伍，而且趁整编的机会派我们的人掌握部队，太好了！"

几天后，董天知从秋林出发了。

几个月的时间，山西的抗战形势已经发生了很大变化。日军攻占武汉、广州之后，不断抽调兵力投入山西战场，决死三纵队面临的形势更加严峻。日军又重新占领了风陵渡，陇海铁路线依然经常遭到日军的炮击，董天知绕道西安、潼关，从河南渑池渡过黄河赶赴前线。

过了黄河，经垣曲到阳城，董天知赶往翼城县青城村。

胡正平、李丙辰和贾启允几个人接到董天知的通知，已经提前等在这里。风尘仆仆的董天知一进门，就召集他们几个人说："这次把大家召集过来，是要把翼城、浮山、沁水、阳城几个县的自卫队整编成个团，名称就叫作政卫四支队。由红军干部正平同志担任支队长，丙辰同志担任政委，启允同志担任秘密的党团书记。尽快行动，把队伍整编在一起，然后就集中在咱们青城一带进行整训。你们几个同志都是共产党员，要牢牢掌握住这支队伍的领导权。整训期间，启允同志要在部队里迅速建立党的组织，开办党员培训班。当然，还要注意工作方法，党组织的活动不宜公开，还是像我们其他部队一样，运用牺盟会和民青这种形式开展党的活动。"

董天知叹了口气，颇有感触地说："大家都知道，我们的七、八、九三个总队里的军事干部都是阎锡山指定的，自成立以来就一直存在严重的军政摩擦。军政摩擦的根源在哪里？就在于对领导权的争夺。阎锡山从中作梗，给我们出了不少难题。从去年夏天到现在，阎锡山一直在限制我们扩大队伍，不给我们编制，不给我们经费，我们只好以游击团的名义，先后成立了游击十团、游击十一团，在成立这两个游击团的时候，我们吸取了教训，派进红军干部和共产党员掌握领导权。现在我们成立政卫四支队，除了你们几个主要骨干之外，正平，你原来就是我们游击十团的二营营长，从游击十团带一部分党员骨干过来，把我们忠实可靠的同志充实到营连一级，担任军事干部。"

胡正平一拍胸脯："首长请放心，保证完成党交给我们的任务！"

董天知满意地点点头："我等着你们的好消息！"

门外传来一阵急促的马蹄声，几个人走出门外，见一匹快马从远处飞奔而来。

来人是游击十团通讯员四喜子。到了董天知跟前，四喜子翻身下马："报告首长！雷团长派我送来一封信！"

董天知看过来信，对胡正平他们几个人说道："你们留下整编队伍。我到游击十团去！"

游击十团驻地在浮山县山交村。

董天知一进村，团长雷震和前不久调任浮山县抗日县长的武之城就迎了上来。雷震和武之城脸上都是一副焦急的表情。雷震叹了口气，对董天知说："首长，抗日县政府给我们送的粮食被小鬼子给劫了道！"武之城也说道："县城里的鬼子不光劫走了我们的粮食，就连抗日县政府组织起来给决死队运粮的八九十个老乡，也全给抓走了！"两人一边说着，一边带董天知急匆匆来到村东大庙里。

大庙偏殿里一张木板床上躺着一个受伤的青年。青年脖子上被勒出一道很深的伤口，血淋淋的，卫生员正在给他清理伤口。武之城指着他对董天知说："他叫双喜，给我们送粮的八九十个老乡，只有他一个人逃了出来，还差点儿丢了性命。"

董天知俯下身子查看双喜的伤情，双喜挣扎着要坐起来，董天知忙用手制止了他，轻声问卫生员："双喜伤得怎么样？"

没等卫生员开口，眼神焦灼的双喜就已经哭出声来："我的伤不要紧。首长，要赶紧把乡亲们救出来呀！"

董天知轻声说道："双喜，不要着急，你慢慢讲。"

双喜抬手擦了一把眼泪，哽咽着说："昨天晚上我们往根据地运粮，也不知道怎么走漏了风声，走到半路突然发现鬼子带着伪军饿狼扑食一样冲了上来，我们手无寸铁的老百姓，哪能斗得过这帮强盗野兽。鬼子围着我们的运粮车，拿起枪托对着我们劈头盖脸就是一顿打，然后端着刺刀逼着我们把粮食给鬼子送到县城。鬼子一边走，一边骂着，说给决死队送粮，死啦死啦的，给皇军送粮食，是大大的良民。

"我因为心中不愿意，所以走得慢了些，一个鬼子从我背后冲上来，抢起枪托骂骂咧咧又是一顿打，把我打得鼻青脸肿，然后把我的双手绑在背后，又用一根绳子拴在我的脖子上，像拉牲口一样拉着我走，把我勒得喘不过来气。我听那个鬼子嘴里一直嘟囔要把我死啦死啦的，我心想这下可坏了，就一直想着逃跑。通过一段狭窄的沟边小路的时候，我看路边长满了酸枣树，虽然不知道沟底有多深，但我想这可是个逃跑的好机会，能跑得了更好，如果跑不掉反正横竖总是一个死，不如跳下去再把拉着绳头的那个小鬼子也拽下去，一命换一命。

"想到这里，我一咬牙猛地朝着沟底跳了下去，想趁那个鬼子没有防备把他也给带下沟去，哪知道那个鬼子怕死，被我拽了个趔趄，眼看着就要掉到沟里，他只好双手一松，撂下绳子跑了。因为天黑，鬼子也不敢追我，只是朝着我跳下去的地方打了几枪就走了。我也顾不得酸枣树上的刺，扑扑棱棱滚到沟底，解下脖子上的绳子，顺着沟一直跑，跑回来报信儿。"

双喜说完，还在那里抽噎着，眼泪吧嗒吧嗒往下掉。

董天知拍拍双喜的肩膀，起身说道："双喜，放心。你好好养伤，我们一定想办法把乡亲们救出来。"

双喜含泪点点头，一双泪眼满含希望地看着董天知。董天知转过头来问武之城："乡亲们被关在哪里，你们查清楚了吗？"

武之城答道："查清楚了。全都关在警备队一间大空房子里。鬼子扬言，说要把这些老乡们统统杀掉，他们要杀一儆百，看谁还敢再给决死队送粮。"

董天知对雷震说道："把贾定基给我找来。"雷震派通讯员去了。

董天知特别赏识贾定基。贾定基原名黄定成，十六岁参加红军，曾经参加过长征，还荣获过红军"特级杀敌英雄"称号，被八路军派到决死三纵队后，为了不暴露自己红军营长的身份，董天知决定给他改名换姓，化名贾定基。贾定基沉默寡言，善于动脑，在战场上常能出奇制胜，因此胡正平调任政卫四支队支队长，董天知指定贾定基接任胡正平的二营营长职务。

贾定基来了，董天知开门见山："定基，给我们决死队送粮的八九十个老乡被鬼子抓进浮山县城，关押在警备队。决定由你带一个连，今晚就把乡亲们营救出来！"

贾定基知道这是董天知信任自己，满怀信心地说："首长放心，我一定完成任务！"

董天知拍拍贾定基的肩膀："记住，不能强攻，只能智取！"

贾定基两脚一并："是！"

贾定基刚要转身离去，门外一个年轻战士跨进门来，对董天知说："首长，我也要去打鬼子！"

董天知看着眼前这个白白净净的战士，觉得他更像是一个刚刚入伍的大学生。他用探询的目光看着贾定基，贾定基连忙向董天知介绍说："首长，他叫岳岱，刚刚参加决死队。清华大学的学生。"

哦？清华大学？董天知看他年纪也不过十八九岁，问道："岳岱，你为什么不读书要参加决死队？"

岳岱不假思索："哪里还能顾得上念书，先打走日本鬼子再说！"

董天知用欣赏的眼光打量着岳岱："好样的！等打完这一仗，到纵队政治部报到！"

岳岱高兴地向董天知敬了一个军礼："是！"

夜幕降临了。浮山城四门紧闭，鬼子严密把守。

午夜时分，南城门和东城门突然响起激烈的枪声，城墙下人喊马叫，杀声四起。城门上的鬼子惊慌失措，一边开枪还击，一边紧急求援。城内一片混乱，鬼子赶忙调兵遣将，从睡梦中爬起来的鬼子和伪军慌里慌张地赶赴东城门和南城门，爬上城门对外射击。

贾定基带领一个排早早就埋伏在西门外城墙根下。南门外和东门外各有一个排，那只是贾定基设下的疑兵。

为了把鬼子的注意力都吸引到南城门和东城门，南门外和东门外又吹起了冲锋号，城里鬼子的注意力都被吸引了过去。看时机已到，贾定基一挥手："上！"

战士们抬起云梯靠上西城墙，贾定基带领战士们悄无声息地翻过城墙，摸到警备队门口。

警备队门口只有一个哨兵。贾定基叫过岳岱，朝着哨兵一指。岳岱已经会意，扛着枪大摇大摆走了过去。城里的鬼子和伪军都乱哄哄地跑来跑去，哨兵压根儿想不到决死队已经到了眼皮子底下，还没有来得及问一声，岳岱就已经大大方方地到了跟前。正在鬼子哨兵迟疑之时，岳岱突然一个箭步冲过去，端起刺刀直刺鬼子心窝，只见一道寒光闪过，这个哨兵就被结果了性命。

岳岱把鬼子哨兵的尸体往暗处一拖，扛起枪抖抖肩膀，像模像样地站在了门口的哨位上。岳岱刚刚站好一抬头，糟了！一个腰里挎着指挥刀的鬼子军官过来查哨了！

岳岱灵机一动，把腰杆一挺，学着刚才那个哨兵的样子，右手大拇指扣着枪带在门口踱来踱去。

贾定基隐身暗处，心里为岳岱暗暗捏着一把汗。

鬼子军官到了岳岱跟前，停下脚步叽里咕噜问了一句。岳岱跑步上前，到了鬼子军官面前大大方方立正、敬礼，然后肩膀一抖，以迅雷不及掩耳之势，操起长枪对着鬼子军官当胸就是一个突刺。只听噗的一声，鬼子军官冷不防挨了一刺刀，扑通一声应声倒地。贾定基从暗处跳起，一个箭步冲了过去，一把拽出鬼子腰间的指挥刀，就势朝着鬼子脖子一抹，那个鬼子两腿一蹬咽了气。岳岱也抢上一步，一脚踏在鬼子胸膛上，猛一用力，这才把刺刀拔了出来。

警备队的伪军除了几个哨兵，都已经到东门、南门增援去了，贾定基带着战士们乘虚而入，冲进去砸开门锁把八九十个老乡救了出来，顺手还抓了几个俘虏。

贾定基带着战士们押着俘虏，掩护老乡们到了西城墙，翻过云梯快速撤离。

东城门和南城门的枪声还在响着，城上城下打得正热闹，贾定基带着老乡们已经走在返回根据地的路上了。

抓获的三个俘虏里有一个女的。

贾定基和岳岱把这个女俘虏带到董天知面前。

见了董天知，这个女人扑通一声跪在地上，对着董天知磕了几个响头，嘴里不住地念叨着："长官饶命！长官饶命！"

董天知看她像是个读书人，示意岳岱把她扶起来坐在旁边一个凳子上，问道："你叫什么名字？听说你是警备队长的夫人，是吗？"

女人垂头丧气地答道："我叫秋兰。我家那口子是警备大队大队长。"

"你们家那口子叫什么？"

"叫王树林。"

"警备大队总共有多少人？"

"两个连，总共二百多人。"

"咱们都是中国人，为什么要帮着鬼子残害自己的同胞？"

"长官，不瞒您说，我也是知书达理的读书人，也知道中国人不打中国人的道理。帮着鬼子祸害中国人，落得个汉奸的名声，这子孙后辈在人前怎么能抬得起头呀！再说，鬼子也不拿汉奸当人看，我家那口子也没少受日本人的气。我经常把这个道理讲给我们家那口子，我家那口子也是唉声叹气地说，上船容易下船难，已经上了贼船，怕是下不来了。"

"王树林以前是干啥的？"

"以前是晋绥军傅存怀手下的一个营长，也曾跟鬼子打过仗，去年春天汾阳一战被鬼子俘虏了才穿上了这身黑狗皮。有一次喝醉了酒，他哭着对我说，我当初当兵也是为了打鬼子，我也是中国人哪，可是现在我人不是人，鬼不是鬼，吃的是中国人的饭，穿的是中国人的衣，却替日本人干着祸害中国人的事。我王树林对不起列祖列宗，对不起父老乡亲，对不起爹娘……"

这王树林良心尚存。听秋兰讲到这里，董天知觉得正可以利用这个机会做做工作，王树林如果能放下屠刀投奔决死队，这抗战的队伍不就又壮大一分？董天知想到这里，对秋兰说："秋兰，你是明白人。王树林不仅对不起祖宗爹娘和父老乡亲，更加对不起子孙后代。你想想，自古以来当汉奸的哪有什么好下场？日本人能永远赖在中国不走吗？日本人走了，他怎么办？你怎么办？你们的子孙后代怎么办？秋兰，你是个深明大义的人，你要好好劝劝王树林，这件事上可不能犯糊涂。要给自己留条后路，不要再给日本人卖命了！"

董天知这番话，秋兰句句听在心里，只是她心中还有许多顾虑。这些董天知都已经看在眼里，他趁热打铁："秋兰，我知道你心中会有些顾虑，我也给你打开天窗说亮话。不要叫我什么长官，我的名字叫董天知，你回去告诉王树林，他应该知道我是谁。你就说我董天知让你给他带个话，希望他早下决心，弃暗投明。他什么时候想通了，什么时候来找我，我亲自迎接他。如果一时有困难、有顾虑，我们也可以等，等时机成熟了再投向决死队，但你要告诉他，从今天开始他王树林再也不准帮着日本人作恶。当然，我希望他决心下得越早越好，带过来的人越多越好。"

秋兰高兴地对着董天知连连作揖："我回去一定劝王树林，不要再给日本人卖命了！"

董天知又说道："要做有良心的中国人，我等着你的好消息。你一定要让王树林不要忘了：咱们都是中国人！还有两点我要提醒你注意。一是这件事一定要保密，一旦日本人知道了，那可是掉脑袋的事。二是王树林有什么需要我们帮助的，你可以随时来找我。"

说到这里，董天知对一直站在一旁的岳岱吩咐："岳岱，安排秋兰好好吃顿饭。饭后还要辛苦你一趟，把秋兰安安全全送回浮山县城。"

岳岱抬手一个敬礼："是！首长！"

武之城来了。董天知正在和雷震、贾定基研究游击十团下一步的行动，抬头看见武之城，忙把他迎进屋里，说道："之城，你来得正好，我正好有事找你。"

原来，浮山和其他几个县的自卫队编入政卫四支队之后，董天知又交给武之城一个任务，那就是抓紧时间再组织一支抗日自卫队。眼下正是春耕时节，没有抗日武装的保护，老百姓连地都耕种不了。

武之城正好也是为这件事情而来。他对董天知说道："首长，新的抗日自卫队倒是组织起来了，可这眼下自卫队里的武器太少。战士们倒是都不怕死，可是靠土铳、大刀和长矛跟鬼子拼，我们的牺牲太大啊！"

董天知也有同感："是啊。投身抗日的都是我们中华民族的优秀分子，哪一个家庭养大一个孩子都不容易，哪一个孩子不是父母的心头肉？当然，为了民族解放，必要的牺牲不可避免，但我们有责任想尽一切办法，把牺牲降到最低限度。武器的事情我最近也在考虑。队伍一天天扩大，我们需要的武器数量也在增多，自卫队如此，三纵队也是如此。武器对于我们抗日战士来说，太重要了。枪既是杀伤敌人的武器，也是战士的生命，如果我们每一个抗日战士手中都能有一支枪，"说到这里，董天知的声音高了起来，"那我们的战斗力就会大大提高，小鬼子也不敢那么猖狂了！"

武之城也深受感染，说道："首长，如果我们能自己修枪、造枪，自己能制造手榴弹，那就太好了。"

董天知眼前一亮："之城，你说的对！阎老西限制我们决死队的发展，最近已经停止给我们补充武器弹药。依我看，为了打鬼子，我们也可以自己开办造枪所！我看，名字就叫浮山造枪所，我们自己修枪、造枪、造手榴弹！"

说干就干。董天知从三纵队军械处调来王清和担任所长，就在乌龙沟大庙里创建了浮山抗日造枪所。

机构成立起来了，但只有一座大庙、一个所长，其他的一无所有。光杆儿司令王清和直挠头，只好又硬着头皮找董天知来了。

王清和是共产党员，董天知开导王清和："清和，我们共产党的事业不就是白手起家吗？再人的困难也难不倒共产党。你是党员，我们共产党一贯的作风就是在困难中斗争，在困难中创业，在困难中壮大，在困难中前进。"

王清和还是直挠头："首长，这些道理我都懂，但这第一个难关是没有技术工人呀。"

董天知笑着问："清和，你是哪里人？"

王清和一愣，他知道董天知清楚他的家乡是河南孟津，有些惊讶董天知为什么明知故问，但还是照直回答："我是河南孟津人。"

"河南孟津是不是有一战区的军工厂？"董天知笑着又问一句。

"有哇，不止一家呢！"王清和答道。

董天知用手点点王清和："这就对了嘛！知道我为什么点你的将了吧！"

王清和恍然大悟："首长，我明白了，我明白了。改天我专程回家乡一趟，把那些愿意到山西抗战前线来的造枪工人请过来。如果能把他们请过来，那可真是太好了。只是，我担心离家太远，他们不一定愿意来。"

董天知给王清和支招儿："这就要看你的本事了。在哪里造枪都是为了打鬼子，我相信咱们造枪工人的爱国热情。请来一些造枪的能工巧匠，再把我们根据地的人才也都集中起来，我看，我们的造枪所很快就能初具规模。"

王清和想想是这个道理，但一想到还没有机器设备，又犯了愁。

董天知已经看出了王清和的心思："清和，是不是又为机器设备犯愁？"

王清和点点头。董天知说道："这个问题我已经想好了。解决这个问题有两个办法。一个是等工人同志们到了之后，发挥自己的聪明才智，自己动手解决一部分。另一个，当然也是更重要的，我已经给你们准备了一部分资金，你带在身上，到河南之后利用造枪工人的关系购买一些造枪的专用设备和工具。如果这些设备太大，可以想办法拆解之后运送回来。"

王清和这下心里有底了。

董天知拍拍王清和的肩膀："一定要快。我们多少战士和自卫队员还都是赤手空拳，正等着用我们自己制造的枪打鬼子呢！至于造枪需要的材料，你尽管放心。鬼子铺设的铁轨就是很好的钢材，我们动员部队破铁路、扒铁轨。这样既破坏了鬼子的交通运输线，又有了造枪的好材料，一举两得！"

"清和，"董天知眼望着远方，"我们的造枪所将来还要造手枪、造手榴弹、造炸药、造掷弹筒，要发展成一座兵工厂，支援抗战！"

来时愁眉苦脸的王清和这会儿已经眉开眼笑："首长，我明天就出发，南下河南，尽快把我们的造枪所建起来！"

自从离开秋林，董天知心中还惦记着一件事。阎锡山不仅在人事和武器供应上刁难决死队，他还使出了一个釜底抽薪的阴招——在经费供应上卡牺盟会、决死队的脖子。必须早做准备，否则后果不堪设想。

日军的扫荡越来越频繁，五专署和决死三纵队司令部、政治部都转移到沁水一带太岳山中的田家湾村。

这天一大早，董天知找来纵队政治部组织干事华夫和政治部总务科长张通，对两个人说："阎锡山要倒退。他对决死队的限制越来越明显，已经命令地方上的财政收入全部上缴，各专署无权开支。我们五专署的一切开支也都要经过山西当局。这样一来，我们决死三纵队陷入困境，不仅我们的经费供应大受影响，而且更重要的是，我们暗中对八路军的财政支援也将受到很大限制。

"咱们今天不仅要掌握枪杆子，还要掌握印把子。过去我们认为，只要县长是我们的人就行了，现在看来，这远远不够。要把银柜子也掌握在我们手里，否则决死队的日子就过不下去，我们的抗日战争也会受影响。阎锡山下一步有可能全部断绝对我们的供应，我们一定要做最坏的打算，必须自己搞些家当，以防万一。

"子和同志现在正在秋林参加秋林会议，实际上是被阎锡山羁留在那里。

我和子和同志已经商量好了，为了摆脱困境，我们立即成立山西省第五专区经济委员会，由董事会直接领导。子和同志担任董事长，我和长治牺盟中心区秘书王兴让同志担任董事，一切大政方针都由董事会决定。董事会下设理事会，华夫同志担任主任理事，张通同志担任理事兼会计科长。"

董天知用信任的目光看着华夫："华夫同志，你还有一项重要任务，就是兼任五专署的建设科长。目的是什么？目的就是把专署的工厂，尤其是我们千辛万苦办起来的兵工厂，逐步转移到经委会来。"

华夫和张通两个人对视一眼，感到肩上责任重大，也深深感受到董天知对他们的信任。

董天知又看着张通说道："张通同志，你去协助华夫同志工作，主要就是发票子，切实把我们五专署所属十二个县的银号管起来，以保证部队供应，保证抗战所需。"

张通连连点头。

董天知停顿一下，接着说道："我们的对手是专署财政科长曹斐然。曹斐然是个顽固分子，跟阎锡山穿一条裤子，你们要注意对付。经委会的主要干部，从纵队政治部和牺盟中心区抽调。要以共产党员为骨干，需要什么人，你们两个商量一下提出名单，我安排组织科调配。任务很重，行动要快，你们两个一定要同心协力。对组织上这样的安排，你们两个有什么意见？"

华夫和张通语气坚定地说："首长同志，我们坚决服从命令。"

董天知又说："最后要提醒你们两个的是：一切为了抗战胜利。我们手中的钱，优先保证八路军使用。只要是八路军三四四旅和六八七团、六八八团后勤部门来人提出需要，只需要打个借条或收条，你们就照付不误！"

四、再战浮山

董天知心中惦记着王树林警备队反正起义的事，谁知鬼子偏偏在这个时候又在根据地通往浮山县城的交通要道梁家河修建了据点，在警备队和根据地之间横插了一杠子。

董天知决心带领游击十团拔掉这颗钉子，就带着岳岱和蔺克又来到浮山县山交村游击十团驻地。

岳岱把秋兰安全送进浮山城，一路上又给秋兰讲了很多抗日救国的道理，返回部队后就被董天知调到纵队政治部敌工科，专门负责和秋兰单线联系。蔺克前一段时间也按照董天知的安排，多次到浮山城进行侦察，了解浮山敌情。

占领浮山县城的是鬼子一〇八师团佐伯文郎旅团井上三联队第一大队，大队长渡边卫泽在梁家河据点派驻了一个中队的鬼子，中队长田中正德常常带鬼子到梁家河村周围的村庄烧杀抢掠，害得周边百姓鸡犬不宁、家破人亡。

几个营长听说要打梁家河据点，都来到团部请战。

董天知和雷震、蔺克、岳岱几个人正在分析敌情。听几个营长说明来意，董天知说道："你们来得正好。上次夜袭浮山城营救运粮百姓，你们不仅成功完成任务，而且没有损失一兵一卒，定基同志立下汗马功劳。这次的任务更加艰巨。鬼子在梁家河修建据点，是往我们根据地揿下一颗钉子。而且这次鬼子在梁家河村东、西、南三面高地上都修了碉堡，三足鼎立，易守难攻，看来是要常驻下去。如果我们任凭鬼子在梁家河常驻，不仅梁家河百姓遭殃，也会加剧我们根据地的困难，因此，"董天知手指朝着地图上一点，斩钉截铁地说，"必须尽快拔掉这颗钉子。"

贾定基说："首长，把这个任务交给我们吧！二营同志们都说上次夜袭浮山城的战斗打得不过瘾。现在部队刚刚结束冬季整训，战士们都想利用这次战斗检验一下我们二营的整训成果！"

董天知看看贾定基，又看看一营长刘明和三营长王学林，说道："同志们的心情我理解，但是我们千万不能轻敌，这次的任务一个营的力量不够，全团都要参战。"

听董天知这么一讲，几个营长知道这次都有仗打，就都高兴地坐了下来。

董天知看大家坐定，对蔺克说："我已经安排蔺克同志对梁家河据点的敌情进行了详细侦察。蔺克，把侦察情况介绍一下。"

蔺克拿起一张纸画了一个简单的草图，举起草图对大家说："鬼子田中中队一共有二百多人，一半驻在县城，一半驻在据点，每半个月换防一次。平时据点里常驻的鬼子有一百多人，分散驻守在三座碉堡里，每个碉堡里有三四十个鬼子。据点里的鬼子火力比较强大，每个碉堡都配有一挺重机枪、四挺轻机枪，除了每个鬼子一杆三八大盖之外，据点里手榴弹也比较充足。"

听蔺克介绍完毕，董天知说道："三个碉堡呈三角形分布，各自相距三四百米，正好可以相互进行火力支援。小鬼子这是欺负我们缺乏攻坚武器，如果我们强攻，部队损失太大。"

"那就把鬼子调出来打。"一直皱着眉头思索的雷震说道。

"对。游击战才是我们的拿手好戏。"董天知说，"鬼子窝在乌龟壳里，打起来他们可以凭借坚固的碉堡掩护；把鬼子调出来，诱敌进入我们的伏击圈，就会形成对我们有利的态势。"

几个营长频频点头。

董天知接着说道："这次我们要放长线钓大鱼。瓦解伪军警备队和打击梁家河据点的工作同时进行。从秋兰那里传来消息，王树林举棋不定，需要我们做工作。但我判断，通过秋兰的关系，安排我们的同志打入警备队，应该不至于遭到王树林的毒手。岳岱和蔺克化装进入浮山城，以秋兰表弟的身份打入警备队，就近做王树林的工作，争取王树林早日举义。同时，打入鬼子心脏，也便于随时掌握鬼子动向，寻找端掉梁家河据点的最佳时机。等岳岱和蔺克出发以后，派何仰天同志到浮山县城新开一家'济民药铺'，作好接应。"

董天知看着雷震和三个营长："作好随时出战的准备，一旦出现战机，立即行动！"

第二天一大早，蔺克和岳岱出发了。

两个人打扮成进城投亲的大学生来到浮山县城。浮山县城原本人来人往，现在满目萧条，县城里只剩下了一百来户人家，街道两边的饭店、旅社也关门了一大半，只剩下一家盐店和几家卖粮、卖布、卖日用品的小店。

岳岱和蔺克都到浮山县城来过，知道警备队在哪里，两个人一商量，决定单刀赴会，径直朝警备队大门走去。

到了警备队门口，哨兵把枪一横："干什么的？"

岳岱不紧不慢地说："找我表姐。"

哨兵满脸疑惑地问道："你表姐是哪个？"

岳岱两眼一翻："秋兰。"

噢，是大队长夫人的表弟！哨兵把手里的长枪收起，马上换了一副献媚的笑脸，点头哈腰地说："您等着，您等着。我马上去通报，马上去通报。"

片刻工夫，秋兰出来迎接。一见是岳岱他们两个，秋兰暗自惊讶，但又不能露出破绽，赶忙上前拉着岳岱的手说："哎呀，表弟，多年不见，表姐都差点儿认不出来了！走走走，赶快进屋。"见岳岱身旁还站着一个年轻人，秋兰问道，"这位是……"岳岱满不在乎地一仰脸："我同学。"然后朝着哨兵打了一个响指。

秋兰领着岳岱和蔺克进了后院。一进卧室，秋兰赶紧关了房门："岳岱，你可要把我吓死了！"

岳岱没有答话，从身上取出一张纸条递给秋兰。秋兰展开一看，纸条上是几行遒劲有力的毛笔小楷："表弟投亲，妥为安排。"落款"董天知"。

秋兰一看更加吃惊，赶忙把纸条捂在咚咚直跳的心口上，又反身推开房门看看四下无人，这才长长舒了一口气，划了一根火柴把纸条烧了。

岳岱问道："表姐夫去哪里了？"

秋兰刚说了一句："王树林他……"又急忙改口，"哦哦，你表姐夫他到日军大队部开会去了。"

岳岱指着蔺克对秋兰说："他叫蔺克。这次我们两个人来，是奉命帮助表姐夫弃暗投明。通过几次接触，首长对你的爱国之心很赞赏。首长也知道你在表姐夫面前做了不少工作，更知道你希望表姐夫早下决心的一番苦心。派我们两个人来，一是为了让你遇事能有个商量的人，二是为了让表姐夫知道我们决死队的诚意。"

秋兰心情稍稍平复了一些，有些埋怨地说道："你们两个人也太胆大了些，你们就不怕王树林在日本人面前邀功，把你们抓起来杀掉？"

岳岱呵呵一笑："我们相信表姐给我们首长说的都是真心话，我们更相信表姐夫是中国人。"

"不要忘了咱们都是中国人"，秋兰又想起董天知这句话来，她彻底放松下来，说道："不瞒你们俩，树林也没有忘记自己是中国人，也想早日弃暗投明，无奈最近鬼子在警备大队和下属两个中队里都安排了指导官，三个指导官都是日本人，我们的一举一动都在日本鬼子的监视下，树林也是难哪！"

"我们知道表姐夫一定会有难处，所以我们两个人来也是为了给表姐夫出主意想办法，撑腰打气。"蔺克胸有成竹地说。

"这倒是。"秋兰话音刚落，就听院子里响起了嗵嗵嗵的脚步声，紧接着就是一个粗声粗气的声音传来："秋兰，我回来了！"

秋兰紧张地看着岳岱和蔺克，岳岱的目光朝着门口一示意，轻松地说："表姐夫回来了，就说表弟投奔表姐夫来了。"

秋兰会意，迎出门外。嗵嗵嗵的脚步声在门槛外边戛然而止。秋兰低声对王树林说了几句话，只听王树林惊讶地说道："什么？"紧接着又是秋兰一阵低语。又过了一会儿，王树林这才推门进来。

王树林抬头看着岳岱和蔺克，一时怔在那里。还是岳岱反应快，他赶紧迎了上去，拉着王树林的手说："表姐夫，我们两个想让你给我们找个事做。"

王树林这才缓过神来，拉把椅子坐了下来。岳岱和蔺克也坐了下来，秋兰站在王树林身旁。等王树林坐定，秋兰摇着王树林的肩膀说："树林，你不是多次跟我说，要当面谢谢决死队的不杀之恩吗？这不，机会来了，看你这样子！"

经秋兰一提醒，王树林猛然醒悟："可不是！我王某人说话算话，有仇报仇，有恩报恩。在下感谢决死队放回我的夫人，这是我欠决死队的人情。"

岳岱说道："表姐夫的话说到哪里去了。咱们都是中国人，哪有中国人杀中国人的道理。你说是不是？"

王树林不假思索地脱口而出："那倒是，那倒是。"

蔺克接着说道："中国人吃中国饭，说中国话，得办中国人应该办的事！"

听蔺克话中有话，王树林深深叹了一口气，甩着双手辩解道："我……我王某人也想回头，可日本人这贼船好上不好下呀！"

蔺克紧逼一句："咱们都是中国人，终归你得有个决断。日本人的贼船你早晚得下！早下早主动，下得晚了你可就被动了。不瞒你说，我们决死队给每一个替日本鬼子干事的都建有一个黑红簿，做一件坏事我们给他记一个黑点，做一件好事我们给他记一个红点。我们这次来，董主任也让我们给你带句话：人都有犯错的时候，好在到现在为止你没有跟着日本人做多少坏事。从现在开始，以往的事情既往不咎。从今往后，你的每一笔账决死队都给你记得清清楚楚。你不是刚刚说过，有恩报恩、有仇报仇吗？"

岳岱也压低声音说道："表姐夫，悬崖勒马，犹未为晚。"

秋兰也带着哭腔说："树林，男子汉大丈夫当断则断，这当汉奸的日子啥时候是个头哇。我不愿意跟着你被人戳脊梁骨！"

王树林一掌拍在大腿上："妈的！老子现在就放下屠刀，立地成佛！谁愿意当汉奸辱没祖宗呀！谁不想像你们一样做个响当当的抗日英雄？就是死了，也给后代留下个念想！两位表弟，你们说，需要我王某人怎么做？"

蔺克低声说道："不动声色做好工作，等一个合适的机会，拉上整个警备大队的弟兄们投奔决死队！"

"成！"王树林又一拳砸在大腿上，紧接着却又一拍额头低下头去，欲言又止地说，"可是……唉！……"

欲言又止，必有蹊跷。蔺克知道这件事王树林可能有难处，但是如果不捅破这层窗户纸不行。他接着王树林的话说道："表姐夫，我们知道你有难处，明人不做暗事，你说出来，我们一起想办法。这也是董主任的意思。"

秋兰也在一旁帮腔："树林，你有什么难处你就说。咱早日弃暗投明，咱也早日做一个堂堂正正的中国人！"

"好！我说。"王树林抬起头来，"我有两个难处。第一个，日本人派驻在我这里三个指导官，他们日日夜夜监视我和两个中队长，我也难哪！第二个，我手下的两个中队长，一个叫卢育桐，一个叫牛善斋，也都是被日本人俘虏过来的晋绥军弟兄，但是在这个复杂的环境里，在日本人的眼皮子底下，他们会不会跟我走，我心里没数。"

蔺克略一思索，说道："第一个难处，需要你亲自出面。对这三个日本指导官，你安排专人对他们好吃好喝好招待，天天酒肉伺候，你也天天陪着他们花天酒地，他们自然就会放松警惕，这样他们就没有时间插手下面的事。至于第二个难处，正好可以由我和岳岱来办。你给卢育桐和牛善斋私下交代，就说有两个表弟前来投亲，谋个差事混口饭吃，把我们俩给他们一人身边安插一个，做他们俩的护兵，一来表示你对他们俩的亲近，二来也方便我们俩就近做他们的工作，还有最重要的一点，如果在关键时刻他们不听你的话，我们也会毫不客气地对他们动手！"

"那太好了！"王树林如释重负，感到浑身轻松，多日来压在他心头的那块石头终于落了地，"你们两个来得太晚了！我心中的疙瘩这下子彻底解开了。你表姐从董主任那里带回的那句话说到了我心窝里，别忘了咱们都是中国人！我王某人啥时候忘记过啊，只是一时想不出好主意，所以这事就一拖再拖。灯不拨不亮，话不说不明，明天我就给你们俩补上名字，去给他们俩当护兵！"

"还有一点，我要给表姐交代一句。"岳岱看了看王树林，对秋兰说，"如果遇到紧急情况，你千万记住，到盐店对面新开的那家'济民药铺'里找老何，就说是我让你去的，他会带你离开危险之地。"

秋兰感激地说："表弟想得真周到。"

蔺克和岳岱两个人一人领了一身"黑狗皮"、一根皮带、一把手枪，由王树林亲自带着，去给卢育桐和牛善斋当护兵去了。

见是大队长的表弟来混口饭吃，哪有放着河水不洗船的道理，卢育桐和牛善斋两个人也就顺水推舟，把他们两个留在了身边。王树林平日里待卢育桐和牛善斋两个人不薄，再加上这两个新来的护兵手脚勤快，干活儿麻利，卢育桐和牛善斋很快就和这两个新来的护兵熟络起来，有什么话也不背着他们俩。

其实他们俩也不甘心当汉奸，俩人还常常一起喝闷酒，喝起闷酒来免不了背后提着渡边卫泽的名字骂娘。骂他狗日的不把警备队的弟兄们当人看，骂他该死的只是把他们当枪使，说自己也不过是日本人的一条狗，兔死狗烹，将来落不了什么好下场。如此这般骂一通之后，两个人相对叹息，四顾彷徨。这个时候，两个新来的护兵总是一边殷勤地给两个中队长夹菜倒酒，一边在旁边添油加醋，卢育桐和牛善斋听两个护兵的话善解人意，入耳中听，而且句句有理，也不由得敞开心扉，吐露心声。

这天，两个人又在一起喝起酒来。卢育桐叹一口气说："老牛，我是真他妈不想背这狗汉奸的骂名！"

牛善斋也是一声长叹："老卢，咱们给日本人卖命，你说将来咱们死了，让子孙后代在咱们墓碑上刻写个啥？刻上'汉奸'俩字？"

蔺克提着酒壶又给两个人的酒杯满上，幽幽地说："给日本人卖命，子孙后代哪能在人前抬起头呀！还刻什么字，怕是连墓碑都不敢立。"

卢育桐又叹一口气："可不是。后辈人在人前哪敢提起我们呀，估计给我们上坟都得偷着去，你看看咱们干的这缺德事！"

蔺克又接上一句："还上什么坟呀，当汉奸死了也不得安生，八成还要被人曝尸扬骨呢！"

岳岱拿起筷子给两个人分别夹了一块肉："两位长官说的在理。咱这中国人给日本人卖命，于情于理都说不通呀！"

蔺克趁热打铁："如果换作我是你们两位长官，我早就不受日本人这窝囊气了。带着弟兄们去投决死队，不也是一条出路吗？"

牛善斋拿起手中的筷子指着蔺克，脸一虎，厉声说道："你小子说这话那可是要掉脑袋的！"

没想到牛善斋猪鼻子插葱装得挺像的，蔺克心中暗暗一笑，不慌不忙地又给牛善斋面前的酒杯斟满，说："可是兄弟我说的是真话。咱们与其窝窝囊囊给鬼子卖命，不如加入决死队，堂堂正正做一回中国人！"

牛善斋啪地把手中筷子往桌子上一拍，站起身来指着蔺克："你你你，你到底是什么人？"

蔺克还是不慌不忙地回了一句："我是中国人。"

卢育桐赶忙起身劝住牛善斋，打个圆场："老牛，老牛，息怒息怒。他是什么人，你我还能不知道？你不知道他是咱大队长的表弟吗？"

牛善斋其实也是在试探蔺克。他坐回到座位上，不过一瞬间的工夫又转怒为喜："酒喝多了，酒喝多了，我倒是忘了这茬儿事。老卢，咱弟兄身在贼营，不得不防啊！"

蔺克和岳岱提到嗓子眼儿的心又重新放下。其实蔺克心中有数，他跟着牛善斋当护兵这些天来，深知牛善斋对日本人的不满，但这牛善斋又是个喜欢耍点儿小聪明的人，挺能装，干什么事总爱掖着藏着，索性趁着他这酒劲儿捅破这层窗户纸，也不是什么坏事。何况有王树林表弟这层关系罩着，谅他也不敢告诉日本人。

牛善斋果然说出了真心话。蔺克敢作敢为，他决定一不做二不休，趁热打铁，又对牛善斋和卢育桐说道："别看我人微言轻，有句话我还是得说。两位长官，咱们都是中国人，被日本人逼着抢中国人的粮食，你们忍心吗？被日本人逼着杀中国人，你们下得去手吗？被日本人逼着抢来我们的姐妹，供日本人强奸玩弄，你们摸摸自己的良心，难道就真的不受谴责吗……"说到这里，蔺克把手中的酒壶往牛善斋面前的桌上猛地一顿，连酒壶里的酒都洒出来不少。

屋里一阵沉默。蔺克这番话句句扎心。咱们都是中国人！这句话就像一把重锤敲在了卢育桐和牛善斋的心鼓上，两个人默默低下头去。

第二天，蔺克和岳岱提着牛肉和烧酒去找王树林，把头天晚上的事情原原本本给他讲了，让他趁热打铁去做卢育桐和牛善斋的工作。王树林依计而行，在自己家里摆了一桌，说是家宴，只请了卢育桐、牛善斋和两位表弟参加，秋兰亲自主厨。因为有了蔺克和岳岱的试探，席间王树林索性打开天窗说亮话，卢育桐和牛善斋也向王树林表露心迹：弃暗投明！

董天知接到何仰天派人从浮山县城送来的情报：扶桑、当归均已备好，后天交货。

董天知一看，喜上眉梢，马上和雷震召集三个营长进行战斗部署。

大家都到齐，董天知说道："时机已经成熟。老何已经送回情报，后天是梁家河据点鬼子换防的日子，王树林率警备大队起义也已经准备就绪。这一仗你们三个营全部参战。放在白天打！上一次夜袭浮山是在晚上，鬼子以为我们只敢夜袭、偷袭，放在大白天，要的就是出其不意。具体部署是，明天晚上乘夜间进入阵地，一营在浮山和梁家河据点之间的梁村设伏，二营在梁村村南不远的梁村沟一带设伏，三营在梁家河据点东南三十亩疙瘩一带隐蔽待机。梁村和梁村沟这一带的地形我和雷震团长已经实地勘察过了。在这里设伏有一些劣势，那就是这里距离县城只有十五里地，离梁家河据点也只有五里地，两边的敌人都能迅速赶到，但这里的大路是从县城到梁家河据点的必经之路，而且大路就在沟底，利于我们在沟的两侧高地伏击敌人。"

大家都在聚精会神地听着，董天知继续说道："鬼子从浮山县城到梁家河换防的一百多人大约十点钟到梁村，由一营负责截击；战斗打响后梁家河据点里的鬼子会很快前来增援，在梁村沟一带设伏的二营负责截击这一路鬼子；待梁家河据点里的鬼子出动之后，三营迅速行动，快速解决梁家河据点里留守的鬼子，放火烧毁碉堡，端了鬼子的老巢。三营完成任务以后迅速增援二营，对梁家河增援的鬼子形成前后夹击。这样，我们把鬼子调出据点，分割成三部分，每一段都以多打少形成局部优势，全歼这一路鬼子！"

董天知把战斗部署讲完，看着大家征询意见。

一直在沉思的贾定基问道："首长，这个战斗部署还有漏洞。如果浮山城里的鬼子派来援兵怎么办？"

董天知说道："定基同志问得好。马上派人通知蔺克和岳岱，让王树林的警备大队提前作好准备，一旦接到鬼子遇袭的报告，第一时间向渡边卫泽主动请缨出城增援，借机带上全体人员装备赶到梁村，战场举义，这样既便于拉出警备队全部人马，也便于拉出全部装备，到了战场还可以袭击鬼子的后路。"

大家纷纷称是。过了一会儿，刘明又提出一个问题："首长，梁村和梁村沟一带的地形不适合设伏。"

董天知很重视刘明的意见，忙道："讲讲你的理由。"

刘明也是一名身经百战的红军指挥员，善于对战局进行细微观察，他说："梁村到梁村沟这一带，确实是大路就在沟底，但问题在于这道沟太浅。沟浅坡缓，而且宽度不到两百米，就像一个喂马槽，一旦鬼子冲锋上来，我们的火力不易阻挡。还有一个，梁村沟里有两条由东向西流的小溪，水深不到膝盖，这两条小溪流到沟口汇到一起，汇流后的河道上有一座双龙桥，从双龙桥直到梁村沟最里边，距离不过两里，一旦战斗失利，不利于我军撤退。"

董天知的目光从大家脸上扫过，说道："刘明同志说的确实是实际情况，和我们现场勘察的情况一致，地形确实不尽如人意。但是，只要我们做到隐蔽、突然，就可以弥补地形方面的劣势。至于一旦战斗失利，梁村沟沟短水浅，利于敌人追击，作为撤退后路确实不理想，但我的想法是，战机难得，机不可失，失不再来。这一仗确实有风险，但打仗本身就是冒风险的事情，有些风险必须得冒。一般来说，有百分之七十以上的把握，我看就可以下决心。要想有百分之百的把握，那不可能。有了百分之七十的把握，剩下那百分之三十怎么办？靠主观努力弥补，靠准备充分、行动隐蔽、动作突然来弥补。"

董天知扫视大家一圈，斩钉截铁地说："综合以上情况，我看，战斗决心可以下！"

雷震说道："十三号首长说的有道理，我同意，战斗决心可以下！"

大家交换意见之后纷纷点头，会场又恢复平静。董天知看大家意见统一，站起身来，用力地把手一挥："立即行动！"

这天一大早，田中正德带着一百多人马离开浮山县城，到梁家河据点换防。

这一路田中正德走了多次，历来都很放心，他深信这一带不适合决死队的游击战，而且到梁家河换防的时间他特意选定在白天，就是觉得大白天决死队根本没有胆量在太岁头上动土。

田中正德骑着马走在队伍最前头，一路欣赏着大路两边的田园风光。这里的田园风光和他的家乡有些相像，只是少了一些盛开的樱花，还有一个美中不足的地方就是，大路两旁的田地荒芜了不少。管他呢，荒芜就荒芜了吧，这里又不是日本，又不是我的家乡。眼下正是春光明媚的时候，还是先尽情享受这异国他乡的春色吧！

太阳已经升起老高，晨风和暖，麦浪起伏，大路两旁除了风声、鸟叫声，一片肃静。心情惬意的田中正德带着队伍，不知不觉已经走到了梁村村口。

大路两旁，沟边的麦田里，决死队的战士们正埋伏在战壕里，紧握着手中钢枪，密切注视着这一百多个鬼子的一举一动，大家都在急切地等待着战斗打响的信号。

就在鬼子快要进入伏击圈的时候，突然传来几声枪响。决死队的战士们心头一惊，难道是鬼子发现了埋伏？过了一会儿战士们才明白过来，哦，原来是田中正德一时高兴，对着路边树上的鸟窝开了几枪，看来这田中正德此刻心中还有打猎的兴致呢！

一时紧张的气氛过去了，一切又归于平静。一个鬼子跑到树下捡起掉落的两只喜鹊，送到田中正德面前，田中正德看了一眼，把手中的短枪插入枪套，两腿一夹马肚子，队伍继续前行。

消灭鬼子的时候到了。刘明噌地站起身来，挥枪下令："打！"

两边战壕里顿时响起密集的枪声，子弹如暴雨一般扫向鬼子，片刻之间鬼子已经倒下一片。正在扬扬得意的田中正德连枪都没能从枪套里拔出来，就一头栽到马下。没死的鬼子陷入混乱，根本弄不清楚子弹来自何方，端着枪对着两边就是一阵漫无目的的乱放，有的号叫着朝沟边冲去，没跑出多远就成了一个活靶子，扑通一声栽倒在地。

听到枪声，梁家河据点里的鬼子果然出动了。除了少数留守在碉堡里，百十号鬼子向着枪声响起的地方跑步前进。

他们压根儿没想到，半路上还有一个拦路虎，正在静静地等待着他们。

终于，二营战士等待的时机到了。梁村沟沟口双龙桥两侧也成了杀敌的战场。从梁家河据点前来增援的鬼子上了双龙桥，一半在桥北，一半在桥南，二营长贾定基瞅准时机，一声令下，两侧阵地枪声齐鸣。正在朝着梁村方向猛跑的鬼子根本没有作好战斗准备，就猝不及防受到突袭，进入战场的鬼子有的登时毙命，有的朝前冲去，有的干脆掉头回窜。

三营战士看到据点里鬼子出援，早从三十亩疙瘩向着据点冲了过去。据点里留守的鬼子不过一二十个人，但是南碉堡上却留下了一挺重机枪，等战士们冲到跟前才发现这个情况。

重机枪一梭子子弹扫过来，已经有几个战士负伤了，还有两个战士当场牺牲，队伍赶紧回撤。这下三营长王学林犯难了。怎么办？组织敢死队！王学林往队前一站，高声喊道："为死去的战友报仇！组织一个五人敢死队，炸掉鬼子重机枪！"王学林话音刚落，战士们纷纷挺身而出。王学林从中点出五个战士，目光凝重地从他们脸庞上扫过："弟兄们，就看你们的了！"

"火力掩护！"随着王学林一声令下，三营的重机枪也吐出了火舌，向着碉堡上的枪眼扫过去，鬼子的机枪被暂时压制。就这一眨眼工夫，五人敢死队已经扛起炸药包冲到碉堡下边，他们搭起人梯爬了上去，点燃炸药包塞进枪眼里，只听轰隆轰隆几声巨响，鬼子的机枪哑了，两名敢死队员也当场牺牲。

鬼子没了机枪，战士们冲进去消灭残敌，占领了三座碉堡。战士们迅速打扫战场，从碉堡里撤了出来，然后点起火把投入碉堡，鬼子的三座碉堡浓烟升腾。

浮山城里也是一片混乱。接到田中正德遇袭的消息，渡边卫泽大感意外。正在手足无措的时候，王树林跑步前来："大队长阁下！决死队的大大的坏了，我的警备队的，为大日本帝国赴汤蹈火的有，马上开路开路的，前去讨伐，讨伐！"

王树林说得激昂恳切，渡边卫泽又正值张皇无计之际，就好像溺水之人抓住了一根救命稻草："王君！你的大大的好！马上出发的有！"

王树林规规矩矩地向渡边卫泽敬了一个礼："哈伊！我的遵命！"说完转身离去，带着全副武装的警备大队出了城。

渡边卫泽派出王树林的警备大队，自己松了一口气。他留守的部队此刻不敢出城，这万一中国军队声东击西攻打县城，他怎么办？他在暗暗祈祷来自王树林的好消息。

田中正德一出城，王树林就安排岳岱把秋兰送到了"济民药铺"，此刻老何早已经带着秋兰离开了浮山城。王树林没有了后顾之忧，如同困鸟出笼，带着警备大队跑步出城，向着梁村开去。一路上，三个指导官还在不断催促："快点儿！快点儿！"王树林也不停地命令部队："皇军有令，快点儿！快点儿！"

等到了梁村，战斗已经结束。三个鬼子指导官大失所望，正围着王树林茫然无计的时候，蔺克突然对王树林丢过去一个眼色，王树林会意，和蔺克、岳岱三个人突然拔出手枪，一人对付一个，叭叭叭三声枪响之后，三个指导官登时毙命。这三个耀武扬威的指导官至死都没有弄清是怎么回事，就魂归东洋见天皇去了。

王树林登上旁边一个高台，蔺克和岳岱也站了上去。王树林大声说道："弟兄们，咱们都是中国人，咱们都是中国人哪！不能丢祖宗的脸，不能跟着鬼子当汉奸，不能让日本鬼子当狗使唤！从现在起，我们全体加入决死队，做堂堂正正的中国人，做堂堂正正的中国人！"

话音刚落，王树林就见秋兰跟在一个身材高大的青年军人身后走了过来。等到了近前，秋兰朝着王树林招招手："树林，这就是我们的恩人董长官，啊不——董首长！"

王树林跳下高台，向着董天知快步走过去："首长，王树林带着不愿当汉奸的弟兄们前来归队！"

董天知微笑着握住王树林的手："咱们都是中国人！"

王树林赶忙接过董天知的话："对对，咱们都是中国人，咱们都是中国人！"

董天知大步走上高台，高声说道："我就是董天知，想必你们很多人都知道我的名字。决死队欢迎你们！从今天开始，咱们就是一家人，希望大家永远记住：咱们都是中国人！"

"咱们都是中国人！咱们都是中国人！"台下发出一片欢呼。

五、尖刀出鞘

梁家河据点被炸毁，田中正德中队被全歼，浮山县警备大队带着全部装备投奔决死队。

董天知快刀斩乱麻，立即把警备大队充实到兵员较少的游击十一团，提升王树林为副团长，牛善斋和卢育桐分别为一营长、二营长，原一营长刘修堂提升为团长，部队在游击十一团团长刘修堂和政治主任杨绍曾带领下，开赴长治整训。

整训工作安排就绪，董天知和岳岱快马加鞭，来到长治城西不远的高河村。

前不久，八路军总部发来情报，日军正在调兵遣将，准备从山西的太原、临汾和河北的邯郸等地，多路围攻晋东南。决死三纵队从一九三八年初以来，就已经纳入八路军总部直接指挥，这次按照八路军总部的作战区域划分，决死三纵队作战区域为白晋铁路以西、临屯公路以南地区，到时候决死三纵队将会再次转入太岳山中与日军周旋。

凡事预则立。为了应对日军围攻，必须早做准备。董天知已经安排纵队政治部民运科科长阎轸之，把纵队所属三个总队和三个游击团的民运工作队集中在高河村进行集训，经过短期集训后将整编成纵队民运工作团，分赴太岳根据地周边地带打击敌人。

正在高河村参加集训的民运工作队员有一二百人，都是二十岁左右的青年学生，抗日热情高涨。日军马上就要围攻晋东南，该是他们尖刀出鞘的时候了。

阎轸之和董天知年纪相仿，也是一位有多年党龄的老党员，他曾因反对国民党不抵抗政策在天津第三监狱坐过七八年的牢，七七事变爆发后才被释放出狱。多年的牢狱生涯，养成了他沉默寡言、严肃认真、坚毅沉稳的性格。

董天知十分信任阎轸之，因此把组织集训的任务交给了他。阎轸之见了董天知，迎上前来说道："首长，可把你给盼来了。经过这一段时间集训，同志们都摩拳擦掌，盼着上战场呢！"

董天知详细了解了集训情况后说道："同志们马上就会有用武之地。鬼子蠢蠢欲动，要进攻长治一带，这次我们决死三纵队有朱德总司令的亲自指挥，一定能彻底粉碎鬼子的进攻。参加集训的同志们马上结束集训，从中挑选五六十个身强力壮且经过一定战争锻炼的同志组成一个精干的敌占区武装工作队，由我直接指挥。敌占区武工队的主要任务是深入敌占区组织青年游击小组，对敌人进行广泛而又隐蔽的斗争，及时了解敌人的动向并向纵队汇报，配合主力部队狠狠打击侵略者。"

董天知说到这里，抬手指了指身边的岳岱："这位是游击十团指导员岳岱同志，他带领一个连队，也留在这一带坚持游击战。敌占区武工队和岳岱同志的游击队既要分工明确，又要密切配合。发动群众、组织群众、袭扰敌人、搜集情报的任务主要由武工队各个游击小组承担，作战行动由岳岱同志统一指挥。"

阎轸之问道："除了挑选五六十个同志组成敌占区武工队以外，其余参加集训的同志怎么办？"

董天知胸有成竹地说："其余的同志组成六个民运队，分配到各总队、各团随队行动。"说到这里，董天知朝着阎轸之和岳岱一摆手，"走，我们现在就去挑人。武工队和民运队都要立即开展工作，我们一定要争取时间，走在敌人的前面。"

武工队和民运队人员都确定下来了。六个民运队的同志们立即赶赴各总队、各团，武工队的同志们也已经集合起来。

董天知走到队前，在前排两个武工队员的面前停下脚步。阎轸之指着其中一位个头儿稍高一些的青年向董天知介绍："这位是申廷震，"又指指申廷震身边另一个个头儿稍矮一些的青年，"这位是孙振祖。"

申廷震和孙振祖出列，抬手向董天知敬了一个军礼。董天知拍拍两个人的肩膀，指着他们臂章上"决三"两个字说道："马上就要脱下军装换上便服，去执行更加艰巨的任务，'决三'两个字可不能忘。"

申廷震羞涩地挠挠头："首长，才不会忘呢！虽然暂时脱下军装，但'决三'两个字我们永远装在心里！"

鬼子很快就发动了对晋东南的第二次九路围攻，长治和周围的潞城、壶关、长子、屯留等县城相继失陷。

武工队早已按照董天知的安排进入敌占区。申廷震、孙振祖带领一个青年游击小组，就活动在高河村附近的看寺、小宋、上河、安城、鲍村、义堂等几个村庄。

决死队主力部队和地方抗日政府转移到太岳山中，敌占区群众人心惶惶，议论纷纷，有的离开城镇去投亲靠友，有的拖儿带女向山区转移，有的看见武工队的青年人还住在他们村里，仿佛有了主心骨，纷纷找上门来询问该怎么办。

心直口快的申廷震招呼乡亲们坐下，说道："乡亲们，咱们都是这一带的人，我们决死队转移到山中，不是害怕鬼子，而是不能和鬼子硬碰硬，要寻找合适的歼敌机会。一旦有机会，决死队就会打鬼子一个措手不及。上级让我们留下来，就是为了带领大家团结起来跟日本侵略者斗！不抗日我们就活不成。不把日本鬼子赶出中国，逃到哪里是个头啊！再说，就是我们的人逃出去了，我们的房子、我们的土地、我们地里的庄稼谁来照管？"

经申廷震这么一说，不少群众纷纷点头："你们武工队不走，我们就有了主心骨，遇到事情也有人给拿主意。"

申廷震笑着点点头："对！我们要把附近村子里的年轻人都组织起来，成立游击小组，专门打击敌人；成立情报小组，专门了解鬼子的情况；成立锄奸小组，专门铲除汉奸。我们武工队穿着老百姓的衣服，就住在咱们村子里，和大家吃住在一起，大家发现什么情况要及时告诉我们，我们一定为大家做主。"

很快，武工队所到之处都已经把老百姓组织起来了。

一天，申廷震来到安城村，正跟村子里一个叫柱儿的游击队员说话，忽然见一个老乡慌里慌张向着他们跑了过来。申廷震机警地问道："老乡，怎么了？"那个老乡朝着身后一指："从苏店镇据点里跑来一个日本鬼子，背着大枪，正在南街大街上捉老百姓的鸡。"

申廷震朝着柱儿递过去一个眼色，两个人各自找来一根拳头粗细的枣木棍子拿在手里，朝着南街跑去。

果然有个鬼子正在追着一只鸡满街跑，老乡们早已经吓得关门闭户了。见鬼子追着鸡跑了过来，申廷震和柱儿一边一个，闪身隐藏在街两边的门洞里。等这个鬼子来到跟前，申廷震和柱儿突然一个箭步冲了出来，手中的棍子劈头就砸了下去。

这个鬼子的注意力都在鸡身上，随着"呜——"的一阵风声扫过，鬼子被突如其来的棍子一下砸晕在地，还没有弄清是怎么回事，就死在乱棍之下。申廷震夺下鬼子的大枪背在肩上，柱儿把鬼子尸体往麻袋里一装，扎起麻袋口扛起就走。

这件事很快就在附近几个村子里传开了，乡亲们暗自高兴，据点里的鬼子却始终被蒙在鼓里。

过了几天，又一个机会来了。

苏店镇据点里有十几个鬼子出动，经过小宋村到南漳镇抢劫。申廷震、孙振祖得到这个消息，带领小宋村游击小组埋伏在村外的青纱帐里，单等鬼子返回时打伏击。

鬼子牵着抢到的几匹骡马，马背上驮着抢来的粮食和几个被撕破了衣衫的青年妇女。十几个鬼子披衣敞怀，斜背着大枪，嘻嘻哈哈地走了过来。

埋伏在青纱帐里的武工队员早已经两眼冒火。待鬼子走到跟前，青纱帐里突然甩出一阵手榴弹，几个鬼子被当场炸死。几匹骡马也受了惊，马背上的妇女趁机钻进青纱帐，在武工队员的掩护下消失得无影无踪。

剩下的几个鬼子还想负隅顽抗，趴在地上朝着青纱帐里胡乱放枪，可是他们根本就不知道武工队藏在哪里。只听又是一阵手榴弹爆炸的声音，爆炸过后，这群鬼子只剩下两个鬼子和一个便衣。武工队员从青纱帐里冲了出来，到了跟前才发现这个便衣原来是个汉奸，申廷震和孙振祖嘴里喊着："抓活的，抓活的!"等他俩到了跟前，汉奸已经被愤怒的武工队员当场乱棍打死，两个鬼子也被打倒在地，虽然没死，但已经不会走动。

申廷震和孙振祖赶紧说服大家要执行俘虏政策，大家这才停了手。

申廷震带着几个武工队员，把这两个鬼子分别绑在门板上，翻山越岭送往纵队部。

这两个鬼子受了日军武士道精神的影响，中毒很深，一路上不仅不吃饭、不喝水，还时不时破口大骂几声。要不是申廷震一路苦劝，武工队员恨不得放下门板当场揍死他们。

经过一天多的路程，终于到达纵队部所在地——张家庄，申廷震他们把这两个俘虏送到了董天知面前。

第二天，纵队召开大会，申廷震介绍了战斗经过。董天知在大会上讲话："我们要依靠人民群众，团结战斗打击日本侵略者。申廷震、孙振祖他们，在鬼子的眼皮底下，发动群众，依靠群众，和群众一起英勇抗击日军，我们全纵队都要向他们学习。"

六、战虎斗狼

接二连三受到打击，佐伯文郎怒不可遏。

这个一贯以体恤士卒、温文尔雅自居的"皇军儒将"，这一次雷霆震怒，把井上三骂了个狗血喷头，又把渡边卫泽召到旅团司令部，赏给他两记响亮的耳光。"皇军儒将"已经顾不得自己的儒将风度，双手握拳大声咆哮："你们的，统统的饭桶! 饭桶! 不拿下董天知，决不收兵! 决不收兵!"

佐伯文郎是苦米地四楼的后任，对苦米地四楼去年在古逻一战中吃的苦头记忆犹新。他内心深处对苦米地四楼的骄横狂妄有些反感，接任一〇四旅团旅

267

团长以后主张摸透敌情，稳扎稳打，本想在决死队身上打个翻身仗，没承想刚一交手就被董天知来了个下马威。

佐伯文郎脸色阴沉，背着手在司令部里踱来踱去，只见他一会儿坐下来拿起桌上的一摞情报翻查，一会儿又走到墙边盯着挂在墙上的作战地图比画，一边琢磨一边嘴里不停地嘟囔着："又是决死队，又是董天知……"

正在琢磨董天知的不只是佐伯文郎。

夜色笼罩下的陕西秋林，阎锡山的窑洞里灯火通明，他也在琢磨董天知。

阎锡山最近忧心忡忡，夜不成寐，也常常驻足在窑洞墙壁上挂着的军用地图前，把目光长久地停留在晋东南，停留在上党一带。

这里山势高耸，峰峦险峻，旧有"与天为党"之说，所以叫作上党。如果说山西是华北的要塞，那上党就是山西的堡垒。阎锡山在心中暗暗盘算，这个地区东有太行之险，西有太岳之固，南有中条横亘，北有群嶂环抱，中间是个大盆地，物产丰饶，粮草充足，真真就是进可以攻退可以守的兵家必争之地。阎锡山有些懊恼地拍拍脑袋，我阎锡山当初怎么就昏了头，让共产党、八路军与牺盟会、决死队在这里立足，不仅建立起了抗日政权，而且发展到如今兵强马壮、势大力强。想到这里，阎锡山不禁暗暗跺脚，连连甩手。

前不久，蒋介石派张继假借率慰劳团到第二战区慰问的名义来到秋林。张继率团慰劳是假，给阎锡山带来蒋介石的密信是真。张继不仅给阎锡山带来了蒋介石的密信，还按照蒋介石的托付，秘密给阎锡山送来了国民党五届五中全会通过的《限制异党活动办法》。阎锡山心中早有鬼胎，知道这是蒋介石催促他赶紧动手，尽快解决新军决死队问题。其实阎锡山心中比蒋介石更着急，他不光惦记着这些地盘，更惦记着蒋介石答应待新军决死队问题解决之后给他提供的军饷、枪支和新兵。

他已经在心中默筹多日，他要打的是文武两套组合拳。

他要先来一套文的。正在召开的"秋林会议"就是一次鸿门宴。阎锡山把所属师长、独立旅长以上的部队军官，各区专员、保安司令以上的行政区干部和一部分县长、公道团团长、牺盟会县特派员都召集到秋林，出席、列席的有一百六十七人，他要通过这次会议，把新军决死队的军权、地盘和人马全部夺回来。

在他眼里，牺盟会、新军决死队都是我阎锡山一手创建的，本来就姓阎，本来就该是我阎家军，岂容他人染指？在秋林会议上，他祭出自己的杀手锏，摆的是一副不达目的誓不罢休的架势。他要求牺盟会和新军决死队必须绝对听命于他，由他主宰。一要取消专署和县政府的人事任命和财政收支权力。二要加派省府行署，在山西特别设立四个山西省政府行署，指派心腹要员担任行署主任，对进步专员进行监督、监视和限制。三要改变进步组织，解散第二战区和共产党合办的"战地动员委员会"、取缔牺盟会、改编新军决死队。借口正规化，把决死队名义取消，每个纵队分编为几个旅，取消政委制，收回政委手中的军权。

他还准备了一套武的。如果文的不行，那将来就莫怪俺阎老西翻脸不认人，我要大开杀戒。当然，那是后话。

白天召开"秋林会议"，到了晚上，阎锡山常常把自己的几个心腹召到卧室，面授机宜。

今天晚上召来的就是阎锡山新任命的山西省政府第三行署主任孙楚。在阎锡山眼里，孙楚是他手下军官中为数不多的懂得韬略的军人。孙楚一九一四年十一月从保定军校第一期毕业后回到山西，就投身晋绥军，二十多年来从初级军官一直升至师长、军长，现任晋绥军第八集团军总司令。阎锡山和孙楚之间的关系颇为微妙。阎锡山欣赏孙楚的军事才能，但正因为孙楚军事才能突出而又使阎锡山颇为忌惮，因此阎锡山对任用孙楚总是慎之又慎，往往是用人之际委以重任，用过之后削去兵权，但仍然以高官厚禄加以羁縻，以待关键时刻再用。之所以如此对待孙楚，是阎锡山从李生达和傅作义两个人身上吸取的教训。李生达和傅作义都有突出的军事才能，两人在晋绥军中都是战功卓著，同被誉为守城名将，"晋军善守"之名即因他们二人而起，但他们二人翅膀硬了之后都被蒋介石看中，先后被蒋介石收买并委以重任。阎锡山担心孙楚重蹈覆辙，故用之而疑，疑之而用。眼下孙楚担任的第八集团军总司令，其实属下只有一个独八旅，只不过名义上好听罢了。孙楚也深知自己未得阎锡山的彻底信任，被阎锡山视为嫡系中的"杂牌"。阎锡山对他只是一种利用关系，有战事时任为总司令、总指挥，委以重任；一旦事毕，则调办政务而夺其军权。这一切孙楚虽然心知肚明，奈何他是个"忠君"思想浓厚的人，一叶障目不见泰山，只念阎锡山栽培奖掖的知遇之恩，故而始终对阎锡山忠心耿耿。孙楚是晋南解县人，辛亥革命以来晋军中的晋南籍将领多背阎而去，也曾有人策动孙楚拥兵自重，自立投蒋。蒋介石也知道孙楚是个军事人才，亦曾几次拉拢，意欲网罗，但孙楚均不为所动，决意"从一而终"。孙楚常与人言："阎先生是我的老长官，我是阎先生一手提拔栽培起来的，不能中途变节。"

门口传来一声"报告"，阎锡山抬头一看，见是孙楚来到，他把目光从军用地图上移开，转过身来坐在办公桌前。

阎锡山示意孙楚坐下，用温和恳切的语气说道："萃崖，咱晋绥军当前面临的局面你已经很清楚了，我就不多讲了。这次请你兼任第三行署主任，前去晋东南开展政权，你可是临危受命，责任重大。咱晋绥军我思过来想过去，还是只有你最合适，也只有你堪当如此大任。"

孙楚很清楚阎锡山这次让他统辖晋东南军政大权，目的就是让他为阎锡山再次披挂上阵，吞并决死队。阎锡山几句信任的话一讲，孙楚心中感念阎锡山栽培之恩的心情油然而起，虽然手下只有一个独八旅，但他不愧人送外号"小诸葛"，早已经成竹在胸。见阎锡山询问，他不紧不慢地说道："请总座放心。我准备先从决死三纵队下手。我第八集团军目前只有一个独八旅驻扎在晋东南，表面看是一个劣势，其实正可以借此麻痹董天知，使他误以为我在晋东南力量薄弱而放松警惕，因而疏于防范。我这是小本钱要做大生意。"

阎锡山身上具有浓厚的商人习性，最善于也最喜欢做无本生意、小本生意，听孙楚这么一讲，立时产生浓厚兴趣。他从椅子上站起来，满面笑意地看着孙楚说道："萃崖，我就知道你办法多。你慢慢讲，慢慢讲。"

孙楚一看阎锡山兴趣大起，也就继续侃侃而谈："总座，俗话说家贼难防，要想攻破决死三纵队这个堡垒，最有效的办法就是从内部下手。也多亏总座有先见之明，决死三纵队成立时所有的军事干部均由您一手委派，这些人又多是我的旧部，和我一直联络未断。九总队总队长赵世铃，曾是我任正太护路军司令时的中校参谋；八总队总队长孙瑞琨和副团长袁士琏都曾在我正太护路军中充任过少校团附；至于七总队总队长张济，虽没有直接在我手下任过职，但他曾充任方克猷独立二旅的少校参谋。总座，不知您还记不记得，当年您任命我代替李生达担任前线总指挥，率咱晋绥军进入陕西和红军作战，方克猷的部队曾短暂归我指挥，如此说来，这张济也算是我的部下。决死三纵队七、八、九三个总队的总队长都曾是我的部下，董天知可不一定知道。而且据我所掌握的情况，这三个总队长表面上都很'革命'，在不同程度上都已经取得董天知的信任，如果我们暗中把他们三个争取过来，那可就……"说到这里，孙楚冷笑一声。

阎锡山听得入神，不由得轻轻鼓起掌来："萃崖果然厉害，果然厉害。这叫'釜底抽薪'，瓦解决死三纵队，从三个总队长入手，我也是这个意思。为此，我看咱们可以用这几个手段：第一，借正在进行的晋绥军军官集训团名义，把他们几个人都召集过来，我要亲自召见他们，并且要亲口告诉他们，事成之后人人升官。第二，尽快把我们的政治突击团、敌工团、点验团和精神建设委员会派驻进去，分化瓦解，加强控制。"

孙楚轻轻摇摇头："总座，事成在密。您刚才讲的第一条我赞同，第二条我建议暂缓，以防打草惊蛇。我有一个更好的主意。我留在秋林，给董天知造成按兵不动的假象，但我会私底下安排咱们的人，化装成走街串巷的买卖人，先把决死三纵队的底细摸清楚，暗中把咱们的人给串通好，此事越机密越好。

然后再派突击团、敌工团、点验团和精建会前去，这样就会给董天知造成假象，把精力用在应付这些组织上，以为把他们打发了就行，其实我们早已经暗度陈仓，只等我们一声令下，定会让他措手不及。"

"高，高，高！"阎锡山不由得对孙楚竖起了大拇指，"萃崖，我没有错看你，晋东南的事交给你，我放心！"

孙楚嘴上谦虚着，心里却对阎锡山的夸奖很是受用。

其实，他对阎锡山还留了一手，那才是他孙楚为什么敢于在手中无兵的情况下去晋东南就任行署主任的杀手锏。原来，孙楚得到了重庆中央军委会军令部部长徐永昌的从旁暗助。徐、孙私交甚厚，一九二六年国民军失败，徐永昌率国民三军退到包头以西，因国民一军将领韩复榘、石友三要缴国民二、三军的械，徐永昌走投无路，萌生了投靠阎锡山的念头，阎锡山派孙楚亲去包头收编徐部。徐永昌虽然恳切表示愿投阎锡山，但阎锡山疑心太重，恐徐永昌日后生变而迟迟未决。孙楚和徐永昌有旧交，当时挺身而出向阎锡山立约，以全家性命担保徐永昌投阎。徐永昌投了阎锡山之后在山西多年，深知阎锡山对孙楚有疑心，决不允许孙楚带兵，他就任军令部长后念及旧恩，借机以军令部长的地位向蒋介石介绍孙楚的军事才能和学识品质，在蒋介石面前极力称赞孙楚是山西将领中的唯一人才，是大兵团作战指挥数十万军队的好指挥官。这次阎锡山派孙楚去晋东南组织行署开展工作，却没有让他带去多少队伍，徐永昌又专程向蒋介石进言："如果我们不派兵支援孙楚，孙楚到了晋东南必遇困难。"听了徐永昌的话，蒋介石心念一动，敏锐意识到这是中央军控制晋东南的一个绝佳机会，正所谓"乘虚而入"。他采纳了徐永昌的意见，立即电令驻洛阳的第一战区司令长官卫立煌，要他大力支援孙楚过境洛阳，北渡黄河组织行署，并要求卫立煌对中央军支持孙楚这件事要绝对保密。孙楚获知蒋介石的态度之后，心中有了底气。当然，他不会把这些向阎锡山和盘托出，一则他深知阎锡山多疑，最怕手下将领与蒋介石拉扯；二则他向阎锡山隐去蒋介石暗中相助这一节，也是为了事成之后在阎锡山面前显示自己的过人之处。

风雨欲来。

董天知早已察觉阎锡山对决死三纵队不怀好意，因此决定立即秘密组建决死三纵队党委办公室，加强纵队中党的领导。为了便于工作，党委办公室的公开称呼为"牺盟会办公室"，董天知给党委办公室起了一个秘密代号叫"西北部"。

作为党委书记，董天知精心挑选了信得过的三个党员同志燕登甲、王泉醴和程庆荣组成党委办公室，告诫他们："为什么我们的秘密代号要叫'西北部'？因为党中央在延安，延安在我们的西北方向，用这个代号就是让大家牢记我们的使命。"党委办公室成立以后，一方面与中共北方局书记杨尚昆、中共太岳区委书记安子文、中共太南区委书记唐天际和中共太行区委书记李雪峰加强联系，另一方面抓紧秘密发展党员，调配干部，在领导开展决死三纵队的反顽斗争的同时，应对鬼子的第二次九路围攻。

天上下起了大雨，董天知带领游击十团转移到长子县石哲镇一带，一路扫荡的日军追了上来。

这一路日军正是渡边卫泽大队。在这次九路围攻中，渡边卫泽急于戴罪立功，一直在暗中寻找董天知的行踪，这一次终于找到，便不顾一切地朝着游击十团扑了过来。

因为担负着掩护五专署和长治牺盟中心区的任务，游击十团别无选择，必须与追兵一战。游击十团团长雷震到秋林参加集训去了，董天知亲自指挥战斗。

田中中队被消灭，渡边大队只剩下两个中队五百多人，但配有轻重机关枪、迫击炮、掷弹筒和三八式步枪的渡边大队实力仍然不可小觑，加之渡边卫泽求战心切，兵锋正锐，此战必须慎之又慎。

董天知立即就地进行战斗部署：石哲镇正是一处山口，一营正面阻击，二营左右翼配合，三营立即赶赴后方另一处山口岳阳村设伏，进行梯次阻击。三营营长王学林带着三营战士跑步前进，赶往岳阳村去了。一营、二营战士们立即就地挖掘战壕，建立阻击阵地。

发现游击十团的阻击阵地，渡边卫泽下令架起迫击炮，向决死队阵地猛烈炮击。决死队阵地左前方有一块坟地，坟地上长满柏树，渡边卫泽自作聪明，以为决死队定会在那里设伏，因此抽出指挥刀朝着坟地一指，鬼子的炮弹大部分倾泻到柏树林子里。在轰隆隆的炮声中，树枝被炸得满天飞，到处硝烟弥漫。

接着，敌人先头部队五十多人端着刺刀，猫着腰冲了过来。

董天知一声令下："杀！"战士们纵身跳出战壕，冲向敌群。明晃晃的长柄大刀左右挥砍，直杀得敌人晕头转向，阵脚大乱。因为鬼子的攻击目标是柏树林，因此决死队是从鬼子的侧后方冲了过来，有的鬼子还没有反应过来，便做了刀下之鬼，身首两处滚向路边。在这猝然痛击下，敌人措手不及，惊慌溃退，敌人的第一次冲锋被打退了。

这时，只见渡边卫泽指挥刀又是一挥，敌人后续部队猛扑上来，鬼子端着上了刺刀的三八大盖，朝着决死队阵地再次冲了过来。两侧伏击阵地上也响起了激烈的枪声，阵地上枪炮声、呐喊声和大刀的砍杀声响成一片，人喊马嘶，硝烟四起。蔺克和岳岱就在董天知身边，两人看到有两个鬼子已经冲到了阵地前沿，一齐跃出阵地，奋勇当先，猛冲上去，手中的刺刀向着鬼子的胸膛猛刺过去，一人刺死一个鬼子，夺下鬼子手中的三八大盖，就地几个翻滚又回到了战壕里。

鬼子的第二次冲锋又被打退了。鬼子已经被阻击将近一个小时，王学林派人报告董天知，三营在岳阳村已经作好阻击准备，五专署和长治牺盟中心区的同志们已经脱离危险撤往山中。

董天知一声令下，一营、二营迅速脱离战场，向下一个阻击阵地转移。

雨越下越大，道路越发泥泞。太岳山中的泥土多是红胶泥，鬼子穿着大皮靴追击，陷入一尺多深的红胶泥里拔都拔不出来，狼狈不堪，寸步难行。渡边卫泽只好眼睁睁看着决死队沿着山路撤退，不大一会儿工夫就消失在雨幕中。

雨过天晴，渡边卫泽一直在太岳山中寻找董天知和游击十团的踪迹，他要再次寻找战机。

终于，追踪到横水村附近，渡边卫泽再次发现目标。其实，董天知也不断派出侦察员，随时掌握着渡边卫泽的行踪，他也要在这太岳山中，再次寻找一个合适的伏击地点，给渡边卫泽一个教训。

横水就是一个好地方。横水又名八十川，自古便是长子县和安泽县交界的一处险关要隘。名为横水，其实这里并没有河流，这里只是一道干涸的大沟。平日里压根儿看不到水的影子，只有到了雨季，在下了大暴雨之后，在大沟中间和乱石堆里，才能看到一条黄浆浆的山洪从沟底流过。沟的两侧山峦对峙，地形险要，是一个适合伏击的阵地，一旦敌人进入沟内，只要把正面顶住，两翼包抄，再把敌人退路截断，就可以来一个漂亮的瓮中捉鳖。

几天来，董天知带领游击十团有意和鬼子保持若即若离的距离，就是为了寻找最佳战机。根据敌情和地形，董天知对这次横水战斗做了部署：蔺克带领特务连，前出到先生沟和申家沟一带佯动，待渡边卫泽上钩以后，采用胶皮糖战术边打边撤，用一切办法麻痹敌人，把敌人引入口袋阵中。待敌人接近横水，一营从正面阻击，二营和三营分别占领沟南、沟北有利地形；战斗打响后，一营正面顶住，二营由南向北出击，三营由北向南出击；每个营抽出一个排的兵力组成预备队，待战斗打响后迅速截断鬼子的退路。各部队均已经按照战斗部署进入预定地区，单等渡边卫泽的到来。

渡边卫泽由东向西追踪到先生沟口，早已经候在这里的蔺克带领特务连跟鬼子接上了火。此时，董天知就在横水村正面阻击阵地上。听到枪声，他选择一个有利地形，拿起望远镜观察。只见渡边卫泽率领鬼子大队人马，枪头挑着太阳旗，摇动着雪亮的刺刀，紧追蔺克的特务连不放。特务连则时隐时现，始终和敌人保持一定的距离，引着敌人往横水村大沟里钻。渡边卫泽不知是计，紧紧咬住特务连的尾巴不放。

蔺克把渡边卫泽这只蛮牛牵进了包围圈。

董天知从眼前取下望远镜，下令："发信号弹！"

砰！砰！砰！三声枪响，决死队阵地上升起三颗红色信号弹，战斗打响了。

首先动手的是一营，他们居高临下，对着鬼子就是一阵迎头痛击，一下子就把鬼子打得晕头转向。待鬼子反应过来，慌忙奔向沟南、沟北寻找掩体，早已埋伏在沟南、沟北山坡上的二营和三营也猛烈开火。

鬼子遭到打击后并没有惊慌溃散，渡边卫泽稳住阵脚，指挥鬼子又三个一群五个一伙，端着刺刀，背靠着背相互掩护着向决死队疯狂反扑。

游击十团在石哲战斗中弹药消耗过大，一直没有得到补充，此时弹药不继，枪声渐渐稀疏下来。打光子弹的战士已经杀红了眼，"杀呀——"他们呐喊着跃出战壕，端着刺刀、挥舞着大刀冲向负隅顽抗的鬼子，就在横水大沟里展开了一场惊心动魄的肉搏战。一时间，喊杀声、刺刀撞击声震动山谷，整个大沟里只见刺刀闪闪，刀光翻飞。

蔺克按捺不住，带着特务连也冲下山坡杀入敌阵。警卫排如猛虎下山冲在最前面，当面的鬼子惊慌后退。警卫排长谢绍安追上前去，挺枪照着一个鬼子的后心窝就是一刺刀，那个鬼子嗷的一声摔倒在地。谢绍安拔出刺刀继续向前，眼看要追上另一个鬼子，这个鬼子却突然反身，挺着刺刀，嘴里"呀呀呀"叫喊着，面目狰狞地向着谢绍安迎面反扑过来。谢绍安马步一扎，犹如铁塔一般挡在鬼子面前，手中的长枪一抖，怒吼一声："狗日的，来呀！"冲到谢绍安面前的鬼子心里一虚，脚下一软，被谢绍安瞅个破绽一枪刺去，哪知道这个鬼子慌乱之中挺起手中的三八大盖一挡，谢绍安的刺刀刺了个空，鬼子挺起刺刀反手刺向谢绍安心窝。就在这千钧一发之际，谢绍安身旁的一班长苏玉家斜刺里杀了过来，"呜——"的一阵风声掠过，他抡圆手中的大刀朝这个鬼子面门砍过去，鬼子啊的一声惊叫躲闪不及，只听咔嚓一声半边脑袋已经被削了下来，鬼子手中的三八大盖也哐当一声掉落在地。谢绍安朝着苏玉家递过去一个感激的眼神，苏玉家朝着谢绍安一笑，举起手中的大刀继续追杀鬼子去了。

二班一个战士冷不防被敌人一刺刀捅倒，二班长张华看到这一幕，高喊着："报仇呀！"他怀着满腔怒火扑上去，照着那个日本兵就是当胸一刺刀，只见那个日本兵惨叫一声，手中的长枪扔出去好远，两手伸向天空，扑通一声翻倒在地，两腿一蹬，一命呜呼。另一个日本兵见状，背着掷弹筒不顾一切地朝东南方向狂跑，二班几个战士紧跟着追上去，一边追一边喊话，但那个鬼子就是不肯投降，等几个决死队战士追到跟前，鬼子突然转过身，抢起手中的掷弹筒砸了过来，一个战士抬手一枪，砰的一声，小鬼子当场毙命。

被包围的鬼子伤亡惨重。经过一阵拼杀，渡边卫泽一看突围无望，就收拾残兵，企图找一个有利地形负隅顽抗。他一抬头，发现在沟南山坡不远处有一座大庙，于是他把手中的指挥刀朝着大庙一指，带领五六十个日军残兵且战且退，躲进大庙之中要做困兽之斗。

这座坐落在沟南半坡上的大庙年久失修，外表的灰粉和油漆已经剥落了。庙墙很高，全是青砖砌成，十分坚固。东面是三间山门，西面是塑有三个仙姑像的三间正殿，北面是佛爷殿，南面是以前寺庙来客住的厢房。庙的正前方是一片毫无遮拦的开阔地，很难接近。渡边卫泽退守至大庙后，就在大门口架起了两挺机关枪，封锁着决死队前进的道路。如果强攻，势必造成较大的伤亡，怎么办？董天知一眼看见了庙墙四周堆起的高粱秸。火攻！董天知一摆手把蔺克叫到面前，用手一指庙墙四周的高粱秸。蔺克会意，带着特务连冲了过去。

蔺克带领特务连一部分战士沿着桔秆堆登上大庙的屋顶，揭去屋顶的瓦片，往里投掷手榴弹，特务连另一部分战士在大庙侧后架起高粱秸，实施火攻。干柴碰上烈火，加之风助火势，霎时间整个大庙被大火和浓烟吞没。弹药的爆炸声震耳欲聋，大火燃烧的声音噼啪作响，鬼子的号叫声此起彼伏，谱成了一曲火烧野牛的交响曲。

渡边卫泽陷入绝望之中。大庙，显然已经不能再待下去了。想往外冲，决死队的几挺机关枪呈扇形封锁了庙门和庙前空地。一群日军端着枪刚冲到大门口，迎面遇到突突突突机枪扫射，一大半被当场撂倒。没死的鬼子哭爹叫娘反身回窜，跑得慢一点儿的，也被冷枪子弹来了个背后穿心。

"同志们，冲啊！"蔺克喊了一声，战士们就像潮水一般踏着敌人的尸体冲进了大庙。这时，大火仍然在熊熊燃烧，大庙里浓烟滚滚，到处是焦煳味道，遍地是日军尸体。

一心想要在佐伯义郎面前戴罪立功的渡边卫泽彻底绝望。他正要冲向大庙门口，被趴在大庙房顶上的蔺克瞅个正着，抬手一枪把他撂倒在大殿门口。见渡边卫泽毙命，蔺克从大庙房顶上飞身跃下，抢上一步夺下渡边卫泽手中的王八盒子，抽出渡边卫泽挎在腰间的指挥刀。

蔺克冲出大庙，兴冲冲来到董天知面前，一只手里拿着一样战利品，高兴地递了过去："首长！刚刚缴获的，你看！"

董天知接过王八盒子仔细端详。这是一把新枪，铮亮瓦蓝，董天知一看就爱不释手。他抽出自己腰间的那把大眼盒子，一转身丢给紧紧跟在身后的燕登山，燕登山一把接住往自己腰间一插，高兴得合不拢嘴。

董天知惯使双枪。他的腰间经常别着两把枪，一把左轮手枪，一把大眼盒子。这把大眼盒子已经跟了董天知一年多，但和崭新的王八盒子相比，性能还是差了些，因此董天知把大眼盒子丢给燕登山，把这把崭新的王八盒子插在自己腰间。

已是夕阳西下，远处突然传来一阵萧萧马鸣。燕登山眼尖，抬手一指南面山坡，高声喊道："战马！"董天知顺着燕登山手指的方向看过去，果真有一匹战马昂首站在那里。

好漂亮的一匹战马！夕阳下，一身枣红色的皮毛油光发亮，泛着金色的光芒。看样子像是日军的战马，也许它的主人已在这场战斗中战死，那匹马依恋主人不忍远去。董天知喊了一声："蔺克！"抬手朝着枣红色战马一指。

蔺克纵身跃上自己的黑色战马，腾空跃出，朝着枣红色战马飞奔过去。待蔺克到了跟前，那枣红马却并不躲避，蔺克弯腰一探，把马缰抓在手里，牵着枣红马来到董天知跟前。

董天知接过马缰，掰开马口一看，这马口齿尚轻，他抚摸着长长的马鬃，嘴里不禁夸赞："好马，好马！"好马识人语，那匹马仿佛听得懂人话，在董天知面前顺从地低下头来。董天知一拍马背，翻身上马，那匹马立时昂起头来，双目炯炯，董天知勒转马头，一夹马肚，那匹马四蹄轻快，纵身跃出。

董天知骑在马上，心中感慨。真没想到，在这战场上缴获的一匹马，竟能与人如此相得，实在有些出人意料。董天知纵马跑了一程才返回，纵身跳下马来。蔺克对董天知说道："首长，你的坐骑早该换了，我看这'赤兔'和你有缘！"

"好一个'赤兔'！这个名字好听。"董天知笑道，"这马我留下。"他拍拍赤兔的马背，像是对自己说，又像是对赤兔讲，"从今天开始，赤兔也成为我们抗日队伍里的一员，赤兔呀赤兔，咱们可要一起努力多杀鬼子！"

渡边卫泽死于决死队枪下，佐伯文郎震惊不已。这个董天知，不是一般的对手。佐伯文郎想到这里，不由得倒吸一口凉气。董天知已经成了佐伯文郎心中的一颗钉子，每每想到董天知，佐伯文郎心中就扎得慌。可是，怎么样才能拔掉这颗钉子？

佐伯文郎苦思冥想，突然，他眼前一亮。

佐伯文郎找来井上三，一同来到战俘营。

日军把抓来的中国军民统统作为战俘关押起来。战俘分为四个队，每人左臂佩戴一块白底红字的臂章，以不同的红字来区分不同的队别。被俘前为八路军的，臂章上缀个红色"八"字；被俘前为中央军的，臂章上缀个红色"中"字；被俘前为阎锡山军队的，臂章上缀个红色"山"字；民夫佩戴的臂章上则缀着一个红色的"民"字。

佐伯文郎带着井上三，径直来到"山"字队。

看守的鬼子兵一看佐伯文郎到来，赶忙跑了过来。佐伯文郎问道："听说你们刚刚抓到了两个阎锡山派往决死队的点验官，是吗？"

鬼子看守连忙答道："是的，将军阁下。"

佐伯文郎摆摆手："去，把他们两个的，带来见我。"

佐伯文郎和井上三来到一间屋内坐定，两个佩戴"山"字符号的蓬头垢面的青年被带到面前。

两人被日本兵按着头，跪在佐伯文郎和井上三面前的地上。两人中一个顺从地低下头去，另一个则使劲地想要抬起头来。

井上三用居高临下的口气对两个人说道："说，你们的，什么的干活！"

佐伯文郎抬手打断了井上三，对旁边的日本兵说道："把他们两个的放开，拿两个凳子来，让他们的坐下回答。"

门外的鬼子兵送进两个凳子来，两人坐了上去。几个日本兵依然站在他们身后，一左一右按着两个人的肩膀。

佐伯文郎语气温和，假惺惺地问道："你们的，阎锡山的点验官的干活？"

那个倔强的俘虏依然闭口不言，另一个则叹了口气说道："是的。我们是阎长官派的点验官。"

佐伯文郎一挥手，示意把那个倔强的俘虏带走，只留下顺从的那个，继续问道："你的大大的好。老实回答我的问题，你的可以回家，回家。"

"我说，我说，我全说。"这个俘虏像是溺水之人抓到了一根救命稻草，扑通一声跪了下来。佐伯文郎摆摆手，示意两边的鬼子把他扶起来，重新坐在凳子上，然后佐伯文郎又问："你们两个人的名字叫什么？"

这个俘虏说道："我叫王丑娃，他叫吴满仓。"

佐伯文郎点点头："你的很好，很好。我再问你，你们是受谁的派遣，要到哪个部队去点验？"

王丑娃竹筒倒豆子一般说了起来："我们是阎长官亲自派的，要到决死三纵队去点验。前不久，阎长官把决死三纵队分为独三旅和一九七旅两个旅，我们要去点验的是独三旅。"

佐伯文郎又点点头："很好，很好。独三旅的，谁的长官的干活？"

王丑娃说道："独三旅旅长颜天明，政治主任董天知。"

佐伯文郎眉峰一耸："政治主任谁的干活？"

"董天知。"王丑娃重复了一遍。

"吆西，吆西。"佐伯文郎连连点头，"你们的任务的，什么的干活？"

王丑娃说道："出发前，阎长官专门给我们开了会，说是临别训话，其实是给我们安排任务。要我们把决死三纵队的情况摸清楚，然后一五一十地向阎长官报告。"

佐伯文郎问身边的一个鬼子看守："他们的随身物品全都收缴了没有？"

这个鬼子看守说道："全都收缴了。介绍信的有，花名册的有，军官证的有。统统都有。"

佐伯文郎站起身来，对王丑娃说道："你的，很好。马上送你回家，回家。"然后一摆手，鬼子看守把王丑娃押走了。

佐伯文郎站起身来，看着那个俘虏远去的背影，眼里迸出两道凶狠的光，对着井上三做了一个砍头的手势："他们两个的，灭口的干活，统统地杀掉！"

董天知带领决死队依然转战在太岳山中。

最近鬼子在太岳山中反复扫荡，决死三纵队处境险恶。前方军情紧急，可偏偏这个时候，阎锡山整编部队的命令一道接着一道，仿佛是宋徽宗下给岳飞的十二道金牌。这不，阎锡山又亲自派人给董天知送来一道手谕，要求董天知尽快整编部队。

董天知看着手中阎锡山派人专程送来的整编命令和编制名单，心中烦闷。他反对阎锡山的整编方案，并且几次给阎锡山致函，申述自己的意见，但阎锡山王八吃秤砣，已经铁了心要推行自己的计划，一意孤行，并且再三催促。怎么办？为了统一战线，眼下董天知不能同阎锡山公开决裂，但如果依了阎锡山的意见，决死三纵队就会被阎锡山分化瓦解。

董天知盯着名单再三掂量。阎锡山的方案是取消决死三纵队编制，把决死三纵队几年来辛辛苦苦组建的八个团一分为三。决死三纵队组建的八个团分别是七总队、八总队、九总队、游击十团、游击十一团、由政卫四支队改编的三十二团和保安九团、保安十团两个保安团。按照阎锡山的意思，由七总队、八总队和三十二团组成独三旅，旅长颜天明，政治主任董天知；由九总队、游击十团和游击十一团组成一九七旅，旅长赵世铃，政治主任张凤阁；保安九团和保安十团组成五专署保安部队，保安司令戎子和。

董天知思来想去，阎锡山这个整编方案包藏祸心。首先，把决死三纵队分割为不相隶属的三个部分，这样便于他阎锡山分化掌握，一手操纵。其次，赵世铃这个一九七旅旅长的人选是阎锡山精心挑选的，看来赵世铃已经被阎锡山彻底收买，成了阎锡山的忠实走卒，阎锡山还有意识地让赵世铃兼任九总队总队长，也是为了让赵世铃能更加牢固地掌握兵权。

至于独三旅旅长颜天明，董天知心中有数。虽然他还不是共产党员，但颜天明是个积极进步的可靠同志，关键时刻也靠得住。董天知前一段时间把他派去秋林见阎锡山，就是为了让他利用自己旧军官的身份取得阎锡山的信任，看来已经见效，阎锡山任命颜天明为独三旅旅长。如果颜天明不能取得阎锡山的信任，阎锡山这个时候另外安插一个铁杆心腹来担任独三旅旅长，那决死三纵队的工作岂不是更加被动？

董天知正在思索用什么办法应对阎锡山的整编阴谋，门外响起一阵脚步声。脚步声到了门口停下，随即响起一声："报告！"

董天知抬头一看，一个熟悉的身影走了进来："首长！长治回民抗日义勇队一连连长程登云奉命前来报到！"

"登云，你怎么来了？"董天知哈哈一笑，握住了程登云的手。

来人程登云，三十多岁，中等个头儿，身材结实，面孔黝黑，一看就是行伍中人。他曾经在晋绥军中当过连长，后来因队伍溃散回到家中，现在是长治回民抗日义勇队一连连长。长治回民抗日义勇队经常执行决死三纵队领导机关的警卫任务，因此程登云和董天知相熟。

为了应对这次日军九路围攻，决死三纵队和五专署以白晋铁路为分界线，分为两部分。一部分由董天知率领，活动在路西沁水、安泽、高平一带；另一部分由戎子和与杨献珍率领，活动在白晋线以东壶关、潞城、平顺一带。按照当初的计划，长治回民抗日义勇队在路东活动。

程登云见董天知问话，坐下答道："本来我们跟随戎政委在路东活动，戎政委说路西鬼子很猖狂，担心你的安危，派我们来加强警卫。"

"噢，原来如此。辛苦你们了！"董天知说，"路东最近也跟鬼子打了好几仗，政委他们还好吧？"

程登云喝了口水，一抹嘴说道："嗯，路东指挥机关的警卫任务由二连同志们承担。首长，我们刚刚来的时候，在半路碰到两个人，说是阎长官派来的点验官，随着我们一块儿来了。"

来得好快！董天知问道："他们在哪里？"

程登云朝着门口一指："他俩就在门外。"话音刚落，门外两个身着晋绥军军装的人走进来。程登云说："就是他们俩。"

其中一人把手中的介绍信双手递给董天知："董主任，我叫王丑娃，他叫吴满仓。我们俩奉阎长官的命令前来点验部队，这是我们的介绍信。"

董天知收下介绍信，叫安登贵带着来人安排住处去了。

因为战事紧张，董天知带领指挥机关经常转移驻地，这天来到沁水与安泽交界地带一个叫碱土院的村庄驻扎。

位于大山深处的碱土院三面环山，一面临河，山高林密，十分隐蔽。已是夜深人静，董天知屋里的麻油灯还亮着，他还在忙碌，正和蔺克、岳岱几个人商议向山外增派游击小组的事情。

董天知说道："鬼子这次扫荡与以往不同，残酷程度超出了我们的预想，而且从目前情况来看，短期内也不会结束。目前敌人在华投入的兵力共有四十个师团，单在我们晋东南根据地周围就有十九个师团，同时敌人正在赶修青岛到彰德府之间的铁路、沧石铁路和开封至新乡的铁路，下一步恐怕要以黄河流域的全部兵力，对整个华北进行扫荡。所以我们必须作充分的准备，不能局促在山中，要再加派几十个游击小组，深入平原地区进行游击战，不仅可以使我们的部队兵员得以源源补充，同时也能保证部队给养的来源。没有平原游击战的坚持，保卫山地便是不可能的，那样我们的根据地就不能存在。"

岳岱点头说道："从前一段时间派出的游击小组来看，我们的游击小组既可以监视敌人行动、消耗敌人、疲惫敌人，更可以主动出击，然后配合大部队打击敌人，消灭敌人。"

董天知伸手挑了挑麻油灯的灯芯，说道："对。最近你们两个也到各团了解一下，组织新的游击小组，尽快派向敌占区！"

已是午夜时分，董天知站起身来伸个懒腰，伸手从墙上取下腰带束在腰间，一左一右将两把手枪往腰间一插，对蔺克和岳岱说："走，查哨去！"

蔺克和岳岱答应一声，提着枪跟在董天知身后出门。

碱土院村后是一面壁立的断崖。崖顶上长满一人深的杂草，两个黑影伏在草丛中，正在焦急地等待着什么。

断崖上，一根长长的绳索垂了下去，早已经等在谷底的三十个黑影，一个一个依次抓着绳索向上攀登。这些向上攀登的黑影都是全副武装，个个身手敏捷，人人腰里挂满日制手雷，身后全都背着冲锋枪或歪把子机枪。

噌噌噌噌，不大一会儿工夫，三十个黑影全部悄无声息登上崖顶。

最后登顶的那个黑影对等在草丛中的两个人低声说道："冈村君，吉田君，你们辛苦了！佐伯将军让我代表他对你们表示感谢。"

其中一个叫冈村的黑影低声回应："应该的。笠原少佐，全都到齐了吗？"

笠原点点头："全都到齐了。情况一切正常吗？"

冈村回答："是的，一切正常。董天知正在房间里与人交谈。"

笠原脸上掠过一丝不易察觉的奸笑，一挥手："出发！"冈村和吉田在前边带路，这队黑影悄无声息地向着碱土院村中摸了过去。

　　村边有一个岗哨。"停下！"笠原低声命令，这队黑影停了下来，笠原派出一个鬼子悄悄绕到哨兵身后。这个鬼子一把搂住哨兵的脖子，手中的短刀唰的一声插进了哨兵的胸膛。这个鬼子把哨兵的尸体拖到暗处，朝着笠原一招手，三十多个黑影鬼魅一般时隐时现，来到董天知所住这家民房的大门外。

　　房间里的灯已经熄灭。冈村对着笠原悄声说："刚才还亮着灯，应该是休息了。"

　　笠原悄声布置："一组，封锁门口；二组，封锁后院墙；三组，左侧房顶；四组，右侧房顶。上！这一次，决不能让董天知跑了。"

　　见几组鬼子全部就位，笠原下了命令："开火！"瞬间工夫，几十支冲锋枪或机枪对着董天知刚刚走出的房间就是一顿猛烈射击，啪啪啪啪，啪啪啪啪，随着冲锋枪、机枪的射击，一颗颗手雷也从房顶、门口、后墙朝着那个房间投了过去，那个院落刹那间成了一片火海。

　　"董天知必死无疑！"笠原得意地对冈村和吉田说道，"走，你们两个跟我们一起返回！"

　　"哈伊！"冈村和吉田志得意满地答道，随着笠原的人马原路返回，顺着绳索溜到谷底，消失在黑暗之中。

　　董天知正在查哨，突然听见激烈的枪声，知道这是鬼子偷袭，带着程登云和二连战士冲了过去，到了跟前才发现，偷袭的鬼子已经没了人影。

　　程登云突然意识到什么，他带了几个战士跑步来到两个点验官住的房间，发现那两个点验官早已经不知去向。

　　哎哟！程登云懊丧地一跺脚，转身一溜烟儿找董天知去了。到了董天知跟前，程登云差点儿哭出声来："首长，你处分我吧！那两个点验官是鬼子派来的奸细，已经跑了！"

　　董天知安慰程登云："登云，鬼子很狡猾，以后提高警惕就是。通知部队，马上转移！"

　　蔺克和岳岱身着便衣，带领游击小组下山去了。刚刚出了山口，远远望见石哲镇北不远的东壁、胡家峪、余家峪三个村庄浓烟滚滚。

　　蔺克心里一惊，对岳岱和十几个同样身着便装的战士说："走，看看去！"两人带着游击小组，沿着小路向前飞奔。

　　原来，鬼子刚刚在石哲镇新建了据点，这是据点里的鬼子到北边几个村子去抢粮。据点里的鬼子天不亮就出发了，三十多个鬼子在中队长石谷春光带领下，兵分三路，天色未明就把这三个村子团团包围。三个村庄里的百姓还没有起床，当人们发现鬼子进村时已经来不及躲避，宁静的山村顿时祸从天降。

　　鬼子一进村就开始烧杀抢掠，枪托砸门的声音、鸡飞狗跳的声音和老百姓的哭喊声响成一片。

　　游击小组赶到东壁村西南方向不远的半山腰，蔺克示意大家就地隐蔽。他爬上山腰一棵大树望过去，见鬼子一边把百姓从家里赶出来，一边让他们把搜到的粮食往外扛，百姓稍有不从，鬼子上去就是一刺刀。鬼子把百姓家里的牲畜也都牵了出来，然后点燃火把，纵火焚烧百姓的房屋。有的百姓见自己家的房屋被点燃，从人群中跑出来想去灭火，竟被鬼子当场开枪打死。鬼子点燃房屋之后，又用绳索把一百多个青壮男子连捆在一起，用刺刀逼着他们肩上扛着自家的粮食财物，手里牵着自家的牛羊牲口，给鬼子往据点里送。

　　蔺克从树上跳下来。几个战士忍耐不住，要冲下山去和鬼子拼命，被蔺克制止："这么多鬼子，我们现在冲下去就是送死，不仅不能把老乡们救出来，我们自己也得搭进去。"

　　蔺克对岳岱说："岳岱，你赶快回去，把鬼子抢粮的情报向董主任汇报。我们几个把鬼子据点的情况查清楚。"岳岱答应一声，转身顺着来路飞奔而去。

　　蔺克他们远远跟在鬼子后面，朝着据点走去。怎样才能混进鬼子据点里呢？蔺克一边观察一边紧张地思索着。突然，他看到队伍里一个老乡脚步踉跄，摔倒在地，肩上的一袋粮食也甩了出去。鬼子队伍停了下来，一个鬼子冲上前去，抢起枪托就打。

　　蔺克眼前一亮，他朝一个叫孙有才的战士摆摆手说道："有才，跟我来！"

　　蔺克带着孙有才从后边跑了上去。蔺克一边跑一边对着鬼子喊："太君，太君，他的不行，我们来扛，我们来扛！"

　　这个正在打人的鬼子停下手来，蔺克和孙有才追了上去。蔺克把倒地的老乡扶起来，把地上的一袋粮食扛在肩上，对鬼子说："太君，我们扛，给太君的送去，请太君米西米西的有。"孙有才也从另一个老乡手中接过一袋粮食扛在自己肩上。这个鬼子一看，高兴地对着蔺克和孙有才说："你们的，大大的良民，大大的良民。"

　　鬼子据点建在石哲镇北不远的小庙岭，蔺克和孙有才扛着粮食，随着人群进了据点。

　　岳岱向董天知报告了鬼子抢粮的情况。董天知手头只有一个警卫连，临时调动其他的部队来不及，怎么办？董天知大胆决定，就用手头一个连的兵力，连夜奔袭小庙岭，把鬼子抓走的老乡解救出来。

　　董天知找来程登云："登云，你带领一连，今晚跟我行动！"

　　夜幕即将降临，董天知带领一连沿着山路向小庙岭出发了。蔺克已经把据点内外的情况侦察清楚，他把孙有才留在据点里做内应，自己乘着天黑翻越围墙逃了出来，与游击小组会合后带着战士们等在山口。

蔺克见了董天知，把据点里外的情况讲了个清清楚楚。董天知叫来程登云和几个排长，对夜袭小庙岭据点进行了布置："今天夜袭的目的是营救被鬼子抓走的老乡，因此不能强攻，不可恋战，要突然行动，速战速决。解救任务完成后，迅速撤离。蔺克带领游击小组负责摸掉鬼子哨兵，然后带领一排冲进据点，把老乡解救出来。二排负责封锁鬼子据点大门，掩护老乡撤离。三排作为预备队，承担机动作战任务。"

任务分派已定，战士们在夜幕的掩护下，迅速来到小庙岭鬼子据点前，进入战斗位置。

夜深人静，鬼子已经进入梦乡。董天知从黑暗中看过去，见据点门口的鬼子夜间上的是双哨，一个固定哨，一个游动哨，固定哨位上的探照灯不停地在向四周扫视搜寻。

董天知把蔺克叫到跟前："瞅准机会，等鬼子哨兵换岗的时候下手。"

蔺克轻声答应一声"是"，在黑暗中目不转睛地盯着哨兵。机会到了，鬼子固定哨进门去喊人换哨，门口只剩下一个巡逻哨靠在墙上打盹儿。机会千载难逢！蔺克一跃而起，借着夜幕的掩护，悄无声息地接近了鬼子哨兵，一眨眼工夫就把这个鬼子哨兵放倒在地，然后拖进一旁的黑影里。

蔺克迅速换上日军军服，抱着三八大盖靠在墙上假装打瞌睡。等另一个换岗的哨兵打着哈欠出了大门，靠近蔺克身边的时候，蔺克冷不防一个箭步冲上去，手中的短刀朝着鬼子的咽喉就抹了过去，只听唰的一声响，这个鬼子哨兵软面条一样坐了下去。蔺克把这个哨兵也拖到一旁，朝着早已作好准备的游击小组和一排战士一摆手，游击小组和一排战士从黑暗中跃起，猫着腰跟在蔺克身后，悄无声息地摸进了据点。

蔺克第一个冲进据点，来到关押老乡的东厢房门口，他卸下三八大盖上的刺刀，朝着门锁一别，嘎嘣一声门锁开了。孙有才早已经给老乡们做了安排，老乡们在一排掩护下，从房间里鱼贯而出，悄无声息地出了据点，消失在夜幕之中。

神不知，鬼不觉，老乡们被全部解救出来，据点里的鬼子还在睡梦之中。

待蔺克带领老乡们走远，董天知低声下令："撤！"

七、血战青岗湾

佐伯文郎得知董天知毫发无损，才知道他精心策划的黑虎掏心计划彻底失败。不甘失败的佐伯文郎又指挥着鬼子从浮山、沁水、安泽、长子，兵分几路闯进根据地，四处寻找董天知的下落。

董天知率领游击十团神出鬼没，转移到了安泽县良马乡青岗湾一带。

青岗湾是一个不起眼的小村落，位于太岳山腹地一条南北走向的山沟深处，泗水河从村西流过，山大沟深，峰高林密，董天知的指挥部就驻扎在这个村子里，游击十团三个营分住在青岗湾和距离青岗湾不过二三里地的杨窑湾、东上寨三个村子里。

好不容易摆脱了鬼子的追踪，部队准备在这里好好休整几天，哪知道部队的行踪却被佐伯文郎发现了。

佐伯文郎不动声色密抵安泽县城，快速集结井上三联队和小池信太郎联队，兵力近两千人，由井上三统一指挥，包括两个步兵大队、一个骑兵大队、两个炮兵中队。日军白天按兵不动，夜间悄悄出城，分乘六十多辆汽车快速行动，一南一北兵分两路，北路日军乘车至良马村集结，南路日军乘车至北孔滩集结，然后从南北两个方向顺着山沟夹击青岗湾。

黎明时分，鬼子黑压压地沿着山沟包抄过来了。最先跟鬼子接火的是驻扎在东上寨村的三营，紧接着杨窑湾二营方向也响起了激烈的枪声。听到枪声的董天知指挥一营迅速占领青岗湾村中的有利地形，正在这时，鬼子的炮弹呼啸而来，青岗湾村中硝烟弥漫。炮击过后，鬼子从青岗湾村西蜂拥而至，青岗湾村中响起了激烈的枪声和手榴弹的爆炸声。

井上三的指挥所和日军炮兵阵地设在东上寨村南不远的一处高地上，沟底大道上是排列整齐的日军骑兵部队。井上三的如意算盘是，用炮兵和步兵把决死队击溃，待决死队溃退时再动用以逸待劳的骑兵部队，把决死队一举歼灭。骑兵不适合进行村落争夺战，故而井上三把日军的骑兵作为总预备队。

董天知看透了井上三的意图，他迅速调整作战部署：主动出击，攻其必救，彻底打乱鬼子的作战部署。他命令蔺克带领特务连立即杀出一条血路冲出去，绕道淇家岭，从背后突然袭击鬼子的骑兵部队。

蔺克率领特务连突然出现在鬼子骑兵部队的背后，大大出乎鬼子的预料，着实把鬼子骑兵打了个措手不及。一部分鬼子骑兵被射落马下，一部分鬼子骑兵见骑兵施展不开，只好弃马步战。毫无防备的日军骑兵部队陷入混乱之中。

正在高地上指挥作战的井上三一看骑兵遇袭，慌忙命令旗语兵调包围东上寨村的鬼子步兵回撤，解救处于危险之中的骑兵。哪知道弄巧成拙，旗语兵的行动却无意中暴露了井上三指挥所的位置。这一切没有逃过蔺克的眼睛，蔺克指挥特务连迅速迂回到井上三指挥所侧后，出其不意，一阵密集的手榴弹猛甩过去，井上三指挥所被炸毁，就连井上三本人也在混战中受了重伤。

青岗湾村中，一营在董天知率领下还在跟日本鬼子浴血奋战，跟冲进村里的日军逐屋争夺，肉搏拼杀。日军有大量便于巷战的曲射火力掷弹筒和迫击炮，给决死队造成大量伤亡，一营只好且战且退，退入村东一座地主的大宅院中。为了防范土匪，这座地主的宅院修建得异常坚固高大。董天知和贾定基带领一部分战士控制了这座大房子，在房顶四角架起机枪，向四下里涌过来的日军扫射。房顶上的决死队战士把手榴弹投入敌群，房子里的决死队战士也纷纷从窗口向日军射击，短兵相接，战斗残酷激烈，弹药消耗得很快，战士们不大一会儿已经打光了配发的弹药，纷纷安上刺刀，准备和随时冲进院中的日军做最后的搏杀。

正在这时，日军背后杀声四起。原来是东上寨村鬼子回撤后，三营长王学林带部队冲了出来，得知董天知率一营仍在青岗湾村中苦战，火速前来增援。鬼子受到前后夹击，军心动摇。一营战士见援兵来到，士气大振，里应外合冲出大院，和三营合兵一处。

蔺克和特务连身陷重围，还在和日军苦战。董天知率领一营、三营赶到，杀开一条血路救出特务连。

正在这时，刘明也率领二营冲出鬼子包围圈赶了过来。董天知见一、二、三营全部成功突围，率领队伍迅速上了东山，沿着柏木岭向东转移，很快就消失在崇山峻岭之间。

佐伯文郎一举歼灭决死队的计划落空了。

八、保卫根据地

正是反扫荡的紧张时刻，彭德怀来到决死三纵队。

三纵队最近面临的形势错综复杂，既要应对鬼子的残酷扫荡，又要与阎锡山这个老狐狸巧妙周旋，蒋介石也在向晋东南地区悄悄增兵，国民党增兵晋东南名义上是为了抗日，但彭德怀总觉得这个蒋委员长动机不纯。彭德怀担心董天知应付不过来，毕竟董天知只是一个年纪只有二十七八岁的青年将领，既要应对这么错综复杂的局面，还要驾驭七八个团近万名抗日将士，着实不容易。尤其是决死三纵队这七八个团里的军事干部绝大部分都是阎锡山一手安插的旧军官，彭德怀越想越坐不住，不顾鬼子正在疯狂扫荡，从八路军总部出发，只带了少数几个警卫，秘密来到决死三纵队驻地沁水县十里乡田家湾。

董天知见了彭德怀，心中突然涌上一种委屈的感觉。在董天知心里，彭德怀既是父兄，又是长者，更是主心骨，是依靠。他有满腹的心里话要说："彭总……"

彭德怀知道董天知的心情，也理解董天知的感受。去年三月彭德怀刚刚担任东路军副总指挥的时候，与董天知在沁水县梅子沟就有过一次长谈。一年多来决死三纵队在他的直接指挥下，坚守在太岳根据地，同日本鬼子打了不少硬仗、好仗，彭德怀对董天知很欣赏。但决死三纵队又是戴着阎锡山帽子的部队，处处受到阎锡山的掣肘，董天知心中自然有许许多多的无奈和苦衷，彭德怀心如明镜。

彭德怀心直口快，指指带来的两个人对董天知说道："天知，我知道你目前处境艰难。这不，我从八路军总部给你带来两个人，留在你身边。他们都身经百战，指挥经验丰富。派他们来，一是为了加强你们和八路军之间的联系，二是为了协助你掌握部队，应付当前的复杂局面。遇到危险时刻，他们的作战经验能够给你很大帮助。"

真是雪中送炭！董天知连连说道："彭总，太感谢了。"

彭德怀指指其中一个身材高大、三十出头的军人，向董天知介绍说："他叫李寿轩，参加过长征，曾经担任过红二十七军参谋长。寿轩从平江起义开始就一直跟着我，现在是八路军总部教育科科长。寿轩到你这里来做联络参谋，你们两个遇事多商量，有什么情况及时跟我联系。为了防备阎锡山的耳目，我给他改了个名字，从今天开始，他叫李汉光，希望你们两个并肩战斗，永远做中华民族的光荣。"

"汉光同志，欢迎你！"董天知和李汉光的手紧紧握在一起。

彭德怀又指指另一个和董天知年纪相仿的军人："这位是许忠同志。一九三五年参加过云阳工农武装起义，在军事指挥上很有一套，刚刚从延安抗大来到八路军总部，你这里需要人，就把他也给你派来。"说到这里，彭德怀眼睛看着许忠略一沉吟，"许忠这个名字也要改。我看就叫许光三好了——带领决死三纵队走向光明！"

董天知握着许光三的手："光三同志，欢迎你！"

董天知又用恳切的语气对彭德怀说："彭总，感谢您为我们派来汉光和光三同志。只是……人数是不是少了些？我们希望能从八路军和抗大多给我们派一些同志，多多益善哪！"

彭德怀点点头："说的也是。你们这里形势紧张，阎老西暗中又搞了不少鬼名堂，你们现在正是用人之际。好，我马上安排再给你们派人。我这次来还有一件重要的事情，是要召集你们党委几个人开个会，统一思想，你们要抓紧时间，对不可靠的旧军官坚决清理，防止发生突然事变。这个阎老西呀，"说到这里，彭德怀摇摇头，"都说阎锡山精明，依我看哪，这个阎老西是精于微利，昧于大义，整天一门心思盘算着自己的利害得失，心中哪有什么民族大义哟！"

董天知叹了口气："眼下鬼子正在根据地扫荡，保安九团、保安十团活动在白晋路东，前一段时间总部已经派去一些抗大干部，应该问题不大。活动在白晋路西太岳根据地的六个团，目前为了应付鬼子的扫荡，驻地转移频繁，集中不易，调整干部暂时有些困难。我已经有了一个计划，准备带领游击十团跳出鬼子包围圈后端掉鬼子在石哲的小庙岭据点，把鬼子从根据地里牵出去，然后立即动手清理不可靠的旧军官。"

彭德怀点点头："好。小庙岭鬼子据点里最近的情况都侦察清楚了吗？"

董天知说道："我已经派人去了。"

岳岱被董天知派出侦察小庙岭敌情，他隐蔽在石哲镇附近不远的小村庄南山坪，准备寻找合适时机再入小庙岭据点。

南山坪这个村子不大，只有二三十户人家，村子边上一户姓张的人家，是岳岱他们游击小组的落脚点。这家只有张大叔和张大娘两个人，无儿无女，两位老人待游击小组的战士们亲如一家。

上次决死队夜袭小庙岭解救群众事件过后不久，村子里一个三十七八岁、单身多年的老光棍儿突然结了婚，娶回一个漂亮的媳妇，村里人只把这当成一件稀罕事，但谁也没有想到，这个叫二果的新媳妇竟然是日本人的奸细。

这个二果不仅人长得漂亮，而且能说会道，见人就笑，尤其喜欢打情骂俏、卖弄风骚，过了门以后喜欢走东家串西家，没多长时间就把村子里的情况摸了个一清二楚。张大叔家里来了陌生人，自然逃不过二果的眼睛，二果连夜跑到小庙岭据点报告给了石谷春光。

石谷春光带着鬼子趁着夜深人静突然包围南山坪，把全村男女老少百十口全都赶到村南祖师庙院内，鬼子点着火把，端着刺刀把老乡们围在中间。

石谷春光站在人群前面，手里举着指挥刀，杀气腾腾地说："你们中间有决死队。谁的决死队的干活，站出来！"

见人群中无人应声，石谷春光头一歪，朝着身旁一个鬼子兵一努嘴。这个鬼子兵"哈伊"一声，冲进人群中拽着胳膊把一个无辜的老人抓了出来。

石谷春光一阵狞笑。他唰的一声抽出指挥刀，将刀尖顶在这个老人胸前，对着人群恶狠狠地说："我数三下，决死队的站出来，不然，我就一刀杀了他！"

"一，二，三！"石谷春光见人群中没有动静，眼睛里凶光一闪，举起屠刀就要砍下去。

"住手！我是决死队！"岳岱不忍心看着无辜百姓受害，他一声断喝，拨开人群走了出来。

"吆西!"石谷春光从半空中慢慢收回指挥刀,几个鬼子一拥而上,把岳岱绑在大殿前一根柱子上。

石谷春光走到岳岱面前,用手中的指挥刀刀尖挑着岳岱的下巴,咬着牙问道:"董天知的,在哪里的干活?说出来,你的放了的干活,不说出来,你的死啦死啦的有!"

岳岱的头高高仰着,鼻孔里轻蔑地哼了一声。

"嗯!"石谷春光眼睛里凶光毕露,刀尖猛地向上一挑,岳岱的脸上鲜血喷涌而出,"你的,说还是不说?"

岳岱咬紧牙关,一声不吭。

石谷春光一摆手,一个鬼子牵来一条狼狗,那条狼狗受过训练,露出长长的狗牙呜呜号叫着朝岳岱扑过去,鬼子一松手,那条狼狗呼的一声扑到岳岱身上,嗷的一声从岳岱腿上撕下一大块肉来。石谷春光逼近岳岱:"说,还是不说?"

岳岱忍住钻心的疼痛,用尽力气朝着石谷春光脸上吐了一口血水:"呸!做你娘的白日梦去吧!董天知在哪里?董天知远在天边,近在眼前,他迟早会来找你们这帮狗日的算账!"

石谷春光后退几步,抹了一把脸上的血水,眼睛里露出恶狼一样的绿光,歇斯底里地号叫起来:"死啦死啦的有!死啦死啦的有!"

几个鬼子端起刺刀冲上前去,朝着岳岱胸前就是一阵乱捅。狼狗再次扑了上去,对着岳岱又是一阵疯狂的撕咬。

岳岱硬是咬着牙,没有喊叫一声。人们捂着眼睛不忍观看,人群中发出一阵低低的哭泣声。

岳岱牺牲了。

蔺克把岳岱那条浸染着鲜血的白羊肚毛巾递到董天知手里。

"哪里还能顾得上念书,先打走日本鬼子再说!"董天知想起第一次见到岳岱,岳岱说这句话时那青春洋溢的脸庞、那意气风发的表情、那斗志昂扬的神态,再看看这条毛巾上的鲜血,董天知痛苦地闭上了眼睛,眼泪顺着脸颊流了下来。

蔺克也已经泪流满面。董天知擦干眼泪对着蔺克问道:"都侦察清楚了?"

蔺克也擦了一把脸上的泪痕:"都侦察清楚了。"

董天知声音低沉地说:"通知部队,为岳岱报仇,天黑出发!"

小庙岭鬼子据点大门朝南,四周修建有四米多高的围墙,围墙南北两侧最近各加盖了一个碉堡。原本这里驻扎着日军一个中队,因为有一半的日军被抽调出去跟随佐伯文郎扫荡根据地去了，剩下的一百多个日军分别龟缩在这两个新建的碉堡里。

经过五六十里急行军，董天知带领游击十团夜半时分到达小庙岭。

指挥所设在一户农家院里，董天知把三个营长召集过来，说道："鬼子兵力不足。南北两面警戒严密，东西两侧警戒疏忽。我们乘其不备，从东西两侧围墙发起进攻，一营从西侧围墙进攻，二营从东侧围墙进攻，攻进去以后，一营袭击北碉堡，二营袭击南碉堡。三营兵分两路，一路包围南大门，一路包围北围墙，不能让一个鬼子跑掉！"

行动开始了。东西两侧突击连同时在两侧围墙上架起云梯，决死队员悄无声息地越过围墙落在地面上，只有短短十几分钟时间，两个营全部突进据点。

鬼子的狼狗也没了叫声，怎么回事？原来蔺克带着游击小组早已经潜入据点，给这些狗东西下了毒。

半个钟头过去了，枪声还是没有响起。原来这次进攻用的是炸药爆破，董天知要让鬼子们尝尝根据地自制炸药包的威力，要让鬼子们尝尝坐飞机的滋味。

在伸手不见五指的黑夜里，不点灯，没声响，战士们摸黑装好了炸药包，把炸药包安放在两个碉堡的墙洞里，直到这个时候，两个碉堡里的鬼子还睡得跟死猪一样。战士们怀着满腔的愤怒，把浮山造枪厂半个月生产的炸药全都扛来了。

指挥所里，贾定基向董天知报告："首长，炸药全都下好了。敌人还在做梦。"

"起爆！"董天知一声令下。轰！轰！两声惊天巨响过后，鬼子小庙岭据点里掀起两股巨大的烟尘。

没死的鬼子开始反抗。被炸塌半拉子的两个碉堡里，负隅顽抗的鬼子向外开枪射击。

"通知部队，用火攻！"董天知命令。

只见战士们把几条浸透水的棉被绑在一张大方桌上，制作了两个"土坦克"。这种"土坦克"机枪打不透，手榴弹炸不烂，战士们顶着"土坦克"把早就准备好的麦秸、干草塞进半拉子碉堡里，再次下好炸药，一阵手榴弹猛甩，随着又一阵剧烈的爆炸声，两个碉堡都燃烧起熊熊烈火。

两个碉堡都变成了大火炉，把漆黑的夜空映照得一片火红。

井上三受了重伤，回到安泽县城不久就一命呜呼。

接二连三损兵折将，佐伯文郎岂能善罢甘休。听说小庙岭据点又遭到董天知的突然袭击，佐伯文郎忙不迭从根据地撤兵，急急忙忙朝着石哲赶来。

董天知已经布好伏兵，在佐伯文郎的必经之地晋义村等着他。

一大早，游击十团就和鬼子的前哨部队接上了火。董天知命令刘明带领一营从村西上山，以阻击西面来敌，然后和贾定基、王学林带领二营、三营占领村外南山高地。

董天知拿起望远镜朝着来敌方向望过去。一看，糟了！原本以为把佐伯文郎四路进攻中的一路大约一个大队的人马牵出来打他个伏击，没想到佐伯文郎这个老狐狸多了个心眼儿，一下子带着四路鬼子扑了过来。敌人三倍于我，这个猎物太大，吃不了。

佐伯文郎侦察到董天知身边只有游击十团一个团，妄想就在晋义村把决死队包饺子。

局势瞬息万变。董天知发现了佐伯文郎的企图，一面命令一营集中火力阻击西来的敌人，一面带领二营朝正南方向的两都村前进，准备占领两都村村南高地后，掩护后续部队朝西南苇地村、张家庄村和李家庄村方向突围，以彻底粉碎鬼子的包围企图。然而当董天知带领二营到达两都村，才发现村南高地已经被从背后摸上来的鬼子占领。

佐伯文郎发现董天知把主力南调两都村，想把决死队包围在晋义村已经不可能，他马上改变策略，调兵遣将从西、南、北三个方向压过来，要把决死队包围在两都村。

敌变我变。董天知眼见鬼子已经占领两都村村南高地，决死队向西、南两个方向突围都不可能，必须再次进行战术调整。董天知叫来蔺克，命令蔺克带领特务连迅速朝苇地村方向冲击，给佐伯文郎造成朝西南方向突围的假象，以一个连的兵力把佐伯文郎主力牵引到西南方向，然后主力迅速掉头，朝东北方向的乱石河转移。

蔺克临危受命，带领佯攻苇地村的特务连发起猛烈冲锋。佐伯文郎终于上当了，他判断决死队要从苇地村方向突围，这是决死队突围的开路先锋，因此调集兵力全力堵截。

董天知从望远镜里看到佐伯文郎已经被蔺克牵住，当机立断率领决死队主力掉头向北，从乱石河冲了出去。

蔺克率领特务连猛冲猛打，就像一把剔骨尖刀，把迎面而来的鬼子豁开一道口子冲了出去，朝冷水沟方向成功突围。

决死队主力转移到乱石河村，佐伯文郎才如梦初醒，发现自己中了董天知的调虎离山之计。他急令全部人马掉头朝乱石河方向猛追，以图再把决死队包围在乱石河。一营从晋义村村西高地也撤了过来，追击的鬼子紧紧咬住一营不松口。一看情况危急，董天知当机立断，命令警卫员安登贵："你马上赶到一营传我的命令，命令一营长带领一个连就地阻击敌人，掩护一营后撤!"

　　贾定基接到董天知命令，集中全营二十挺机枪，原地设立机枪阵地，对追击过来的鬼子迎头痛击，鬼子瞬间倒下一片，鬼子的追击被遏制，一营转危为安。机枪压制了鬼子的火力，一营后续部队迅速向北撤离。大约一个小时后，看部队已经成功突围，贾定基这才把二十挺机枪分为两组，交替掩护撤出阵地。

　　夜幕降临，一场恶战落下了帷幕。

　　深入根据地扫荡的佐伯文郎被牵了出来。

第六章　血洒太行（1939—1940）

一、明枪暗箭

董天知正在太岳山中和日寇周旋，远在千里之外的陕西秋林，阎锡山冰冷的目光最近一直在盯着他。夜幕之下，阎锡山的窑洞里正在策划一场针对决死三纵队的阴谋。

阎锡山背着手在窑洞里踱来踱去，眉头紧锁，满腹心事。他在等两个人，一个是孙楚，一个是梁化之。

待孙楚和梁化之到来，阎锡山阴沉着脸，走到桌前，把桌上一份刚刚收到的密报递给他们传看。待孙楚和梁化之看了密报，阎锡山皱着眉头说道："醉翁之意不在酒。这是八路军彭德怀前几天到决死三纵队召开秘密会议的记录。彭德怀跑到太岳山中，在决死三纵队待了三天。先是召集决死三纵队全体连以上干部召开了一个公开会议，大讲反对妥协投降，矛头所指——"阎锡山抬手点点自己的鼻子，"就是我阎某人。而后他又召集董天知他们几个共产党的人开了一个绝密会议，在会上安排部署要撤换我们的人，这才是彭德怀此行的真正目的，他们这是要先下手为强。"

说到这里，阎锡山停下脚步，目露凶光："可是他们万万想不到，共产党里出了叛徒，把他们这个秘密会议的记录抄了下来，通过我们的秘密电台发了过来。让你们两个看这个秘密会议记录，就是让你们心里有个数，赶紧拿出我们的对策。"

阎锡山把目光停留在孙楚脸上。孙楚端正一下身子，说道："最近我虽然人在秋林，但秘密派往晋东南的人不在少数，决死三纵队的一举一动都在我的掌握之中。目前董天知他们正在和日军苦战，一时半会儿还腾不出手来。我正准备近日启程到晋东南去，把行署设在阳城西南不远的岩山村，到了以后立即着手行动，乘董天知不备打他个措手不及。"

阎锡山又把目光转向梁化之。为了加强对山西新军的控制，早在山西新军成立之初，阎锡山就成立了山西新军总指挥部，委派心腹梁化之兼任山西新军政治部主任，把几个决死纵队军官任命大权牢牢掌握在自己手里。梁化之赶紧清清嗓子说道："我已经接到董天知发来的几封电报，要求撤换一部分旧军官，我只是不置可否，拖延时间。其中有一天董天知就发来四封电报，有些人事调动他已经先斩后奏。"

阎锡山一下子警觉起来，对梁化之说："董天知要撤换旧军官，从另一个侧面证实了彭德怀的秘密会议确有其事。你马上给董天知发电报，决不允许他撤换我的人！决不允许他先斩后奏！我是司令长官，不经我的同意，我派去的军官他一个也不能动！"

梁化之接口道："好的，我马上就给董天知发报。另外，决死三纵队三个游击团的团长在秋林集训期间，我们都进行了收买，但只收买过来一个游击十一团团长李其昌，哪知道却被董天知借口因病不能工作而撤掉了职务。董天知还撤掉了八总队二大队大队长靳福忠的职务，靳福忠也是我们的人，董天知把靳福忠大队长的实权免掉，给他来了个明升暗降，调到七总队担任了一个空头副总队长。"

阎锡山啪地一拍桌子："董天知胆大包天！不经我的同意，他竟敢把我任命的军官撤换掉，他就不怕我阎锡山杀了他的头？"阎锡山转念一想，哦，怪不得前几天我通知在秋林召开民族革命同志会临时代表大会，专门通知了董天知，可他却借口需要在前线指挥军事而拒不参加，原来这其中有这么多文章。

阎锡山眨眨绿豆小眼，担心地问梁化之："董天知换上的都是些什么人？"

梁化之答道："董天知换上的都是共产党的人。另外，根据我们的人密报，董天知还瞒着我们向八路军抗大要了两批人，第一批十几个，第二批三十几个，然后让八路军派来的人和他信得过的政工人员担任基层的连排长，董天知这是要把基层队伍也抓在共产党手里，不显山不露水，把我们派去的军官架空。"

阎锡山默默点了点头，问道："听说董天知还发来几封电报，要你向我建议撤掉赵世铃的旅长职务，是吗？"

"是的。"梁化之仰起头看着阎锡山的脸，"他说赵世铃担任一九七旅旅长以后气焰嚣张，而且暗中和中央军有来往。"

阎锡山摆摆手："赵世铃、张济和孙瑞琨这三个总队长都是我们的忠实同志，这个不用怀疑。董天知使的是离间计。秋林集训期间，我亲自接见过这三个总队长，他们都给我提供了不少决死三纵队的真实情况。他们也都是萃崖的老部下，集训期间萃崖也给他们做了不少工作，他们和中央军的暗中联络，也是我和萃崖让他们做的。我们在晋东南的工作，必须要借助中央军的力量。"

说到这里，阎锡山小眼珠子骨碌骨碌一转，转向孙楚："萃崖，事不宜迟。你准备一下马上出发。我倒要看看，谁能先下手为强！你到了晋东南要注意和我们的人加强联系，一旦动手，一定要里应外合，配合得当。"

孙楚说："总座说的是。赵世铃、张济和孙瑞琨在秋林集训返回部队的时候，我都给他们配发了专用秘密电台和专门的译电员，随时和我保持联系。只待我们一声令下，他们就会立刻动手。在我们动手之前，我也专门给他们几个人提了要求，要他们一定作好伪装，尽最大的努力取得董天知他们的信任，防止董天知他们提前察觉我们的意图，前功尽弃。"

阎锡山点头说道："这叫打眼放炮法。我们在里边的人，就是打好的炮眼，只等给他们行动任务，那时就等于装上了炸药包，同一时间内炸外压，一定要一网打尽！"说到这里，阎锡山又把目光转向梁化之，"化之，你要和萃崖密切配合。"

孙楚带领第八集团军司令部、第三行署一班人马和特务营、宪兵队，从秋林出发，经潼关、渑池赶往岩山。到达渑池后，孙楚命随行人马稍作停留，自己只身赶赴洛阳拜会卫立煌。

卫立煌于一九三九年一月就任第一战区司令长官，司令长官部驻在洛阳。卫立煌同时还兼任第二战区副司令长官，不仅统辖第一战区所有部队，还统辖位于第二战区晋南、晋东南的二十多万中央军，再加上一九三九年九月他又刚刚兼任河南省主席，此时春风得意，风头正劲。孙楚拜会卫立煌是徐永昌牵的线，孙楚的目的是到晋东南后求得中央军的支持，一举拿下决死三纵队。此时的卫立煌已经接到蒋介石要求他全力协助孙楚的电报，新官上任的他也想在蒋介石面前露一手，因此孙楚和卫立煌一拍即合。

卫立煌见了孙楚，把蒋介石发给他的电报递给孙楚看，然后对孙楚说："萃崖兄，你也看到了，委员长有令，要我全力支持你。我已经向委员长保证，中央军在晋南、晋东南的部队任你挑选，你需要多少我就给你多少。"

孙楚心中大喜，忙不迭向卫立煌道谢，有二十多万中央军这个坚强后盾，他在晋东南谁人可敌！

卫立煌其实已经按照蒋介石的旨意，对晋南、晋东南的中央军进行了部署调整，打的是对日作战的旗号，暗中却是为了包围决死三纵队，为孙楚进入晋东南造成有利态势。

卫立煌走到军用地图前，拿起教鞭把中央军在晋南、晋东南的驻防区域向孙楚一一做了介绍："曾万钟十七军进驻垣曲，刘戡九十三军进驻浮山、安泽，刘茂恩十五军进驻翼城、绛县，庞炳勋四十军进驻陵川，赵寿山三十八军进驻平陆、夏县，范汉杰二十七军进驻沁水、长子、屯留、高平，李家珏四十七军进驻晋城，陈铁十四军和李默庵三十三军团司令部进驻阳城，武士敏九十八军进驻阳城、沁水，万福麟五十三军进驻阳城、垣曲，孙殿英新五军进驻壶关、陵川。萃崖兄，你看怎么样？"

看着军用地图上密密麻麻的小红旗，孙楚信心大增。孙楚心中当然清楚，这十一个军也不是铁板一块，不全都服服帖帖听命于蒋介石和卫立煌，其中顽固不化坚决"反共"的是大多数。为了让孙楚再吃一颗定心丸，卫立煌收起教鞭对孙楚说："萃崖兄，我已经命令陈武八十三师提前进占阳城，掩护你的第八集团军总部和第三行署在岩山一带驻扎。萃崖兄，驻扎在阳城周围的八十三师、八十五师、第十师可都是我一手带出来的基本部队，陈铁、陈武、彭杰如这些军长、师长都是我多年的老部下，您尽管放心，他们随时听候老兄的调遣。"

孙楚心花怒放。他是个平时喜怒不形于色的人，此时也忍不住咧开嘴笑了。他在心中暗自盘算，自己还有一个第八集团军属下的独八旅，驻防在沁水、高平交界一带，那是他暗中布下的另一颗棋子。独八旅虽然只有十三团和四〇〇团两个团，而且已经成了决死二纵队重点防范的目标，但那些都不重要，重要的是二十多万中央军的支持。想到这里，他信心满满，觉得自己还没有踏上黄河北岸的土地，就仿佛已经胜券在握。

把孙楚送出门外，看着孙楚远去的背影，卫立煌脸上浮现出一丝别人不易察觉的微笑。

离开洛阳卫立煌官邸，孙楚信心十足，带领人马迅速渡过黄河，顺利进驻岩山村和周边几个村庄。

孙楚带来的人马中，有第三行署副主任王平、行署秘书长阎世英，有第八集团军参谋长谢祯祥、参谋处长潘振英和集团军八大处，还有申丽东带领的晋东南政治突击团、傅海云带领的宪兵第二支校、路沛然带领的第三专署敌工团、张紫云带领的第五专署精建会，另外还有一些曾经在孙楚手下当过师长、旅长、团长的老部下，也陆陆续续前来投奔孙楚。

很快，岩山村和周边的雪圪坨村、上莲花山村、苏岭村都人满为患。

这些五花八门的人员，尽管口头上都是为了按照阎锡山的旨意来晋东南"开展政权"，其实都是想跟着孙楚来到晋东南升官发财。尤其是其中那些曾经在孙楚手下当过军官的，因为晋绥军在日军进攻下连吃败仗，两年来这些人大多都成了光杆儿司令，都想趁着这个千载难逢的机会到晋东南空手套白狼，把决死队的人马拉过来，自己在孙楚这个集团军总司令手下也弄个军师旅长干干，最不济的也巴望着能捞个县长当当，重温自己作威作福的旧梦。

孙楚第八集团军司令部设在岩山村村子正中的前新院。人马驻扎已定，孙楚就迫不及待召集会议。

因为都存了升官发财的心思，这些人在孙楚召集的会议上都积极踊跃，争相出谋划策。当下商议出了几条计策：一是由孙楚以第三行署名义，召集第三、第五专署专员薄一波、戎子和来岩山行署开会，逼迫他们交出权力，阴谋控制晋东南军政大权。二是以升官发财为诱饵，暗中派人策动决死三纵队所属各部脱离决死三纵队，叛变投向孙楚。

计划已定，孙楚派出各路人马，分头行动。

二、针锋相对

晋东南山雨欲来。

一九三九年十一月二十日，沁水县赵庄大庙，董天知主持召开决死三纵队牺盟代表大会，对决死三纵队反顽工作进行部署。

大会刚刚结束，秘密党员、保安第九团党团书记蔡剑桥匆匆来找董天知。

保安第九团驻地远在壶关县树掌村，蔡剑桥作为保安第九团牺盟代表来参加这次大会，肩负一个特殊任务。他见了董天知，把保安第九团团长于文华私通日军的罪证向董天知做了汇报，从怀里掏出一份材料递了过去。

董天知一看，这是一份保安第九团全体官兵签名的《坚决驱逐大汉奸于文华决心书》。

于文华是阎锡山安插在保安第九团的旧军官。早在一九三八年冬，保安第九团的前身山西第五专署保安第一支队成立的时候，老谋深算的阎锡山为了控制这支部队，就特意派来一个检查团，调查共产党组织在部队里的活动情况。待调查团回到秋林之后，阎锡山专门派心腹于文华带了十几个旧军官前来就职，意图把持这支部队。一九三九年六月，第五专署所属的几个保安支队整编为保安第九团、保安第十团两个保安团，阎锡山坚持要从旧军官中委派各级主官，于文华秉承阎锡山的旨意做了保安第九团团长，他带来的旧军官中有两个担任了营长，其余的大多担任了连排长。

这些旧军官到了保安第九团，依然沿袭着他们在旧军队中"吃空额"、"喝兵血"、克扣薪饷、中饱私囊的恶习，董天知早就有意撤掉他们的职务，彻底整顿保安第九团，但由于一来他们有阎锡山的庇护，二来两个保安团刚刚编成，日军就发动了对晋东南的第二次九路围攻，几个月来一直战事不断，决死三纵队所属各部在敌人的扫荡之下频繁转移驻地，一直没有找到合适的机会。

董天知还掌握了于文华参加汉奸组织"大仙道"的证据。"大仙道"原是北平、山东、河北一带汉奸派遣信徒以经商为名与日寇勾结的组织，随着日军侵入晋东南，"大仙道"也随之而来，于文华竟暗中加入"大仙道"，把决死三纵队人员编制、武器装备等情况秘密提供给日军。同声相应，同气相求，孙楚来到晋东南，也把于文华作为拉拢依靠的目标，于文华本来就是阎锡山的心腹，因此和孙楚一拍即合。

保安第九团处境危殆。董天知决定立即撤换于文华，和蔡剑桥策马来到壶关县树掌村保安第九团驻地。

于文华听到风声，闻风而逃。

董天知立即召开会议，宣布撤掉于文华的团长职务，由秘密共产党员、原保安第九团参谋长高体乾担任团长，在保安第九团立即开展肃清汉奸顽固分子于文华流毒的工作。一方面以于文华为靶子在全团进行反顽斗争教育，一方面对参加帮会组织和有贪污行为的旧军官进行清查处理。于文华带来的旧军官大部分都有贪污腐化行为，有的还参加了敌伪控制的反动会道门。董天知和高体乾把这些旧军官集中起来训话，告诉他们，在战争期间犯有汉奸罪行和贪污罪行，理应依法处死，但念及这些人年纪尚轻，故而从宽，希望他们能幡然悔悟，改过自新，因此发给路费予以遣散。

只用了几天时间，保安第九团的不可靠旧军官彻底清除，从抗大一分校调来的十五名党员干部担任营连长，保安第九团的领导权牢牢掌握在了共产党的手里。

驻防壶关县郭堡庄一带的保安第十团情况也不容乐观。

保安第十团团长卢有年也是阎锡山安插的晋绥军旧军官。卢有年曾经做过阎锡山防共保卫团的营长。早在两个月前，驻扎在晋城的卢有年就和孙楚秘密派来的"省府视察员"张兆生拉拉扯扯，保安第十团秘密党团书记高治国得到这个情况，及时向董天知做了汇报。董天知当即下令已经调任第五专署保安部队副司令的王子玉，把卢有年保安第十团从中央军包夹之中的晋城县调到壶关县郭堡庄一带。这里靠近保安第九团和八路军三四四旅，两个保安团相对集中在三四四旅附近抗日根据地边缘，既便于抗日又便于反顽，更是为了预防可能发生的突然事变。而卢有年磨磨蹭蹭一直不肯移防，直到前不久，在董天知的严令催促下才从晋城县移驻壶关县郭堡庄一带的几个村庄。

离开保安第九团，董天知快马加鞭朝西南方向飞驰。他没有直接来到位于树掌村西北方向的保安第十团，而是先绕道来到了树掌村西南方向不远的神郊村。

原来，神郊村村东有一座坐北朝南、规模宏大的庙宇——真泽宫，八路军抗大一分校从一九三九年七月起就驻扎在这里。

董天知来到真泽宫大庙，向抗大一分校校长何长工说明来意。何长工爽快地说："彭总早已经给我们发来了指示。除了已经派给你们的十五名党员干部，我这里还给你准备了三十多个抗大学员呢！"说罢，把早已经作好准备的三十多个抗大学员带到董天知面前。

谢过何长工，董天知带领这三十多个抗大学员，直接来到保安第十团三营驻地大井村。一营、二营的营长和卢有年一样，都是阎锡山的旧军官；三营营长吴殿甲和三营指导员黄尚英是共产党员。

董天知到了三营，安排随他而来的三十多名抗大学员全部换上决死队军装，作好到各连排任职的准备，然后立即召集高治国、吴殿甲、黄尚英以及一营指导员田耕、二营六连长白琏和三营副营长赵俊这几个共产党员，以牺盟代表大会的名义秘密召开党委会。

高治国说道："董主任，卢有年和团附李靖国从晋城回到壶关后鬼鬼祟祟，十分反常，经常背着我们召集亲信商议，种种迹象表明他和孙楚已经勾搭上了，很有可能就要对我们下毒手。"

董天知扫视众人，然后说道："反顽固、防叛变不能只是停留在口头上。我们不仅要大力宣传'打雨伞'，而且更为重要的是要在组织上、军事上迅速作好准备。我这次专门从抗大带来三十几个同志，就是准备把保安十团不可靠的、有可能叛变的军官全部换下来，换成我们的人！"

吴殿甲说："前几天，我们三营七连代理党支部书记和永胜向我和尚英同志汇报，说驻扎在东掌村的七连连长郭继，利用远离营部的机会，最近经常和地方上不三不四的人秘密来往。我们分析这些不三不四的人很有可能是阎锡山和孙楚派来的精建会、特工团、突击队等'反共'特务组织的人。"

董天知表情严肃地点点头："郭继虽然是共产党员，但他在秋林受训期间受阎锡山升官发财的引诱，已经被阎锡山收买。先不要打草惊蛇，由殿甲同志立即下令，马上把七连调回营部驻地大井村，宣布把郭继调动到团部工作，由我这次带来的抗大干部方明同志接任他的七连连长职务。待七连移防大井村后，尚英同志下到七连，协助方明和永胜同志开展支部工作，以提高党组织的战斗力和警惕性，巩固七连。"

说到这里，董天知又看了看大家，接着说道："目前还要制定紧急应变措施。在政治上，要抓紧进行反顽固斗争教育，团结进步分子，争取旧军官和我们一道抗战。在组织上，要抓紧时间以党员干部更换顽固军官和危险分子，今天就把抗大分来的同志全部派到各连排。在军事上，要作好充分准备，一旦有突发情况，殿甲同志负责指挥全团的军事行动，一营由田耕同志负责掌握，二营由白琏同志负责掌握，三营由尚英和赵俊同志负责掌握。"

董天知把目光转向吴殿甲和黄尚英："事不宜迟，赵俊同志坐镇三营营部，你们两个马上到七连去，解决郭继的问题。"

吴殿甲和黄尚英站起身来，齐声答道："是！"然后转身离去。

七连来到营部驻地大井村已是傍晚，吴殿甲和黄尚英带着新任连长方明来到七连召开全连大会。

黄尚英在全连大会上讲了话，介绍了新任连长的情况，要求全连服从新连长的指挥。由于事发突然，郭继没有思想准备，措手不及的他只得按照吴殿甲的安排，起身向方明点名介绍了全连人员。吴殿甲通过和永胜已经了解到郭继用吃吃喝喝的手段拉拢了十几个战士，因此事先已经安排和永胜对这些人重点关注，待郭继介绍完全连人员，吴殿甲话中有话地说："我相信大家，武器弹药就不点验了。但大家可不能因为换了连长而隐瞒子弹，否则，我一旦发现可决不轻饶！"

快速交接完毕，已是掌灯时分，七连连部点起了麻油灯。吴殿甲站起身来，对方明与和永胜说："方明同志，希望你尽快熟悉七连情况，与和永胜同志一起，切实负起责任。"然后对黄尚英和郭继道，"走！已经交接完毕，我们三个回营部去。"

吴殿甲话音刚落，郭继做贼心虚，他眼珠子骨碌一转，用恳求的语气对吴殿甲和黄尚英说："营长，指导员，让我在七连再住一夜吧。我在这个连已经快两年时间了，马上就要离开连队，我这心里舍不得，想今晚和同志们叙叙旧。"

从人之常情来讲，离任之前和大家叙叙旧并不为过，但吴殿甲心中清楚，今天郭继想留下来绝不是为了叙旧，他必须离开。想到这里，吴殿甲用毋庸置疑的口气对郭继说："郭连长，明天你就要调到团部工作了，我们兄弟一场，今天晚上我也想跟老弟好好谈谈，要不然你这一走，我们再见一面可就难了！"

黄尚英也劝郭继："郭连长，既然已经交接过了，你就跟我们回营部吧。正好营长也想跟你好好聊聊，你们两个人就住一个屋。"

郭继一看这阵势，知道不走是不行了，只得连声说道："好好好，我跟你们回营部，等一下，我——我先上个厕所。"说完，不等吴殿甲和黄尚英搭话，就匆匆朝着厕所跑去。

待郭继从厕所出来，三个人一起回到营部。

营部驻扎在村头一座大庙里，吴殿甲住在大庙的东厢房。东厢房北头是两个小炕，两个小炕之间放着一个与炕同高的无烟煤火炉，火炉里炉火正旺，蓝色火苗吐着舌头，在火炉上的茶壶正吱吱冒着热气，热气不时把茶壶盖子吹起，发出嘚嘚嘚嘚的响声，在这寂静的夜里拨动着人的心弦，敲打着人的心扉。

吴殿甲睡西炕，郭继睡东炕，两个人各有心思，不约而同都把手枪出套，放在枕头边上。

这注定是个无眠之夜。郭继没话找话，从自己一九三七年冬天参加山西国民兵军官教导八团当学员说起，一直谈到他当班长、排长、连长，但就是避而不谈到底是跟共产党走还是跟阎锡山走这个关键问题。吴殿甲想出各种方法试探，郭继只是支支吾吾，言辞闪烁。吴殿甲心中暗暗叹了口气，知道这郭继已经无可救药，索性不再问话，假装睡觉。吴殿甲幼年练过武术，有晨起练武的习惯，到了凌晨四点钟，吴殿甲就起身摘下挂在墙上的大刀来到院中，一套破锋八刀舞得虎虎生风。刚刚收刀站定，就听门口哨兵一声"口令"，一个人答了口令匆匆进门。

吴殿甲听出是和永胜的声音，只见和永胜走到近前，拉起吴殿甲的手就来到西厢房黄尚英的住室。没等黄尚英起床，和永胜就急急忙忙说道："营长，郭继要拉人带枪逃跑。昨天晚上他趁上厕所的工夫给通讯员王二货……"

没等和永胜把话说完，吴殿甲就火冒三丈，他把手中的大刀一扔，拔出腰间的手枪就要去找郭继。

"回来！"黄尚英已经起床，紧走两步把吴殿甲拉了回来，"分头行动。我带两个通讯员不动声色地监视郭继，你跟和永胜马上赶到七连，查清事情真相再做处理。"

吴殿甲点头称是，随和永胜赶到七连，命令方明将全连紧急集合。

吴殿甲走到队前，威严地朝着全连战士扫视一圈，然后大声说道："大家都知道，我们天天在战场上跟鬼子拼杀，弹药非常缺乏，但是却有人趁新连长刚刚到任，把子弹私自藏起来，现在我要检查每个人的子弹袋！"说完，吴殿甲从排头开始逐个检查。等检查到王二货的时候，吴殿甲停了下来，目光像利剑一般盯着他，厉声喝道："说！你把东西藏到哪里去了！"

一语双关。王二货心里有鬼，他脸色唰地一下煞白，立刻明白了吴殿甲话里所指，颤抖着嘴唇说道："营长，我说，我说……"

吴殿甲不等他回过神来，马上又逼问一句："马上把东西给我交出来！"然后朝着和永胜一点头，"带走！"

和永胜上前一步下了王二货的枪，背在自己肩上，押着王二货前头带路，和永胜和吴殿甲跟在后面，来到一个窑洞里。王二货从炕席底下拿出十几张盖好红色长条形图章的空白路条，交到吴殿甲手里，然后扑通一声跪在地上："营长，我全说……"

原来，郭继利用上厕所之机给王二货留下空白路条，是要王二货把路条分发给早已经串通好的那十几个人，要他们第二天夜里携枪出逃。

吴殿甲安排和永胜和方明继续追查，自己牵过战马，火速返回村头大庙。黄尚英朝着吴殿甲点点头，示意郭继一切如常。吴殿甲进了东厢房，见刚刚起床的郭继正在洗脸，吴殿甲拔出盒子枪对准郭继的胸膛，喝道："不准动！"通讯员缴了郭继腰间的枪，把他捆了起来。

吴殿甲押着郭继来到董天知住处。董天知和高治国都在，郭继一五一十交代了他的罪行。原来，郭继在秋林集训时参加了阎锡山的突击队，前几天他频繁接触的都是孙楚派来的突击队员，要他们最近按照卢有年的命令，杀害部队里的共产党员，投奔孙楚。

董天知目光冷峻，逼视着郭继问道："卢有年现在在哪里？"

郭继战战兢兢回答："卢有年按照孙楚密令，正在筹划叛变，听说董主任带人来到保安十团，知道大事不好，吓得连夜带着心腹马弁逃跑了。临走之前，他把组织叛变的任务交给李团附，许诺事成之后，向孙楚保荐李团附做上党保安副司令。"

董天知又逼问一句："卢有年给你们是怎么讲的？"

郭继答道："卢有年说，阎锡山要他把保安第九团、保安第十团两个团里的共产党员和进步分子都杀掉，把这两个团都拉走归他统辖。卢有年还说，阎锡山已经给他发了委任状，委任他为上党保安司令，协助孙楚统治晋东南。"

董天知命人把郭继押了下去。正在这时，门外传来一阵赤脚奔跑的脚步声。董天知抬头一看，只见共产党员、二连一排排长邓禹光脚背着一杆枪，神色慌张地跑进门来。

二连驻地远在八里地之外的东井岭村，这是怎么回事？几个人不约而同把目光转向邓禹。

邓禹气喘吁吁地说："董主任，二连叛变了！"

原来，土匪出身的二连长周朝汉是卢有年的心腹，二连的政治指导员和政治工作员很难开展工作。昨天下午，新任连长柴天保到二连接替周朝汉的职务，周朝汉出乎意料地热情，杀鸡设酒招待柴天保，并且叫来连政治指导员吴邦铎和排政治工作员赵寿昌、司丕治作陪。哪知道到了夜半时分，这个土匪连长枪杀柴天保、吴邦铎、赵寿昌和司丕治，胁迫全连投奔卢有年去了。

本来周朝汉也派了人要诱杀邓禹，邓禹察觉后赤脚逃了出来，跑来向董天知报告。

董天知吩咐安登贵拿来自己的棉鞋让邓禹穿上，然后对高治国和吴殿甲说："治国，二连叛逃，一连也不保险。你和我现在就出发到一营，和一营指导员田耕同志一起，带领我党工作基础好的三连去缴一连的枪。殿甲，你和尚英同志带领三营也立刻行动，赶赴二营驻地郭家坨，和白琏同志里应外合，把四连、五连缴械！"

董天知和高治国迅速赶到一营。董天知坐镇指挥，田耕带领三连以迅雷不及掩耳之势包围一连，在一连共产党员的策应下，缴了一连的械并抓获了藏身一连的李团附，一连反动连长秦守朴闻风逃跑。

突审李团附，李团附供出了卢有年叛变的全盘计划。原来，卢有年逃跑之前，召集李团附和一营长、二营长下达了全团叛变的命令。李团附全盘指挥，由他指挥可靠的一连、二连消灭三连，四连、五连消灭六连，而后由一营、二营南北夹击，郭继带领七连做内应，一举消灭三营。消灭三营之后，李团附带领保安十团迅速赶赴树掌村，包围保安九团，由保安九团顽固分子做内应，彻底清除保安九团内的共产党力量。这样，卢有年就可以率领两个团，投奔孙楚去做他的上党保安司令了。

在董天知和高治国赶到一营的同时，吴殿甲和黄尚英带领三营也赶到了郭家坨。三营在六连长白琏的配合下，以迅雷不及掩耳之势把被卢有年亲信控制的四连、五连缴械，把旧军官、二营长王思聪礼送出境。

卢有年的叛变计划彻底失败。原来，他逃离保安十团之后并未远走，而是挟持着卫士班和通讯排二十多个人，躲在距离保安十团西南方向大约二十里地的平城镇静候佳音。待周朝汉带着二连仓皇而来，他才知道大事不好，怕董天知派人捉拿他，吓得屁滚尿流，只带了一个周朝汉的二连，趁着天色未明，如同丧家之犬一般急急忙忙逃往晋城去了。

三、血雨腥风

一九三九年十二月，正是隆冬季节，晋东南大地又将迎来一场暴风雪。

就在董天知赶往壶关，指挥保安九团、保安十团取得反顽斗争胜利的同时，孙楚在岩山村也在进行着一场紧锣密鼓的布置。阎锡山借口"冬季攻势"，已经调动在晋西一带的晋绥军全部力量向决死二纵队发动进攻，同时也给孙楚下了密令，要他在晋东南马上动手，遥相呼应。

孙楚秉承阎锡山的旨意，立即在岩山村秘密召开晋东南蒋、阎两系县级以上党政干部和国民党驻军联席会议，在会上决定晋东南各县以国民党县党部书记长为负责人，协调蒋阎驻军和地方势力，统一定于十二月一日对共产党、牺盟会采取行动，发动"反共"事变。与此同时，对决死三纵队加紧进行分化瓦解，里应外合，决意一举摧垮决死三纵队。

孙楚亲自指挥对阳城县抗日政府和牺盟会发动进攻。孙楚先是对阳城县抗日政府和牺盟会施加压力，在四乡通往县城的道路上布设岗哨，不断在南河进行实弹演习，然后精心策划了一场"鸿门宴"，在炮火演习声中"邀请"抗日县长陈发贵到坪头"城防司令部"议事。十二月四日，孙楚派国民党三青团骨干上官凌云带领一帮特务，配合国民党三十三军团一部，冲进县城城南花园，捣毁被他们视为眼中钉的中共阳城县委机关报《新生报》报社，抢走印刷机器，绑架编辑王良。十二月八日，驻扎在阳城的国民党三十三军团地方工作队、第十师、第八十三师、第八十五师，与孙楚指挥的国民党、三青团以及地方顽固势力一起，向阳城县各级抗日政权和牺盟会发动全面武装袭击。孙楚早在半年前就暗中派人到晋东南苦心经营的各县、区、村敌工团、突击队等反动组织也全部出动，大肆抓捕、殴打、暗杀共产党员和抗日干部。

事态严重，眼下看来如果没有武装保护，抗日政府已经不能坚持工作。陈发贵从阳城县城逃出，骑上一匹快马，火急火燎向决死三纵队驻地沁水县上泊村奔去。

董天知刚从壶关县保安十团驻地返回，正在上泊村主持召开声援决死二纵队大会。陈发贵见了董天知，把孙楚在阳城县的倒行逆施一股脑向董天知做了汇报。

连日来的担惊受怕和愤懑委屈，再加上长途奔波的疲劳困顿，陈发贵最后用激动和恳切的语气说道："董主任，得赶紧往阳城派兵，没有武装保护，我们决死队和牺盟会打下的抗日根据地就会毁于一旦！"

听了陈发贵的话，董天知非常震惊。没想到孙楚这么快就动手了，而且还是大打出手。董天知陷入了深深的思索，他想得更多，也想得更远。如果任由孙楚摧毁阳城县抗日政府和牺盟会，不仅仅是我们的抗日根据地要沦入妥协投降派的手中，更为严重的是，阳城县还是中共晋豫地委和八路军晋豫边游击支队的根据地，晋豫边游击支队的兵员补给和粮食补给主要依靠阳城县，如果阎锡山掌握阳城政权，中共晋豫地委和仅有千余兵员、粮弹缺乏的八路军晋豫边游击支队将很难在这里立足，那样晋东南的抗战形势将会大大倒退。孙楚咄咄逼人，但目前八路军不能直接和孙楚刀兵相见，因为如果那样的话，中央军便有了插手的理由。要知道，仅仅一个小小阳城就云集了蒋介石嫡系中央军十四军的三个师，从局部来说，形势将会更加不利。决死队必须冲在前面，也只能是决死队冲在前面。因为决死队和孙楚对决，毕竟名义上都是阎锡山的队伍，只是山西内部的矛盾，将来对八路军和中央军而言，都会存在转圜的余地。

立即派兵前去阳城！董天知下了决心。下这样的决心需要决断，需要魄力，需要勇气，更需要担当。董天知准备派一个团的兵力跟随陈发贵前去。

派哪个团去？董天知在心中反复掂量着。保安九团和保安十团远在壶关，远水不解近渴。游击十团和三十二团是最可靠的两个团，团长都是老红军，这两个团都是董天知一手整编组建的队伍，但游击十团驻地远在屯留雁落坪。董天知之所以把游击十团部署在那里，有一个重要意图，那就是要暗中牵制驻在安泽县杜家山一带的九总队。董天知几个月前就把自己最信得过的战友、纵队政治部组织科长同时也是中共决死三纵队党委委员的郝廷珫派到九总队担任政治主任，还派了秘密党员丁牖民到九总队担任二大队政治指导员，配合张凤阁从旅部、总队和大队三个层面上制约赵世铃，但赵世铃毕竟年龄大、阅历深，董天知心中总是隐隐约约有些不放心。雁落坪位于杜家山东北方向，游击十团驻扎在这里，正好切断九总队和驻扎在屯留的范汉杰二十七军之间的联系，对赵世铃也是一种威慑。因此，游击十团不能动。三十二团更不能动。几天前，董天知刚刚把三十二团从高平县的南北杨村一带派驻到沁水和浮山交界。董天知把三十二团派驻到那里的用意有两个。一是保护浮山和沁水两县的抗日政权和牺盟会；二是三十二团驻扎地正好位于九总队西南方向，和游击十团一个东北、一个西南，从两个方向对九总队形成夹击之势，使赵世铃纵然有意反叛，也不敢轻举妄动。

剩下的三个团中，游击十一团刚刚接三十二团的防，从长子县阳鲁、善村一带移驻高平县南北杨村。一个月前游击十一团刚刚调整了领导班子，任命原一营长刘修堂担任团长。这个团中刚刚反正过来的伪军所占比例比较大，素质参差不齐，仍然需要继续整顿。董天知之所以把游击十一团驻地调整到南北杨村，让这个组建时间短、队伍还不太稳定的部队位于纵队部和驻扎在高平陈区镇的八路军三四四旅之间，也是煞费了一番苦心，这个团暂时不宜承担重要任务。

剩下的只有位于纵队部周边的七总队和八总队。这两个总队都是决死三纵队的基本部队，董天知先后兼任过这两个总队的政治主任，一手组建了这两个总队的政工队伍，又多次带领这两个总队与日军作战，对这两个总队很有感情。七总队总队长张济和八总队总队长孙瑞琨虽然都是阎锡山的旧军官，但两人上任一年多来，和政工人员合作都还不错，纵队上上下下对他们两个都比较认可。董天知对这两个总队的反顽斗争也下了很大功夫。他先后从抗大要来五十多名学员分配到这两个总队担任政工干部。经过有针对性的人员调整，目前七总队党组织已经掌握了相当的领导权。一大队大队长卢正维和三四个中队长都是共产党员，还有些分队长、小队长也是共产党员，中队以上政工干部几乎全是共产党员。八总队党组织的力量也不弱。为了进一步加强党的力量，前不久董天知又下令免去八总队二大队大队长、顽固旧军官靳福忠的职务，任命共产党员郭培恩接任二大队大队长，又调纵队政治部民运科长、共产党员阎轸之到八总队担任一大队政治指导员，李桂、戴海长、温东贤、涂成等共产党员也都先后改任中队长。

这两个总队中，八总队驻地在长子县岳阳、晋义一带，距离阳城稍远。七总队就在纵队部附近的沁水十里乡一带驻扎，近在咫尺，调用方便，因此董天知决定派七总队随陈发贵到阳城县。

决心已定，董天知和陈发贵来到七总队驻地。

董天知向总队长张济和政治主任郭鸿璜下达开赴阳城的命令。张济一听，捋起袖子义愤填膺地说道："董主任，我和鸿璜同志正要向你请缨。我张济也是有良心的中国人，决不会跟着阎锡山走，我们七总队也决不允许孙楚这个投降派胡来！请你放心，我张济任何时候都和咱牺盟会、决死队一条心。"

郭鸿璜也信心满满地对董天知说："董主任，我们总队刚刚开过反顽固分子大会，老张同志在政治上是坚定的。刚才在会上，老张还带头高呼：'反对顽固派！反对投降派！'七总队同志们的反顽斗争热情很高，把这个任务交给我们七总队，请首长一定放心！我们保证完成任务！"

郭鸿璜年仅二十一岁，是个富有革命激情的热血青年，中学时期就投身革命，曾因宣传抗日言论而被捕入狱，后来在七七事变爆发后才被国民党释放出狱，随即加入牺盟会，参加决死三纵队。董天知在兼任决死七总队政治主任期间，郭鸿璜先后担任七总队政治部民运干事、组织干事。董天知对郭鸿璜非常信任，也很欣赏郭鸿璜的能力和才干，因此在一九三九年九月七总队政治主任马适安调任第五专署保安部队政治主任的时候，他提拔这个年轻的共产党员担任七总队政治主任。郭鸿璜上任三个月以来，工作热情很高，和总队长张济工作配合也很默契。在郭鸿璜上任之初，董天知就单独交代他，要他多注意了解掌握张济的政治态度，郭鸿璜也经常向董天知汇报张济的情况，董天知从郭鸿璜这里知道张济在政治上是可靠的。

听了张济和郭鸿璜的表态，董天知点点头，眼里满含期待，对他们两个人说："老张，鸿璜，这次前往阳城保卫抗日政权，保卫抗日根据地，你们肩上的担子很重。单独执行作战任务，一定要时刻和纵队保持联系，服从命令，听从指挥，可千万不能辜负上级的信任和老百姓的期望！"

张济一跺脚："董主任，你还不了解我老张吗？军人以服从命令为天职，我坚决服从纵队的命令，赴汤蹈火，在所不辞！请您一定放心！"

郭鸿璜也用信任的眼神看看张济，又转过身来对着董天知挺直胸膛，端端正正敬了一个军礼："请董主任放心，有老张和我在，七总队决不会出问题！"

董天知拍拍张济和郭鸿璜的肩膀："相信你们会圆满完成任务。"

张济和郭鸿璜带领七总队，跟随陈发贵出发南下了。

局势瞬息万变。

七总队开赴阳城之后，中央军九十三军一六六师悄无声息地开进沁水县端氏镇，插入决死三纵队纵队部驻地上泊村和七总队驻地阳城中庄之间。随后孙楚又把活动于浮山、沁水一带的独八旅集结于距离游击十一团驻地南杨村、北杨村东南不远的野川镇一带。

得知一六六师和独八旅调防的情报，董天知心中一惊。这两个调动都不怀好意，背后一定都有孙楚的黑手操纵。一六六师暗中调防，掐断了纵队部和七总队之间的联系，使七总队陷入腹背受敌的危险之中，同时也对纵队部侧背构成直接威胁。独八旅在野川镇一带集结，正好隔断游击十一团和八路军三四四旅之间的往来通道，在这个地方揳下一个钉子，是对游击十一团的巨大威胁。游击十一团本来就不稳定，从伪军反正过来的旧军官和晋绥军独八旅有着千丝万缕的联系，老奸巨猾的孙楚在这个时候在这个地方布下这样一颗棋子，显然对游击十一团不利。

董天知审时度势，立即调整决死队布防。他马上下令把八总队从长子县岳阳、晋义一带调防到沁水县南峪沟到苗沟一线。这里有一条位于谷底的东西走向的通道，是曲高公路最为险要的一段，也是连接沁水与高平的唯一通道。八总队驻扎在这里正好处于一六六师和独八旅之间，既可截断一六六师和独八旅之间的联系，又可与位于东北方向南北杨村的游击十一团和位于南方阳城中庄的七总队之间遥相呼应，一旦遇到紧急情况可以相互支援。

八总队刚刚完成驻地调整，董天知接到山西牺盟总会要在沁源县柏木村召开山西牺盟代表大会的通知。阎锡山已经在晋西对决死二纵队动手，在决死二纵队与阎锡山周旋苦战的时刻召开牺盟代表大会，既是为了声援决死二纵队，也是为了统一协调山西新军各个决死纵队之间的行动。作为牺盟会执行委员和执委会常委，董天知也负有参与协调组织牺盟总会统一行动的责任，因此接到通知后他于十二月十六日动身赴会。

董天知此行还有一个重要目的。董天知刚刚接到北方局通知，为了统一晋东南地区反顽斗争步调，北方局按照中央指示决定成立晋东南军政委员会，由薄一波化名郑重担任晋东南军政委员会书记，统一领导第三、第五两专署和决死第一、第三两纵队的工作。十一月初，彭德怀副总司令在决死三纵队进行反顽工作部署的时候，又决定成立一个党的工作委员会，由安子文、董天知和聂真组成，安子文担任书记，具体负责领导决死三纵队的反顽斗争。董天知此行就是要向薄一波和安子文汇报决死三纵队反顽斗争情况，并请示下一步具体工作部署。

董天知十二月十七日到达沁源县柏木村，没想到他到达柏木村的当天晚上，就传来孙楚指使中央军八十三师政训处主任李英樵夺取阳城抗日县政府的消息。七总队已经进驻阳城，为什么坐视李英樵夺权？董天知心中疑窦丛生，难道这张济是伪装进步？难道他已经被阎锡山收买？

想到这里，董天知心中咯噔一下。过去是不是对这些旧军官看得太乐观了？可不能被那些表面现象蒙蔽了双眼呀！彭总要求尽快清洗不可靠的旧军官，哪些是可靠的，哪些是不可靠的，决死三纵队对标准把握得是不是不够准确？是不是做得不够彻底？董天知心中猛醒：在紧要关头，需要的是当机立断！不行，得赶快返回部队，再不能有丝毫顾忌，必须立即动手，彻底清洗旧军官！

董天知把自己的想法向薄一波和安子文进行了汇报，薄一波和安子文一致同意。

张凤阁和郝廷珗也来参加这次会议，两人也在柏木村，董天知连夜把他们俩召集起来，安排部署立即返回部队，掌握部队，清洗旧军官。

一九三九年十二月十八日一大早，寒风凛冽，刺骨的寒风迎面打在脸上如同针扎一般。

天还没亮，从位于太岳山腹地的沁源县柏木村冲出三匹战马，顶着迎面扑来的寒风，沿着山间小道朝东南方向飞驰。张凤阁和郝廷珗取道游击十团驻地屯留县雁落坪返回一九七旅旅部和九总队驻地，董天知直奔沁水县赵庄决死三纵队纵队部驻地。

一天时间，二百多里山路，董天知马不停蹄赶回纵队部驻地沁水县赵庄时，已是十八日深夜。董天知征尘未洗，立即把薄一波和安子文关于处理顽固旧军官的指示告诉戎子和，然后匆匆来到"西北部"进行安排部署。

"西北部"里，王泉醴、程庆荣和六位政治交通员王自才、王子清、焦振德、张炳耀、崔玉秀、冯振权正在焦急地等待董天知的到来。

一见董天知进门，几个人就围了过来。

"西北部"负责人燕登甲因患疟疾正在住院，但形势刻不容缓，董天知一进门就说道："形势有变。马上派人到医院去，通知燕登甲立即出院。"崔玉秀答应一声，出了门策马朝纵队医院奔去。

董天知表情严肃地对大家说："明天一大早通知纵队司令部、政治部和第五专署、牺盟会机关立即行动，移防南峪沟。自才和振德你们两个立即出发，自才通知游击十团，振德通知三十二团，要求两个团务必于二十三日前到达南峪沟，向移防后的纵队部靠拢。其他政治交通员随时待命。泉醴和庆荣两位同志，立即向各团发出通知，传达纵队命令，要求各团、营、连军事干部于二十三日到南峪沟参加会议，纵队决定抽调这些军事干部举办干部训练队。"

"西北部"办公室里灯火通明，大家从董天知严肃的表情里已经读懂了这些命令的重要性，只等天亮之后分头行动。

窗外暗夜沉沉，北风呼啸。黑暗中，决死三纵队副官长武启厚和参谋处长李翔初两个人躲在一间黑屋子的窗帘后面，不时地小声嘀咕着，两双眼睛紧紧盯着"西北部"，注视着这间办公室里里外外的一举一动。

就在同一个夜晚，远在阳城析城山下的岩山村里，孙楚的办公室里也是灯火通明。

孙楚已经夺取了阳城县政权，此刻他正遥控指挥晋城的一场军事行动，要在今夜一举把晋城县政权也夺过来。

其实今天一大早，他就已经把自己的交际处长苏天命派到了晋城。

晋城县城里，刚刚晋升中央军第三十六集团军总司令的李家珏志得意满，坐镇四十七军军部，他也早已得到蒋介石和卫立煌的密令，要他全力配合孙楚行动。李家珏刚刚晋升军职，作为杂牌军将领，他希望能够向蒋介石投桃报李、邀功请赏，因此积极执行蒋介石和卫立煌的密令。

夜幕刚刚降临的时候，苏天命、四十七军中将参谋长兼晋城警备司令魏粤奎和从壶关逃到晋城的卢有年等人就早早来到四十七军军部李家珏的办公室，听候李家珏的命令。

李家珏办公室里已经有一个陌生的年轻人在座。苏天命他们几个人进门后，李家珏指指这个陌生人对大家说："我来给大家介绍一下。这位是牺盟会和决死三纵队任命的晋城抗日县长张韵波，"说到这里，李家珏一声冷笑，"不过，现在这位张县长已经是我们的人了。"

几个人落座之后，李家珏对张韵波说："张县长，你把决死队在晋城县城的布防情况给大家介绍一下。"

张韵波不自然地从座位上站起，向着刚刚进门的几个人一一点头，脸上带着献媚的表情说道："兄弟是人在曹营心在汉。兄弟是他们任命的晋城抗日县长，但刚刚被他们免了职，说是调到纵队部另有任用。他们另派了宋乃德接任，兄弟和宋乃德今天刚刚交接了职务，因此对决死队在县城的布防情况很清楚。决死队在晋城县城里的主要力量是决三营。决三营营部驻扎在西仓巷，二连驻扎在营部南隔壁院内，三连驻扎在城内书院，一连刚刚调整了驻地，从城西西上庄移驻城北张岭村。他们知道卢团长只带了一个连从壶关来到晋城，他们已经开了几次会，一致认为如果没有中央军参与，决死队的力量足以对付晋城的晋绥军，因此思想很麻痹，如果今天晚上给他们来个突然袭击，他们绝无防备。"

李家珏点点头，目光转向魏粤奎。魏粤奎说道："我已经派人进行了秘密侦察，决三营共有人枪五百多。前几天，他们派人来探听我们中央军的态度，是我接待他们的。按照李总司令的指示，我告诉他们说这是山西内部的问题，我们上峰有令，不论你们双方怎么冲突，我们中央军决不参加任何一方。看样子，他们信以为真，以为在最近一段时间，没有我们撑腰，晋城的晋绥军不敢挑起武力冲突。"

李家珏问魏粤奎："我们的兵力部署到位了吗？"

魏粤奎答道："总司令放心，今天上午我们就以演习的名义，派一个团的兵力占领了北城根靠近决三营营部的位置，既切断了决三营营部和一连、三连之间的联系，也完成了对决三营营部和二连的包围。只要总司令您一声令下，我们随时可以端掉决三营。"

李家珏转向卢有年问道："卢团长，你的人到达指定位置了吗？"

卢有年挪动一下肥胖的身躯，脸上露出得意的微笑说道："报告总司令，我的人虽然只有一个连，人是少了点儿，但也早就作好了准备。今天下午就换上咱们四十七军的军装进驻南关，到时候我们南北夹击，决三营插翅难飞。"

李家珏满意地点点头，对卢有年说道："卢团长，你的人到时候可要冲在前头，等我们拿下决三营，所有的俘虏和装备全都补充给你，到时候你就可以增添不少人马了。"李家珏说到这里，卢有年忍不住咧嘴笑了起来。

李家珏又看看苏天命，对众人说道："苏处长今天一大早就奉孙楚总司令的命令来晋城坐镇协调，充分说明孙总司令对我们今夜行动的重视。等我们取得胜利，苏处长在孙总司令面前也是脸上有光啊。"

苏天命赶紧起身，向李家珏一拱手："不敢不敢，还不是仰仗李总司令！我苏某哪有尺寸之功，孙总司令一定会感谢李总司令的鼎力相助。"

李家珏心中很是受用，但也不得不故作姿态，他呵呵一笑，摆摆手说道："哪里哪里。"客套过后，他收起脸上的笑意，目光在众人脸上扫视一圈，阴森森地说道，"今夜十点，魏参谋长派出机枪连，从南北两个巷口封锁西仓巷。今夜零点，我们的人和卢团长的人，全部换上决死队军装，伪装成决死队突然出击。我们今天晚上的目标可不仅仅是决三营，我们要把共产党在晋城县城的势力一锅端，把倾向共产党的县政府、牺盟会、公安局和决三营全部干掉。魏参谋长，我看还要再加派一个营，加派的三个连分别解决县政府、牺盟会和公安局。现有的三个营，还按照我们先前的计划，一个营解决决三营一连，一个营解决决三营三连，另外一个营和卢团长的一个连南北夹击决三营营部和二连。我要再次强调的是，零点准时行动，务必一网打尽！"

李家珏话音刚落，几个人同时起立，齐声答道："是！"

李家珏摆摆手："分头准备去吧！"几个人领命出了四十七军军部，很快消失在茫茫夜色之中。

夜半时分，晋城突然响起枪声。

决三营营长史景班和营指导员魏宝善、特派员张靖从梦中惊醒，三人迅速集合营部人员。正在商议下一步的行动时，突然从墙外飞来一阵手榴弹，他们这才知道已经被包围了。

紧接着，二连驻地也响起了激烈的枪声。

枪声越来越紧，越来越密。看样子营部和二连都被包围了。史景班冷静地判断形势之后，拔出手枪，一声令下："分散突围！突围后到城北碧落寺会合！"

与此同时，刚刚接任晋城县长的宋乃德也被包围在县政府里。宋乃德听到枪响，机警地朝着大门打了一梭子子弹，然后乘乱翻越县政府大墙逃了出来，借着夜色的掩护越过城墙来到张岭村，率领决三营一连突出重围，朝阳城县土岭村方向转移。

天色大亮。四十七军军部里，苏天命带着胜利者的微笑，拍拍张韵波的肩膀说道："韵波老弟，这次我们在晋城得手，你提供的情报很准确，立下了汗马功劳，我已经报告孙总司令，为你请功。孙总司令对你很满意，又交给你一个更加艰巨的任务。孙总司令还特意让我告诉你，事成之后，另有重赏。"

张韵波两眼放光，问道："什么任务？"

苏天命凑近张韵波耳边，悄声说道："你的身份还没有暴露，正是可以借此机会立下大功的时候。孙总司令要你趁回到决死三纵队之机，给八总队总队长孙瑞琨带一封总司令的亲笔信。"说罢，苏天命从怀里取出一个已经封了口的信封，放在张韵波的手里。

董天知带领纵队部、政治部、第五专署等机关移驻南峪沟，等待游击十团和三十二团的到来。

明枪易躲，暗箭难防。令他没有想到的是，他派到游击十团和三十二团的两个政治交通员刚刚出发，武启厚和李翔初就派出两个心腹骑着快马，分头追了上去。

王自才和焦振德都是天色未明就上了路。出发不久到了一个岔路口，两人分手，王自才向北，焦振德向西，两个人纵马向前奔去。

王自才向北走了一程，天色已亮。忽听背后传来一阵急促的马蹄声，隐隐约约还传来几声"自才！自才！"的叫声。

正是荒山野岭之中，王自才心中纳闷儿。他勒马回望，见是副官长武启厚的警卫员刘八丑。

刘八丑赶了上来，他抬手擦了一把脸上的汗珠，喘着粗气说道："自才哥，你可让我追得好苦！你走后，十三号首长说任务重大，怕你一个人路上有危险，让副官长派我和你一块儿执行任务，路上也是个伴儿。"

王自才心中生疑，他用狐疑的眼光看着刘八丑。因为十三号首长安排他们政治交通员执行的任务，一般不会让别人参与。但转念又一想，也许因为这次执行的任务不同一般？正在王自才思忖的时候，刘八丑好像看出了王自才的心事，笑着说道："自才哥，你还不相信我吗？到游击十团去这么远的路，没有十三号首长的命令，我才不愿意揽这个苦差事呢！"

这倒也是。听刘八丑说的有理，王自才心中的疑虑消去大半，勒转马头和刘八丑并辔前行，一边走一边说道："那就辛苦老弟了。"

刘八丑哈哈一笑："自才哥，辛苦啥呀。咱当兵吃粮的，还不是首长叫干啥咱就干啥！"说罢，只见他一提马缰绳，驾的一声，那马纵身跃出，跑到前头去了。

王自才两腿一夹马肚子，随后跟了上去。

山路难行。过不多时，两人来到一处密林。刘八丑停下马来，取下腰间的水壶喝了一口。等王自才到了跟前，刘八丑扬扬手中的水壶说道："自才哥，喝口水，歇会儿。"说罢，把手中的水壶盖好盖子，一扬手朝着王自才扔了过去。

王自才接过水壶停下马来，拧开壶盖仰起脖子喝水。就在这一瞬间，刘八丑迅速从腰间拔出手枪，对着王自才胸膛"砰、砰"连开两枪。

王自才身子一挺，手中的水壶咣当一声掉在地上。他一手捂着胸前的伤口，一手指着刘八丑，用吃惊和愤怒的语气说道："你，你，你……"

刘八丑冷冷一笑："我，我就是来要你命的！"

王自才一句话没有说完，就从马上一头栽了下去。刘八丑翻身下马，把王自才的遗体拖入密林中，搜出王自才身上的信件往自己怀里一揣，然后把王自才的马拉入林中拴在树上，飞快地出了树林，纵身上马，勒转马头向着来路狂奔。

武启厚和李翔初正在村边一个草庵子里等候。见了武启厚和李翔初，刘八丑气喘吁吁跳下马来，把怀中的信件递了过去。过了不多时，武启厚和李翔初派出去的另一个追兵张旺则也返回来了，也从怀中取出一封信件，递给武启厚。

武启厚和李翔初看了手中的信件，两人交换一下眼神，武启厚说道："董天知果然要动手。赶快向赵旅长和孙总司令报告！"

原来，在孙楚和赵世铃的暗中拉拢下，武启厚、李翔初和张济、孙瑞琨早就已经串通一气了。

阎锡山随即收到赵世铃的密报："阎长官：董天知坚主撤换旧军官，刻日发动。"

阎锡山收到赵世铃密报后，立即向孙楚、赵世铃、孙瑞琨和张济发出一封内容相同的密电："董天知欲行不轨。即令撤去董天知、张凤阁一切职务。韩钧已借会议名义扣杀我忠实同志，望严密防范，勿使重演。三日内举事，靠拢孙总司令。"

张凤阁和郝廷珖与董天知分手后，取道游击十团返回一九七旅旅部。

张凤阁和郝廷珖到达游击十团驻地雁落坪，已经是下午四点多钟，雁落坪距离一九七旅旅部还有一百二十多里山路，当天已经无法赶到，因此两人就在游击十团暂宿一夜。

当晚，游击十团团长雷震同张凤阁住在一个房间。雷震刚从秋林集训返回雁落坪，离开部队几个月，雷震对当前面临的形势缺乏了解，所以他迫切希望能从张凤阁那里得到一些真实情况，了解上级党的具体安排部署。

张凤阁此前一直在决死一纵队担任政治部秘书长，最近刚刚调入决死三纵队，对决死三纵队的情况不是很熟悉，再加上张凤阁到决死三纵队任职之后，正逢雷震到秋林集训三个月，张凤阁和雷震两个人并不熟悉，因此他对雷震颇有戒心。

雷震急于了解情况，故而频频发问，却越发引起张凤阁的疑心。因为张凤阁对雷震不信任，对雷震提出的问题模棱两可，滴水不漏，完全保密。雷震左问右问问不出个所以然来，希望顿时变成了失望。但是雷震心想，如果不把情况摸清楚，就无法应付各种突发情况，一定要想办法探听消息。想到这里，雷震就对张凤阁说："明天吃了早饭我同你一起去旅部。"张凤阁立即回答："你不能去，去了就回不来了。"雷震心中一惊，乘机反问："这话是什么意思？请把话说清楚。"张凤阁只是简单回答："赵世铃正在千方百计找机会扣你。"张凤阁连日劳累，倦意袭来，说完这句话就进入了梦乡。

雷震却翻来覆去睡不着。他在脑海中反复思考着许多问题：张凤阁为什么不把真实情况告诉我呢？为什么在一些重大的问题上对我保密呢？是因为我们不熟悉、不了解，还是另有原因？这一系列的疑问使雷震对张凤阁也产生了怀疑。

雷震转念又想，赵世铃为什么要扣我呢？"你去了就回不来"，这说明问题相当严重，难道我的身份暴露了吗？不会！赵世铃虽然一直担任九总队总队长，但游击十团成立晚，直到游击十团编入一九七旅，两支部队并没有交集，在此之前我们两个人从没见过面，他压根儿就不认识我。我这个团从编入一九七旅后，也只同他见过两次面，我的政治身份不可能暴露。但是，赵世铃对游击十团早有戒心这是事实，他企图吃掉游击十团也是事实，难道这是赵世铃要扣我的主要原因？

雷震想到这里，反而暗暗松了一口气。在这样严峻的时刻，就是龙潭虎穴也要闯。他心想，只要赵世铃不知道我是共产党员，我就有办法争取返回部队。同时雷震也做了最坏的准备，共产党员要经得起考验，为了党的利益，摸清情况保证游击十团的安全，就是回不来，也是死得其所，是光荣的。想到这里，雷震暗暗下定决心，一定要去旅部一趟，摸清赵世铃的打算和部署，不入虎穴，焉得虎子！

雷震整夜未眠，天刚亮就起床了。早饭后雷震带了四名能干的警卫员，每人一匹快马，同张凤阁和郝廷珧一起出发了。几个人快马加鞭，一天走了一百二十里山路，赶在太阳落山之前，就到了赵世铃一九七旅旅部驻地——安泽县杜家山。

张凤阁领着雷震到办公室见到了赵世铃。雷震一跨进门，赵世铃办公室里的气氛立刻紧张起来。赵世铃霍地起身，刚一见面就给雷震来了一个下马威，他虎着脸态度非常严肃地对雷震说："我正准备派人去请你，万万想不到你却不请自到！"没等雷震做出反应，赵世铃用命令的口气责问雷震，"雷震，你是不是军人？"

雷震身子一挺，立正回答："报告旅长，是！"

赵世铃又大声问道："那我问你，军人以什么为天职？"

雷震答道："军人以服从命令为天职！"

这时，赵世铃摆出一副兴师问罪的架势，对他的副官长崔荣兴吩咐："去，把我给游击十团的命令全都拿来！"

一听这话，雷震心中有底了：原来赵世铃要扣我的原因就是我没有执行他的命令，这样我就有办法对付他了。

副官长把命令拿来，摊开放在赵世铃的办公桌上。雷震一看就知道，这是他刚刚从秋林返回部队，赵世铃就向他一连串下达的调人、调枪、调干部的五个命令。

　　见到这摆成一溜儿的五个调令，赵世铃大发雷霆，啪的一声用力一拍桌子，吼叫道："雷团长，我的命令你为什么一个也不执行？难道你不知道军人违抗命令就要军法从事的道理吗?!"

　　雷震身经百战，他沉着冷静地回答道："旅长，您先不要生气。我这次是专门为这些问题来的。我要求旅长另外约定时间，我要同你单独谈。"雷震说完，故意朝着身边的张凤阁看了一眼。

　　赵世铃很快领会了雷震的意思，认为雷震是因为有外人在场，不好说话，马上收起严肃的面孔说："让副官长领你去吃饭，什么时候找你谈，我会派人去叫你。"这时赵世铃的态度已经缓和了许多。

　　吃过晚饭，副官长把雷震和张凤阁领到赵世铃事先准备好的房间住下。这是一座坐北朝南的茅草房，面积有二十多平方米，进大门东西各有一个房间，每间不到十平方米。西房有一个小土炕，挤着可以睡两个人，另有一张破旧的单人桌，还有一个木凳子，除此以外再没有别的东西了。房间没有门，只挂了一个厚厚的稻草帘子。房间的南面和西面各有一个小窗子。副官长把雷震和张凤阁领到西房，指着那个小土炕说："你们就住在这间房子里。"说完就走了。东房里是否住了人，住的什么人，雷震和张凤阁一概不知。

　　看看时间还早，雷震和张凤阁外出散步。走到一个无人的地方，有人秘密给张凤阁递了一个小纸团，上面写着几行潦草的字迹："政工人员、共产党员全被监视，不准自由行走，请注意。"张凤阁和雷震心中一惊，意识到了形势的危险。

　　到了夜里十点多钟，副官长崔荣兴来到张凤阁和雷震住的房间，一挑门帘说道："雷团长，赵旅长有请。"

　　雷震起身跟在副官长身后去见赵世铃。赵世铃披着大衣，站在门口等着雷震，态度变得非常客气。把雷震让进屋后，赵世铃又是倒茶，又是拿烟，还亲自为雷震点上一支烟，赵世铃吹灭手中的火柴问道："雷团长，部队情况怎么样？军政干部的团结好不好？"

　　听了赵世铃的问话，雷震决定顺杆爬，就顺着他的口气诉起苦来："赵旅长，阎司令长官指示在部队里实行政治工作制度，凡是没有政工干部签名的命令、指示、决定，那可是一律无效，任何人都不准执行。部队的一切决定权都掌握在政工干部手里，像我们这些军事干部那可都是有职无权哪！军事干部对这一点都很不满意，因此军政干部长期闹摩擦，现在闹得更厉害。这是三纵队长期没有解决的老问题，我想赵旅长您比我了解得更多，也更清楚。"

　　说到这里，雷震装出一副为难的样子，叹了口气又说："关于你在游击十团调人的命令，我们接到后都进行了认真的讨论，我每次都提出说，赵旅长也有难处，一九七旅旅部新建，很需要人，我们应该大力支持。但是政工干部却说游击十团的人和武器按编制缺额很大，如果执行了旅部的命令，一下子就要调走我们三个半连，调走我们一个营还多的兵力，我们这个团还怎么打仗？因此政工干部们都说，这样的命令无论如何都不能执行。政工干部不同意，军事干部也没有办法。我们团的军事干部早就对此不满，有的军事干部提出，如果这个问题不彻底解决，就不干了。我今天来的目的就是要您解决这个问题。我早就不愿当这个傀儡了。现在您又把不执行命令的责任强加在我的头上，并且还要军法从事，这种不白之冤我实在无法忍受。"说到这里，雷震横下一条心，索性以退为进，反守为攻，抬起头迎着赵世铃的目光，大声嚷嚷，"旅长，如果您今天不解决这个问题，我就不回游击十团了，请你重新分配我的工作吧。"

听了雷震这番话，赵世铃高兴起来，他面带笑容地对雷震说："呃，原来如此。雷团长，今天你来得正是时候，我一定帮你解决这个问题。"接着他又一连串发问，"你们团的军事干部是不是都听你的话？你能不能把他们都团结起来？你们团有多少共产党员？军事干部中有没有共产党员？军事干部中有多少不可靠分子？"

雷震将计就计，立即答道："军事干部基本上都听我的话，百分之八十的军事干部我能团结起来，如果做做工作，基本上都能团结起来。至于有多少共产党员，我完全不知道，就是有，他们也决不会告诉我。也可能是他们行踪诡秘，我倒是从来也没有发现过共产党的活动。"

买针不买针，试试你的心。听了雷震这番话，赵世铃决定对雷震再来一次试探，他看着雷震端详一番，突然脸色一绷，加重语气问道："雷团长，要解决问题，你有没有胆量？我就索性跟你直说了吧，你敢不敢杀人？"

雷震看出赵世铃是在拿话试探他，因此不假思索地起身说道："旅长，没有胆量就不配当军人！自从我雷震投身军旅，杀人的事情我雷震干得多了。军人有什么害怕的？军人什么都敢干！"

看雷震回答得干脆利索，赵世铃略一思忖，把手朝桌子上一拍，像是下了很大决心的样子，面容严肃地对雷震说："雷团长，现在我就对你实说了吧！阎司令长官已经下达密令，最近三天内要在决死三纵队发动政变，彻底消灭新军决死队里的共产党和牺盟会。具体行动计划是事先作好一切准备，到时突然行动，把所有政治干部、共产党员和牺盟会员逮捕起来，把其中最坏的、当场反抗的先杀一批，其余的集中关押起来，然后带到我这里来听候处置。你回去后，限你三天时间完成任务，然后把部队带到我这里来。"说到这里，赵世铃两眼直勾勾地盯着雷震，像是害怕雷震听不清楚似的，一字一句地说道，"只要你坚决按我的命令执行，我亲自向阎长官保你当旅长。"

尽管已经有心理准备，赵世铃的一番话还是像惊雷一样在雷震脑子里炸响。敌人果然磨刀霍霍，准备杀人了。顿时，纵然是经历过千百次战场厮杀的雷震，心中也不免既害怕又紧张。三天之内！时间这么紧迫，雷震恨不得立即插翅飞出牢笼，飞回部队。但是转念一想，雷震又在心中默默告诫自己："雷震呀雷震，千万要沉着冷静，万万不能让赵世铃看出破绽。一旦让赵世铃看出破绽，自己丧命倒是小事，游击十团怎么办？那可要误了大事！"

想到这里，雷震定定神，立即装作兴奋的样子对赵世铃说："我完全拥护阎长官的英明决策，我向你保证，坚决完成任务。但是为了更好地完成任务，我要求在时间上多宽限几天。我明天回去路上就要一天，回去后做好准备工作，最少也得要四五天时间。旅长，您看这样行不行，最好能宽限我一个星期的时间，一个星期之内，我保证把部队带到你这里来。"

赵世铃把手一挥，立即说道："不行！坚决不行！这是统一行动。按照阎司令长官的计划，八总队明天行动，七总队和独三旅旅直各单位后天行动，我们的行动时间是大后天。你们游击十团的行动最迟不准超过四天。"说到这里，赵世铃对着雷震伸出四个手指头。

已经摸清了赵世铃的行动计划，雷震想尽快脱身，就对赵世铃说道："旅长，时间这样紧张，我准备明天一大早就回部队。到时候就不打扰你了，现在就跟您告别。就按照旅长的命令，四天以后我把游击十团给您带来，咱们到时候再见！"

说完，雷震起身就要离去。赵世铃意犹未尽地说："雷团长，明天早上吃了早饭再走吧！我叫副官长给你搞点儿好吃的。"

雷震装作高兴的样子说："好吃的留到以后再吃吧！我还是赶紧回部队执行旅长的命令！"说完这句话，雷震两脚一磕，向赵世铃敬了一个军礼。

赵世铃满意地点点头，叫来副官长送雷震回宿舍。

在回宿舍的路上，雷震心中风雷激荡。他尽量压抑着自己心中的情绪，让自己平静下来，但心里却像波涛翻滚的大海一样，一浪高过一浪，哪里又能平静得下来呢？他一边脚步匆匆低头走路，一边紧张地思索：赵世铃本来并不了解我，今天刚进门的时候还准备给我来一个下马威，后来为什么一下子就对我这样信任，敢向我暴露这样大的机密？这里面是不是暗藏杀机？是不是他有意试探我？我现在可是在赵世铃的手掌心里，千万要提高警惕，千万要沉着冷静，千万不能一着不慎，全盘皆输！

雷震回到宿舍，张凤阁还没有睡。雷震一进门，他就焦急地问道："雷团长，赵旅长都跟你谈了些什么？"

雷震恨不得马上把阎锡山下令政变的消息告诉他，但雷震瞥了一眼东屋，担心隔墙有耳，又立刻回过神来，意识到门外和窗下也可能有人暗中监视，因此他多了一个心眼儿，暗中给张凤阁使了一个眼色，故意大声说道："我出门小便一下，马上回来告诉你。"

说完这句话，雷震一个急转身，猛地一掀草帘跨出门外，发现门的两边有两个黑影忽地向后一躲蹲在了暗处，雷震心中又是一惊。出了房门，雷震快步向着黑暗中走去。出了大门向右走五六步，就是一个猪圈。这时雷震定睛望去，发现房外面两个小窗子下面也有影影绰绰的黑影在晃动。

好险哪！雷震暗暗舒了一口气。哗哗，撒了一泡尿，回到房间里，雷震故意用轻松的语气对张凤阁说："赵旅长对我们团非常关心，先问了部队的训练情况，然后详细地问了部队的生活情况。赵旅长十分关心部队的困难，决定明天给我一些钱，并准备马上给我们发饷。"

雷震一边大声说着，一边拿起小桌子上的半截铅笔，唰唰唰在一张"单刀"牌纸烟的小画片上写道：阎锡山密令旧军官三天之内发动政变，杀害政工干部和共产党员。

张凤阁接过画片一看，神情立刻紧张起来，他马上把这张画片投入面前的炉火中烧掉。雷震朝着张凤阁眨巴眨巴眼睛，又朝着门外一努嘴，还在大声说着赵世铃的好话。他相信赵世铃埋伏在门外和东屋里的那些爪牙，一定正在支起耳朵，伸长脖子，偷听他们两个人的对话，也一定会把听到的这些话向赵世铃汇报的。

过了一会儿，雷震用手指指门外，又大声说道："今天太疲劳了，天也不早了，我们赶紧睡觉吧。"张凤阁会意，噗的一口吹灭油灯，躺在炕上一句话也不说了。雷震也假装睡觉，故意发出一阵轻微的鼾声。

第二天早晨，赵世铃看到雷震时显得很高兴。他对雷震说："雷团长，我已经跟副官长讲了，要给你准备一顿好饭，你吃完饭再走。"

雷震揉着惺忪的眼睛，小声说道："旅长，你限我的时间那么紧，我怎么还能吃得下去饭呀？好饭不怕晚，留待以后见面时再吃吧！"

赵世铃已经把雷震当作了同路人，他把副官长事先准备好的军饷递到雷震手里，握着雷震的手说："这样也好，好饭等到以后再吃。回去后你要把你团的情况随时告诉我，我也会派人随时与你保持联系。"

雷震将计就计，故意压低声音说道："旅长，我们今后联系，你可以写密信送给我的警卫员张瑞基，由他转交给我，不能送给别人，不然会落到别人手里。"

赵世铃点点头，对雷震已经深信不疑，他拍拍雷震的肩膀连声说道："保重，保重!"雷震装作认真的样子，拍拍胸脯请他放心，然后翻身上马，和张凤阁一起带着警卫员告辞了。

终于离开了龙潭虎穴。雷震、张凤阁快马加鞭，一路上马不停蹄，当天下午两点多钟就赶回雁落坪。一进团部大门，雷震喘息未定就三步并作两步赶到机要室，对机要员说："有紧急情况，马上给董天知同志发报!"

机要员作好准备，雷震口述电报内容："十三号首长：万万火急。阎锡山已令七、八、九总队和纵队司令部于三日内发动军事政变。雷震。"

听着机要员嘀嘀嗒嗒敲击电台按键的声音，雷震长长舒了一口气，高高悬着的一颗心稍稍放下。片刻的放松之后，他马上又警觉起来：要赶快安排游击十团的应对措施! 想到这里，雷震的神经又高度紧张起来，他立刻转身，三步并作两步奔出机要室。

董天知并没有接到雷震的电报。因为决死三纵队的电台已经被武启厚暗中控制，雷震发来的电报也被武启厚截获。

董天知接到的是另一封"万万火急"的电报。

这封绝密的"万万火急"电报是阎锡山发来的。阎锡山这份电报本来不是发给董天知的，却阴差阳错落入董天知手中。

你中有我，我中有你。就像董天知不知道武启厚和李翔初已经被阎锡山暗中收买一样，阎锡山也不知道被他视为心腹的旧军官、决死三纵队司令员颜天明早已经和共产党站在同一条战壕里。

阎锡山接到赵世铃密报之后，一面向他暗藏在决死三纵队中的心腹发出密电，一面给颜天明发来一份"万万火急"的绝密电报："颜司令天明：万万火急。着即撤去董天知、张凤阁一切职务，并将两人立即扣押，听候处理。阎锡山。"

三纵队机要室里，接到这封密电的机要员脑袋轰的一声炸响。这几天机要室里气氛反常，武启厚派人牢牢控制着几个机要员的一举一动，几个机要员心中都有些忐忑不安。他们都预感到有什么不寻常的事情要发生，但谁也没想到阎锡山会突然发来一个撤去董天知职务的密电。

董天知在决死三纵队战士心中有着非同一般的地位，董天知在决死三纵队中的威望和号召力无人能比，在许多战士心中，董天知就是决死三纵队的旗帜，董天知就是决死三纵队的灵魂。看到这样一封电报，这个机要员一阵慌乱之后，偷偷瞥了一眼门口那个武启厚派来监视他们的大兵，见这个大兵正抱着枪靠在门边打瞌睡，并没有注意到这边的动静。这个机要员心中暗喜：一定要想方设法，尽快把这封密电送到十三号首长手里。他拿定主意，手里迅速把这张电报纸轻轻折好，飞快地藏在贴身衣袋里，然后捂着怦怦怦剧烈跳动的心口，轻轻舒了一口气。

他的大脑在飞速运转。要快，要立即，要马上，把这封密电给十三号首长送去。但，此刻十三号首长在哪里？要怎样才能不引人注意地迅速找到十三号首长？不，不能马上去，如果慌里慌张离开这里，恐怕会引起门口那个大兵的注意，要是被他搜出这封密电，那可就全完了！要寻找合适的时机，而且要不动声色，不露痕迹。

这个机要员名字叫双喜。他就是那个在浮山抗日县政府组织老乡往决死队运粮的时候，差点儿被日本鬼子勒死的双喜。董天知救了他一命，伤好之后他参加了决死队，他对董天知的感情非同一般。

双喜如坐针毡。好不容易挨到交班，他交接完工作之后，装作若无其事的样子站起身来，对门口的哨兵说："拉肚子，我要上厕所。"待哨兵点头之后，双喜快步走出机要室。

进了厕所之后，双喜看看四下无人，翻过墙头一溜烟儿向着"西北部"跑去。他猜测十三号首长经常往"西北部"去，此刻即使不在那里，"西北部"也是把这封密电送到十三号首长手里的最可靠途径。对！到"西北部"，找燕登甲！

燕登甲疟疾未愈就匆忙出院，此刻身体虚弱的他正在睡觉。双喜一溜烟儿跑到"西北部"门口，见到王泉醴和程庆荣，他喘着粗气问道："十三号首长在不在这里？"

王泉醴警觉地反问："十三号首长不在这里。你找十三号首长什么事？"

双喜和王泉醴、程庆荣两人都不熟悉，他顾不上说那么多，只是急匆匆地说道："那我找燕登甲。"

燕登甲就在屋内睡觉，但此刻正在热一阵冷一阵地打摆子，王泉醴实在不忍心惊动他，就又问双喜："登甲正发疟疾。你有什么事情可以跟我谈吗？"

这件事情太重大了。为了不引起别人怀疑，双喜还要马上赶回机要室，想到这里，双喜已经有些急了，跺着脚说道："不行！我有要事报告，必须马上见到燕登甲。"

王泉醴和程庆荣没有办法，只好叫醒燕登甲。双喜匆匆走到床边，一句话也来不及说，从怀里掏出电报稿递了过去。燕登甲勉强坐起身来，接过电报一看，脸色大变："不好！"然后把手中的电报往王泉醴手中一塞，"泉醴，你马上把这封电报给十三号首长送去！不要让其他任何人见到，要快！"

王泉醴心中一惊，接过电报一溜烟儿找董天知去了。

张韵波也带了孙楚的密信从晋城回来，悄悄溜到沁水县苗沟村八总队总队部。

见了孙瑞琨，张韵波把孙楚的密信递了过去。孙瑞琨拆了信封展信一看，不动声色地把孙楚的密信装进口袋里，对门外的警卫员喊道："快去，把袁副总队长和魏茂枝给我找来！"

不大一会儿工夫，八总队副总队长袁士琏和三中队中队长魏茂枝来到孙瑞琨那里。

孙瑞琨桌子上还有一封阎锡山的密电。他拿起阎锡山的密电递给袁士琏和魏茂枝，待两人看过之后说道："阎长官和孙长官都发来密电，要我们赶快动手。可偏偏这个时候，董天知带领一干人马从赵庄移驻南峪沟。董天知醉翁之意不在酒，他这是要坐镇我们卧榻之侧，震慑我们。"

说到这里，孙瑞琨停顿下来，歪着头眯着眼睛思索一阵，又摇摇头，对袁士琏说道："不，他可不单单是要震慑我们。他已经让政治部下了通知，要举办什么纵队干部训练队，还要调你去当什么训练队队长。"

袁士琏面色黑青，相貌阴险，一副尖嘴猴腮的模样。他捻着下颌上几根长长的胡须，露出两排大黄牙，操着太监一样的公鸭嗓子说道："这是调虎离山。但既然阎司令长官已经下令免去他的职务，他还有什么资格给我们下命令？我们为什么还要惧怕他？"

孙瑞琨冷笑一声："说的是。他这个命令我们不执行，看他能把我们怎么样！阎长官要我们三天内动手，这时间已经过去一天了。这不，孙长官要我们一定想办法活捉或者干掉董天知，总得想个办法先接近董天知才好。"

魏茂枝是个愣头青，他愣头愣脑地说道："既然阎长官和孙长官都下了命令，那还客气个啥呀？直接派兵包围南峪沟，冲进去把董天知干掉不就完了吗？"

孙瑞琨连连摇头，他看着魏茂枝，目光阴森地说道："你不懂，事情没那么简单。董天知在决死三纵队的威信有多高，咱们心中都有数。我们的队伍中上上下下还有那么多政工人员，我们带队冲进去朝董天知开枪，他们会无动于衷？有可能我们还没有干掉董天知，他们就会先朝着我们开枪，我们自己的小命倒先丢了。"

袁士琏也白了魏茂枝一眼，说道："总队长说的是。你魏茂枝也不动动脑子，你别说是阎长官的命令、孙长官的命令，你就是有老蒋的命令，咱现在跟部队讲，要去消灭董天知，这部队能跟着我们走吗？老弟，你太年轻了。这种事自古以来不能强攻，只能智取。"

魏茂枝把嘴一撇，歪着脖子不再作声。孙瑞琨接过袁士琏的话来，一边思索一边说道："老袁说的对，只能智取，不能强攻。好在我们还没有跟董天知撕破脸皮，还是要好好思谋思谋，跟董天知好好周旋一番。这样，董天知刚刚移防南峪沟，我们也正好借这个机会接近董天知。我作为八总队总队长向上级汇报工作，是情理之中的事情。顺便带上茂枝这个中队，名义上是去保卫纵队首长，加强首长的警卫力量，应该也能说得过去。"

袁士琏对孙瑞琨的意思心领神会，他一拍大腿说道："总队长说的有道理。何必兴师动众，就派魏茂枝这个中队到纵队政治部执行警卫任务。茂枝，我们可都是换帖的弟兄、过命的兄弟，你到时候找几个可靠的心腹见机行事，借执勤的机会打董天知的黑枪，最好是放在深更半夜的时候，他一定防不胜防。神不知鬼不觉干掉董天知，这在阎司令长官面前可是头功一件，到时候阎司令长官论功行赏，能亏待你吗？茂枝，你老弟立功的机会来啦！"

袁士琏越说越有劲，黑青面皮上竟泛出了红光，把魏茂枝听得热血沸腾。魏茂枝把衣袖一撸，好像生怕谁把他这个头功抢去一般，抬手把胸脯拍得咚咚响，粗声粗气地说道："两位大哥既然看得起我魏茂枝，就是上刀山下油锅，我魏茂枝也不会眨一下眼睛。这事就交给兄弟我，完不成任务，我提头来见！"

孙瑞琨这时瞥了一眼旁边坐着的张韵波，又心生一计，说道："茂枝，你去集合部队，我们现在就出发到南峪沟。韵波，你也跟我们一块儿去，你从晋城来，把晋城发生的事情向董天知汇报一下，一来能够取得董天知的信任，二来我们也好趁机打探一下其他几个团的驻防情况，等干掉董天知，我们行动的时候也好心中有数。"

张韵波早已经上了孙楚的贼船，巴不得能够再立新功，屁颠屁颠跟在孙瑞琨后边来到三中队。

魏茂枝已经集合好了队伍。孙瑞琨如同变脸一般又换了一副面孔，他走到队前，清清嗓子对着战士们大声说道："同志们，现在反顽斗争形势严峻，总队决定把我们三中队派到南峪沟，去保卫纵队政治部，保卫十三号首长，大家愿意不愿意？"

"愿意！"三中队战士一听要去保卫董天知，情绪高昂地齐声回答。孙瑞琨虽然是假戏真做，但听到战士们响亮的声音，他心中还是咯噔一下。但他本来就是一个在旧军队中摸爬滚打多年的老兵油子，言不由衷、逢场作戏对于他来说不是什么难事，他马上掩饰住心中的一丝慌乱，大模大样地带着队伍出发了。

来到南峪沟已是下午。进村之前，孙瑞琨命令魏茂枝整理队伍，然后带领三中队战士高唱着"晋东南，八百万，铁一样，钢一般……"进了村。战士们心中不知道孙瑞琨玩弄的鬼把戏，他们是真心前来保卫董天知的，因此歌声嘹亮，士气高昂。

　　见到董天知，孙瑞琨和张韵波唱起了双簧。

　　孙瑞琨摆出一副义愤填膺的样子说道："十三号首长，孙楚这个老不死的带领顽固派又在晋城发动了政变。八总队同志们都非常气愤，三中队战士们强烈要求要来政治部站岗，保卫政治部，保卫十三号首长。这不，正好遇上韵波同志从晋城赶来，要向首长汇报情况，我们就一同来了。"

　　董天知正想了解晋城政变的详细情况，就对张韵波说："韵波，你来得正好。晋城情况怎么样？"

　　张韵波清清嗓子说道："首长，我就是专程来向您汇报晋城情况的。孙楚联合中央军一夜之间把我们的力量全部消灭掉了。真让人痛心哪！"说着说着，竟抹起眼泪来了。

　　孙瑞琨趁机说道："首长，我们不能坐视不管哪！我们决三营全军覆没，晋城的进步力量几乎被全部摧毁。七总队已经派到阳城去了，九总队离得又远，如果需要的话，首长就派我们八总队到晋城平叛！"

　　董天知心中已经定下撤换旧军官的计划，只等游击十团和三十二团到达后就要实施，如果此时让八总队南移靠近孙楚，那岂不是前功尽弃？因此，他不动声色地对孙瑞琨说道："同志们的心情我理解，我们一定要向同志们做好说服解释工作，等待纵队的统一安排部署。"

　　孙瑞琨见董天知的话滴水不漏，知道他心中已有警觉，赶忙转移话题："首长，三中队的同志们正列队站在门外，等候首长检阅呢！"

　　门外，三中队同志们还在高唱："晋东南，八百万……"这同仇敌忾的歌声感染了董天知，他和孙瑞琨来到队前。

　　孙瑞琨事前已经向魏茂枝面授机宜，魏茂枝见董天知到来，带头振臂高呼："保卫政治部，保卫十三号首长！"三中队战士们的呼声更加响亮，因为这确实就是他们的心声。

　　董天知从战士们的呼声中感受到了大家的真心、真情，他不想让大家失望，也不愿意冷了大家的一片心。他笑着点点头，接受了大家的心意，对大家说道："感谢同志们的美意。我相信，只要我们团结一致，就一定能够战胜顽固派，取得抗战胜利！"

　　听了董天知的话，战士们一阵欢呼。

　　八总队三中队承担纵队政治部的警卫任务。

　　承担警卫任务的第一天，魏茂枝就一直在寻找刺杀董天知的机会。董天知住在南峪沟村正中间一户农家的东院，魏茂枝以查岗的名义来了一趟又一趟，可就是找不到下手的机会。

　　董天知太忙了，他的住处一天到晚人来人往。他有太多太多的事情需要处理。晋西一带，决死二纵队在韩钧率领下正与顽军苦战，韩钧与董天知既是年纪相仿的同乡，又同为草岚子监狱难友，狱中四年情同手足，两人又一同在薄一波带领下来到山西创建牺盟会、创建新军决死队，两人之间的感情非同一般。董天知密切关注晋西局势，韩钧和决死二纵队两万将士的安危时刻牵动着董天知的心。阎锡山、梁化之、孙楚的一举一动，也关乎山西新军决死队的前途命运，董天知也在时刻关注着。孙楚秉承阎锡山旨意，在晋东南兴风作浪，在阳城、晋城、陵川、沁水、高平、浮山接连制造事端，第五专署已经处于严重的混乱状态，需要想尽办法应对。决死三纵队内部也不稳定，需要调整部署，需要加紧动员，需要稳定部队。还有各种往来函电、部队公务需要及时处理，各种事情千头万绪，纷繁复杂。纵队三个领导人之中，戎子和与颜天明都远赴沁源县参加牺盟大会，在这个瞬息万变的关键时刻，千斤重担系于董天知这个只有二十八九岁的青年将领一人身上。

　　董天知一直忙到深夜才休息。魏茂枝原本以为这下子机会来了，哪知道董天知的两个警卫员燕登山和安登贵在这个非常时期忠心耿耿，两人彻夜不眠，守卫在董天知卧室门口。魏茂枝躲在暗处观察，一直等到天亮也没有找到下手机会。

　　天亮以后，在苗沟村等了一夜消息的孙瑞琨坐不住了，派袁士琏快马赶到南峪沟，悄悄找到魏茂枝。

　　见到魏茂枝，袁士琏劈头就问：“怎么搞的？昨天晚上为什么没有行动？”

　　魏茂枝瞪着布满血丝的眼睛，急得抓耳挠腮：“副总队长，不是我没有行动，我……我一直找不到机会。”

　　袁士琏眼睛一瞪：“你可不要误了我们的大事。我和老孙已经计划好了，只等你这边的消息，只要你行动成功，我们马上把政工人员召集起来，以召开会议的名义把他们统统抓起来。本来今天就想动手，迟迟得不到你的消息，我们只好把行动日期推迟到明天。你也知道，明天是阎长官给我们三天期限的最后一天。最后一天，你懂吗？”

　　魏茂枝像小鸡啄米一样连连点头：“我懂，我懂。只是这大白天人太多，实在是找不到下手的机会。今天晚上我一定想办法完成任务。你告诉孙总队长，等我的好消息就是。”

　　袁士琏有些怀疑地问道：“今天晚上你一定想办法，你准备想什么办法？说来我听听。”

　　魏茂枝凑近袁士琏说道：“昨天一整天我都在寻找机会，虽然机会没找到，但我已经观察清楚了董天知的活动规律。我准备把夜班岗哨安排成我们的心腹弟兄，半夜时分我来查哨，趁着夜深人静的时候我们两个人翻墙进院，突然袭击，保准一举成功。"

袁士琏想想也只能如此，他拍拍魏茂枝的肩膀，压低声音说道："好！兄弟，记住，这可是你立大功的好机会。机不可失，时不再来。能不能在阎长官面前拿到头功，就看你今天晚上了！我和孙总队长等着你的好消息。你得手之后立即赶到总队部，明天一大早我们必须按照计划动手！"

魏茂枝一咬牙，把腰间的手枪一拍，眼睛里迸出一缕歹毒的凶光："大哥，放心！我的手枪不是吃素的，董天知绝不会活到明天！"

袁士琏策马走了，魏茂枝急不可耐，等着夜幕降临。好不容易挨到夜半时分，他提着压满子弹的手枪来到董天知院门外。

大门口的哨兵是魏茂枝的心腹，两个人早已经串通一气。见魏茂枝到来，两个人嘀咕一阵，搭个人梯翻过院墙，悄悄溜进院内。

两人落地的声音惊动了在董天知房门口站岗的燕登山。燕登山使的是双枪，夜间站岗的时候两把枪都已经子弹上膛。听到院子里的动静，燕登山猛一激灵，身子往房门口一挡，双枪已经对准两个黑影，随后厉声喝问："谁？干什么的？"

燕登山这一问倒把魏茂枝问得一愣，他结结巴巴说道："登山兄弟，我，我，我有紧急情况向十三号首长报告。"

燕登山听出是魏茂枝的声音，刚想再问一句，突然醒悟：不对，报告紧急情况哪有翻墙进门的道理？正在这时，只听砰的一声枪响，一颗子弹擦着燕登山的耳朵飞了过去。

"有刺客！"燕登山大叫一声，意在提醒屋内的董天知和安登贵，同时他双枪齐发，只听砰砰两声，两个黑影中一个应声倒地，另一个"哎哟"叫了一声，手里的枪哐当一声掉在地上。

安登贵听到动静，一个箭步从屋里跨了出来。燕登山一把拉住他说道："你守在门口，我去抓刺客！"

燕登山看到那个没有倒地的黑影手中的枪掉在地上，那个黑影吓得转身就跑，准备翻墙逃走，哪想到两腿哆哆嗦嗦就是爬不上墙头。燕登山飞快地冲了过去，拦腰把这个黑影抱住，一个抱摔啪的一声就把这个黑影摔了个猪啃泥。

董天知也被枪声惊醒。他抓起枕边的手枪，顺手咔的一声子弹已经上膛。等他冲出屋外，燕登山已经三下两下把那个想要逃走的刺客捆了个结结实实，押到董天知面前，往地上一扔。

董天知低头一看，原来是魏茂枝！魏茂枝垂头丧气，像一条癞皮狗一样瘫在那里，被燕登山一枪击中的右手还在往下滴血。

燕登山手里提着双枪，嘴巴朝着院子中间一努："首长，那里还有一个，已经被我打死了。"

董天知朝院子中间看过去，果然地上躺着一个人。他把手里的枪插在腰间，对燕登山和安登贵说："把魏茂枝送到纵队部关起来，等天亮之后好好审问！"

燕登山和安登贵把魏茂枝押送到纵队部去了。

天还未亮，魏茂枝行刺未遂的消息就传到了孙瑞琨那里。

孙瑞琨急忙找来袁士琏，慌里慌张地说："老袁，不能再等了，要立即动手，把政工干部一网打尽。一旦天亮之后政工干部知道刺杀董天知的真相，后果不堪设想。"说到这里，他突然想起总队政治主任陈士平来，心想这可是一块绊脚石，好在这一段时间他已经让袁士琏暗中安排人，时刻紧盯陈士平的动向，就问袁士琏，"陈士平现在在哪里？"

袁士琏眨巴眨巴小眼睛答道："陈士平听说董天知遇刺，他担心董天知，早早就骑着马带着警卫员到纵队部去了。"

孙瑞琨兴奋得两眼放光："太好了！真是天赐良机。赶快派人到各大队传我的命令，通知所有中队以上军政干部马上到总队部开会，就说要安排迎接午终点验的事。"

袁士琏答应一声，急匆匆安排布置去了。

中队以上军政干部接到通知后，都赶到了苗沟总队部。到了会议开始时间，却不见孙瑞琨和袁士琏的踪影。大家正在纳闷儿，却听到会议室外面传来一阵急促而又杂乱的脚步声，还伴随着袁士琏低低的吆喝声："快，快，快点儿！"

众人疑惑之间抬头望去，发现会场已经被袁士琏事先安排好的武装人员团团包围，院里院外布满岗哨，上了刺刀的枪口堵在门窗外面，大家的情绪陡然紧张起来。

就在这时，会议室大门打开了。两个全副武装、手里端着冲锋枪的心腹，一左一右护卫着孙瑞琨走进会议室。孙瑞琨神情紧张，两腿哆嗦，右手端着子弹上膛的手枪，左手拿着一封电报，磕磕巴巴宣读了阎锡山炮制的所谓"韩钧叛变"电令。

匆匆宣读完电令，孙瑞琨对着会场扬了扬手中的短枪，色厉内荏地喊道："所有人员统统不准动！中央军已经把我们包围了。谁要是敢动，马上用枪打死他！我是奉了阎司令长官的命令，在我们八总队清查叛军的！"

清查叛军？八总队哪里有叛军？参加会议的人员面面相觑。

孙瑞琨趁着大家还在愕然相向，对握着手枪站在门口的袁士琏抬抬下巴。砰的一声，袁士琏对着房顶开了一枪，大声吼道："所有人员都给我老实点儿，举起手来，一个一个往外走，快点儿，快点儿！"

军事干部和政工干部夹杂在一起朝门外走去。袁士琏手中拿着事先准备好的花名册，他按照花名册上的人名，指挥着一帮打手，把政工干部和进步军官全部绑了起来。

八总队的三个大队长都参与了这次行动。一大队长刘树茂和三大队长张德修是阎锡山任命的旧军官，他们和孙瑞琨、袁士琏本就是一路货色，他们积极参加这次行动，人们并不意外。让人奇怪的是，二大队长郭培恩本是共产党员，事变前刚刚被提拔为大队长，却暗中背叛共产党，投入阎锡山和孙楚的怀抱，向政工人员挥起了屠刀。

把被绑人员看押起来以后，孙瑞琨又对着花名册一个一个清点一遍，然后对袁士琏说道："老袁，你带人去抓陈士平。"又对三个大队长吩咐，"你们三个人立即赶回各自驻地，把漏网的那些人统统给我抓起来，一个都不许跑掉。然后集合部队，马上带到总队部来，我们要尽快向晋城转移，向四十七军靠拢。"

三个大队长按照孙瑞琨的安排，返回各自驻地去了。

就在这时，还不知道八总队发生这一切情况的陈士平从纵队部回来了。远远望见陈士平骑着马回到总队部，孙瑞琨给袁士琏递个眼色。陈士平刚刚跳下马背，只见袁士琏把手一挥，几个打手冲上去把陈士平绑了起来。

陈士平惊愕地问道："这是怎么回事？"

孙瑞琨冷笑一声："什么怎么回事，我们这是按照阎司令长官的命令搜查叛军，你们政工人员已经全都被抓起来了。"

陈士平明白了。他一边极力反抗，想要挣脱几个打手的控制，一边大声怒斥孙瑞琨和袁士琏："快把政工人员都放了！你们这两个阎锡山和孙楚的走狗！你们口口声声拥护牺盟会，反对顽固派，原来都是两面三刀的小人！"

"哈哈哈，"孙瑞琨发出一声冷笑，"你骂的对，你骂的好。是的，我们就是两面三刀的小人，你到现在才把我们看透，哼哼，晚了！你们这些年轻人要和我们斗，还是太嫩了！"说到这里，孙瑞琨一挥手，"带走！"

刚刚把陈士平关起来，魏茂枝手上裹着绷带，一瘸一拐回来了。孙瑞琨顾不上责备他，问道："你怎么搞成了这个样子？"

魏茂枝狼狈不堪，哭丧着脸说道："唉，别提了。要不是武副官长偷偷把我放出来，我恐怕连命都要丢了！"

原来，魏茂枝连夜被关在纵队部之后，武启厚就动起了心思。他和孙瑞琨早有勾结，那天晚上孙瑞琨来到纵队部打探部队调动情况，董天知守口如瓶，就是他武启厚向孙瑞琨透了底。孙瑞琨心中有了数，这才肆无忌惮地发动了叛变。武启厚和孙瑞琨本就是一丘之貉，孙瑞琨的心腹此时落难，武启厚自然不会袖手旁观。

董天知已经得知八总队叛变的消息。他提笔写下一纸手令，派宋筠和陈铎快马加鞭赶到苗沟，阻止孙瑞琨的行动，哪知道宋筠和陈铎到达苗沟以后，却被孙瑞琨不由分说扣了起来。

武启厚和李翔初也在紧锣密鼓地策划叛变。董天知虽然尚未觉察两人的叛变计划，但他带领政治部和纵队司令部都住在南峪沟，本身就是对武启厚和李翔初的震慑。武启厚和李翔初为了便于实施他们的叛变计划，想出了一个调虎离山之计，处心积虑地想要让董天知离开南峪沟。最近几天，他俩不断接到孙楚和赵世铃要他们赶快动手的密令，两人急得如同热锅上的蚂蚁。

放走魏茂枝之后，他俩很快得知八总队已经动手的消息，一番合计之后，两人急急忙忙来到董天知所住的东院。

武启厚假惺惺地对董天知说："董主任，我们听说了昨天晚上的事，都为您捏一把汗。八总队叛变了，您应该躲一躲，要不然孙瑞琨带人打过来，您的目标太大。"

李翔初和武启厚一唱一和，他也用关心的口气说："董主任，人心难测，不可不防。孙瑞琨心狠手辣，我们都很担心您的安全。您看这样行不行，我们纵队部驻地后沟有一个小村庄，我已经派人去侦察过了，那里很隐蔽，也很安全。而且后沟距离纵队部也不远，只有二三里地，我们有什么事情可以及时到那里向您汇报。"

武启厚绵里藏针地说道："我们两个人留在南峪沟，如果孙瑞琨沿着大路打过来了，我们可以在前面先抵挡一阵子。董主任您如果住在南峪沟，实在是太危险，我看您还是移住到后沟为好，一旦我们抵挡不住孙瑞琨的进攻，那里也方便向山中撤退转移。"

董天知听了武启厚和李翔初的话，觉得也有道理。现在着实是身处危险之中，游击十团和三十二团到现在还没有消息，自己手中确实无兵可用。况且自己身在明处，孙瑞琨躲在暗处，作为权宜之计，也应该暂时避开近在咫尺的危险。于是，他决定带着刚刚从抗大分来的纵队部秘书、青年党员茅于一到后沟去。

得售其奸，武启厚和李翔初心中暗喜。

几个人刚刚走出房门，武启厚抬头看见纵队部书记员张亦良从参谋处走了出来。他索性假戏真做，摆摆手招呼张亦良过来，对董天知说："董主任，让张亦良随您一块儿去，有什么事情可以让他帮助办理。"

董天知带着几个人到后沟去了。后沟这个位于半山坡的村子很小，只有两户人家，这两户人家是堂兄弟，老大田怀达，老二田双庆，董天知就住在老二田双庆家里。

几天前就派人给游击十团和三十二团送信，直到现在这两个团还没有到来，况且八总队已经叛变，原来计划利用召开会议的方式把旧军官一网打尽，现在已经不可能。董天知思来想去，要立即吸取八总队叛变的教训，先下手为强。他提笔给八路军晋豫边游击支队司令员唐天际写了一封信，请他配合七总队政治主任郭鸿璜，立即把七总队总队长张济扣杀。但派去送信的人在途中被武启厚派去的杀手跟踪暗杀，密信落入武启厚手中。武启厚又把这封信直接送到了孙楚那里去邀功。

月黑山高。就在同一天夜里，还有两个人沿着山间小路匆匆赶往决死三纵队。

一个是戎子和。

戎子和十二月二十日和颜天明一起离开决死三纵队到沁源县参加晋东南牺盟代表大会，两人到了沁源见到薄一波，把决死三纵队面临的严峻形势向薄一波做了汇报，薄一波责备他们不该在这个关键时刻离开部队，担心董天知一人独木难支，要戎子和立即返回部队，协助董天知马上动手清洗、巩固决死三纵队。

戎子和在赶回决死三纵队的途中，还不知道八总队已经叛变。路经范汉杰二十七军防区的时候，戎子和特意到二十七军军部拜访范汉杰，想借这个机会巩固统一战线。戎子和到达二十七军军部的时候已是十二月二十三日下午，恰好范汉杰因事外出，两人阴差阳错没有碰面。

戎子和刚刚离开二十七军军部，范汉杰外出归来。当范汉杰听说戎子和刚刚从这里离开时，他后悔得直跺脚，立即下令派兵追赶，要捉拿戎子和。原来他早已经接到蒋介石的密令，要他全力协助阎锡山剿灭决死三纵队，戎子和这个时候前来拜访，岂不是一块送上门来的肥肉？

戎子和骑的是一匹白马。他和警卫员刚刚离开二十七军军部不久，就听到身后人马杂沓，马蹄声急，一路追兵疾驰而来。多亏戎子和的警卫员机灵，他隐隐约约听到身后有人叫喊着："捉拿前边那个骑白马的！"他当机立断跳下马来，把自己骑的那匹大红马让给戎子和，与戎子和换了坐骑。戎子和骑着大红马拐进一条山间小道，很快消失在一片密林之中。警卫员骑着白马故作停留，待追兵近了一些，这才沿着大路一路狂奔把追兵引开。

甩开追兵不久，夜幕降临，戎子和借着夜幕的掩护一路向南，纵马朝决死三纵队的方向飞奔而去。

另一个是彭德怀。

与此同时，彭德怀也在夜幕之中从阳城出发，带着由警卫班和电台译电人员共十几个人组成的小分队，一路向北朝着决死三纵队的方向急行。

彭德怀对决死三纵队不放心。

早在十一月二日，彭德怀就从沁源南行到沁水，召集戎子和、董天知、杨献珍等决死三纵队和山西第五专署的党员负责干部，传达中央政治局和北方局对应付突然事变的方针，并且对决死三纵队的反顽斗争进行了安排部署。但他深知决死三纵队处境险恶。南有孙楚进驻阳城，扎营岩山，虎视眈眈，四周有国民党十一个军二十万之众虎狼环伺，一旦蒋阎联手，决死三纵队立陷危境。

从十一月五日离开决死三纵队至今已有一个多月，彭德怀和决死三纵队断了联系。彭德怀离开决死三纵队之后，奉中央之命马不停蹄赶到秋林和阎锡山面谈，希望调停新旧军之间的冲突。哪知道这次谈话却是不欢而散。见了阎锡山，彭德怀苦口婆心给阎锡山分析利害关系："你依靠牺盟会和决死队，你有前途；你要依靠反动势力和顽固分子，那你就要当'空军司令'。"阎锡山阴不阴阳不阳，对彭德怀的话不动声色，脸上却是一副难以捉摸的表情。彭德怀接着说道："如果你把决死队和牺盟会搞垮了，那你跟共产党也做不成朋友了，蒋介石也不会把你放在眼里。"阎锡山依然一言不发，他沉默片刻，白了彭德怀一眼，欠身从桌上拿起几页纸递到彭德怀面前。彭德怀把这几页纸接在手中，低头一看，心中咯噔一下。原来，这是他几天前在决死三纵队进行反顽斗争安排部署的秘密会议记录，这几页纸是从一个笔记本上裁下来的。

阎锡山双眼余光一直没有离开彭德怀。待彭德怀抬起头来，阎锡山满脸不高兴地用质问的口气说道："石穿兄，共产党是讲信用的。共产党和我可是有言在先，你们答应不在我晋绥军中发展自己的组织，请问这又是怎么回事？"

看来是有人暗中向阎锡山告了密。

彭德怀在秋林住了一段时间，多次和阎锡山会谈，发现阎锡山并无诚意，便于十二月八日从秋林南下，取道西安、洛阳，分别与程潜、卫立煌会晤后，返回山西前线。彭德怀在洛阳期间，卫立煌多次相邀长谈，但当彭德怀向卫立煌历数国民党挑起摩擦的种种情事时，卫立煌却总是不置可否，只是一味劝中共方面相忍为国。临别时，卫立煌叮嘱彭德怀从垣曲渡河，过河后到陈铁驻扎在垣曲县城西郊的十四军军部吃饭。

彭德怀从垣曲过了黄河，陈铁果然派人在河边迎候，把彭德怀请到十四军军部，席间陈铁的妻子特意提醒彭德怀："现在空气不好，彭先生一个人走路时要多加小心。"

十二月二十日，彭德怀辞别陈铁秘密抵达阳城，二十二日彭德怀给聂荣臻、刘伯承、吕正操发去一封电报："二十日至二十二日，秘密抵阳城东，为应付当前的严重局势，部署山西军事。"二十三日，彭德怀本打算返回八路军总部，但心中总是放心不下决死三纵队，便决定马上到决死三纵队去一趟，于是从阳城连夜出发北上。

黑暗中，骑在马背上的彭德怀眉头紧锁，他双腿用力一夹马肚子，那马便打起精神加快步伐，一路向北飞驰而去。

天亮时分，彭德怀一行来到沁水县一个叫沙门口的地方。几乎就在同时，戎子和也来到了距离沙门口不远的一个小村庄——川村。决死三纵队的儿童团住在川村，戎子和找到儿童团，才知道八总队已经叛变的消息。戎子和离开川村走了没多远，又得知彭德怀就在沙门口村，便立即赶到沙门口，向彭德怀报告了八总队在旧军官把持下叛变的情况。彭德怀黑着脸，没有说其他的话，只是命令戎子和：马上返防，协助董天知把各团不可靠的旧军官全部控制起来，带领部队迅速向高平八路军三四四旅靠拢！

催走戎子和，彭德怀接到警卫班报告：孙楚指挥晋绥军独八旅和决死三纵队八总队叛军、范汉杰指挥国民党二十七军已经在沁水、高平一带大开杀戒，形势千钧一发。身处事变中心，彭德怀看到和阎锡山的一场较量已经势不可免，蒋介石乘人之危命令晋东南的国民党军队趁火打劫，局势如果继续恶化，势必会危及八路军太行根据地。彭德怀立即下令电台向八路军总部和中央发报，提出以陈赓为司令、以黄克诚为政委，立即组建八路军第二纵队司令部，将现在太（行）南的八路军各部和决死三纵队统一指挥起来；同时命令贺龙、关向应立即由冀中返回晋西北，统一指挥同蒲线以西的八路军和决死队，对付晋西事变；还命令决死一纵队进入安泽以南，以抗击"反共"军队对晋东南的进攻。

电报发出以后，彭德怀决定改变返回八路军总部的原定计划，立即赶往三四四旅旅部，他要在晋东南这场"反共"事变的暴风眼里坐镇指挥。

黄克诚率领八路军三四四旅驻扎在高平县陈区村。他听说彭老总从阳城秘密抵达沁水后情况不明，心中十分着急，立即派部队兼程急进到沁水县接应，正好在半路上碰到彭老总，把彭老总接到了陈区村。

戎子和离开沙门口，匆匆赶往南峪沟纵队部，到达纵队部的时候已经是傍晚时分。心怀鬼胎的副官长武启厚见戎子和此时归来，心中暗暗吃了一惊，但他马上掩饰住内心的慌乱，装出一副忠心耿耿的样子迎上前去："戎政委，您可算是回来了！"

　　戎子和一见武启厚，顾不上和他寒暄，急忙问道："副官长，董主任在哪里？"

　　武启厚从戎子和的神情里看出他对自己并没有产生怀疑，初时忐忑不安的心情稍稍放下一些，他用尽量谦和恭谨的语气说道："戎政委，为了防备八总队的突然袭击，董主任移驻后沟去了。张亦良知道地方，让张亦良带路，我们现在就去找董主任。"

　　说罢，武启厚出门喊来张亦良，三个人向着后沟走去。

　　后沟村中，董天知正忙得不可开交。早在十二月十九日，董天知就派出交通员给游击十团和三十二团送信，要他们两个团立即向纵队部靠拢，按道理来讲被调部队十二月二十三日之前就应该来到纵队部驻地，但两个团至今仍无消息。派去给唐天际送信的人，已经出发一天一夜了，到现在也是杳无音信。难道他们出了什么意外？董天知心中掠过一丝不祥的预感。必须立即派人再去催促被调部队速来！目前的形势刻不容缓，董天知立即把"西北部"所有人员和刚刚执行完任务回到纵队的政治交通员都召集起来。

　　董天知在昏暗的灯光下伏案疾书，然后把写好的三封信分别装入三个信封。他把其中一封信交给程庆荣，然后又叫过崔玉秀和冯振权两个人说道："你们三个人立即出发，把这封急信马上送到游击十团雷震同志手中，催促他们快来！记住，要亲手交给雷震同志！"三个人从董天知凝重的表情和急促的语气中已经知道了这封信的分量，而且一次派出三个人送一封信，三个人已经读懂了首长要他们不惜一切代价确保信件送达的决心。三个人一齐向董天知敬了一个军礼，异口同声说道："首长放心，保证完成任务！"说完，三人快步出门，翻身上马，冲进了漆黑的夜幕之中。

　　董天知把手中的另一封信交给王子清和张炳耀，拍拍两个人的肩膀说道："这封信立即送往三十二团，记住，要亲自交到胡正平或者贾启允同志手中！""是！"王子清和张炳耀答应一声，跃上马背出发了。

　　董天知把最后一封信交到王泉醴手中，用信任的眼神看着王泉醴："泉醴，这封信是送给游击十一团政治主任杨绍曾同志的。到万不得已的时候，我们要率领五专署、长治牺盟中心区和纵队机关向东转移，靠近八路军三四四旅。但是独八旅正好卡着我们东去的要道。你立即出发，要杨绍曾同志速派两个连前来，掩护我们向太行山转移！"王泉醴深知责任重大，丝毫不敢怠慢，他接过信件掷地有声地答道："是！"然后转身出门，跨上马一阵风似的走了。

　　在张亦良带领下，戎子和与武启厚沿着崎岖山路，深一脚浅一脚走向后沟。一路上，见对面不停地有交通员骑着马迎面而来，擦肩而过，然后飞驰而去，知道是董天知正在调兵遣将，心怀鬼胎的武启厚暗自着急。好在是在暗夜之中，几人又都在匆匆赶路，并没有人注意到武启厚异样的神情。

到了后沟一见到董天知，戎子和就迫不及待地说道："天知，路上好险！路过二十七军防区的时候，差一点儿被范汉杰扣住！"

董天知一把拉住戎子和的手："子和，你可算是回来了！八总队叛变的事你听说了吗？"

戎子和痛心地说道："我刚刚听说。唉！要是我们……"

董天知看了一眼戎子和身边站着的武启厚，用眼神制止了戎子和的话。武启厚心中有鬼，内不自安，他正急于从董天知这里脱身，急忙借这个机会说道："戎政委、董主任，两位首长说话，我和张亦良在这里多有不便。我们就不打搅两位首长了，这就返回纵队部。"

武启厚说完，带着张亦良出门走了。

武启厚回到纵队部刚刚坐定，李翔初就带着一个人鬼鬼祟祟来找他。

李翔初带来的这个人叫田赞之，是纵队部的中校副官。见到田赞之，武启厚一愣："赞之，你不是正在秋林集训吗？怎么现在回来了？"李翔初一边小心地关好门窗，一边抢在田赞之前面说道："老武，赞之是专程从秋林赶回来的。从秋林回来的路上，赞之特意去阳城见了孙司令长官，这不，孙司令长官让赞之给我们带来了口信。"

武启厚盯着田赞之的脸问道："赞之，孙司令长官怎么说？"

田赞之一屁股坐在凳子上，脱下戴在手上的两只皮手套往面前的桌子上一扔，撇着嘴摆出一副钦差大臣的样子说道："孙司令长官对你们两个人的优柔寡断很不满意！"说到这里，田赞之有意识停顿一下，让武启厚和李翔初掂量掂量这句话的分量。见武启厚和李翔初两个人面面相觑，田赞之端起桌上的茶碗呷了一口，又轻轻把手中的茶碗放回桌上，不紧不慢地说道："孙司令长官还责怪说，原定二十三号同时行动，为什么你们至今不动手？八总队昨天不是都已经按期行动了吗？你们还等什么？"

武启厚嗫嚅着说："孙总司令有所不知，我们旅长这不是不在家吗？这么大的事情……"

田赞之打断武启厚的话说道："孙总司令知道你们旅长不在家。他说你们旅长这叫临阵脱逃，将来阎长官饶不了他！孙总司令还让我转告你们，你们旅长不在家也没有关系，让我们一切行动听孙总司令指挥！"

武启厚看了看李翔初，问田赞之："那孙司令长官的意思是？"

田赞之以不容置疑的口气说道："夜长梦多。今天晚上必须动手！"

武启厚和李翔初四目相对。武启厚把心一横，咬着牙说道："好！一不做二不休，今天晚上动手！"

　　田赞之压低声音说道："孙司令长官让我们动手后立即向南移动，星夜兼程向孙司令长官驻地靠拢。"

　　几个人正在密议，门外突然传来一阵响动。

　　"谁?"李翔初拔出手枪追了出去。

　　隔墙有耳。原来，张亦良和武启厚一同从后沟返回纵队部，进了大门两人分手，过了一会儿张亦良想起一件事来，不承想刚走到武启厚门口，竟听到了这一番让人心惊肉跳的对话。张亦良听到这些话后大吃一惊，慌里慌张离开时不小心踢到门口花盆上，惊动了屋里的几个人。

　　见有人追了出来，张亦良情急之下跑到张韵波住处，他还不知道张韵波已经叛变，一进门就对张韵波说："大事不好! 武启厚和李翔初要密谋叛变! 我们该怎么办?"张亦良话音刚落，李翔初端着枪已经闯进来。李翔初手里的枪往张亦良的脑袋上一顶，恶狠狠地说："张亦良! 我看你是不想要脑袋了。要想活着，赶快跟我走!"说完连推带搡把张亦良赶出门外带走了。

　　夜幕深沉。南峪沟的这个夜晚静得可怕。

　　午夜时分，纵队部突然响起一阵急促的哨音，把人们从睡梦中惊醒。人们不知道发生了什么，只听到一阵"到北边河滩紧急集合!""到北边河滩紧急集合!"的喊声，不多时纵队部和特务连所有人员集合完毕。

　　队列中传出一阵窃窃私语。武启厚走到队前，努力掩饰着内心的慌乱，强作镇定地说道："大家听着，有紧急情况，独八旅马上要向我们发起进攻。十三号首长命令，纵队部立刻转移南下，向七总队靠拢!"

　　董天知在决死三纵队有着很高的威望。一听是十三号首长的命令，队伍立刻变得鸦雀无声。武启厚和李翔初翻身上马，下令队伍立刻出发。

　　就这样，武启厚和李翔初利用欺骗手段，裹挟着决死三纵队司令部加入了叛军的行列。

　　最先感觉到不对头的是特务连连长蔺克。黑暗中，蔺克和特务连指导员薛起家跟随着队伍一路西行，越往前行，蔺克心中越是疑窦丛生。怎么一路上没有见到纵队首长? 独八旅要来进攻，纵队部南下转移，住在后沟的纵队首长安全问题谁来负责? 独八旅要来进攻，武启厚是怎么知道的? 为什么特务连派出的侦察员没有得到任何消息? 还有，纵队部离开驻地，住在后沟的纵队首长处境岂不是更加危险? 不对! 这其中可疑的地方太多! 想到这里，蔺克心里一惊，他有意放慢脚步，找到行进在特务连队尾的薛起家。蔺克把心中的疑问对薛起家一说，薛起家也警觉起来。

　　蔺克担心董天知和戎子和的安危，他悄悄对薛起家说道："起家，你跟特务连同志们待在一起见机行事，我带一个班立刻返回后沟看看到底什么情况，

333

我总觉得今天晚上的事情太蹊跷。"

好在半夜三更的山道上漆黑一团，蔺克带着一个班的特务连战士闪身隐伏在路边草丛中，找个机会脱离队伍，折返身向着后沟飞奔而去。

快到后沟的时候，蔺克发现附近山头上隐隐约约有人影晃动。不好！蔺克轻声命令队伍停下，而后趴在地上耳朵紧贴地面凝神静听。远处传来一阵细碎急促的马蹄声，这马蹄声正是从独八旅驻地方向由东向西朝着后沟急趋而来。

果真是独八旅！而且是有备而来，莫不是要包抄后沟，突然袭击纵队首长？蔺克惊出一身冷汗，他站起身来从腰间拔出手枪，果断下达命令："抄近道赶往后沟，快！"

蔺克带着大家穿越密林，滚下山坡，跃过沟沟坎坎，穿过荆棘草丛，很快到了后沟。蔺克快步来到田双庆家门口，轻声唤道："登山，登贵，快开门！"燕登山和安登贵已经听到动静，他们正要出门查看，一听是蔺克的声音，急忙开了大门。

蔺克一进门就对两人说道："快！独八旅包抄过来了，保护董主任和戎政委赶快撤离！"

听到蔺克的话音，董天知、戎子和都迅速起身，提着手枪来到院中。远处山上的人影越来越近，杂乱的脚步声已经清晰可闻，从沟口传来的马蹄声也越来越清晰。

刻不容缓。蔺克向董天知说道："首长，东西山头和南北沟口都有独八旅的人，我们已经四面被围。我们要突出去只有一条路可走，从村后往东沿着峭壁有一条采药人走的山道，这条路山高路险只能一人通过，就是当地人也很少有人知道。过了这条路就是东面山沟里的葛条坪村，到了那里我们就有办法了。"

蔺克是个有心人。原来董天知移驻后沟的当天，蔺克就悄悄对后沟周围的地形进行了侦察。

董天知当机立断："走小路，撤！"蔺克打头，特务连一个班战士断后，燕登山和安登贵两人都是手握双枪，子弹上膛，紧紧护卫着董天知和戎子和，一行人迅速消失在夜幕之中。

武启厚晃晃悠悠骑在马上，还在做着向孙楚邀功请赏的美梦。原来，独八旅夜袭后沟这出戏就是他导演的。他原本想自己带人袭击后沟，在阎锡山和孙楚面前立下一功，但他掂量来掂量去没敢冒这个险。董天知在决死三纵队的威望无人能比，他一百个武启厚也不能与董天知相提并论。利用董天知的威望欺骗纵队部南下，他武启厚还有点儿把握，但要带人向董天知开枪，没有几个人会听他武启厚的，这一点他武启厚心中有数。他不是不想抢下这个头功，而是不敢，他害怕弄巧成拙，害怕偷鸡不成蚀把米。但他又舍不得放弃这个绝好的立功机会，因此他想出来这个借刀杀人的馊主意，把董天知和戎子和住在后沟这一情报送给了独八旅。事成之后自然也有他武启厚一份功劳，在他武启厚日后加官晋爵的功劳簿上，这也是一个重重的砝码。

武启厚万万没有想到独八旅会扑了个空。

独八旅把后沟围了个水泄不通，冲进村中才发现董天知他们早已经人去室空。

董天知他们趁着夜色，神不知鬼不觉跳出包围圈转移到葛条坪，而后立即向北越过曲高公路，隐蔽在庞庄河北岸的黄沙沟村。

黄沙沟距离南峪沟和后沟不远，四周遍布独八旅的部队，这里依然是危机四伏。但董天知他们不能远离，他们要在这里收拢决死三纵队机关、长治牺盟中心区和五专署的同志们。如果他们过早离开，失散的同志们去哪里寻找组织？

在黄沙沟落脚之后，董天知立即派人四处寻找失散的同志。

游击十一团政治主任杨绍曾，同样刚刚度过十二月二十四日这个不眠之夜。

游击十一团驻扎在高平县南杨村、北杨村一带。十二月二十四日夜，得知八总队叛变的消息，杨绍曾立即召开营连政工干部会议研究对策。游击十一团情况复杂。这个团收编的反正伪军比较多，这些反正伪军虽然参加了决死队，但因为受反动教育时间长，存在严重的"反共"恐日情绪。经过几个月的教育改造，一部分官兵有了转变，但是大多数官兵既不适应艰苦的抗日生活，也不愿意受严格的纪律约束，再加上附近蒋阎军队的诱惑和"反共"逆流的影响，动摇逃亡了不少人，部队缺额大。前不久游击十一团刚刚进行了整编，全团整编为五个连，一营两个连，二营三个连，三营只是一个空架子。三营长韩泽生和指导员姚健率领连排干部到陵川扩兵去了，眼下驻扎在北杨村的只有两个营。而且目前还有一个问题，那就是八总队叛变以后，一营军心不稳。一营长牛善斋表现反常，向团长刘修堂提出他受不了八路军那边的苦，要"各奔东西"。杨绍曾在召开营连政工干部会议之前，还特意安排团长刘修堂赶往一营驻地南杨村，去做牛善斋的说服争取工作。

会议还在进行中，刘修堂焦急地从一营返回。见到杨绍曾，刘修堂气愤地说："老杨，这个牛善斋真他妈不是个东西，我到南杨村去，他竟然命令在南杨村村口架起了机枪，封锁路口，坚决不让我进村，看来这个牛善斋去意已决。"

参加会议的人目光齐刷刷看着杨绍曾。杨绍曾惊得一下子站了起来，手掌啪的一声拍在面前的桌子上："老刘哇，什么去意已决，牛善斋这是叛变！"

一营指导员阎景祜也腾地站了起来，看了看身边一营的政工人员，啪地一拍挎在腰间的手枪，对杨绍曾说："杨主任，我带一营的政工人员马上打回南杨村，把一营的弟兄们拉出来！"

一营政工人员听了阎景祜的话，也纷纷起身向着杨绍曾围拢过来："杨主任，我们要打回南杨村，把一营拉出来！"

杨绍曾理解大家的心情，他更清楚大家几个月来为了改造这支部队花费了多大心血，谁愿意眼睁睁看着一营叛变？但此刻不是冲动的时候，冲动有可能造成更大的损失！他摆摆手示意大家冷静。思索片刻，他冷静地摇摇头："不能去。刘团长和牛善斋私交不错，但牛善斋在村口架上机枪，连刘团长都不让进村，说明他已经决心与我们为敌。如果你们去了，正中牛善斋下怀，会给我们造成更大的损失！"

听了杨绍曾的话，大家一时没了主意。一阵沉默之后，刘修堂说道："杨主任说的对。照眼下的情况看，叛变后的一营很有可能会马上向我们进攻。我建议一营的政工人员随团部行动，加强团部力量。"

杨绍曾点点头："眼下也只能如此。"

杨绍曾话音刚落，门外传来一阵急如星火的马蹄声。杨绍曾和刘修堂急忙出门，迎面看见王泉醴快马来到跟前。

杨绍曾朝着刘修堂看了一眼：难道是纵队有了什么紧急情况？两人快步上前。

王泉醴跳下马背，顾不上擦去脸上的汗水，急急忙忙从怀里掏出信件交到杨绍曾手里，气喘吁吁地说道："快！快！董主任的急信！"看王泉醴焦急的神情，杨绍曾知道这封信不同寻常。他来不及细问，接过信来三步并作两步回到屋内，凑近灯光一看，脸色一变失声叫道："不好！"

同志们闻声围了过来。杨绍曾眉头紧锁："董主任处境危险，要我们马上派两个连去接应。"

一听说董主任身处险境，大家的心不由得一下子提到了嗓子眼儿。一营已经叛变，眼下可用的兵力只有二营。杨绍曾和刘修堂正在商量，二营指导员徐锦文站了出来："杨主任，刘团长，派我们二营执行这个任务吧！"

杨绍曾略一犹豫，一营突然叛变会不会对二营造成影响？徐锦文看出了杨绍曾的担心，上前一步说道："请首长放心。二营情况和一营不同，一营战士大多是反正过来的伪军，二营战士大多是运城一带的盐池工人和农民，政治情绪比较稳定，我带二营政工人员马上回去掌握部队，应该不会有什么大问题。"

刻不容缓，必须马上下决心。杨绍曾看看在场的二营政工人员，同志们迎着杨绍曾的目光，满怀信心地纷纷点头。

杨绍曾下了决心："好！二营四连、五连立即出发，六连留下随团部行动。"

"是！"徐锦文答应一声，带着四连、五连的政工人员出门去了。

六连指导员李文清和代理连长牛华留了下来。六连是游击十一团中最可靠的一个连，也是游击十一团中唯一一个建有秘密党支部的连。不仅李文清和牛华是共产党员，就连所有的班排干部也都是共产党员。六连的前身是决死三纵队军政干部学校学兵队，从建队之初就直属纵队政治部领导，是董天知一手调教出来的。一九三九年夏天，阎锡山觉察到决死三纵队干部学校已经"赤化"，决定派人前来接收、改编干校。董天知敏锐地意识到如果干校继续办下去，阎锡山派来的人掌了权，后果将不堪设想，于是他当机立断，以学员要求上前线打鬼子为理由，迅速把干校学员分配到各部队，一来巧妙地抵制了阎锡山对干校的改编，二来加强了基层连队中党的力量，学兵队就是在这个时候整建制改编为游击十一团六连的。

六连是杨绍曾手中的最后一张底牌。杨绍曾心中隐隐约约有一种说不清楚的担心，他把六连抓在手中，既是为了防备一营叛军的进攻，也是为了应付万一出现的最坏情况。

四、突出重围

二营营部和四连驻扎在杜寨村，五连驻扎在杜寨村西十几里地的龙泉寺。龙泉寺是纵队修械所所在地，纵队修械所是由原来的浮山造枪厂扩大而来的，半年前刚由浮山迁到龙泉寺，十一月下旬独八旅十三团二营突然进驻龙泉寺西山山顶的西庄村，威胁纵队修械所安全，五连奉团部命令移驻龙泉寺，就是为了保卫修械所。

徐锦文回到营部已是深夜。他立即叫醒营长卢育桐，向他传达团部命令。

卢育桐其实并未入睡，刚一听到徐锦文的敲门声，他的心中一阵惊悸。原来他刚刚送走一个神秘的客人，刚躺到床上就遇到徐锦文夜半敲门。他还以为是徐锦文发现了什么破绽，直到弄清楚徐锦文的来意，他紧张的心情才稍稍放下。

卢育桐本是虚伪圆滑之人，混迹旧军队多年的他早已练就了一身见风使舵、逢场作戏的本领。他见徐锦文急于传达团部命令，并未注意他刚才的一丝慌乱，便立即换上一副诚恳严肃的表情，故作惊讶地说道："什么？董主任被叛军包围？我们坚决执行团部命令，现在就出发去接应，消灭胆大妄为的叛贼！"接着话锋一转，"我马上派人去通知四连、五连。"

徐锦文毕竟年轻，本来他对卢育桐还有些担心，听了他这番话也就放下心来，说道："营长，不用。我们政工人员刚刚从团部回来，我怕耽误时间，已经安排他们回各连通知部队了。"

听了徐锦文的话，卢育桐略微有些惊愕，不过他立即掩饰住内心的不快，随声附和道："哦哦，也好，这样也好，还是指导员想得周到，节省时间！"

四连集合完毕，在卢育桐和徐锦文带领下翻过山梁来到龙泉寺与五连会合，然后翻山越岭朝西南方向去了。

四连、五连赶到黄沙沟已是十二月二十五日下午。决死三纵队政治部、五专署、牺盟长治中心区、五专署各抗日救国会领导机关的二百多名同志已经集结在这里。

董天知、戎子和见掩护部队到来，立即从黄沙沟出发，取道前岭、八角腰，翻山越岭向游击十一团驻地北杨村转移。

山路难行。机关部队辎重行李多，再加上行军时要尽量避开大路，以免与独八旅遭遇，因此行军速度更加缓慢。

时间已经来到了十二月二十六日。派出去接应纵队首长的部队已经出发一天一夜了，到现在也没有传回消息，也不知道纵队机关和首长们现在到了哪里，到底有没有摆脱危险。一想到这些，坐镇北杨村的杨绍曾坐立不安。

正在这时，先前派出去的一路侦察员回来了，虽然仍然没有纵队机关的消息，但侦察员报告说驻扎在上马游、下马游一带的独八旅十三团团部和三营突然消失，去向不明。紧接着又一路侦察员来报，驻扎在南杨村的一营叛军也突然不知去向。

这绝不是巧合！杨绍曾摊开地图仔细查看，心中陡然紧张起来。按照原定计划，接应部队应该掩护纵队机关走山路，经过尹家沟到达北杨村游击十一团团部，但万一这条路线被敌人知道，那可就糟糕了！

杨绍曾立刻找来刘修堂和阎景祜，他把自己的担心一说，大家都感到事态严重，一致决定立即带领六连迎着原定路线去接应纵队首长，立即出发！

杨绍曾的担心不是多余的。只是他不知道卢育桐早已被独八旅暗中收买，更不知道卢育桐已经悄悄派人把三纵机关的突围路线密告独八旅旅长田树梅。

独八旅是孙楚的嫡系部队，与孙楚有很深的渊源。早在一九三〇年阎锡山、冯玉祥反蒋失败之后，蒋介石命令张学良对晋绥军进行编遣，孙楚被张学良任命为正太护路军司令，护路军下辖只有三个旅，分别是第一旅、第二旅、第三旅。一九三六年十月，阎锡山对晋绥军进行整编，时任三十三军军长徐永昌调任南京中央军委会办公厅厅长，孙楚接任三十三军军长一职，但三十三军却成了个没有下属部队的"空军"。原护路军下辖的第一旅改编为独立第八旅，第三旅改编为独立第七旅，第二旅予以编遣，官兵分拨给了独七旅、独八旅，这两个旅名义上归孙楚三十三军指挥，其实一直直属太原绥靖公署，由阎锡山直接调遣。直到抗战爆发，独七旅、独八旅才重归三十三军军长孙楚指挥，但经过几次战役的惨重损失，这两个旅又被取消番号并编到其他部队去了。阎锡山任命孙楚为第八集团军司令，好歹拼凑两个团给了一个独八旅的编制，孙楚一心梦想着东山再起，要来同样成了光杆司令的田树梅当旅长。这个田树梅曾经担任晋绥军第七师师长，无奈手下部队战斗力不强，和日军交手几次便成了光杆司令，正在走投无路的时候被孙楚看中，因此他对孙楚感恩戴德，一心要对孙楚投桃报李。

眼下田树梅按照孙楚的密令，正在四处搜寻董天知的行踪，后沟偷袭董天知就是他派手下四〇〇团干的，原本以为那次偷袭行动神不知鬼不觉，　定是胜券在握，没想到冲进村中却发现扑了个空，竹篮打水一场空的田树梅心中好不懊丧。这下得知董天知的突围路线，田树梅心中一阵暗喜。

得知董天知率领三纵机关二十六日晚上的宿营地是尹家沟，田树梅立即密令十三团团长陈树华率一营和三营从上下马游出发由东向西、十三团二营长孟祥云率二营从西庄出发由西向东合围尹家沟。田树梅还有更阴险的一招，他命令已经投靠独八旅的牛善斋率一营叛军悄悄绕到三纵机关的背后跟踪追击，要把三纵突围部队赶入虎口。

三纵突围部队终于在二十六日深夜到达尹家沟。部队连日行军非常疲劳，到了尹家沟立即就地宿营做饭。早已经在尹家沟接应的杨绍曾见到首长和同志们安然无恙，一颗悬着的心终于放下。

谁也没有料到，借着夜色的掩护，田树梅指挥独八旅十三团和牛善斋叛军已经把尹家沟团团包围。

十二月二十七日拂晓，尹家沟南山上突然响起枪声。连日劳累的董天知在一家农户的房檐下刚刚打了个盹儿，听到枪声突然惊起。燕登山、安登贵也都提着枪围了过来，大家已经将子弹上膛，作好了战斗准备。

董天知侧耳细听，四面都是枪声，而且枪声越来越近，敌人的包围圈越来越小。正在这时，杨绍曾和刘修堂带领全副武装的六连赶到董天知面前。

"怎么回事？"董天知向杨绍曾和刘修堂问道。

刘修堂气喘吁吁地答道："首长，是一营牛善斋叛军从南山上打过来了！"刘修堂手枪一挥，对李文清和牛华说，"跟我来，把牛善斋这个忘恩负义的王八羔子打回去！"话音未落，刘修堂带着六连朝着村口跑去。

到了村口，刘修堂指挥六连占据有利地形，一阵密集的扫射，把眼看就要冲进村里的牛善斋叛军打了回去。

刘修堂朝对面阵地望过去，只见牛善斋手中挥舞手枪，正在大声吆喝退下来的叛军重新组织向村中进攻。刘修堂从掩体后面站起身来，向着叛军喊话："弟兄们！我是团长刘修堂，中国人不打中国人，决死队弟兄不要自相残杀……"

听到刘修堂的喊话，对面阵地上的枪声暂时停了下来。就在刘修堂准备继续喊话的时候，对面阵地上突然响起了更激烈的枪声，想必是在牛善斋的威逼之下，叛军以更猛烈的火力，继续向村中发动进攻。子弹嗖嗖地擦着刘修堂的头皮飞过去，刘修堂就地一滚重新回到了掩体后面。

好险！李文清一把拉过刘修堂，大喊一声："火力压制！"六连阵地上又响起了激烈的枪声。

村西山梁上是四连、五连的阵地，此时却是格外安静。这是怎么回事？董天知正在纳闷儿，只见几个人急匆匆从西边村口跑了过来，到了跟前才看清，是四连连长乔杰魁。

乔杰魁到了董天知面前，立正报告："报告，四连连长乔杰魁奉命前来保护首长！"

董天知警觉地问道："奉谁的命令？"

乔杰魁回答："奉二营营长卢育桐的命令！"话音未落，乔杰魁却唰的一声从腰间拔出了手枪，枪口直指董天知。

刺客！侧身站在董天知身旁的燕登山眼疾手快，他嘴里喊了声："卧倒！"一把推开董天知，同时抢上一步，飞起一脚把乔杰魁手中的手枪踢飞。安登贵也冲了过来，他把董天知护在身后，手中的双枪同时向着乔杰魁带来的几个人开火。

一阵枪声过后，乔杰魁带来的几个人丢下两具尸体，掩护着乔杰魁向村外逃去。燕登山和安登贵也不敢恋战，掩护着董天知退回到安全地带。

蔺克带着几个侦察员赶来了。到了董天知面前，蔺克气喘吁吁地说："卢育桐带领四连、五连放弃西山岭上的阵地逃跑了。村子的西边、北边和东边都发现独八旅的部队，我们已经四面被围。"

形势危急，董天知命令蔺克马上派人冲出去向八路军求援。

完成掩护任务的蔺克又回到了村中。村南六连阵地上，战斗仍然在激烈地进行，叛军几次冲到村边都被六连打了回去。

董天知把突围部队中的战斗人员和武器都集中起来，然后一分为三，蔺克带领一部占领西山岭阵地，杨绍曾和徐锦文带领一部占领村东阵地，阎景祐带领一部守住北村口。

激烈的战斗从拂晓打到天黑，三纵机关硬是顶住了敌人一次又一次的进攻，敌人始终没能攻进尹家沟。

夜幕降临，尹家沟村东响起一阵紧似一阵的马蹄声。马蹄声碎，马蹄声急，马蹄声声似战鼓——

原来是彭德怀命令八路军六八七团团长张天云率领三营火速救援赶来了。

六八七团是曾经参加过长征、参加过平型关大战和町店战斗的英雄部队，打过的大仗恶仗不计其数，战斗力远非晋绥军可比，独八旅这群乌合之众哪里会是他们的对手。张天云赶到尹家沟，一鼓作气趁着夜色杀开一条血路，护送董天知一行突出重围，安全抵达三四四旅旅部。

董天知一行到达三四四旅旅部已是十二月二十八日中午。一直在三四四旅旅部焦急等待的彭德怀和黄克诚迎出门外，董天知看到彭总，跳下马来快步上前。

"彭总！"

"天知！"

两双大手紧紧握在一起。董天知的眼睛湿润了，千言万语竟不知从何说起。一向严厉的彭德怀此刻脸上露出了欣慰的笑容，他拍拍董天知的肩膀，宽厚地说道："突围出来就是胜利。天知，留得青山在，不怕没柴烧。同志们一路辛苦，先安排同志们吃饭、休息。今天晚上你就住在我那里，我们到时候再好好聊。"

彭德怀住在陈区东边不远铁炉村王松林家的宅院里。这个宅院北房三间是砖木结构的两层楼房，一楼为彭德怀居住，西房两间住的是彭德怀随行人员，东房两间住的是警卫员。

安顿好同志们已是傍晚，董天知来到彭总这里。彭德怀把董天知让进自己屋里。屋里已经掌灯，董天知抬眼望去，屋里最显眼的是砌在屋角的一个土炕，土炕上支架着一副门板床铺，床铺上边铺放着打满补丁的军用马背套、军用棉被和一件布面羊皮军大衣。屋内北边靠墙摆放着房东家的一张条几，条几上除了房东原有的几件瓷器茶具外，还摆放着一盏军用马提灯和一个热水瓶。为了便于携带，热水瓶用军用灰色布套套着。房间中间的空地上摆放着一张八仙桌，桌子上放着一个老式的竹藤箱子、几卷地图和一些文稿纸张。彭德怀在桌旁一把农家常见的木圈椅里坐下，指指桌前的一条长板凳示意董天知："来来，天知，坐下。"

董天知坐在桌前的长板凳上，彭德怀倒了一杯热水放在董天知面前。董天知双手捧着茶缸，低下头羞愧地说道："彭总，我没有把决死三纵队带好。"

"我已经都知道了。短短几天时间，七、八、九三个总队和纵队司令部都叛变了。"彭德怀端起自己面前的茶缸喝了一口水，没有怪罪董天知，而是看着董天知说道，"天知，人的一生免不了会遇到坍台的时候。"说到这里，彭德怀抬头看着窗外漆黑的夜空，思绪回到十几年前，"我也有过走麦城的时候。从参加革命到现在，我不止一次遇到过这样的事情。平江起义之后，我们红五军受到了湘鄂赣三省白军的'会剿'，经过四十多天的打圈子战，我们才把敌人的'会剿'粉碎，但我们也减员一千多人，三千多人的队伍只剩下不到两千人。在极端困难的时刻，队伍中出现了动摇逃跑和叛变投降的情况。这些叛变投降的人中，不仅有连长、营长，甚至还有一个叫雷振辉的团长。我和滕代远同志带领红五军上井冈山和红四军会师的时候，红五军的主力部队只剩下七百多人，但这还不是最困难的局面。红四军、红五军井冈山会师之后，湘赣两省的反动军队立即调动部署，准备围剿井冈山。当时已是寒冬，红四军还是草鞋单衣，冬服没有解决，部队没有盐吃，就连每天三分钱的伙食都难以解决，只有离开井冈山到白区打土豪才能解决这些问题。可是伤病残人员无法安置，又不可能带走，所以必须派队留守井冈山，我们红五军承担了留守井冈山的任务。红四军离开井冈山的第三天，湘赣两省白军十几个团向井冈山合围攻击。我们红五军的七八百人说是五个大队，其实也就是五个连，五个连分守五条上山的道路，那个时候是真正的孤军奋战。我们七八百人的兵力面对的是将近三万敌人，兵力相差三四十倍。敌人重兵层层围攻三昼夜，黄洋界、八面山、白泥湖三路阵地都被敌人突破，此时如果不突围，我们就会全军覆没。掩护红军留下的伤病员、妇女和小孩儿一千多人突围，我们既要在前面开路，又要在后面掩护，真是不容易。时值严冬，天上下着大雪，井冈山上积雪盈尺，不巧的是我的干粮袋炒米在突围的时候丢失了，我不愿别人知道，两天未吃一粒米，饥饿疲乏，寸步难行。就在这种情况下，我们硬是连续冲破敌人三道封锁线突出重围。突围之后，我集合队伍清点人数，仅剩下二百八十三人枪。"

说到这里，彭德怀停顿一下，喝了口水，然后大手一挥，爽朗地笑笑，意味深长地接着刚才的话说："天知，困难到极端的时候，就是转变的开始。你看，红军度过了最困难的时候，不是发展到今天的局面了吗？"

听了彭总这番话，联想到自己这一段时间的经历，董天知信服地连连点头。

彭德怀和董天知正在谈话，译电员走了进来，把手中的电报递给彭德怀。彭德怀一看电报，脸上露出笑容，对董天知说："好消息！雷震同志带领游击十团全团成功突破国民党二十七军包围，已经到达决死一纵队！"

从事变爆发至今，董天知一直没有游击十团的消息，这下得知游击十团平安突出重围，董天知一颗悬着的心稍稍放下。只是还没有三十二团的消息，也不知道三十二团现在什么情况。想到这里，董天知的心又悬了起来。

正在这时，门外响起一阵急匆匆的脚步声，随着一声底气十足的"报告"，张天云走进门来。彭德怀和董天知同时站起身来，风尘仆仆的张天云向彭德怀报告说："彭总，我们侦察到游击十一团二营两个连的叛军驻扎在南杨村，就立即杀了个回马枪，把被卢育桐裹挟的二百多名同志解救回来了。"彭德怀赞许地看着张天云，把手中的茶缸递了过去，张天云接过来一饮而尽，一抹嘴接着说道，"还有一个好消息，胡正平和贾启允同志带领三十二团也突围出来，马上就到铁炉村。"

彭德怀看看董天知，兴奋地说："天知，走，迎接同志们去！"彭德怀说罢，伸手就要去提桌上那盏马提灯，董天知把马提灯抢在手中，提着出了门。

张天云前面带路，彭德怀和董天知走出屋门，一阵寒风迎面吹了过来，彭德怀对董天知说："天知，天气寒冷，屋少人多，先安排好三十二团同志们的住宿，你今天晚上就和我住在一个炕上。"

"好。彭总！"董天知点点头。黑暗中，董天知提着点亮的马提灯走在最前面，朝着村口快步走去。

十二月三十日一大早，彭德怀和董天知骑着马出了铁炉村，他们要到石村参加决死三纵队、五专署和高平县抗日政府在石村三教堂召开的干部大会。

几天来朝夕相处，抵足而眠，两人之间谈了许多肺腑之言，董天知受益匪浅。

两人边走边聊。今天这个会议是彭德怀提议召开的，彭德怀说："这几天突围出来的同志们陆续归来，开个会很有必要，要抓紧时间统一思想。"

董天知看看彭德怀，深有感触地说："是啊，彭总。不仅要统一思想，更重要的是总结经验教训，我们三纵队的工作中存在很多问题，需要检讨。"

彭德怀眼光更远，他略一思考说道："天知，关于我们需要吸取的经验教训，这两天我们私下里已经谈了很多，今天这个场合不宜多讲。同志们刚刚从乱阵之中冲出来，立足未稳，军心未定，现在最需要的是打气，是鼓劲。以前工作中存在的问题暂时不讲。把当前的形势给同志们讲清楚，带领大家要团结，要坚持，要坚决；不要动摇，不要松懈，不要涣散。天知，人少了，不一定是坏事情。人少了，也一样能够打胜仗！"说到这里，彭德怀看了一眼董天知，眼睛里闪出炯炯神采，"我们从井冈山突围出来，只剩下二百八十三人枪，我们转移到兴国县的莲塘和东山一带，后头还有白军刘士毅一个旅几千人对我们穷追猛打。怎么办？这个时候最要不得的是惊慌失措。危急时刻最需要的是什么？是冷静，是坚定。我们侦察后发现，刘旅进攻我们的部队只有五个营。那一个营哪里去了呢？那一个营和民团留守鄂都城。看，这就是他们兵力薄弱的地方。我们决定立即掉头，绕过刘旅主力，奔袭鄂都城。十八个小时急行军一百四十里，夜半到达，出敌不意，我们突然爬城袭击，一阵猛攻消灭敌人一个营、靖卫团和县警备队一共六七百人，缴获三四百支步枪，还缴获了两挺轻机枪。"彭德怀停顿一下接着说道，"这次取胜的关键是什么？是充分准备、出敌不意。当时我们被敌人数旅之众，围追堵截一月有余，刚一落下脚来就进行一百四十里的长途奔袭，而且是攻城，这是完全出乎敌人意料之外的。这说明什么？战争的胜负不取决于谁有优势，而取决于谁更有准备，谁更主动。没有准备的优势并不等于真优势，有准备而又勇敢主动的军队，完全可以打败无准备的优势之兵。"

彭德怀言传身教，董天知茅塞顿开。

"驾！"彭德怀一扬马鞭，胯下战马飞奔而去。"驾！"董天知一夹马肚子，随后紧紧跟上。

寒风凛冽之中，石村三教堂大院里，三百多人整整齐齐坐在空地上，秩序井然。

董天知和戎子和先后讲话。他们两个讲了山西顽固派向抗日政府和决死队发动的突然袭击是早有预谋的行动，是山西顽固派精心策划的统一行动。在晋东南发生的一连串事件中，孙楚在阎锡山的授意下策动旧军官叛变，屠杀抗日干部，所采用的手段之残忍、杀害人数之多、对抗日力量破坏之大，和日寇两次进攻晋东南所造成的危害相比，都有过之而无不及。台下同志们听了两人的讲话，对顽固派的妥协投降行径无比痛恨，又为这次事变中死难的同志们感到无比悲痛。

董天知和戎子和讲话过后，彭德怀走上台前。众人抬眼望去，只见彭德怀中等身材，体格壮实，身穿一套褪了色的灰色棉布军装，浓眉之下双目炯炯，圆形的脸庞呈现出一种健康的古铜色，厚厚的嘴唇上由于干裂皱起了一层薄薄的小白皮。

彭德怀往台前一站，大手一挥说道："同志们，刚才天知和子和同志讲了山西投降派的罪恶行径，这些现象的发生绝不是偶然的。从七七事变至今已经两年多时间，中国抗日军民英勇奋斗，浴血抗战，使日本帝国主义灭亡中国的迷梦不能实现。敌人无计可施，便加紧推行'以华制华'政策，鼓吹什么'中日共同反共''中日提携'，鼓吹要建立什么'大东亚共荣圈'，还提出将他们已经侵占的百分之四十九的财产归还大地主大资本家，来实现他们的诱降阴谋。他们已经扶植头号大汉奸汪精卫在南京成立了伪中央政府。这次山西的事变，就是隐藏在山西抗日阵营里那些口里高喊抗战的张精卫、李精卫、阎精卫，要为他们投降叛国扫清障碍，我们决不能把它视为个别的地区性的摩擦。

"就拿我们晋东南来说。山西的顽固派在日本侵略者打过来的时候，他们贪生怕死，不尽抗日守土之责而逃之夭夭。共产党、八路军、牺盟会、决死队和一切抗日的进步力量，两年多来坚持抗战，奋斗牺牲，建立起来了敌后抗日根据地和抗日政权，现在山西顽固派却企图摧毁抗日政权重新夺回这些根据地，妄想把抗日政权变成他们依附日寇的汉奸政权。然而，这只是他们的梦想，我们抗日的军民决不答应，我们决不能让他们如愿以偿。两年多来的斗争说明，日本帝国主义不仅不能消灭我们，而且我们的力量在对敌斗争中更加壮大坚强起来。今天我们岂能让山西腐朽落后的投降妥协派摧垮消灭？中国的抗战、中国的革命决不允许由少数的投降妥协派随意断送掉。今天，就是在山西最大的投降派领导下的军队里也有不少的军官和士兵，在目睹日寇烧杀、掠夺、奸淫的血淋淋事实面前，也不愿意参加自相残杀、背叛民族、有利敌人的反革命行动。中国一切进步力量和广大的人民群众团结一致，必将彻底粉碎投降妥协派的阴谋，胜利一定属于坚持抗战的进步力量和中国人民！

"事变中我们决死三纵队、我们五专署受到了损失。这是由于投降妥协派在开始进攻抗战力量屠杀革命干部的前一分钟，还打着抗日的招牌，还喊着抗日的口号，还对抗战军民讲着好听的话，掩饰着他们的真实面目，蒙蔽着广大的人民群众。但是他们背地里却在磨刀霍霍，他们阴谋发动突然袭击，他们想一举把抗战进步力量彻底消灭。我们有的同志放松了警惕，对局势发展的严重性估计不足，对反革命的残忍性认识不够，于是在事变一开始暴露出我们不少的弱点，使我们遭受了本来可以避免的一些损失。但是，同志们千万不要忘记，血的教训也让我们擦亮了眼睛，血的教训也让我们看清了那些昨天伪装成我们的'友军'，伪装成'抗战的同志'，今天就赤裸裸地暴露出来成了屠杀抗战力量的刽子手！

"这次从专署到各县，从决死三纵队到各县地方武装，我们牺牲了许多干部，损失了很多物资，打了败仗吃了亏，这是事实。但是主要的领导同志和大部分的干部经过英勇的战斗都回来了，这就是好的！这就是胜利！这次事变中隐藏在革命阵营中的反革命分子、特务分子彻底暴露出来了，少数软弱动摇分子有的当了逃兵，有的投敌叛变。这不是坏事情，留下来的同志更加坚强，革命的阵营更加纯洁，留下来的同志都是经过严峻考验的好同志！现在我们要做的，就是不要气馁，不要悲观，不要消极，掩埋好战友的尸体，擦掉眼泪，继续战斗，继续进行更加勇敢的战斗。这次事变只是全国投降妥协派'联日反共'的开始，是他们掀起'反共'高潮的序幕。我们已经看清楚了他们的罪恶目的，应该继续克服麻痹思想，提高警惕，从思想上、政治上、组织上进行整顿，以利再战。我们要坚持抗战，反对投降；坚持团结，反对分裂；坚持进步，反对倒退！

"同志们，重新组织起来，迎接新的战斗，去争取更大的胜利！"彭德怀紧握拳头，语气铿锵地结束了讲话。

坐在院子里空地上的同志们一动不动，一直在全神贯注地听讲话，整个会场鸦雀无声。直到彭德怀讲话结束，会场上才爆发出一阵热烈的掌声。

五、重振军威

彭德怀要回王家峪八路军总部去了，董天知牵马相送。

送出铁炉村村口，董天知依依不舍。彭德怀从董天知手中接过马缰纵身上马，还不忘回身叮嘱董天知："天知，部队最忌群龙无首。要立即着手整编部队，眼下三十二团和游击十一团突围出来的部队都驻扎在铁炉村，立即着手整编为一个团，事不宜迟。"

董天知已经成竹在胸，他满怀信心地说道："彭总，请放心！就像您说的，重新组织起来，迎接新的战斗，争取更大的胜利！"

彭德怀满意地点点头。

突围来到铁炉村的部队整编成了新的三十二团，胡正平担任团长，贾启允担任政治主任。

新三十二团刚刚完成整编，董天知就接到侦察员的报告：独八旅十三团又回到了南北杨村。本来按照八路军总部命令，整编后的三十二团要立即向平顺、壶关地区转移，在那里与正在从决死一纵队南返的游击十团和正在壶关县马家庄进行合编的保安九团、保安十团会师，然后开始为期三个月的整训，但面对突然出现的战机，董天知想起彭德怀长途奔袭鄂都城，他当机立断：出其不意长途奔袭，杀个回马枪！

这是决死三纵队突围出来以后打的第一仗，这一仗必须要有全胜的把握，只有取得全胜，才能重振军威，才能坚定信心。主意拿定，董天知策马来到陈区村三四四旅旅部，把这个想法向黄克诚做了汇报。

黄克诚也接到了相同的情报。他听了董天知的汇报，用手中的铅笔指着桌上已经摊开的地图说道："天知，英雄所见略同。这个独八旅作恶多端，杀害了我们不少抗日干部和共产党员。枪杀、砍头、活埋、投井、挖心、割舌、剁手、剁脚，手段极其残忍，无所不用其极。我早就想狠狠地教训他们了！我正在考虑这一仗由谁来打、怎么打。"

董天知接过黄克诚的话："黄政委，这一仗由我们决死三纵队来打，名正言顺。"

黄克诚点点头："有道理。不能由八路军直接出面，八路军毕竟还没有跟阎老西撕破脸。"黄克诚想了想，又恨恨地说道，"尤为可恨的是，这个独八旅还把矛头直指八路军。他们杀了八路军唐支队驻沁水固县镇的工作人员，还袭击了八路军的好几个交通站，截断了党中央和八路军总部的地下交通线，八路军又怎么能袖手旁观！"

董天知听了黄克诚的话，沉吟片刻说道："黄政委，我看这样，我带三十二团和六八七团联手，以三十二团的名义突然袭击，全歼独八旅十三团！"

黄克诚眼睛一亮："好！通知张天云，六八七团立即换装，和三十二团合兵一处，马上出发！"

董天知和张天云带领部队隐蔽突击，一夜急行军奔袭九十里，拂晓时分到达南北杨村，悄无声息地把南北杨村包围了个水泄不通。

南北杨村的敌人还在睡梦之中。十三团团长陈树华自以为董天知远在天边，做梦也想不到董天知已经兵临城下。

战斗突然打响，被团团包围的敌人晕头转向，陷入混乱之中。

董天知速战速决，不到一个小时战斗结束，俘虏敌团长陈树华以下千人，缴获大批战利品。

长治城日军第三十六师团司令部。

短粗矮胖的师团长舞传男手握放大镜，正在仔细察看挂在墙上的军用地图。这只老狐狸最近一直按兵不动，坐山观虎斗，他在密切关注着晋东南的局势，想要瞅准时机趁火打劫。

舞传男和独八旅之间早就开始勾勾搭搭，前不久他还暗中接济独八旅一批军火，想要借独八旅之手彻底消灭决死三纵队，想不到这批军火这么快就成了董天知的战利品。

董天知现在在哪里？舞传男正在苦苦思索，听到门外传来一阵脚步声，抬头一看，是日军潞安特务机关长中尾掌次。

中尾掌次身后还跟着一个名叫梁东旺的汉奸。梁东旺因为有先天性兔唇，人送外号"梁豁则"。

中尾掌次面带喜色走到舞传男面前，毕恭毕敬地说道："将军阁下，梁君送来了有关董天知的情报。"舞传男第一眼看见梁豁则，脸上本能地浮现出一种厌恶的表情，听中尾掌次这么一说，立刻瞪大了眼睛，脸上厌恶的表情也转而变成了惊喜，他走近梁豁则问道："你的，董天知的情报的有？"

梁豁则受宠若惊，如鸡啄米一般连连点头，嘴里跑风漏气地说道："太君太君，董天知的情报，我的大大的有。"说着从口袋里摸出一封信来，双手递给舞传男。

　　舞传男把信接到手中一看，嘴里念叨了一声"五龙山"，急忙转身走到地图跟前，举起手中的放大镜，找起"五龙山"这个地名来。

　　五龙山在壶关城东，和壶关县城之间隔着一道南北走向的山岭，是从高平前往平顺的一条近道。壶关县城里驻扎着日军第三十六师团下属的第三十六山炮兵联队，但五龙山一带在日军山炮的射程之外。

　　董天知带领三十二团从南北杨村胜利归来，要乘夜翻越五龙山北上。

　　部队趁着夜色，沿着山间小道急行军。拂晓时分，董天知带领先头部队到达山顶，前面突然隐约传来一阵战马的嘶鸣，董天知立即命令部队停止前进。正待派人侦察，天色已经微明，隐隐约约望见三百多名日军已经爬到了半山腰。

　　危急时刻最需要的是什么？是冷静，是坚定。董天知脑海里蓦然跳出彭总这句话来。他跳上一块大石头，从随身背囊中取出望远镜，仔细观察对面的日军。日军兵力大约有一个中队，从他们的行军姿态上看，他们并没有发现山顶已被决死队占领，因此不仅军官骑乘的几匹战马都没有戴上嚼头，而且大部分日军还都是大背着长枪。

　　狭路相逢勇者胜。突然遭遇有准备者胜。董天知手边的部队是纵队特务连，他把手中的望远镜装进随身背囊，下令特务连立即占领山头阵地展开阻击，又让蔺克派人通知后续部队火速增援。

　　董天知从腰间拔出手枪，咔的一声子弹上膛。董天知习惯使用双枪，他手里这把枪就是横水战斗中从渡边卫泽手里缴获的那把王八盒子。王八盒子的大名叫"南部十四年"式手枪，用起来挺顺手，就是有一个容易卡壳的毛病，因此董天知腰间还挎着一把左轮手枪。

　　胡正平带领一营赶上来了，悄悄进入山顶阵地。日军越来越接近山顶，就在日军距离阵地不足一百米的时候，董天知扣动了扳机。

　　枪声就是命令。阵地上顿时枪声大作。没有防备的日军遭到突然而又猛烈的袭击，阵前丢下一片尸体。骑着一匹高大的栗色战马走在队伍最后边的日军中队长中村瑞夫跳下马来，唰的一声抽出腰间的指挥刀，朝着山顶一指，歇斯底里地吼叫起来："攻击！攻击！"

　　日军站稳阵脚，立即向着山顶发起反冲锋，呈散兵队形朝着山顶冲了上来，阵地上又一次响起激烈的枪声。

　　二营、三营也上来增援了，顷刻间决死队如虎添翼，火力大增。战士们刚刚从独八旅缴获了大批武器弹药，其中有不少日式装备，正是武器精良，弹药充足，再加上最近战士们心中一直憋着一股劲，此刻子弹狂风骤雨一般扫向日军，日军攻势再一次被打退。

中村瑞夫还不甘心，他纠集溃退到峡谷中的一百多名日军残兵，继续重整旗鼓，以图再战。但此刻位于沟底的日军地形局促，极其不利于火力施展，董天知敏锐地捕捉到这个战机。他叫来一营长郑其贵，命令一营立即进行右翼包抄，袭击日军侧背。郑其贵也是参加过长征的老红军，经历过无数的大仗恶仗，战斗作风勇猛果敢。接到命令的郑其贵带领一营，跑步绕着山岭下到沟底，迅速插向日军侧背。

中村瑞夫急红了眼，他接连挥刀砍死两个后退的日本兵，好不容易稳住军心，指挥日军再次向着山顶发起冲锋。日军端着刺刀，嗷嗷号叫着再次向山顶扑过来。

趁着刚才的战斗间隙，二营、三营也迅速调整阵地，补充弹药，作好了迎击日军的准备。董天知沉着冷静，等待着日军进入决死队最佳射程。近了，近了，近了，董天知率先开枪，一枪击毙了冲在最前面的一个日本兵。这个日本兵一个倒栽葱迎面倒在阵前山坡上，尸体顺着山坡向着山下栽了下去。

阵地上枪声大作，烟尘四起。硝烟弥漫之中，郑其贵带领一营突然出现在鬼子背后。

前后夹击。腹背受敌的日军立刻乱了阵脚，只见惊慌失措的日军狼奔豕突，慌不择路地四散而逃。

中村瑞夫也要逃。他眼见大势已去，拉过战马跳上马背，兜转马头就要向后逃去。

哪里逃！这一切都没有逃过董天知的眼睛。他早已经看中了中村瑞夫胯下那匹栗色战马，今天他要从日军手中再缴获一匹胯下坐骑。他朝身边的蔺克看了一眼。蔺克早已经读懂了董天知的心思，他从阵地上一跃而起，纵身跃上马背，朝着中村瑞夫追了过去。

董天知从身边战士手中拿过一杆三八大盖，一拉枪栓，子弹上膛。他屏息瞄准中村瑞夫的后心，猛地一扣扳机。砰！一颗愤怒的子弹呼啸而去，中村瑞夫身子一震，一头栽落马下。

蔺克已经快马赶到。只见他并马探身，一伸手攥住栗色战马的马缰，拉转马头向着山上飞奔。

阵地上枪声已停，时间也仿佛静止了。硝烟弥漫之中，蔺克胯下骑着一匹黑色战马，手里牵着一匹栗色战马，顷刻之间到了董天知面前。

蔺克把手中的马缰绳交到董天知手中。

董天知拉过刚刚缴获的那匹栗色战马，翻身上了马背。

就在这时，空中传来炮弹的呼啸声，战士们还没有来得及隐蔽，一颗炮弹就在阵地上爆炸，紧接着又是几颗炮弹飞来，阵地上烟尘四起。

不好！鬼子炮兵出动赶到战场，说明鬼子已有准备，而且应当还有后续部队！鬼子的炮兵阵地位于战场正北，那里正是部队前进的方向，说明鬼子已经察觉了部队北上的意图。董天知倒吸一口冷气，他立刻意识到情况有变，他拿起望远镜朝着四面山头望过去。北边山头上出现了鬼子的身影，西边东归善、黄野池方向也有鬼子出现，南边羊窑坡、南山后一带也是尘头四起，只有东南方向南塔底一带稍显平静。

千钧一发，董天知迅速作出判断：敌人是有备而来的四面合围，南塔底一带出现的缺口应该是鬼子尚未赶到，刚刚被歼灭的鬼子应该是尖兵部队，只不过鬼子尖兵因为过于突出而成了替死鬼。董天知从背囊里取出地图，摊开在面前的大石头上仔细察看，然后朝着东南方向四十里地开外的平头坞村一指，下了命令："立即突围，朝平头坞方向大踏步后撤，甩开鬼子！"

董天知对胡正平说道："胡团长，全团重武器集中起来交给一营，你带一营迅速抢占南塔底，阻击前来合围的鬼子，掩护全团撤出！如遇鬼子合围，要不惜一切代价打开撤退通道！二营、三营跟进撤退！"胡正平答应一声，率领一营携带全团重武器跑步出发了。

董天知的判断是正确的。胡正平率领一营赶到南塔底，正好和鬼子赶来的部队遭遇。狭路相逢勇者胜。先敌一步占领阵地的胡正平一声令下，轻重机枪一齐开火，机枪子弹狂风暴雨一般射向敌群。立足未稳的鬼子猝不及防遭到迎头痛击，被打得晕头转向。经过一阵猛烈的冲杀，鬼子死的死伤的伤，防线被冲开一道口子。

胡正平立即组织一营就地设防，猛烈的火力把鬼子压制在山坡下，掩护全团冲出包围圈，消失在大山之中。

原来，舞传男这一次用心险恶。他要铁壁合围董天知，投入了二二三联队和第三十六炮兵联队大量兵力，企图在五龙山中全歼董天知所部。无奈人算不如天算，这次合围出现了两个漏洞，而这两个漏洞统统没有逃过董天知的眼睛。一是派出的搜索尖兵过于突出而大部被歼；二是合围南塔底的鬼子慢了一步，而就是这个稍纵即逝的机会也被董天知牢牢抓住，舞传男功败垂成。

合围南塔底方向的鬼子是二二三联队第三大队，大队长是高木正实。舞传男恼羞成怒，把高木正实叫到师团司令部，挥起巴掌左右开弓，把高木正实打得满嘴流血。也是，一场本来稳操胜券的歼灭战，变成了自己损失惨重的大败仗，而董天知不仅消灭了日军一个中队的大部，而且几乎毫发未损，从包围圈中全身而退，舞传男岂能善罢甘休。

舞传男一通发作之后，歇斯底里地命令高木正实："你的，追击董天知的有！追击董天知的有！"

高木正实自知有责，他不敢擦去嘴角的血痕，只是一个劲儿地点头："哈伊！哈伊！"

董天知率领三十二团一撤四十里，退到壶关县平头坞村。他知道舞传男这次吃了亏不会善罢甘休，一定会有新的动作，于是也将计就计派出侦察员四处侦察，积极寻找新的战机。

高木正实挨了打，垂头丧气地带着队伍朝东南方向寻找三十二团去了。他把一个大队的鬼子分为两个部分，一个中队作为尖兵向前搜索，另外两个中队由他率领随后跟进。高木正实在山中转悠了十来天也没有找到董天知的踪影，而高木正实的一举一动却都在董天知的掌握之中。

这天傍晚，鬼子尖兵中队露宿在距离平头坞村大约三十里地的庙后沟里，连日追击一无所获，疲惫不堪的日军倒头便睡。这就是战机。接到侦察兵报告，董天知当机立断，决定出其不意再来一个长途奔袭。

夜幕之中，董天知率领三十二团沿着崎岖不平的山路，向着庙后沟猛扑过去。到达庙后沟，正是凌晨时分，月光皎洁。董天知在月光下看得清清楚楚，鬼子几百人毫无防备，露宿在沟底沣地里，四周山岭高耸，沟底犹如井底。董天知暗自思忖，这正是《孙子兵法》里所谓的六大绝地之一——天牢。三十二团悄悄占领四面高地，单等董天知一声令下。

三十二团在四面山岭上部署完毕，鬼子仍然在酣梦之中。

砰的一声，红色信号弹腾空而起。四面山岭上枪声大作，机枪、步枪喷出的火舌向着鬼子扑过去，不少鬼子还在睡梦之中就已经一命呜呼。被枪声惊醒的鬼子一骨碌爬起仓皇应战，不少鬼子只是朝着四周黑暗之处盲目放枪，还没有弄清楚是怎么回事就挨了枪子儿，扑通扑通倒在地上。

一营阵地左侧有个无人占领的小高地，如果鬼子占领这个小高地将会威胁一营左翼安全。蔺克发现这个情况，猫腰跑到董天知身旁，用手朝着小高地一指："首长，我带特务连去占领这个小高地！"董天知点头下令："快去！"蔺克带人朝着小高地飞奔而去。鬼子也发现了这个战术制高点，派一个小队奔小高地而来，只可惜晚了一步，爬到半山腰就遭到特务连的迎头痛击。特务连一阵机枪扫射和手榴弹轰击，被打死的鬼子一骨碌从山坡上滚了下去，没死的连滚带爬退回沟底。

鬼子阵地上还有两门山炮。炮兵操作手还没有进入炮位，就被撂倒几个。剩下的几个也是惊慌失措，连山炮标尺都没来得及校正，就成了枪下之鬼。

鬼子死伤累累，眼看大势已去，就连这两门山炮也要易主。正在这时，沟口出现了大批鬼子，原来是听到枪声的高木正实带着自己另外两个中队增援来了。

此刻就是利害转换线，再打下去就要吃亏。董天知果断下令："撤！"

来无影，去无踪。等高木正实赶到战场，见到的只是尖兵中队横七竖八的尸体和遍地狼烟。

高木正实望而兴叹。

六、血洒太行

一九四〇年三月，太行山冰消雪融，向阳的山坡上已经有了点点新绿，一切都焕发出勃勃生机。

董天知率领三十二团连战连胜，摆脱敌人北上到达平顺，游击十团也奉命从太岳区南下归建，加上先期到达的保安团，决死三纵队正式列入八路军一二九师序列，开始整编。决死三纵队以保安团、三十二团、游击十团为基础，吸收部分地方部队，整编为决七团、决八团、决九团。董天知被八路军总部任命为八路军第一二九师决死三纵队政治委员、中共决死第三纵队委员会书记。整编后的决死三纵队又按照八路军总部发出的整军训令中"加强与巩固党在部队中的绝对领导"这个目标，进行了为期三个月的整军。

三个月后，整军后的决死三纵队已经是脱胎换骨，面貌一新。

七月初的一天，纵队部驻地黎城县下桂花村，新任副司令员李汉光来找董天知。

一见面，李汉光就开门见山地说道："政委，整军后的决死三纵队兵强马壮，同志们求战心切，最近不少同志找我，要求打回白晋路西，收复失地。"

董天知指指桌子上已经摊开的地图，对李汉光说："老李，最近我也听到不少同志这样讲。阎老西和蒋光头把我们从岳南一带逼了出来，他们自己却又守不住，现在大部分地区都被日伪军侵占。那一带的敌伪汉奸有恃无恐，活动猖狂，经常向群众催粮、派款、抓壮丁、要花姑娘，还到处捕杀抗日群众和地方干部，老百姓处于水深火热之中。"

李汉光叹了口气："我们退出以后，鬼子在这一带横行霸道，这儿建一个碉堡，那儿建一个据点，还逼迫不少村子成立了维持会，建立了什么联防警报岗哨。一遇到游击队夜间活动，鬼子就要各村的警报岗哨在房顶上敲锣狂喊，而且必须是一村敲锣，各村呼应，否则鬼子就要进村杀人，老百姓苦不堪言。"

董天知满面怒容，眉毛一拧说道："老李，不能任由鬼子这样下去。共产党的军队就是要保护老百姓，何况我们还有不少在十二月事变中失散在那里的干部、战士在等着我们去解救。我的意见，立即从决七团和决九团各抽出一个骨干连组织一支精干武装，组成决死三纵队游击支队，打回去！游击支队的任务是插入长治、长子、阳城和高平之间，开展游击战争，发动组织群众，扩大游击武装，恢复和建立抗日政权。"

李汉光也从凳子上站起身来："政委，我赞成。"

董天知接着说道："游击支队要尽快把抗日的种子撒下去，把抗日的烈火烧起来。收复一个区，就建立一个区的抗日政权；收复一个县，就建立一个县的抗日政权。还要尽可能地扩大抗日队伍，能扩大一个营，就编一个营；能扩大一个团，就编一个团。游击支队独立执行任务，不要等上级指示，可以先根据情况自行决定，事后向纵队备个案就行。"

李汉光点点头："对，让他们放开手脚去干。"

董天知看着李汉光："老李，我马上着手挑选人员。你负责从军事上对他们再进行一次严格训练，专门搞一次实弹射击和手榴弹实弹投掷演练，补充武器弹药，作好出征准备。"

李汉光信心满满地说："政委放心，军事训练的事就交给我了！"

游击支队就要出征，董天知特意赶来为大家送行。

一大早，游击支队队员们已经整整齐齐地列队等候，董天知骑着从日军手里缴获的栗色高头大马，检阅这支将要出征的队伍。眼前这三四百名游击支队队员，一人一身崭新的夏装，挺着胸膛，身背长枪，个个精神振奋，斗志昂扬。

支队长赖林芝和政委张乐也是全副武装，笔挺地站在队伍的最前面，目视着董天知从队前走过。看着这支兵强马壮的队伍，董天知满心欢喜。他勒马站在队伍正前方，抬头望去，队伍的后方，天边一轮红日正在冉冉升起。眼前这支队伍不就像这一轮初升的太阳吗？它正以不可阻挡的步伐，扫除一切黑暗，打出一片新天地，打出一个新世界！

满怀着必胜的信心，董天知声音洪亮地说道："同志们，我们是共产党领导的八路军。八路军是什么？是人民的队伍，是为人民打天下的队伍！就像我们身后正在升起的这一轮红日，谁也阻挡不了我们前进的步伐！蒋介石、阎锡山把我们从岳南根据地逼了出来，那里现在却是鬼子、伪军在横行霸道。老百姓盼星星盼月亮，天天在盼着我们八路军。盼着我们回去打鬼子，盼着我们为老百姓撑腰做主。我们游击支队今天就要打回去！把老百姓从日本鬼子的铁蹄下解放出来，带领老百姓跟日本鬼子干！"

队伍里鸦雀无声，同志们凝神屏息听着董天知讲话。

董天知看看天边的红日，又看看眼前这支身披霞光朝气蓬勃的队伍，语气更加慷慨激昂："同志们，我们执行的是一个无上光荣的任务，每一个同志都应当感到骄傲和自豪，因为我们献身的是神圣的民族解放事业！同志们，即使我们牺牲在战场上，我们也永远不后悔。祖国不会忘记我们，人民不会忘记我们，子孙后代不会忘记我们。我们的子孙后代会永远记住我们，我们的子孙后代会永远感谢我们！"

董天知的讲话感染了同志们。他话音刚落，队伍中就爆发出阵阵吼声："消灭小日本，消灭小日本！""坚持抗战，反对投降！"

董天知大手一挥："出发！"

游击支队迈着有力的步伐，气势轩昂地踏上了征程。

霞光中，董天知骑在马上，目送这支队伍远去。

"向前向前向前！我们的队伍向太阳，脚踏着祖国的大地，背负着民族的希望，我们是一支不可战胜的力量。我们是工农的子弟，我们是人民的武装，从无畏惧，决不屈服，英勇战斗，直到把小日本消灭干净……"赖林芝起了个头，队伍里响起雄壮激昂的歌声，这歌声在太行山高山密林之间，在太行山深谷丘壑之间久久回荡。

一九四〇年八月十日，黎城县下桂花村通往谭家村的山间小路上，三匹战马向东一路飞奔。

来到位于谭家村的八路军一二九师司令部前，董天知跳下马背，把手中的缰绳往警卫员手中一扔，匆匆走进司令部。

一二九师师长刘伯承、政委邓小平、政治部主任蔡树藩和参谋长李达正围着摊开在桌子上的地图研究作战方案，听到董天知进门的声音不约而同抬起头来。

刘伯承笑着问道："天知，部队情绪怎么样？"

董天知抬手向刘伯承和邓小平敬了一个军礼，答道："师长，政委，经过几个月整军，部队士气高昂。这次我接到师部命令前来，同志们还都在猜测，是不是有什么重要的作战任务了呢！"

邓小平用手中的铅笔点点董天知，笑着接过话来："天知，让你给猜着了。总部已经下达命令，准备发动一场针对日军交通干线的大规模破袭战役。"

刘伯承指着地图上一纵一横两条铁路线，对董天知说道："最近一段时间，日军利用平汉线割断我山区和平原的联系，利用正太线割断太行根据地和晋察冀根据地的联系。小鬼子依靠交通线，向我各根据地轮番进行扫荡和蚕食，手段无所不用其极。在这种形势下，不打几个大胜仗，局面不可能改观。

也可以说，大规模破袭日军的交通干线，是势在必行的战略行动。"

邓小平放下手中铅笔，嚓的一声划着火柴，点燃一支烟深深吸了一口，说道："日军对于国民党政府，则利用慕尼黑协定签字之后的有利时机，加紧政治诱降。他们扬言'八月进攻西安'，扬言'截断西北交通线'，恫吓吓唬国民党，一时间国民党妥协投降的空气甚嚣尘上，国民党顽固派军队甚至同日寇相勾结，不断向八路军制造摩擦，还大造什么'八路军游而不击'的谣言，迷惑人心。在这种困难面前，我们的一部分干部也产生了对自己力量估计不足的右倾情绪，甚至有些人对抗战失去信心。所以，这场交通战从某种意义上说，是一场我们和日寇之间你死我活的斗争！"

听了刘邓两位首长的话，董天知摩拳擦掌。他看看刘邓两位首长，问道："师长，政委，我们决三纵队的任务是什么？"

刘伯承用手中的铅笔指点着地图对董天知说："天知，莫急。这次作战，我们一二九师准备在正太线上使用十个团的兵力。另外，还准备抽出相当于二十八个团的武装，分布在平汉、白晋、同蒲几条铁路线上进行广泛的破路袭敌，以策应正太路作战。具体来说，决三纵队的任务就是配合主力钳制潞城、微子镇和黄碾之敌，破坏五阳和潞城之间的交通，并相机攻占潞邑山鬼子据点。"

董天知信心满满地点点头。

邓小平补充说道："按照总部命令，各兵团于八月二十日二十时同时行动，准时开始攻击。要连续破击至少五天或七天，并争取更长时间，以达到彻底摧毁敌人的目的。天知，这次战役是八路军在华北的整体行动，对华北乃至对全国都有着极大的意义，任何一个点都与全局有关，任何一项任务都必须坚决完成！"

董天知铿锵有力地说道："请师长、政委放心，决死三纵队一定圆满完成任务！"

离开一二九师司令部，董天知心中不停回味着刘师长和邓政委的话，马不停蹄赶到驻扎在平顺王庄一带的七团进行安排部署。

在七团团营干部动员会上，董天知说道："同志们，刘师长和邓政委反复强调，这次破袭战不同以往。这是我军在华北战场上一次大规模的、主动进攻的战役，其目的是破坏敌人进攻西北的计划，影响全国的抗战局面，坚定全国人民的抗战决心，争取时局好转，这是我们八路军的重要政治任务。过去，我们戴着阎锡山的帽子，受了不少窝囊气。现在，我们决死三纵队已经正式列入八路军序列，同志们心中多年的愿望终于实现了。上级赋予我们钳制歼灭潞城一带日本鬼子的任务，既是对我们的信任，也是我们决死三纵队的光荣。过去我们打得比较多的是游击战和伏击战，是在运动中消灭敌人，这次不同以往，是攻击守备据点的攻坚战。为了胜利完成任务，我们一定要认真准备，要克服一切困难，坚决完成任务！"

在七团进行战前动员后，董天知带领参谋人员返回黎城县下桂花村纵队部。

纵队部设在村子正中的高甲戌家。董天知刚刚走进纵队部大门，迎面碰见李汉光。李汉光高兴地说道："董政委，你可回来了！"

下桂花村北有一座建于大唐总章三年的关帝庙，这座庙已经有一千两百多年的历史，董天知就住在关帝庙西厢房。

第二天一大早，董天知早早起了床，要到驻扎在黎城县北马村一带的九团检查战斗准备情况。

九团的战前准备不理想。董天知带领九团新任团长李文昌和一营营长贾定基、二营营长吴凤高、三营营长傅继忠再次徒涉浊漳河，亲自侦察潞城敌情和附近的地形。

经过几天的详细侦察，董天知又对纵队前方指挥所和九团的作战方案做了进一步的研究和部署：八月十九日，纵队前方指挥所秘密进驻潞城王郭庄，九团秘密进驻王郭庄以北、以西的儒教、申庄、果街各村。九团任务是以一营、二营攻占黄碾鬼子据点，炸毁据点消灭敌人；三营一个连向五阳方向之敌保持警戒，其余两个连采取袭扰行动牵制敌人。八月二十日晚上二十时准时发动进攻。

九团按照命令进行战前准备去了。

八月十九日一早，董天知率领纵队前指、警卫排和通讯排来到浊漳河边，没想到却遇到了一个意外情况。因为连日大雨，浊漳河河水大涨，平日可以徒涉的浊漳河此时山洪暴发，水势凶猛，站在河边望去，沿着河道奔涌而来的浊漳河水咆哮怒吼着，如同一群受惊的野马，翻卷着泥沙石块一浪接着一浪打过来，纵队前指被隔在了浊漳河北岸。

直到下午三点，河水水势下降，部队才可以勉强渡河。为了确保安全，董天知命人找来附近十几个熟练的水手，护送部队渡过浊漳河。

部队在泥泞中行军，凌晨一点钟，董天知带领前方指挥所秘密进驻王郭庄村南关帝庙。

王郭庄村里潜伏着鬼子的密探。原来，这王郭庄村距离潞城县城三十里，距离微子镇四十里，四面环山，地形复杂，是潞城抗日根据地的大门，这里进可以袭击潞城、黄碾、微子镇之敌，退可以凭借有利地形固守，是敌我双方争夺的战略要地。日寇为了控制这块地方，早就秘密组建了一个五十多人的密侦队，潜伏在抗日根据地秘密侦察，刺探情报，王郭庄村更是日伪密探活动的主要地方。傍晚时分，指挥部前哨部队到达王郭庄的时候，引起了鬼子密探王过计和罗群喜的注意，两人趁着夜色跑到潞城，向潞城日军告了密。

潞城驻扎的是日军第三十六师团二二三联队第二大队，大队长黑石接到情报如获至宝，立即纠集驻潞城、黄碾和微子镇的日军六百多人，兵分三路向王郭庄扑去。

鬼子四面包围了王郭庄。

一九四〇年八月二十日拂晓，大雾弥漫，王郭庄村西的石坪岭上突然升起一颗红色信号弹。这是鬼子发起进攻的信号，顷刻之间四面山头上枪声大起，鬼子突然向王郭庄发起攻击，目标直指关帝庙。

关帝庙西厢房里，董天知并未休息，他和参谋长高体乾还在商量第二天的作战方案。听到骤然响起的枪声，董天知心里一沉，但他立即冷静下来。他仔细听了听枪声的方向，对高体乾说："参谋长，我们四面都是枪声，鬼子看来是有备而来。东北方向枪声稀落，是鬼子兵力相对薄弱的地方，你带指挥部朝东北方向突围！"他一边说着，手里的两把手枪都已经子弹上膛，"我带警卫排向西冲开鬼子防线，带领九团杀个回马枪，消灭鬼子！"

高体乾叫道："政委，西边山上枪声密集，那里危险！"

董天知边走边说："翻过西边山岭就是九团，这里距离最近！"话音未落，董天知手握双枪已经冲出关帝庙。董天知有两个警卫员，燕登山因为另有任务这次没有随行，此时他的身边只有警卫员安登贵。安登贵也提着子弹上膛的盒子枪，紧紧跟在董天知身后出了关帝庙。

高体乾追出门外，见谢绍安带领警卫排刚刚跑到关帝庙门口，高体乾连忙对着谢绍安吼了一声："谢排长，快去，快带警卫排跟上去，一定要保护好董政委！"谢绍安答应一声，带领警卫排二十七名战士跟在董天知后面，向着西山石坪岭冲过去。

"政委！政委！"高体乾急得直跺脚，大雾弥漫之中已经看不见董天知的身影。唉！高体乾无奈，只好带领指挥部和通讯排朝东北方向突围。

石坪岭上每一个路口都有鬼子把守。大雾帮了鬼子的忙。大雾之中能见度太低，当董天知和警卫排战士们沿着陡峭的山路冲到岩塔凹跟前时，赫然发现鬼子的机枪就挡在面前，而此时决死队战士们距离鬼子机枪已经近在咫尺。

"卧倒！"董天知高喊。几乎就在同时，鬼子机枪喷着火舌突然扫过来一梭子弹，有几个警卫排战士倒了下去。

"隐蔽！"董天知又大喊一声，就地一滚，滚落到一处沟坎下面。嗒嗒嗒

357

嗒……鬼子又一梭子弹扫了过来，又有几个警卫排战士牺牲了。

警卫排战士们都是短枪，火力完全被鬼子机枪压制。头顶上子弹还在嗖嗖地飞着，谢绍安和安登贵连续几个翻滚，来到董天知身边。谢绍安左臂受伤，鲜血直流，董天知嚓的一声从衣服上撕下一根布条，熟练地把谢绍安的伤口包扎起来。谢绍安顾不得自己的伤，焦急地对董天知说道："首长，这里危险，必须赶快离开，我把鬼子的机枪炸掉！"话音未落，谢绍安猛地站起身，嗖嗖朝着鬼子机枪阵地甩过去两颗手榴弹。

轰！轰！两声巨响，鬼子的机枪哑了。

"冲过去！"董天知大喊一声，带领战士们再次朝岩堖凹冲了上去。刚刚冲上岩堖凹，埋伏在草丛中的鬼子端着上了刺刀的长枪，居高临下就冲了过来。董天知左右开弓，双枪齐发，子弹朝着鬼子打过去，端着长枪扑过来的鬼子扑通扑通倒下几个。

鬼子十倍于我蜂拥而至，董天知带领警卫排战士毫不畏惧，冲进敌群，和鬼子展开了肉搏。

战士们从鬼子手中夺过长枪，和鬼子拼起了刺刀。董天知也冲入敌阵，一个鬼子端着刺刀扑了过来，董天知瞅准机会一个闪身，冲到跟前的鬼子扑了个空，董天知挥起手中的枪把照着鬼子的后脑勺猛砸过去，鬼子一个跟跄扑倒在地，董天知甩手一枪，却发现手枪里的子弹已经打光了。董天知冲上去夺过鬼子手中的长枪握在手中，一刺刀结果了这个鬼子的狗命。安登贵的子弹也打光了，他也从鬼子手里夺了一杆枪，冲到董天知身旁，和鬼子拼起刺刀来。

这是一场空前惨烈的肉搏战。尽管战士们以一当十，奋力拼杀，无奈鬼子人多势众，警卫排渐渐处于下风。

正在这时，鬼子嗒嗒嗒嗒扫过来一梭子弹，又有几个战士倒下去了。董天知也中弹负伤，重重地摔倒在阵地上。

"政委！"安登贵大喊一声，飞身扑到董天知身旁。谢绍安正在跟鬼子拼刺刀，听到安登贵的喊声，他心中一急，一刺刀捅进面前鬼子的胸膛里，然后飞起一脚把鬼子踹倒，拔出长枪也转身飞奔来到董天知身边。

岩堖凹阵地上依然大雾弥漫，浓雾之下却已经是血流成河。

董天知挣扎着站起身来，安登贵和谢绍安一左一右搀扶着他，三个人都已经浑身是血，伤痕累累，但依然一人手中握着一杆上了刺刀的长枪，如同三尊钢浇铁铸的雕像一般紧紧靠在一起，巍然挺立在阵地上。

十几个鬼子端着长枪把董天知他们团团包围。时间已经暂停，空气仿佛凝固，鬼子们被眼前的场面震撼了。

董天知平静地看了看安登贵和谢绍安，坚定地下达了最后一道命令："到了我们为中华民族流尽最后一滴血的时候。我死则中国生，我亡则中华存！——冲啊！"

岩垴凹阵地上枪声再起。冲向鬼子的董天知胸前又连中四弹，倒在阵地上停止了呼吸。谢绍安也献出了自己的生命。只有安登贵意识尚且清醒，他艰难地向着董天知爬过去，他要尽到一个警卫员最后的职责。爬到董天知身边，他抬起满是鲜血的右手，轻轻抹下董天知的眼皮，而后他又用尽全身的力气，把右手五指深深地插进泥土里，抓起一把太行山的泥土，轻轻覆盖在董天知的脸上。

覆盖在董天知脸上的泥土里，有一朵盛开的鲜花，一阵微风吹过来，那朵鲜花轻轻摇曳，火红的花蕊就像一朵小小的、永不熄灭的火苗在跳动，在燃烧……

安登贵想起了董天知最爱唱的那首歌《五月的鲜花》。他轻轻哼唱起来，他要用这首歌为敬爱的首长送行："五月的鲜花，开遍了原野，鲜花掩盖着志士的鲜血，为了挽救这垂危的民族，他们正顽强地抗战不歇……"

鬼子的包围圈越来越小，他们知道安登贵已经无力反抗，他们要抓活的。

就在鬼子扑向安登贵的一瞬间，安登贵拉响了怀里最后一颗手榴弹。只听"轰隆"一声巨响过后，岩垴凹阵地归于平静。

八月二十一日清晨，武乡县王家峪八路军总部作战室。

收发报机"嘀嘀嘀嘀"响成一片，捷报正像雪片一样飞来。一夜没有合眼的彭德怀手里端着茶缸，一边注视着挂在墙上的军用地图，一边听着参谋向他报告各兵团来电。

电话铃声响了，刚从北方局党校学习归来的八路军总部作战科科长王政柱拿起电话一听，捂着听筒向彭德怀报告："彭总，一二九师刘师长电话！"

彭德怀一手端着茶缸，一手接过电话来，把听筒放到耳边。

"我是彭德怀！"他刚刚习惯性地说完这句话，脸上的表情却突然僵在那里。只听电话那头传来刘伯承低沉悲痛的声音："彭总，在百团大战第一天的战斗中，董天知同志身中七弹，壮烈殉国……"

"什么？"彭德怀猛地一下愣住了，他对着电话吼了起来，"警卫部队呢？！"

"警卫排二十八名同志和天知同志的警卫员安登贵……全部牺牲。"

听到这里，彭德怀身子一震。他痛苦地闭着双眼，强忍着眼中的泪水……

尾 声

一九四〇年九月初的一天清晨。黎城县下桂花村。

战士们流着眼泪，怀着沉痛的心情，已经把董天知的遗体从硝烟散去的战场上抬到了村里。

纵队民运科长任映仑负责筹备追悼会。自从得知董天知牺牲的消息，任映仑和全体决死三纵队将士一样，悲痛的眼泪就没有干过。他哭着找来民运科科员刘文和吴润，沉痛地说道："纵队决定，政委的后事由我们几个人办理，我们一定要尽最大的努力，把政委的后事办好。"话音未落，三个人泪眼相顾，禁不住又一次失声痛哭起来。

刘文跑遍附近的村庄，买来最好的棺木。战士们小心脱下英雄身上的灰色八路军军服。一件军服，七个弹孔。布满弹孔的军服已经被英雄的鲜血浸透，军服被战士们小心翼翼地捧在手上，在战士们的手中传递着。看着手中这被鲜血染红的军服，董天知的音容笑貌仿佛又出现在战士们面前。战士们仿佛又看到了董天知驰骋杀敌的身影，仿佛又听到了董天知激动人心的战前动员……想到这里，战士们有的低声呜咽，有的掩面抽泣，有的号啕大哭……战士们含泪擦洗了英雄身上的血迹，刘文为董天知将军换上一身崭新的八路军军服。

下桂花村被悲痛的气氛笼罩着。

……

抗日根据地军民为董天知将军举行隆重的追悼会。天空中日军的飞机正隆隆怪叫着飞过，为了防止日军飞机轰炸，追悼会在下桂花村西羊窑门口的一片树林中举行。

决死三纵队全体将士和附近村的民兵代表、妇女儿童代表数千人参加追悼会。追悼会主席台上悬挂着董天知将军的巨幅画像，画像下摆放着花圈和挽联，时任中共中央北方局书记杨尚昆题写的挽联"英气横贯比干岭，壮志常存鸭绿江"悬挂在最醒目的位置。装殓董天知遗体的棺木停放在会场正中央的一片空地上，棺前香桌上，一板一板烧着黎城县李庄出产的木香，整个追悼会现场庄严肃穆。

戎子和主持追悼会并致悼词，陈锡联、朱穆之、杨献珍、李汉光等在会上讲了话。整个追悼会现场被悲痛的气氛笼罩着，数千军民眼睛里含着泪花，雕塑一般站立在树林中，一声不响地默默为英雄掉泪。

不知是谁起了个头，参加追悼会的人们唱起刚刚配了新词的山西沁水谣《悼念董政委》：

> 同志们，要记清，一九四〇年八月二十日的炮火中，在太行失去一盏指路灯，哎哟哟，董政治委员为求解放而牺牲。莫悲哀，莫伤心，要学董政委坚决抗战的英勇精神，哪怕它战地荆棘路难行，哎哟哟，坚持持久战，冲破黑暗是光明！

片刻的宁静之后，人们又唱起《追悼董天知之歌》：

> 天空中陨落一颗巨星，好像行路者失去了明灯。啊！在伟大的百团大战中你英勇牺牲，我们不用眼泪去追悼你的英魂。要继承你的遗志，为民族解放而斗争。看吧！无数的人踏着你的血迹前进，胜利之花将开放在你的墓顶。

不久后出版的《八路军军政杂志》第二卷第九期上，登载了朱德总司令写于一九四〇年九月二十五日的文章《扩张百团大战的伟大胜利》。文章中，八路军总司令满怀深情地写道："在敌后抗战历史上空前的百团大战开始的二十日中，我们的……决死三纵队政治委员董天知同志……为中华民族解放的神圣事业而光荣地流尽了最后一滴血，这里，我谨向他们表示崇高无上的敬意。"

　　　　　　　一稿　二〇一九年四月五日清明节　　于河南郑州
　　　　　　　二稿　二〇一九年五月十五日　　于黑龙江哈尔滨
　　　　　　　三稿　二〇一九年六月二十五日　　于宁夏银川

附　录

百团大战战报

（一九四〇年八月至十二月）

战报三十一

（一）二十日晚，我刘师×团一部，配合决死队一部破坏潞城、黄碾间公路二里许，收电话线四百余斤。另一部攻黄碾镇，因被汉奸告密，致未奏效。

（二）二十日、二十二日两日，决死队一部在潞城、微子镇间，破坏公路十余里，收电线五百余斤。二十日晨，潞城敌六百余北犯，被决死第三纵队痛击后，敌人陆续增援，被我杀伤甚重，但我亦以众寡不敌，退出战斗。是役，该纵队政治委员董天知受伤，继续指挥，不幸连中四弹，光荣殉国，并伤亡以下百余人，敌死伤二百余。

（三）二十二日，我陈团一部强攻故城东北之×［夏］庄据点，激战至晚，将守敌八十余全部消灭，俘日军一名、伪军一名、伪中士以下二十七名，获长短枪五十九支、轻机枪四挺、自行车三辆。

（四）二十三日晚，我军将白晋路沁县以北漳源镇至牧寺段铁路破坏三里，炸毁桥梁三座，击溃来犯之敌百余，毙敌十余；同时我军另一部，将羊庄至合涧公路破坏一段。

（五）二十七日，我桂旅赵团发动群众二千余，将故城东北公路破坏三十余里，毁木桥一座，收回电线千五百余斤。

——解放军出版社《百团大战历史文献资料选编》第 266、267 页

粉碎敌人分区扫荡的几个具体问题

董天知

（一九三九年十二月十五日）

关于目前的政治形势，国际的国内的一般问题，已由子和同志报告过，现在我谨将晋东南目前的战争形势、我们所处的环境，以及所能遇到的种种困难，作一简单的报告，并且根据目前的形势分析，具体提出我们的任务与工作。

一、最近情报，长子、长治有所动作，我军在城郊一带与敌人对峙中，闻东阳关一带敌人又增加两万人（这一情报尚未能证实）；沁县敌万余大部向南集结，仅王和、权店、漳源留有少数敌人，同时和川又为敌人占领，继续向府城、良马进犯，并且谣传河南博爱敌人亦开始北进。根据这些情报来判断估计，我们认为敌人将开始向我们这一区进攻扫荡，不过目前还不能做最后的判定。

在这以前，我们还接到许多情报，敌人沿汾河，北自灵石，南至新绛、稷山、河津一带增兵，在三角地带内已与我孙定国部展开激烈战斗，同时汾阳一部敌人集结一旅团准备再度进攻柳林军渡。临汾至灵石间，古城镇、黑龙关、土门、万安镇、双池镇，各据点集结大部兵力，洪洞一带为敌一〇八师团，其他尚有三十六师团、独四旅、独三旅、独九旅等敌人，在晋西和晋西南各地。

敌人目前的行动究竟是进攻晋西部，还是向我们这一地区进攻，现在还不能做最后的判定，但我们可以指出两个可能：（一）直接向我们进攻；（二）策应晋西军事行动。假若敌人策应晋西军事行动，暂时对这一地区不会有大规模的进攻，不过我们必须估计到目前敌人向我们的进攻，而且要做战争的准备与动员。

敌人进攻我们这区是含有两个意义：（A）首先是敌人重新扫荡的开始，虽然敌人不能达成任务，但敌人必将在这一区内钉几个钉子，作为它随时向我进攻扫荡的据点。根据敌酋杉山元及桑木等的讲话，扫荡华北展开山地争夺战，是敌人目前战略的中心。敌人在华北有十几个师团，战争中心在山西及山东两省内，目前敌人以六个到七个师团的兵力，进攻晋东南抗日根据地，证明对晋东南的重视。敌人可能采取主动的地位，来继续分区扫荡晋东南（事实上敌人已对平顺、安泽二县做过残酷的扫荡战，敌人必然要向太岳山脉扫荡）。（B）第二个意义是因我蒋委员长最近下令，自九月中旬起开始全国总反攻（全面出击），这在上党一带已有事实证明，中央军已有八个军过河继续北开，准备会师长治；长治、长子敌人已陷于我大军包围中，敌人为援助长治、长子敌人起见，增兵晋东南，这是敌人在战略上已陷于被动。

我们认为敌人向我们进攻是有种种困难的。但是根据敌人扫荡三区的经验教训，五路同时进攻突然袭击，专意摧毁后方机关及根据地建设，十二年无人走的山路敌人都走到且到处烧杀抢掠，敌人的扫荡是异常残酷的。敌人在华作战，共有四十个师团，单在晋东南就有十九个师团，同时敌人准备在陇海铁路以北，赶修青岛至彰德府之铁路、沧石铁路、开封至新乡的铁路，已筑起严密的铁道网，东西联系起来，以黄河流域的兵力，进行扫荡华北，这一严重形势，我们必须严重注意。

二、根据子和同志的讲话，检讨一下，目前我们对战争准备不够。

（一）首先我们应该确定我们的作战原则，具体提出作战任务：

A. 使敌人扑空无所获而去　敌人扫荡我根据地的最大企图是摧毁抗日政权，摧毁根据地内后方机关及一切经济建设事业，特别是军事工业，抓取与焚毁我们的存粮、弹药及一切军用器材物品等。我们必须疏散后方，隐匿部队行动，使敌人无从发现我们的一切，不知道我们的主力所在。

B. 保存自己争取战斗胜利　用牛刀子战术击溃和消灭我军主力，也是敌人进行扫荡战的重要手段之一。绝对避免在不明敌情、不利于我们条件之下轻易进行战斗，以致主力遭无谓牺牲，要切实把握不失机不吃亏的原则下达到袭击、困扰、打击、消灭敌人之目的。

C. 争取主动协助友军相机歼灭敌人收复据点　目前应控制主力，监视行动，派大量小游击部队深入敌后，进行破路、空室清野、瓦解敌伪军；与大部队策应不时扰袭敌人，判明敌人企图与动向后，以主动的态度对敌采取攻势，并与友军妥取联系，相机收复据点。

石哲战役以后，我们就已经喊出了"战争准备"的口号，可是直到现在，并没有引起一般同志的注意，并且在工作上表现松懈、麻痹的现象，今天在这一会议上应特别提出来。

（二）我们必须准备一切，适应战时条件，疏散物品，疏散驮骡，疏散后方机关人员，减轻各级人员行李重量，在敌人来时不至于发生慌乱现象、不能迅速行动遭受损失，特别接受三区的惨痛经验教训。

（三）关于疏散后方机关，不只是我们的后方机关，同时应包括专署、牺公中心区、长子县政府、儿童团、工厂、报社等，这些机关缺乏战斗力，派武装保护也是极困难的，我们必须使他们自己注意隐蔽与疏散。

（四）在作战当中，应与地方机关与后方机关密切联系起来。过去每当作战，便与地方行政机构离间，是一个大的错误。今后，遇有战争情况，我们一定事先通知各后方机关、地方机关，使他们能够及时准备，不致遭受敌人突然的袭击。

（五）最后可能时我们应召开一次会议，邀约专署、牺公中心区、长子县政府及各后方机关出席，报告我们的作战原则，使大家互相帮助，互相联系起来，预先计划确定在紧急情况下各单位的行动方向与驻地，应为反围攻战争的胜利而努力。

三、关于保卫根据地、粉碎敌人围攻，提出几个具体问题。

战争形势一定要到来，我们要以组织的力量推动全体，把握我们的作战原则、具体布置与行动，并且是一通知，在下级接到我们的通知后，使我们组织的行动与行政系统确切地配合起来。

一切为了战争，一切为了战争的胜利，我们的基本任务，是粉碎敌人的围攻。反对和平妥协、坚持抗战、争取最后胜利是我们的基本的任务，我们为完成这一任务，必须坚决保卫根据地。

巩固与扩大部队，粉碎敌人残酷的扫荡，今天我们所进行的反围攻战争，便是具体地执行了这一任务。

为了完成以上的任务，必须首先了解几个问题：怎样粉碎敌人围攻？怎样保卫根据地，并且使自己巩固与壮大？粉碎围攻必须经过长期的残酷的战争才能达到目的，不是只开一次会议就完了。

首先要巩固我们的根据地，坚持持久反复的战争。今天我们是在敌人后方坚持抗战，若没有根据地的建立，这一战争便不能继续，保卫根据地是坚持抗战最主要、有决定意义的条件；只有巩固与扩大我们的根据地，始能进行持久的反复的战争，取得胜利。

A. 敌人已集中相当大的兵力进行华北扫荡战，山西是敌人进攻的对象，在敌人这样企图之下，我们不能不考虑、计划怎样进行战争。敌人要进攻山地、进攻我们的根据地，我们便要保卫山地、保卫根据地，同时不能放弃平原游击战，两个月来在长治一带坚持平原游击战的结果，已使我们收到相当效果。坚持平原游击战，一方面可以使我们的部队源源补充，同时保证部队给养的来源。没有平原游击战的坚持，保卫山地，便是不可能的，根据地就不能存在。所以坚持平原游击战、保卫根据地是不能分开的。

此次粉碎敌人围攻战争有三种可能形态：1. 把敌人赶出晋东南；2. 敌人

把我们消灭，占领山地；3. 敌人保持平原据点，我们保持山地根据地，成一种相持局面。今天的估计，要把敌人根本赶走，暂时尚无可能，同时敌人消灭我们占领山地，是根本不可能，但是敌人时刻企图大举扫荡我根据地，这种危险性时刻存在着，我们必须争取第三种形态的确定到来，就是敌人占领平原，我们占领山地，呈一种胶着状态。有时我们进至长治、长子城郊袭击敌人，同时敌人可能以奇袭急袭的方式，进攻我们的根据地，在这种围攻与反围攻、战役防御与战役反攻中，形成犬牙交错的形态。在这种形态下，我们应以灵活的游击战、运动战的战术，不断打击敌人、消灭敌人，巩固与扩大根据地，在战争过程中，使自己生长壮大起来，使我们在全国有力量，争取全国相持阶段的到来，争取抗战最后胜利。所以，为坚持持久抗战，必须首先保卫根据地，与敌人进行持久的反复的战争。坚持平原游击战，保卫根据地，打击敌人，消灭敌人，是我们当前的第一个任务。

B. 具体地把平原游击战与山地战切实配合起来，确定保卫根据地、敌占区内及敌我相持地带的工作：

1. 在我们根据地周围，应详细勘察地形地势，大体划分游击区、围歼区、安全区，准备随时与敌人作战。我们要把根据地作为我们的堡垒，我们力量生息繁长的处所，保障一切后方人员的安全，作为吸收一切力量的核心，使根据地发挥其堡垒及发动机的作用。

2. 在敌占区内，根据两个月来坚持平原游击战的经验，要使人民不反对我们，而且拥护我们，反对敌人，首先须派出小的游击队大量工作人员深入敌区，随时领导人民进行破路、空舍清野、瓦解敌伪政权等工作，指挥民众游击小组袭击、扰乱敌人，使民众了解我们部队与他们的切身利害关系，真正地拥护我们，成为部队的侦探、便衣队，使其隐藏在敌区内像潜水艇一样起内应作用，并且必要时可以配合我们部队作战。与敌人争取民众，是敌区中最重要的工作。

3. 在敌我交错区内，经常与敌人展开游击战争，以期逐渐缩小敌区，并防止与监视敌人向山地进攻，应加紧组织民众的工作，进行公开的斗争。长子的大堡头，敌人时常来去，我们在那里必须暗暗地组织侦探网，监视敌人的行动，发动群众游击战争，广泛展开群众反敌伪的公开斗争，扩大参战运动斗争，扩大我们的部队，将这一地区作为根据地的外围。

4. 关于部队的使用，亦有许多问题。最近发现许多游击队不能和大部队行动联系起来，这对于我们的作战是极不利的。

（1）各部队派出游击小组，一般的是相当成功，但还不普遍，并且不能和大部队适当地配合起来。自然游击小组在地区活动，所发挥的效力是不大，或者有人认为这种方式极笨，但是我们不应看轻游击小组的作用，它可以相当地消耗敌人，创造敌人的弱点，为我们大量地消灭敌人、打击敌人作好准备。

（2）大部队的活动是配合游击小组，消灭敌人，但是近来，我们往往派出大部的兵力游击，这样只是把部队疲劳了，而不能应付大的战斗。敌酋杉山元的讲话，主张以"牛刀式的战术"采取突然的袭击，假若我们经常地广泛地派出游击小组，监视敌人行动，敌人企图采取奇袭急袭的方式是不可能的。所以今天派出游击小组领导人民破路、空室清野，广泛开展人民游击战，是目前的重要的工作。

今天我们的作战方式，主要的是控制主力，经常地广泛地派出游击小组活动，监视敌人行动，消耗敌人，疲惫敌人，造成敌人弱点，配合大部队打击敌人，消灭敌人。今天还有许多同志认为我们应该袭击长子，可以拿少数部队把长子攻下，实际上是不可能的。最近友军的几个团的兵力，配备大炮进袭长子，尚未能将敌人赶去，像我们这样装备不完善的部队，更是不容易的。这样主张的同志，是不了解我们应该怎样打敌人。

为什么不能使大部队与游击小组适当地配合，正确地运用游击小组呢？这主要的是对游击小组认识得不够。游击小组一方是由我们部队派出去的，一方是由地方民众组织的，与其说是军事任务重要，毋宁说是政治任务重要。在去年临汾作战，×军曾勉强民众游击队配合作战，结果，使那一游击队的队员都吓坏了胆，不敢再去作战，所以游击小组的任务应该是：（A）教育民众作战，发动民众参加战争，成为民众抗日的骨干，领导民众破路、空舍清野等工作。最近我们在小宋的游击小组的活动，发挥了极大的效力。在九路围攻时，人民不知空舍清野的意义，可是这次人民的空舍清野工作，给了敌人极大的困难。（B）情报通讯工作。游击小组本身便是我们部队的侦探，同时可以广泛在民众间建立侦探网，才能防止一切汉奸敌探的活动。最近我们十团捉到一个伪军，从伪军的口供里我们知道有许多蓄意反正的伪军，但是恐怕中国军队杀他不敢投诚我军。假若有我们的民众随时随地去找机会向他们解释，瓦解伪军工作一定能收到相当的效果。（C）进行动员新战士工作，补充我部队。最近我们派出的游击小组，回来时都带来许多新战士，便可以证明这一点。（D）配合大部队作战。有时大部队不能到达的地方他可以到达，并且可绕到敌人的前后左右，特别是便衣的，使敌人无法发觉。大部队在作战当中遇到困难，游击小组可以设法解决，如长治一带，我们的游击小组已经获得当地民众的拥护。假若我们大部队在那里作战，一定能够得到人民的拥护与奋力援助，遇到困难时，可以利用便衣的方式，在群众掩护下活动。

5. 动员新战士，是我们目前一个重要任务。要坚持持久战争就必须壮大抗日部队，没有持续不断的新战士补充壮大，可能争取战争的胜利也是无保证的。想一想，假若山西没有大量的中央军、八路军、晋绥军、牺盟领导下的决死队、工卫队、自卫队等广大的部队，坚持山西的抗战便是一句空谈，同时这些部队如果没有新战士继续补充，他们便早已失掉自己的战斗力，所以我们必须在战争过程当中，动员新战士，扩大部队。

动员新战士的方法：

（1）由地方行政机关与民运机关，如县政府、牺盟会等团体，来发动新战士，经常地补充我们部队。

（2）政工队，要把扩大部队的工作提高到首要的地位。

（3）游击小组要随时做扩大新战士的工作。

（4）我们要以我们部队的力量，来执行优待抗战军人家属条例，协助地方政权机关，执行阎司令长官的一切优待新战士的办法，如动员一个新战士，由县府发给杂粮二担及钱三元奖励等。至各团政治部在每月工作计划中，应具体确定动员新战士的数字，保持每月完成动员一定数目的新战士而努力。

6. 关于作战时期的教育问题。

（1）在作战过程中如何进行教育工作，是我们应该特别提出讨论的。有许多同志认为在作战时期不能进行教育工作，认为教育与作战是没有多大关系的，使战争与教育隔离开，这是不正确的。如石哲战役，虽然我们召开了一次检讨会议，但是没有把这一战役的经验教训系统地编成教材，传达到全军，因此我们特别提出来，在战争过程中，应不间断地进行教育工作，抓住一切战争实际的材料教育士兵，我们不应在作战期间放弃教育工作。

（2）我们的教育，特别缺乏决死队自身的教育，很早我们就提出这一问题，五月份并且提出展开建军运动，但是直到现在，我们做得非常不够。今后我们应系统地把决死队的三大任务、十大纲领、牺盟会在决死队中的作用等编成课本，作为决死队队员基本课本。每一队员，或任何新参加我们部队的人，都必须熟读这一课本，彻底了解决死队。一切汉奸、顽固分子想乘机潜伏在决死队的内部来破坏，是不可能的。在决死队内，任何人必须服从组织领导，应加强每一队员的组织观念与政治警惕性。过去我们编了许多课本，但直到现在，没有一本课本可以做我们的基本课本。

（3）关于司令长官按劳分配主义等，我们发扬得不够。今后每一同志都要详细研究司令长官一切进步主张与学说，把握司令长官按劳分配主义进步的精神，彻底执行司令长官的一切进步主张与法令，谨防一切假按劳分配主义者对司令长官的学说的曲解。过去我们所做的完全是遵照司令长官的学说与主张，但是这些顽固分子、假按劳分配主义者，诬蔑我们背叛司令长官，诬我们为共产主义，好像我们是反对按劳分配主义，实际上我们是反对一切曲解按劳分配主义、不执行司令长官主张之假按劳分配主义者。今后我们必须领导全体同志加强这一教育工作，精心研究司令长官学说。

最后，我们的教育不够，建军不好，全是由于组织支持得不够，假若组织充分支持，这是可以做到的。

关于组织领导问题，因为有专题讨论，我这里不需要详谈，但必须指出组织是保障一切工作胜利完成的决定因素。过去这一工作执行得不够，使工作受到很大损失，在今后工作中必须克服忽视组织、放弃组织工作的现象，并与这种现象进行斗争。

（原载一九三九年十二月十五日第二战区《政治工作月刊》第十一、十二期合刊）

后　记

精诚所至，金石为开。

中国共产党的先驱们，正是因为有着坚定不移的理想信念，有着救国救民的使命担当，有着百折不回的赤胆忠心，才有了中华民族的今天。抗日民族英雄董天知将军就是其中的杰出代表。

我被董天知将军的英雄壮举深深感染，应荥阳市委、市政府之邀八赴荥阳、三上北京、四进山西、两到陕西，踏访旧战场，遍访知情人，广览史料，析疑钩沉，去伪存真，潜心创作，力图艺术再现董天知将军波澜壮阔的英雄生涯。

在工作极为繁重的情况下从事业余写作，对精力、体力、精神和意志都是巨大的考验。从二〇一三年一月一日凌晨五点我在书房电脑上敲下"董天知"三个字，到创作完成，历时七年。七年写作过程中的西风碧树、独上高楼、望尽天涯、衣带渐宽和众里寻他、蓦然回首，至今历历在目。

回望来时路，潇潇风和雨。本书出版之际，我要感谢夫人惠永华和女儿智慧坚定不移的支持，夫人毫无怨言地放弃自己的爱好承担全部家务，女儿在留学回国探亲的路上也不忘为我搜集购买写作需要的资料；感谢荥阳市委、市政府的热情相邀和鼎力支持，感谢群众出版社文艺分社原社长易孟林、编审张晔两位老师在本书编辑出版过程中付出的巨大心血；更要感谢董天知将军侄子董广华先生、荥阳市文物保护管理中心原主任陈万卿先生的无私帮助，他们抱着满腔的热情做了大量的基础工作，为本书的写作奠定了坚实的基础。尤其令人难忘的，是在和董广华、陈万卿两先生共同搜集董天知将军史料的过程中，每每有了哪怕一点儿新发现我们都会激动得夜不成寐，董天知将军壮烈英勇的事迹也常常让我们洒下感动的泪水。本书所用照片也是由董广华、陈万卿两先生提供的，在此一并致谢！

　　本书的创作自始至终得到了中共第十六届、第十七届中央委员，公安部原党委副书记、副部长刘京同志无微不至的关心和支持，刘京同志在百忙之中两次通篇审阅书稿，并提出了非常宝贵的创作意见和修改建议，在此表达深深的谢意！

　　今年是董天知将军壮烈殉国八十四周年，本书付梓出版，尤其让人心潮难平，感慨万千。

　　是为后记。

智西乐

二〇一四年五月二日